爱因斯坦书系

爱因斯坦·毕加索

空间、时间和动人心魄之美

[英] 阿瑟·I·米勒 著

方在庆 伍梅红 译 关洪 校

上海科技教育出版社

大多数为一般读者编写的科学书籍都比较注重给读者留下深刻印象，而较少注重清楚地解释基本的目标和方法。一些聪慧而非专业的读者见到这类书时，顿生沮丧之感而自馁：“这超过了我的智力，我没法理解。”更有甚者，这些描述往往是耸人听闻的，这就使明智的读者愈加反感。简言之，责任不在读者，而在作者和出版者。我的忠告是：大凡这类书，只有在确定了其内容能够被聪慧而苛刻的一般读者理解和赏识之后，才宜出版。

——阿尔伯特·爱因斯坦

对本书的评价

许多人都感觉到了爱因斯坦和毕加索之间的联系,但很少有人能深入地探讨他们之间的亲密关系。阿瑟·米勒写了一本引人入胜且发人深省的书。

——加德纳(Howard Gardner),
哈佛大学心理学教授

为什么时间和空间的概念于20世纪初在物理学和绘画两个领域中同时经历了根本性的和摧枯拉朽式的变革?这对当代的文化史学家来说是最大的问题之一。米勒的研究提供了 个新的基础,据此可以第 次提出令人信服的答案。米勒像测定云室的原子粒子的轨迹一样勾勒出了爱因斯坦和毕加索的事业轨迹,他展示了这位画家的创造力与爱因斯坦思想的爆发力是如何互动的。

——肯普(Martin Kemp),
《牛津艺术史》(*The Oxford History of Art*)主编

爱因斯坦和毕加索,在其明显不同的领域里,作出了20世纪影响最为深远的贡献。阿瑟·米勒娴熟地把他们的生活,尤其是两人卓越创造力的爆发编织在一起，平行展开。他认为两人都深受庞加莱几何学思想的影响，这一看法特别令人着迷。

——布拉迪(Michael Brady)，
皇家学会会员，皇家工程学会会员，
牛津大学信息工程学BP教授

这是一部激动人心的书，充满了让艺术史家和科学家惊奇的东西。阿瑟·米勒深入探讨了毕加索的立体主义和爱因斯坦的物理学革命的复杂性，找到了它们之间真实的联系。他那生动的文笔不仅使这个题材新颖，而且让来自“两种文化”的每一方的人士都能理解。

——格林(Christopher Green)，
《立体主义及其敌人》(*Cubism and Its Enemies*)作者

内容提要

20世纪最重要的科学家和最重要的艺术家，几乎同时在颇为相似的氛围下，经历了他们最伟大的创造时期。

这本让人着迷的关于爱因斯坦和毕加索的平行传记，其重点集中在他们还是年轻人时所取得的最伟大的成就：爱因斯坦的狭义相对论和毕加索那幅将艺术带入20世纪的作品——《亚威农少女》。爱因斯坦和毕加索取得这些令人惊讶的突破时，还不是后来那么家喻户晓的名人。他们那时才二十出头，默默无闻但精力充沛，一无所有却注定麻烦不断。有段时间，毕加索甚至带着剧作家雅里那装满空包弹的手枪，用它来射击那些他视为迟钝不堪或者认真过度的人。

在《爱因斯坦·毕加索》中，这两个青年天才如何生活和工作的真相跃然纸上。毕加索立体主义的发现，在坚实地扎根艺术传统的同时，也充分显示了艺术家的日常生活和巴黎在世纪之交的智识氛围。照相术、电影、当时的前沿学科以及哲学家兼科学家亨利·庞加莱思想的影响在《亚威农少女》中都有所显示。爱因斯坦跟大学老师格格不入，没有人推荐他去谋取一个大学的职位，因此他不得不去瑞士联邦专利局供职。在那里他发现自己沉浸于技术问题之中。其中与发电机设计和火车时刻表的协调有关的两个问题，对相对论的发现起到了关键作用。

作为公认的世界著名的爱因斯坦研究专家之一，才华横溢的阿瑟·米勒揭示了把20世纪两个最具原创性的心灵联系在一起的纽带。爱因斯坦和毕加索恰逢其时地成熟在历史的那一刻——那时，人们第一次意识到理解空间和时间的那种经典的、直觉的方式显然是不恰当的。他们分别以自己的方式——爱因斯坦以相对论，毕加索以立体主义——争取以一种更深层的、更让人满意的途径来表征空间和时间。在最重要的意义上，他们俩其实是在解决同一个问题。

作 者 简 介

阿瑟·I·米勒(Arthur I. Miller),伦敦大学学院科学史和科学哲学教授,美国物理学会会员,国际科学史研究院通信院士。他在美国麻省理工学院获得物理学博士学位,曾任美国物理学会物理学史分会主任,并在《新星》(*NOVA*)、《深度秀》(*The Late Show*)、《在我们的时代里》(*In Our Time*)等诸多电视节目和电台节目中担任科学主持。米勒教授在科学哲学、现代科学史、认知科学、科学创造以及艺术与科学的关系方面造诣很深,著有《爱因斯坦的狭义相对论》(*Albert Einstein's Special Theory of Relativity*)、《不确定性的62年》(*Sixty-Two Years of Uncertainty*)、《物理学前沿》(*Frontiers of Physics: 1900—1911*)、《天才的洞见——科学与艺术中的想象力和创造力》(*Insight of Genius: Imagery and Creativity in Science and Art*)、《恒星帝国——黑洞探索中的友谊、困扰与背叛》(*Empire of the Stars: Obsession, Friendship, and Betrayal in the Quest for Black Holes*)等。

献给迈克·布拉迪(Mike Brady)

目 录

中 译 本 序

《爱因斯坦·毕加索》被译成中文，我感到非常荣幸和高兴。阿尔伯特·爱因斯坦(Albert Einstein)和巴勃罗·毕加索(Pablo Picasso)是20世纪的偶像。他们的名字在全世界都是高度创造力的同义词。他们的照片无人不识。毫无疑问，爱因斯坦是20世纪最伟大的科学家，同时也是历史上最伟大的科学家之一。而20世纪艺术上的每一场运动，要么是由毕加索的立体主义派生出来的，要么是对它的反动。

阿尔伯特·爱因斯坦用来表达自己思想的语言完全是普适的。不存在所谓的中国方程式和西方方程式。虽然存在着中国艺术和西方艺术，但是在这里，一种创造性的强烈欲望把它们联系起来。无论身处何地，艺术家们都有这种探究超越表象的实在的强烈愿望。在这种探究过程中，巴勃罗·毕加索与中国艺术家们的愿望是一致的。

与毕加索从未到过中国不同，爱因斯坦曾经访问过中国。他在1922年11月15日抵达上海，人们把他当成电影明星来欢迎。爱因斯坦则为中国人的恬静沉着、喜爱思考和彬彬有礼而着迷。在德国受到过分夸大的颂扬后，他喜欢这种不同的欢迎方式。

我的书仔细考察了他们一生中最富有创造力的岁月，即20世纪头15年。正是在这段时间里，爱因斯坦于1905年和1915年相继发现了狭义相对论和广义相对论。这些理论改变了我们对自己所在世界的看法。如果我们认为空间结构是受它所包含的物质影响的话，广义相对论就是一种几乎纯粹通过推测得到的结果，这种推测是有关宇宙应当是什么样子的。广义相对论常常被视为人类曾经构造出来的最美的理论。我关注的焦点是狭义相对论，因为其中一个绝顶精妙的结论是：被视为同时发生的两个事件对于相对静止的观察者而言是同时性的，但是对处于作相对运动的观察者而言则不具有同时性。而且，按照爱因斯坦的理论，不存在任何优先观察这一现象的方式，因而也就不存在真正的同时性。同时性是一个相对概念。你观察它的方式，就是它存在的方式。

虽然毕加索在1907年很可能对爱因斯坦1905年的狭义相对论一无所知，但艺术家们一直都在思考着如何表现空间和时间的问题。事实上，这是当年席卷整个欧洲的被称为先锋派的思想浪潮的核心问题。毕加索是从他远离立体主义的第一步、1907年的杰作——《亚威农少女》开始探究这个问题的。在这幅画中，不存在一个真正的透视点，更确切地说，很多面部表情和身体形状都是从多个视点同时表现的。你观察它们的方式，就是它们存在的方式。

爱因斯坦和毕加索实际上是在探究同样的问题。这是我在认真地思考科学与艺术中的创造性之间关系后，得出的一个令人惊讶的结果。在创造性开始出现之时，学科间的障碍就消失了。在这个关键时刻，科学家和艺术家都在寻找新的审美形式。对爱因斯坦而言，它是一种将空间和时间统一在单一框架内的极简主义的审美形式；而对毕加索而言，就是将所有的形式简化为几何。

爱因斯坦和毕加索在创造这些惊世之作的时候，并不是后来为人们所熟知的年老体衰的著名人物。他们才20多岁，默默无闻，精力充沛，穷困潦倒，麻烦不断。与朋友、同事和情人在一起时，凭着旷世天赋和才华，他们具有挡不住的个人吸引力。他们的个人魅力和创造之美动人心魄。沉浸在工作中时，他们是超凡脱俗的局外人，做着他人从没有做过的梦。

他们有时厌恶人与人之间的交往，抛开这一点不谈，他们的经历催人奋进。通过超常的自信和不屈不挠的拼搏，他们在一个几乎令所有人都陷入绝望的环境下取得了举世瞩目的智力伟绩。

阿瑟·I·米勒

2003年7月，伦敦

插图目录

致　谢

跨学科研究的乐趣之一就是遇见趣味相投的人。我在写这本书时,很幸运地与艺术史学家讨论了我的想法。他们非常慷慨地奉献出时间来评论我的目标,提出一些十分棘手的问题让我解决,迫使我阐明自己对艺术和科学的看法。我尤其要感谢格林(Chris Green)、莱亚(Mike Leja)以及研究立体主义艺术与科学之间相互影响的开拓者亨德森(Linda Dalrymple Henderson)。

如果没有壮观的毕加索博物馆里的工作人员的帮助,这本书的写作将会极其困难。我要特别感谢弗雷诺(Sylvie Fresnault)和叙杜尔(Yvonne Sudour),特别是巴尔达萨里(Anne Baldassari),她对毕加索作为摄影师的开拓性研究,对我而言极具价值。

感谢格林尼治国家海事博物馆内的老皇家天文台钟表学馆馆长贝茨(Jonathan Betts),感谢他对确定时区(time zone)的说明;感谢伯尔尼爱因斯坦故居的比尔基(Barbara Bürki)和迈希勒(Adolf Meichle),他们帮助构建了一幅1905年爱因斯坦家庭生活的写照;感谢柏林的马克斯·普朗克科学史研究所的雷恩(Jürgen Renn)的慷慨好客;加德纳(Howard Gardner)有关创造性心理学的透彻解说对我非常有帮助。

我的好友布拉迪(Mike Brady)通读了全稿,提出了极有价值的评论,它们最后都融入了本书的定稿之中;此外,爱丁堡(Dorothy Edinburgh)、杜夫莱斯(Marilia Duffles)、鲁迪克(Jill Shaw Ruddick)和斯塔尔(Sarah Star)还阅读了部分章节,并提出了意见。

我对准许我在1999/2000学年进行离职学术休假深怀感激。这是罗伯茨(Derek Roberts)任伦敦大学学院院长时慷慨许可的。我无需在此强调不间断地进行一个复杂项目研究的代价。

我的编辑威廉·弗鲁赫特(William Frucht)的精心编辑,使得我的手稿有了现在这种优美的形式。与比尔(Bill)*一道工作总是受益匪浅,并且相当宜人。

写任何一本书都要求调动一个人生活中的智力和情感方面,并将它们融在一起。写这本书也正是如此,并且不只是体现在一个方面。布拉迪、法恩(Leon Fine)、弗鲁赫特和泽基(Semir Zeki)总是不断地询问事情的进展,我深深感激他们在智力和情感上的支持。

除了以最具戏剧性和可爱的方式改变了我的生活之外,莱恩(Katie Lane)还为最后的润色提供了必需的灵感和委婉的评论。

阿瑟·I·米勒

2000年,伦敦

* 比尔,威廉·弗鲁赫特的昵称。——译者

第1章　两个世界合二为一

一切都是可能的，一切都是可以实现的，无论在哪方面，无论在哪里。

——萨尔蒙(André Salmon)*

阿尔伯特·爱因斯坦(Albert Einstein)和巴勃罗·毕加索(Pablo Picasso)，这两位激励了好几代艺术家和科学家的天才典范，是20世纪的偶像。现代科学就是爱因斯坦，现代艺术就是毕加索。这一现象是如何形成的，乃是西方思想史上最伟大的传奇之一。

人们总是能在任意两人之间找到一些惊人的巧合，这已经成了一种老生常谈。然而在爱因斯坦和毕加索的案例中，他们的个人生活、工作经历和创造性中的相似不仅非常奇特，且有文献为据。两人在他们最富有创造力的时期——20世纪的头15年——向我们显示的相似性并不仅仅在于他们各自思考方式的共同点。它们也让我们窥见艺术的创造性和科学的创造性的本质，以及艺术和科学**共同的**前沿领域里的研究是如何进行的。

在令人惊叹的20世纪初叶，任何事情看起来都是可能的，并且在任何地方都是可以实现的，爱因斯坦和毕加索的个人生活跟工作条件没有什么不同。从单个人的头脑中产生出来的思想，在一个我们称之为现代的社会中运转起来。相比起爱因斯坦和毕加索是**如何**提出他们的洞见的这一问题，

* 萨尔蒙(1881—1969)，法国著名诗人。——译者

我对他们**为什么**作出他们的发现更感兴趣。艺术心理学家阿恩海姆(Rudolf Arnheim)曾经写道:“当一件艺术品被创造出来之后,我们如何去了解实际发生的事情?我们可以倾听艺术家对于自己都说些什么。”[1]这一说法对科学家也成立。

毕加索的传记作者理查森(John Richardson)曾引用过这位艺术家一位最善解人意的情人马尔(Dora Maar)的一个评论。尽管她讲的是毕加索的后立体主义时期,但她的评述最适于他发现立体主义的时期。“有5种因素,”马尔说道,“决定了他的生活方式和他的风格:他热恋的女人,作为催化剂的诗人或诗人们,他生活的地方,一个提供羡慕和理解(这是他从来都觉得不够的)的朋友圈,以及那条与他形影不离的爱犬。”[2]所有这5种因素在1904年5月都因缘际会地汇合在一起,那时他搬到了拉维尼昂街(Ravignan)13号,一间位于蒙马特尔区、被亲切地称为“洗衣舫”(Bateau Lavoir)的极其简陋的房子里。1907年仲夏他就画出了《亚威农少女》(*Les Demoiselles d'Avignon*),一幅将艺术引入20世纪的杰作。尽管毕加索的许多艺术家和文学家朋友凭自己的本事都取得了一定的名声,并且也十分钦佩毕加索在艺术上的敏锐,但他们中没有一个人有能力认识到那年7月在他的画室里所发生的事情的意义。

除了没有狗,爱因斯坦在1905年春天的情形与毕加索非常相似。那时他与米列娃(Mileva)搬到了瑞士伯尔尼老市中心克拉姆街(Kramgasse)49号一间狭窄的没有电梯的3楼公寓里。爱因斯坦在伯尔尼最密切的朋友都是像他一样默默无闻的公务员,当然他们当中也没有一个人对他即将创造出来的东西有哪怕一丁点儿感知。

艺术史学家通常认为,立体主义的根源来自塞尚(Paul Cézanne)和原始艺术(primitive art)。这个观点完全没有考虑到科学、数学和技术上的惊人发展如何影响了对“先锋”(avant-garde)本身的定义。[3]长期以来,人们都知道,科学的根源从来都不完全来自科学本身的内部。那为什么20世纪最有影响的艺术运动的根源应该完全来自艺术内部呢?我们通过把毕加索《亚威农少女》的来源观点扩展到包括科学、数学和技术等因素在内,就可以获得对

毕加索的不朽奋斗更深刻的洞见。

因而对比式的平行传记研究（parallel biographies）就成为探究20世纪初智力氛围的一种手段，那是一个自文艺复兴以来空前出现的天才的时代。这个时代所产生的最好作品将永远成为那些用来定义文明最高成就的作品。相对论和《亚威农少女》代表了两个人——尽管地理上和文化上相隔较远的爱因斯坦和毕加索——对像海啸一样席卷欧洲的戏剧性变化的反应。[4]

在这些巨大转变的震中，是关于再现（representation）和抽象（abstraction）的争论。在艺术领域，出现了一场自文艺复兴以来一直占据中心舞台的具像法（figuration）和透视（perspective）的反运动，这一点非常强有力地体现在塞尚的后印象主义中。技术上的新发展，比如飞机、无线电报和汽车的出现，改变了每个人的空间概念和时间概念。作为电影制片术先驱，迈布里奇（Eadward Muybridge）和马雷（Étienne-Jules Marey）的多重画面（multiple images）技术，除了在系列画面上描述不同的透视点，还使得在系列画面或一个单一画面上描述随时间的变化成为可能。在科学领域，X射线的发现似乎使得内外模糊，不透明的东西变成透明的，二维和三维之间的区别变得迷离了。具有貌似无限能量的放射性，似乎证明了空间充满α射线、β射线、γ射线和X射线，它们到处飞来飞去，打开一切事物。甚至在更为抽象的方面，数学家们思考着新的、不熟悉的几何，它们能用大于三的维度来描述。人们尤其对四维空间的观念及对其在空间中或时间中的运动的含义着迷。

所有这些都在报纸、杂志上和咖啡厅里被广泛地讨论着，也出现在像柏格森（Henri Bergson）*和伟大的法国博学之士亨利·庞加莱（Henri Poincaré）那些优美的、能为人们所理解的哲学著作中。这些发展及其意义，在被称为“毕加索帮”（la bande à Picasso）的密友圈中争论着。这帮人在毕加索的画室中见面，画室的门上挂着一个“诗人聚所”（Rendezvous des poètes）的牌子。这个小组由诗人和像阿尔弗雷德·雅里（Alfred Jarry）这样献身于神秘和先锋

* 柏格森（1858—1941），法国哲学家，生命哲学代表人物。——译者

文学的幻想家组成。雅里出版了有关非欧几何、第四维度和时间旅行的寓言。巧合的是,在瑞士的伯尔尼,也同样存在一个类似的研究小组,讨论类似的论题,自称为"奥林匹亚科学院"(Olympia Academy)。他们不像毕加索帮那样浮夸浪漫,但以同样贫穷的波希米亚方式经常聚在一起。小组的每一个成员都探讨所有知识问题,都围绕着一个中心的太阳运转:在巴黎,这个太阳是毕加索;在伯尔尼,是爱因斯坦。

到处充满了创意,变革的欲望随处可见。与科学、数学和技术的发展并肩的,是对非洲艺术品(African objets d'art)概念特质(conceptual quality)的发现。所有这些观念有助于毕加索从早期的思维模式中解放出来。每一个卷入立体主义的人都认为它是一种高级智力冒险,其特定的目标就是把形式简化为几何。毕加索在其突破性的《亚威农少女》中对空间的探索,是应用了普兰斯(Maurice Princet)向他描述的四维空间的概念。普兰斯是一位保险精算师,他对高等数学感兴趣,是毕加索帮的成员。

1905年,这两个人通过普兰斯那个名声不佳、不忠贞的情妇热里(Alice Géry)的引荐而相识。热里曾与毕加索有过一段时间的暧昧关系。尽管普兰斯从来就不是毕加索小组的中心成员,但人们常常在咖啡馆里见到他与他们在一起,参加他们的大麻小组的讨论,并在1907年春天毕加索艰苦地绘制《亚威农少女》的关键时期拜访"洗衣舫"。毕加索听他讲非欧几何和第四维空间。这些内容大多是普兰斯从庞加莱那本被广泛阅读的《科学与假说》(*La Science et l'hypothèse*)一书中拾来的。柏格森谈到时间和同时性(simultaneity)时过于诗意,而雅里谈论时间和同时性的方式又异想天开,极具煽动性;通过普兰斯的介绍,正是庞加莱让毕加索了解了同时性和非欧几何的真相。

庞加莱是我们这个故事中的公分母。1904年,爱因斯坦读了《科学与假说》的一个非常好的德文译本,也同样被其席卷数学、哲学和科学的气势所激发。正如庞加莱使用更高维度的暗示刺激了毕加索把几何学作为新艺术的语言一样,庞加莱关于时间和同时性的洞见也启发了爱因斯坦发现相

对论。

因而在1905年的智力氛围中，爱因斯坦和毕加索几乎不约而同地开始探索空间和时间的新概念就不足为奇了。爱因斯坦1905年的相对性理论给我们的主要教益是，在思考这些论题时，我们不能相信我们的感官(senses)。毕加索和爱因斯坦相信，艺术和科学是探索感知(perceptions)之外和表象(appearances)之外的手段。直接观察导致欺骗，正如爱因斯坦1905年在物理学中知道的那样，毕加索1907年在艺术中也认识到了这一点。正如相对论推翻了空间和时间的绝对状态一样，布拉克(Georges Braque)*和毕加索的立体主义把艺术中的透视法拉下了宝座。[5]

爱因斯坦对空间和时间的探究从根本上讲并不是数学的。在他1905年发现相对论和对光的一种新的表述中，美学概念起着重要的作用。美学概念也是1907年爱因斯坦把相对性理论扩展至包括引力在内的理论的一个手段。毕加索对空间的探究也不完全是狭义上的艺术，正如他对科学进展的兴趣所揭示的那样。毕加索的《亚威农少女》的新美学是把形式约简为几何。

塞尚对毕加索的影响是复杂的，因为他对《亚威农少女》的意义比他对毕加索后来的影响要小。具有非常重要影响的是塞尚大胆地表现空间模糊性的新方式，他使各种平面融为一体，把物体和空间整合在一起，从而把前景和背景融合在一起。这被称为拼溶(passage)。[6]塞尚后来更进一步组织他的画面，以致创造出几个透视点，当你从不同的角度来观看这幅画时，透视点也随之改变。这就要求塞尚至少对接近几何学的空间关系有一种直觉式的理解。毕加索称塞尚为他“唯一的大师”。[7]

爱因斯坦的塞尚，是伟大的荷兰物理学家洛伦兹(H. A. Lorentz)。关于他，爱因斯坦写道：“我由衷钦佩他，我可以说，我爱他。”[8]**尽管塞尚将艺术

---

* 布拉克(1882—1963)，法国画家，立体主义代表人物。——译者

** 参见《爱因斯坦全集》(第五卷)，范岱年主译，湖南科学技术出版社，2002年12月，第178页。——译者

从单个透视点中解放出来，他仍根植于19世纪。同样，洛伦兹也几近表述了电磁现象的一个恰当理论，但还是没有使他通过这个解释预言空间和时间的相对性。另一方面，由于爱因斯坦和毕加索皆寻找表象之外的实在(realities)，他们各自完成了某种全新的东西。

这两个人的个人工作风格也并无不同。两人在早期都得忍受创造性工作的孤独无援。正如爱因斯坦后来所写的那样："我孤寂地生活着，年轻时痛苦万分，而在成熟之年却甘之如饴。"[9]毕加索称他在创作《亚威农少女》时感受到了"难以置信的孤寂"。[10]

两人都强调，尽管他们取得了表面上看来是革命性的进步，他们实际上只是把过去大师们的工作扩展了而已。除了恰当地用几何学表现的原始艺术的概念外，《亚威农少女》里含有塞尚、格列柯(El Greco)*、高更(Gauguin)和安格尔(Ingres)等人的影子。同样，在爱因斯坦的相对论中，我们看得出洛伦兹、马赫(Ernst Mach)、休谟(David Hume)、康德(Immanuel Kant)和庞加莱的遗产，这里只提爱因斯坦在科学和哲学上的几个前辈的名字。技术在毕加索立体主义的发展中也起到了作用，这一点我们在他灵巧地把照片作为绘画的模型以及他对电影摄影术的兴趣中可以看出。同样，技术在爱因斯坦1905年的相对论思考中提供了关键的信息，尤其是发电机的设计和解决无线电报的实际问题。

然而一开始，他们开创性的工作都受到了非常严重的误解。爱因斯坦在1905年完成了创举，但直到1911年才为大众所了解。如果说相对论在这之前多少被人们欣赏的话，八成是出于错误的理由。我们不要忘了，爱因斯坦在瑞士联邦专利局从1902年一直坐到了1909年，之后才得到了他的第一个学术职位，而且是基于一些与相对论毫无关系的研究成果。毕加索帮的三个成员对《亚威农少女》的最初反应是令人尴尬的沉默，在随后的评论中布拉克公开表示厌恶。1907年秋，毕加索把这幅画放在一边，直到1916年才

* 格列柯(1541—1614)，又译格莱科、葛雷柯。原籍希腊，长年定居西班牙。他最著名的油画是《拉奥孔与其子之死》。——译者

再次拿出来展览。而直到20世纪20年代初期，这幅画才被公认为是革命性的。正如唯有爱因斯坦认识到他1905年关于电动力学的论文是概念上的一个重大进步一样，也只有毕加索把《亚威农少女》看成是概念上的一个重大进步。

毕加索和爱因斯坦的个人生活既有相似之处，也有不同。这在某种程度上反映了他们的智力氛围和社会环境。新近发现的爱因斯坦与他的大学女友米列娃·马利奇（Mileva Marić）之间的情书，揭示了爱因斯坦尚不为人知的一面。米列娃1902年成为爱因斯坦的妻子，到了1909年，她就处于一种失落的状态，与毕加索当时的情妇费尔南德·奥利维耶（Fernande Olivier）所处的地位完全一样。正如毕加索与费尔南德一样，爱因斯坦也学会了利用米列娃的情绪，让她接受自己的观点，他的激情为他的伟大创造提供了某种动力。

到了1911年，许多艺术家都熟悉了X射线、放射性和庞加莱关于几何学的著作。所有这些都影响了他们的艺术实践，对于产生立体主义的一些早期分支起到了辅助作用。这些分支表达了与立体主义的“具象性”（figurativeness）的分歧，“具象性”这个术语也被重新加以解释。这个趋势的一个早期代表是康定斯基（Wassily Kandinsky）*，他在1910年绘制了第一张完全没有具象的画。他属于那些对质能等价性、X射线和放射性特别感兴趣的艺术家，这些在他们看来都会最终证明任何事情都是无定形的。当艺术在向一个高度抽象的阶段迈进时，物理学也走了一条平行发展的道路，因为爱因斯坦1915年的广义相对论把空间和时间几何化了，20世纪20年代量子理论发展以后，物理学甚至变得更为抽象了。然而纯粹的抽象是一条毕加索从未

* 康定斯基（1866—1944），俄罗斯画家。出生于莫斯科，从小在奥德萨长大。在获得法学学位之后，游览了巴黎的博物馆和艺术画廊，之后决定成为一名艺术家。后移居慕尼黑，在当地的艺术院校学习。1911年成立了“蓝色骑士”组织。在最初的两年里，“蓝色骑士”就聚集了许多当时颇具独创性的画家，如马蒂斯（Matisse）和毕加索等。康定斯基晚年定居在巴黎附近，最终走向了抽象主义。——译者

越过的鲁比肯河(Rubicon)*,爱因斯坦也从来不赞同高度抽象的量子理论。他们两人最后都与他们自己的革命所具有的意义失去了联系。

我们在这里不准备谈论艺术与科学之间的“相互影响”,而必须从艺术家和科学家共同提出的思想开始谈起。艺术和科学的古老追求是超越表象寻找一种新的再现现象的方法。在创造性的萌芽时刻,当学科之间的界线开始消失,美学概念变得非常重要时,这种努力就变得十分清晰。要想了解这种现象,就要求钻研创造性思维的本性。

为了达成把爱因斯坦和毕加索的传记并列起来进行比较研究的目的,我把他们的故事分成6章,每人各3章。为了分别给他们的奇迹之年(anni mirabiles)1905年和1907年作好准备,第2章和第3章讨论了他们的性格形成年代,包括他们的教育、他们身处其中又试图突破的社会环境、科学氛围和智力环境,还包括他们作为年轻人的生活——涉及他们的女性密友和情人以及密切围绕着他们的男性朋友。

第4章和第5章继续讲述毕加索在20世纪20年代的生活。第4章集中讨论那些影响他发现表现《亚威农少女》的恰当形式的先锋派的科学、技术和数学等因素。我将考察毕加索的工作习惯、文化品味和个人生活,以及导致他创造性工作的动力的张力。科学、技术和数学被证明是这幅拼图中一些很重要的组件。

后来在1907年,毕加索遇到了布拉克。第5章探讨他们在发展立体主义过程中的共同努力。最近,巴黎毕加索博物馆的巴尔达萨里(Anne Baldassari)在毕加索的档案中找到了5000多幅照片,其中大约100幅日期标于20世纪20年代之前。这些可以追溯到1901年的照片,证明了毕加索在拍摄、处理底片和照片方面的技巧。正是以这种方式,毕加索发现了一个新的参考空间:图像空间。他不只是把它用来绘画,而且用它来检验诸如胶纸(papier collé)和粘贴画(collage)这类新的视觉研究的原型。这一章着重介绍他

* 鲁比肯河是意大利北部的一条河流。公元前48年,恺撒越过此河,同在罗马执政的庞培发生冲突,艰苦卓绝的远征从此开始。——译者

熟练和创造性地使用照相术的能力。

第6章探讨爱因斯坦如何在1905年发现了狭义相对论。有一个共同点出现了,那就是庞加莱对这两人所起的重要作用。并非毫无关联的是,先锋派的技术因素对爱因斯坦产生了影响,这包括用电磁信号校准时钟,以及与发电机相关的问题。爱因斯坦在1907年有过第二次但意义不如1905年深远的奇迹之年,也就是他把相对论扩展到包括引力在内的那一年。第7章讨论这些问题。

理解这种平行传记研究的手段,来自认知科学的理论。这些手段包括储存在记忆中的信息在潜意识的思考中以及格式塔心理学的概念里是如何被处理的。第8章探讨了这种研究,也充当了总结全书和给出结论的重要角色。

平行研究不可避免地会导致平行关系中一个普遍性的问题:艺术和科学在20世纪里是如何平行发展的。走向抽象和新的视觉想象的共同趋势,原来并非是偶然发现的。从爱因斯坦和毕加索的智力奋斗中可以异常清楚地看出,艺术和科学在20世纪本应该以一种平行的方式前进。正如格特鲁德·施泰因(Gertrude Stein)所说的那样:“毕加索可能看到的事情,有它自己的实在,这个实在不是我们看到的事物的实在,而是事物存在的实在。”[11]这句话也同样适合于爱因斯坦。

我的《爱因斯坦·毕加索》是为那些正在最根本的和激动人心的层次上进行实践的艺术和科学的热爱者而写的,是为跨越学科进行思考的狂热爱好者而写的,总的来说,它是为那些对高度创造性有兴趣的读者写的。当所有的事情碰在一起,产生不可思议的洞见时,我们会感到惊讶。这是如何发生的?思想是如何超越手头的信息而涌现出来的?回答这些问题要求一种多学科的思考和分析模式,当学科之间的界线变得模糊时,这种模式逐渐变得愈益重要。我希望这本书能进一步激发这一21世纪的思维方法,爱因斯坦和毕加索的高度创造力戏剧般地展示了这种思维方法并为之奠定了基础。

第2章 漂亮的擦鞋匠

我们除了全神贯注于手头的工作之外什么也不想,并且……除了彼此之外什么人也不见。阿波利内尔(Apollinaire),雅各布(Max Jacob),萨尔蒙……想想看,多么杰出的精英!

——巴勃罗·毕加索

1904年5月,23岁的巴勃罗·毕加索第4次从巴塞罗那来到巴黎。他搬进了蒙马特尔区的拉维尼昂街13号一间新近空出来的画室。这幢形状怪异的破旧楼房被毕加索的好朋友、诗人雅各布戏称为“洗衣舫”。毕加索的前3次巴黎之行都让他颇为沮丧,但这次他下定决心要留下来,并且要在这个本身就意味着前卫的艺术之都为自己闯出一点名气。他后来所成就的,则是他做梦也没想到的。

年轻艺术家的教育

巴勃罗·鲁伊斯·毕加索(Pablo Ruiz Picasso)于1881年10月25日出生在西班牙南部一个叫马拉加(Màlaga)的小城,这个小城也曾有过自己风光的时代。毕加索的父亲,唐若泽·鲁伊斯·布拉斯科(don José Ruiz Blasco)是画家、美术教师和市立博物馆馆长;他的母亲,玛丽亚·洛佩斯·毕加索(María López Picasso)则是个传统的西班牙主妇,有着惯有的虔诚。毕加索的传记

作者理查森称唐若泽“有做艺术家的欲望却没有做艺术家的天分”。[1]唐若泽从灵魂深处很快就感受到了这个缺陷。

巴勃罗从小就显现出天才的预兆。1946年参观一个由英国议会主办的儿童画展时，他曾说过：“作为一个孩子，我绝不可能参加这种类型的画展：我12岁的时候就画得和拉斐尔(Raphael)一样了。”[2]他孩童时的天分简直不可思议，在学会说话之前就已经能画画了。据他母亲说，巴勃罗的第一个词便是“piz，piz”——西班牙儿语“铅笔”的意思。[3]跟这孩子玩的典型游戏就是让他画画，比如说让他画一匹马，让他先从尾巴，再从鼻子开始画，等等。

从他在科伦纳(毕加索一家从1891年至1895年居住于此)所作的绘画来看，毕加索对自己早年能力的评估显然一点也未夸张。[4]当时他是美术学校他父亲的绘画班的学生。唐若泽看到儿子的画作一方面兴高采烈，另一方面又对子超父业感到绝望。毕加索和父亲的关系很复杂，但基本上是俄狄浦斯式的。有人记得毕加索1898年在马德里时曾说过一句话：“在艺术上一个人必须杀死自己的父亲。”[5]这种跟唐若泽的竞争、对他的爱和要置他于难堪境地的企图，正是激发毕加索创造力的一些重要因素。他后来甚至有过幻想：他父亲看过他少年时代在科伦纳的画作后便放弃了绘画。[6]

他的少年时期比起一般人都要躁动不安。1895年7月，13岁的毕加索访问了马德里，并参观了著名的普拉多美术馆。初次领略到如此辉煌的艺术品，毕加索的自信心颇受了些打击。那时，毕加索一家正在去往巴塞罗那的途中，因为唐若泽接受了巴塞罗那美术学校的一个职位。

由于巴勃罗在进入美术学校的入学考试中所作的素描非同凡响，他被允许跳过一些初级课程而直接进入高级绘画班，那里的学生都要比他大五六岁，但他们很快就承认他为卓越的绘画天才。[7]在1896年和1897年，他完成了自己头两幅重要画作：《最初的圣餐》(*First Communion*，1896)[8]和《科学与仁慈》(*Science and Charity*，1897)[9]。

在1897年至1898年间，毕加索就读于马德里享有盛名的圣费尔南德皇家美术学院——应该也算读吧。他一有机会就逃美术课，并且频频抱怨他的老师们"一点常识"也没有。入学两个月后他给朋友巴斯(Joachim Bas)写信说:"正如我所意料的,他们成天翻来覆去地唠叨那一套老生常谈。"[10]这封信还接着谈到:西班牙对于学习绘画来说绝对是个错误的地方;在慕尼黑,"绘画可是个严肃的研究,人们绝不会理会什么点彩派(pointillism)之类的教条概念。"很显然,美术学院没有人能给这个年轻的奇才一点什么有用的东西。1936年,毕加索当时的秘书和老朋友萨瓦特斯(Jaime Sabartés)询问他当年在马德里是否经常去上课时,毕加索回答道:"我应该说没有! 去干嘛呢?"[11]

毕加索对马德里美术学院极其厌恶,又缺乏一间可以工作的画室和一个合适的住处,这一切使他陷入严重的抑郁,他病倒了。一回到巴塞罗那,他便感激地接受了朋友帕拉雷斯(Manuel Pallarès)的邀请,准备去帕拉雷斯老家的农场住几个月。这个农场位于加泰罗尼亚地区崇山峻岭中一个叫奥尔塔-德埃布罗(Horta de Ebro)的小山村,那里荒芜原始,崎岖多石。就在那里,17岁的巴勃罗·鲁伊斯经历了一场精神上的转变。从1898年6月到1899年2月,帕拉雷斯和巴勃罗像山民一样在田里耕作,在深山石洞里居住,还在石洞里作壁画,在乡野中裸跑。这场经历使巴勃罗恢复了对自身的信心,恢复了对自己艺术创造力的信心。

事实上,巴勃罗变得如此自信,以至于在1899年2月一回到巴塞罗那便直面自己的父亲,挑衅地将父姓鲁伊斯去掉,改为母姓毕加索。并且,一反父亲的初衷,毕加索没有再进入正规的美术学院,而是选择了一所松散的美术学院——在那里他自学了高级的绘画技巧。这种游离于结构和学院式成规之外的行为也反映在他在"四猫咖啡馆"(Els Quatre Gats)所涉的思想和艺术活动中。"四猫咖啡馆"是巴塞罗那一家仿巴黎蒙马特尔区某个叫"四猫"的咖啡馆的酒店,大家更喜爱管它叫"四猫咖啡馆"。那些放荡不羁的年轻人云集于此,一心要将欧洲最前卫的文化发展融入到加泰罗尼亚文化中来。毕加索与"四猫咖啡馆"的短暂接触——从1899年2月到1900年9月——为他在巴黎的前途作了充分的准备。

在这个现代主义辩论的地方温床中，毕加索跟人讨论尼采（Friedrich Nietzsche）、易卜生（Henrik Ibsen）、王尔德（Oscar Wilde）和叔本华（Arthur Schopenhauer）。当然，所有这些人的著作他都是通过西班牙译文读的。尼采对年轻的西班牙知识分子的影响，就像对欧洲其他地区一样，作再高的估计都不过分。[12]他提倡艺术上的蓬勃发展，毫无阻挠的自我表达，并认为艺术家这个概念应该是“英雄的，对抗的，充满勃发的性能力，以推翻一切既有的风格”。他还鼓吹饱含着性能力的权力意志论。这一切在毕加索的心中引起了强烈的共鸣。[13]沙特克（Roger Shattuck）写道：尼采在《查拉图斯特拉如是说》（*Thus Spoke Zarathustra*）里关于上帝死了的惊人宣告为“超自然的烦恼”扫清了场地，以至于“那傲慢自大（hubris）的古老罪孽消失了”。上帝不过是人们思想的创造物，因而思想才是存在的最高层次。[14]这些新世纪门槛上的思想，激发产生了新的、截然不同的艺术和文学形式。

1900年2月，毕加索在“四猫咖啡馆”举办了他的第一次严肃画展。展出的作品之一是《最后的时刻》（*The Last Moments*）。这幅画后来被当作西班牙的代表作之一选送到巴黎参加万国博览会，以迎接新世纪的到来。

三次巴黎之行

1900年10月毕加索第一次到巴黎，陪同前往的是他的好友卡萨盖马斯（Carles Casagemas）。一到巴黎，毕加索立刻沉浸于蒙马特尔区放荡不羁的性游戏中。两个年轻人被介绍给三个模特：热尔梅娜（Germaine）、奥黛特（Odette）和安托瓦妮特（Antoinette）。卡萨盖马斯对热尔梅娜一见钟情，毕加索后来则吹嘘他跟全部3个女孩都睡过。[15]这时候的毕加索对性已经是很老到的了。他14岁的时候，他的朋友帕拉雷斯就已经把他带进了巴里新诺（Barri Xino）——巴塞罗那的红灯区，此后巴勃罗几乎每天都去光顾。

蒙马特尔区保持开放关系的习惯，正合毕加索的胃口。对他而言，有比较才是性生活中最有吸引力的一面，而忠诚几乎是不可理喻的。但是对他的朋友卡萨盖马斯，蒙马特尔区则是灾难性的。他所钟情的热尔梅娜是个性欲极强的女人，而这对于一个时患阳痿且因酗酒吸毒更为加重的男人来说可不是好兆头。由于卡萨盖马斯日渐恶化的精神状态，他们于1901年1月1日回到巴塞罗那。卡萨盖马斯不久即自杀身亡。

1901年5月毕加索重返巴黎，在艺术经纪人沃拉尔(Ambroise Vollard)的画廊里举办了一次画展。这次画展是由马德里一位很有影响的朋友安排的。毕加索只用了3个星期准备画展的全部作品，平均一天画三张，大多数作品都如春天般色彩鲜明，具有野兽派前期(prefauve)的风格。展出的64件作品，一半以上被卖掉。但毕加索决定不再继续这种风格。卡萨盖马斯的自杀严重地影响了毕加索。到了1901年底，毕加索陷入了他的"蓝色时期"。这时期绘画的主题主要包括他的亡友和圣拉扎尔(Saint Lazare)的一些场景，后者是巴黎一座关押身患性病的妓女的监狱，毕加索曾参观过几次。"蓝色时期"的作品基本上卖不出去，直到1905年，毕加索的新资助人格特鲁德·施泰因才开始买它们。毕加索在1902年1月回到巴塞罗那时真的是身无分文。[16]

也许沃拉尔画展最有意义的一件事是毕加索在这里遇见了雅各布。尽管毕加索讲不了几句法语而雅各布又不懂西班牙语，但两人都立即被对方吸引了。雅各布20多年以后回忆起，当时他们"非常热情地握手"。[17]雅各布比毕加索大5岁，是个艺术批评家兼诗人，他成为毕加索的第一个巴黎密友，开始传授给毕加索精致的法语，并且培养毕加索的文学品味。但是雅各布对毕加索的第一个重要作用是保证让他活着，那是毕加索第3次逗留巴黎，时间是1902年10月到1903年1月。

毕加索的目标就是继续研习法国艺术并出售画作。虽然他的第一个目标实现了，但第二个目标却落了空。这次逗留十分凄惨。他一文不名，住在令人难以置信的污秽之处，直到雅各布邀请他去分享自己的房间。雅各布的房间里只有一张床，雅各布白天去工作的时候毕加索才能在床上睡觉。雅各布也不富裕，所以两人时不时要挨饿。这是毕加索年轻时最潦倒的阶段。他只得再一次接受商业失败回到西班牙。但是他已经迷上了巴黎，下

决心要卷土重来。

蒙马特尔区和“洗衣舫”

1904年,前卫派的精神和魄力以爆炸性的力量聚焦在巴黎两个智力最集中的地区:蒙帕尔纳斯区(Montparnasse)和蒙马特尔区。这种爆炸将发生在蒙马特尔区,而毕加索将作为闪电,催开艺坛和文坛上一派惊人的繁荣昌盛。

其时巴黎正处在第一次世界大战前的所谓“美好时期”(la belle époque)。时髦的沙龙已经没落了,取而代之的是更为民主的咖啡馆。这些咖啡馆不仅成为各种思想交流的重地——关于艺术、文学、科学、数学和技术各方面的思想都在这里交流——而且也是各种新思想产生的沃土。巴黎发展成为一座具有特殊思想活力的大剧院。生活本身成了一种表演。

在19世纪末,蒙马特尔区实际上是由一座小山构成的,即蒙马特尔山丘。那时山丘还在由农村向城市转化的过程中。山麓下便是那几条主要的林阴大道:得克利希(de Clichy)大街、鲁谢舒瓦尔(Rouchechouart)大道和皮加勒(Pigalle)广场。大部分蒙马特尔人都是干体力活的,只有零零落落的一些布尔乔亚、稀稀拉拉的几个自由散漫的艺术家和作家被这里低廉的房价所吸引而居住于此。到春夏的周末,巴黎人一窝蜂地涌向蒙马特尔那满街遍地的户外小饭馆,尤其是在林阴大道上,到处塞满了人。每逢各种节日,街道上更是人头攒动。尽管有这种狂欢的喜庆场面,但街上各种犯罪活动猖獗。所谓“流氓”(apaches)的暴力团伙在这个区肆虐横行,抢劫不加防备、比较富裕的来客。

鲁谢舒瓦尔大道上有个叫“黑猫”(Le Chat Noir)的小饭馆特别受欢迎,因为它的主人友善地鼓励艺术家和作家在那里聚集并诵读他们的作品。这种方式带来了兴隆的生意。那欢快的气氛甚至吸引了左岸(Left Bank)的许多作家。“黑猫”后来成为左岸许多成功的小餐厅的楷模,如蒙帕尔纳斯大道的“丁香园”(Closerie des Lilas)和圣热尔曼大道的“双木雕”(Des Deux Magots)。严肃的艺术家们和作家们经常光顾蒙马特尔山丘上那些狭小肮脏的小餐厅,如“巧兔”(Le Lapin Agile),其主人是饶有趣味的弗雷德·热拉尔(Frédé Gérard),毕加索早在1901年的巴黎之行便认识了他。那时弗雷德还在拉维尼昂街拥有一间叫“活见鬼”(Le Zut)的脏兮兮的小酒吧。而正是在“活见鬼”,毕加索终于找到了一个可以与巴塞罗那“四猫咖啡馆”相匹配的逗留场所。

许多个夏夜,毕加索也到“巧兔”的台阶上消磨时光。工作日的夜晚,咖啡馆里的顾客稀少,谈话可以在宜人的语调中进行。但到了周末,咖啡馆两个小客室里挤了一百多人时,那就完全是另一回事了。空气中弥漫着浓烈的香烟味儿,并混杂着苦艾酒、啤酒、廉价白酒、廉价食物和体臭等各种怪味——要知道那个时代洗澡仍然被认为是一种稀罕事。克雷斯佩勒(Jean-Paul Crespelle)这样总结周末的喧闹人群:“各人都自得其所,真是巴黎前卫社会一个名副其实的缩影:雇员们和小布尔乔亚分别拥搂着他们的女人和情妇,装腔作势的年轻小姐们也来寻找一个夜晚的刺激,”当然还要加上已成为老主顾的艺术家和作家们。[18]为了稍稍压低一下这种喧闹,弗雷德只好拨弄他的吉他,用中音唱歌。1905年至1910年间,“巧兔”是前卫派诗人和艺术家们最喜欢的咖啡馆。

蒙马特尔山丘上之所以有如此多的餐馆,主要是因为艺术家们生活和工作的条件太恶劣了。他们的住处通常都缺乏适当的厨用设备。毕加索在拉维尼昂街13号的画室就是一个典型的例子。这个楼本身是1860年作为一家钢琴厂而修建的。1889年,为了把艺术家们吸引回蒙马特尔区并提升这个区的形象,工厂被分隔成许多工作室。负责这项工程的建筑师缺乏想象力,只简单地用木隔板将各层分割成许多小间,而楼梯的分布又杂乱无章,弄得这些工作室跟迷宫一般。

因为这幢楼基本上处于山丘的顶端,所以楼层的堆砌给人的印象就如一个摇摇欲坠的金字形神塔或者一个巨大的木棚。尽管毕加索的画室比拉维尼昂广场上的入口处要低一层,但和街面是平行的,这也是因为房子坐落在山上的缘故。穿插于楼房中给那些工作室换气的通风口有时还会带来危险。大家谈得最多的是一个冬夜发生的事:一个德国房客在试图清扫他工作室窗户上的雪时掉进了通风口,脖子给折断了。有的时候,女管理员库德雷夫人(Madame Coudray)会在艺术家们极需帮助的情况下给他们烧点汤,到点叫醒他们。

因为这幢楼特别像塞纳河上洗衣服的船,雅各布将之戏称为“洗衣舫”。这幢楼也被人叫做“猎屋”,因为像阿拉斯加猎人的木屋。毕加索搬进去之前,“洗衣舫”是有名的无政府主义者的聚集场所,这些无政府主义者在19世纪90年代被警察强行驱逐出去了。[19]

图2.1 1904年,毕加索在拉维尼昂广场。

这个区的破落和时常发生的暴力事件使这里的房租特别低廉，结果不断有艺术家和作家们来借宿。毕加索每月只付大约15法郎，不过得到的也就是四面脏墙和一个房顶而已。就像巴黎当时许多别的公寓一样，"洗衣舫"的画室既没有电也没有煤气。这些公用设施直到20世纪30年代才装上。这些房间甚至也没有自来水和厕所。住户们要么到一楼公用的水龙头去盛满他们的水桶，要么到拉维尼昂广场的喷泉去排队。整幢楼唯一的厕所在水龙头旁边，厕所的门永远是破的。毕加索对这些设施的缺乏一点也不在乎，他反而觉得这样更便于认识他的邻居们，尤其是女邻居们，特别是费尔南德·奥利维耶，她就住在毕加索那一层。

坠入情网的毕加索

费尔南德在遇见毕加索之前，在"洗衣舫"住了没多久。她以蒙马特尔的生活方式和一个雕塑家同居着。她白天常常遇见毕加索，注意到他画室里的西班牙访客络绎不绝，不禁感到疑惑："他到底什么时候工作呀？"[20]后来，费尔南德才发现毕加索为了避免打扰是在夜间作画的。

毕加索不仅在"洗衣舫"注意到费尔南德，同时也在得克利希大街他最喜欢的画具店里碰到她。而她第一次见到他则是在拉维尼昂广场，他正一面打水一面和他的加泰罗尼亚朋友卡纳尔斯(Ricardo Canals)聊天。他们的恋爱始于1904年8月，认识的方式非常古典：一场猛烈的雷阵雨开始了，费尔南德冲进"洗衣舫"，突然发现毕加索就站在自己的跟前，他是抱着一只猫从画室里迎上来的。"他伸手将猫递给我，一面笑着一面挡住我的去路。我也笑起来，他然后就领我去看他的画室。"费尔南德29年后回忆道。他们起初的偶尔偷情在翌年就变得频繁起来，两人都逐渐中断了和别人的关系。初识费尔南德时，毕加索的情妇马德琳(Madeline)正有身孕，他同时还和另外两个女人有瓜葛，一是弗雷德的继女，一是普兰斯永远不忠的情妇热里，关于普兰斯，我们将在后面有很多的讨论。马德琳后来决定堕胎，这跟毕加索和费尔南德的日渐火热不无关系。

1905年9月，费尔南德搬进了毕加索的画室，他俩一直同居到1912年。头一年多的时间，他们过着一夫一妻式的生活，但不久便心照不宣地回复到蒙马特尔式的关系中。在他们最疯狂的恋爱时期，费尔南德充当着毕加索的缪斯；而此后她的作用，说得好听一点，只是给毕加索一种负性的强化。尽管有她的这种影响，毕加索还是成功了。

漂亮的费尔南德确是个美人坯子。她有一头浓密的褐发，一双绿色的杏眼，一副非常性感的身材。她有很高的回头率，打情骂俏起来可不仅仅是玩儿。她神态优雅，步履轻盈，脑子开放好奇，意志坚强，还有一些艺术天分。

图2.2　本托萨(Joan Vidal Ventosa)于1906年在巴塞罗那拍摄的《费尔南德·奥利维耶、毕加索与雷蒙·雷文托斯合影》。雷蒙·雷文托斯(Ramón Reventós)为毕加索好友。

费尔南德生于1881年6月6日，是个私生女，真名叫阿梅莉·兰(Amélie Lang)。她是被一个家庭领养长大的，到18岁的时候，因被一个人面兽心的店员引诱而失身，迫不得已只好嫁给他。一年以后她逃走了，接下来是一系列模特儿的工作和一桩接一桩的风流韵事。就像当时的模特儿和生活在社会边缘的其他妇女的通常做法一样，她拣了个“化名”(nom de guerre)——事实上用了一连串的化名，以至于后来为什么叫“费尔南德·奥利维耶”都已无从知晓了。到1904年8月毕加索旋风般地追求她时，费尔南德早已在艺术世界里结交了不少艺术家，与之有染的包括弗里斯(Othen Friesz)和杜飞(Raoul Dufy)。[21]她出版的回忆录《毕加索和他的朋友们》(*Picasso and His Friends*)尽管在时间的记录上有时比较混乱，但仍然是一个非常有价值的资料来源。甚至毕加索本人都不无勉强地承认，这本书抓住了时代的氛围。[22]

费尔南德走进毕加索画室的第一反应是，“上帝呀，怎么乱成这样！”[23]屋子里到处都是油彩。从墙上剥落下来的灰色漆块上又铺上了从画布上掉落的颜料。浴缸成了大堆大堆画稿、报纸和书籍的储藏所。就家具而言，室内有一把做工极为粗糙并且晃动不稳的椅子，毕加索经常把他的爱犬弗里加(Frika)拴在上面，它是条警犬和布列塔尼猎的杂交种。除此之外还有一张拿破仑三世时期造的黑木独腿桌，这张桌既用来吃饭又用来扮相。室内还有一只生锈的平底锅，不仅用来做饭而且也用来小便。毕加索还在一个抽屉里养了只白鼠。白鼠身上那股好似麝香的气味，同狗、油彩和松节油气味的混合体，形成了一种特别的对比。毕加索特别喜欢宠物，在“洗衣舫”生活的那段时间，除了弗里加，他还收养了三只暹罗猫、一只海龟和一只母猴。房间布置最传神的是大堆大堆的旧铁罐子，这些是毕加索用来放画笔的。整个房间的色调被故意弄得很冷，因为想获取稳定的照明而把窗户都漆成了蓝色。50年后，毕加索的主要经纪人坎魏勒(Daniel-Henry Kahnweiler)在回忆毕加索的画室时说道：“画室让人讨厌。”[24]克雷斯佩勒在总结“洗衣舫”的状况时尖锐地指出：“事实上，它跟大多数其他画室同样糟糕。”[25]

毕加索的画室有个小门廊，或者可以叫小房间。这个小房间的空间几乎被一个长沙发占满了，毕加索的密友们管这叫“女佣室”(chambre de la bonne)。到1906年的时候，毕加索把这个小房间变成了费尔南德的圣地。

除了那张长沙发，还有一个柳条箱，上面盖着一条红饰带，那是费尔南德在他们初次见面时披在身上的，箱子上还摆着他为费尔南德画的素描像和两只从得克利希大街的交易会上赢来的花瓶。

“洗衣舫”的内墙极薄，完全没有什么隐私可言。费尔南德回忆道：“冬天里面冰冷，夏天里面则热如蒸气浴。”[26]冬天要是没有燃料，这两口子就缩在床上。夏天的时候，除了腰间一块围巾，毕加索是裸身作画的。他故意把画室的门开着，一方面是为了通风，另一方面也是故意吸引过往的女人们对他评头品足地加以赞美。

在遇见费尔南德之前，毕加索的女人绝大多数是妓女，中间还穿插着一连串的巴黎模特儿，偶尔也有些短暂的罗曼史。对费尔南德狂热的爱情使毕加索把她守护得极其严密。而费尔南德生性喜好卖弄风骚，毕加索因此嫉妒万分。为了防止其他搞艺术的家伙勾引她，毕加索打从她搬进他的画室后便将她隐藏于“闺阁”中。他把她锁在家里，自己把外头要跑的事全包了。[27]

有时毕加索的嫉妒爆发成为公然的施暴。有一次，费尔南德听到外面街上吵吵嚷嚷，说“巧兔”咖啡馆发生了一桩枪击事件。她想方设法从画室里挣脱了出来，跑到“巧兔”亲眼看个究竟。而此时毕加索早已到那儿瞧热闹去了。他一眼看到她，不由分说地抓住她，劈里啪啦地毒打一顿，然后将她拽回“洗衣舫”。当费尔南德甩手而去时，毕加索追到拉维尼昂街头，一边还不停地祈求宽恕。末了，他们跟以往多次恶战后一样又和好如初。总的来说，费尔南德是毕加索当时最理想的情妇。他们不为寒冷和饥饿所困扰。她一天大部分时间都在那个长沙发上歪着喝茶，看小说，抽土耳其香烟。

毕加索的画作开始走俏之前，亦即1907年之前，他和费尔南德去得最多的是那些可以赊账的或者便宜得简直叫人难以置信的小餐厅。在这方面，他们跟山丘上其他大多数作家和艺术家没什么两样。“巧兔”在这两方面都做得顶呱呱。便宜餐馆里的晚餐大概只要90生丁，而贵一些的餐馆里却大概要2法郎50生丁。90生丁的晚餐相当丰盛，有牛排、土豆条、苹果派和一杯浓咖啡。不同之处在于晚餐的质量。费尔南德的口味经常不是“巧兔”的大众饮食所能满足的。但毕加索只要有朋友一块聊画，吃根西班牙辣香肠和一个西红柿就十分满足了。

在山丘上那些小饭馆里赊账的家伙们经常欠得一塌糊涂，而饭馆老板们怕他们干脆赖账反而不敢不继续赊给他们。这种慷慨有时迫使餐厅彻底破产。有的时候，毕加索他俩一个子儿也没有，靠他的加泰罗尼亚密友杜里奥(Paco Durrio)给他们带点吃的来。杜里奥是他在巴黎最早的支持者。另一个画家朋友弗拉曼克(Maurice de Vlaminck)回忆，有一次在一个赊账的小饭馆无意中听到费尔南德在给他们的爱犬弗里加赊一小块肉。弗拉曼克可以肯定他们连到邻里屠夫那儿买点碎肉的钱都没有了。[28]山丘上另一个叫范唐吉(Kees Van Dongen)的画家朋友回忆，1905年前后他和毕加索好几次到蒙马特尔那些公寓门阶上偷牛奶和小面包充饥。[29]拉维尼昂街的生活真是不易。正如卡尔科(Francis Carco)所回忆的，“我们是在一种贫穷、放任、节衣缩食和极度苦难的氛围中求生存。”[30]

当毕加索从忧郁的“蓝色时期”进入到“粉红色时期”，他的画布上开始出现那些活泼的马戏场景、喜剧角色(Harlequins)和杂耍艺人(saltimbanques)，他的状况开始得到改善。这个过渡和他与费尔南德坠入爱河可以说是同时发生的。而几乎与此同时，他认识了作家阿波利内尔和萨尔蒙。

纪尧姆·阿波利内尔和安德烈·萨尔蒙

毕加索是在1904年10月认识阿波利内尔和萨尔蒙的。雅各布留恋地回忆起他自己和阿波利内尔的初次会面，时间也是1904年10月，地点是圣拉扎尔站(Gare Saint-Lazare)附近的奥斯汀车站餐馆，当时萨尔蒙也在场。毕加索将他介绍给阿波利内尔，场面十分热烈。雅各布写道：“我们3个人一起离开餐馆，纪尧姆带我们出去散散步，结果我们就没完没了地走下去……我一生中最美好的日子就是从这里开始的。”[31]毕加索的魅力和天才立即显

现出来了。到1905年,雅各布和萨尔蒙都在“洗衣舫”租了工作室,而阿波利内尔也搬到了附近。阿波利内尔、萨尔蒙和雅各布一起组成了“毕加索帮”的核心。他们几乎每天都在“洗衣舫”聚会,讨论的问题极为广泛,从文学到政治、哲学、数学、技术、科学,还有其他一切于先锋派极为重要的问题。“毕加索帮”的成员们围绕着毕加索,就像行星围绕太阳一般。通过这些人,毕加索在巴黎扩大了他的朋友圈子,结识了加泰罗尼亚朋友圈子以外的许多朋友,进入了法国文学和法国文化的活跃世界。不管从哪方面看,“毕加索帮”都构成了毕加索的“智囊团”。[32]同时它也是个封闭性的社团,有自己独特的行话和礼仪,它的语言和那玩世不恭、冷嘲热讽的语气绝不是懦夫所能接受的。

我们可以从雅各布1906年7月7日在巴黎写给毕加索的一封信里可以窥见他们的谈话内容之一斑,当时毕加索远在西班牙格索尔(Gósol)。[33]雅各布用“洗衣舫”独有的那种对抗性文体写了他对象征主义的批评,并就占星术、法兰西共和国的历史、英德法等国的形而上学的现状以及拉丁区那些学生的唯物主义倾向大谈了他的看法。他把拉丁区的学生叫作没有经历过人生热望和快乐的“傻瓜”。萨尔蒙回忆起“毕加索帮”当年是怎样通过“假扮德加(Degas)*”的游戏冷嘲热讽地批评各种绘画上的“主义”的:他们轮流将毕加索的画假作德加或雷诺阿(Renoir) ** 的画来大加“批评”,而雅各布对各种人物惟妙惟肖的模仿弄得众人狂笑不已。[34]

萨尔蒙跟毕加索的年龄相仿,初识毕加索时,他是个诗人和文艺记者。他早已是文学先锋派的一员,并从1903年起便和阿波利内尔一起在几家新浪潮杂志社工作。1905年搬进“洗衣舫”后的两三年间,萨尔蒙跟毕加索的接触比任何人都多。

---

* 德加(1834—1917),法国画家,早年为古典派,后转向印象派,作历史画和肖像画,兼长色粉画,擅长描绘人物瞬间的动态,主要作品有《芭蕾舞女》、《洗衣妇》等。——译者

** 雷诺阿(1841—1919),法国印象派画家,创作题材广泛,尤以人物画见长,主要作品有《包厢》、《游船上的午餐》、《浴女》等。——译者

在当时法国的年轻文人学士中，阿波利内尔是对抗象征主义的"1895学派"的首领之一。"1895学派"的干将是魏尔伦(Paul Verlaine)、兰波(Arthur Rimbaud)、马拉梅(Stéphane Mallarmé)、莫雷亚斯(Jean Moréas)和梅里尔(Stuart Merrill)。阿波利内尔在拓展毕加索的知识视野中起着极其重大的作用。他于1902年开始定居巴黎，围绕他的家族和他定居巴黎前的22年生活的各种说法实在太多太复杂，连毕加索都被弄得神魂颠倒。我们所了解的唯一准确的事实是阿波利内尔很早就显示出写作方面的早熟和天分。到1903年，他已置身于巴黎文坛的最前沿了。

1905年阿波利内尔和萨尔蒙将毕加索引领到了新浪潮杂志《诗歌与散文》(*Vers et Prose*)每周二晚上举行的社交晚会上。晚会设在蒙帕尔纳斯大道的"丁香园"，气氛总是非常热烈。因为没有搭公车的钱，这三人便徒步穿过半个巴黎再徒步返回。回来的路上，毕加索沿途搜索垃圾箱，给他的宠物们寻点吃的。毕加索在《诗歌与散文》杂志的晚会上认识的艺术家和作家绝对是国际水平的。其中一些人在毕加索后来的生活中起了不少作用，如雷纳尔(Maurice Raynal)和罗谢(Henri-Pierre Roché)。1906年，罗谢将毕加索引见给了格特鲁德·施泰因和莱奥·施泰因(Leo Stein)。他们对毕加索的照顾和接济将是非常重要的。[35]

说阿波利内尔是蒙帕尔纳斯咖啡世界的君主可绝不是夸张。[36]从拥有"丁香园"的蒙帕尔纳斯大道到拥有"双木雕"的圣热尔曼大道都是他的领地，他是"先锋派的总指挥"。[37]他的野心是建立"一种联结诗人与艺术家的特别语言"。[38]阿波利内尔、萨尔蒙和其他诗人并不把自己局限在左岸。他们的足迹踏遍蒙马特尔区，尤其是毕加索的画室，在那里，诗人和艺术家们正相互予以灵感。大约在1905年前后，毕加索在画室门口挂了张牌子，上面写着"诗人聚所"。"洗衣舫"成了先锋派的新指挥部。

研究这个时期的学者都认为这个时期文学家和画家之间数不清的联系绝不是偶然的。当时，"画家和诗人轮流影响着对方"。[39]双方都认为文艺将发生戏剧性的新变化。之后没过多少年，在1922年，萨尔蒙这样回忆那些风狂雨暴的日子:“一切都是可能的,一切都是可以实现的,无论在哪方面,无论在哪里。(Tout est possible, tout est réalisable, partout et avec tout.)”[40]这种鼓舞和乐观主义无论怎么评价都不算高。

毕加索和他的同伴们生活在西方历史上少有的一个富有戏剧性变革的时代。艺术、文学和科学正在发生着巨大的转变,而更大的转变还在后头。这些年轻人坚信他们生活在一个英雄时代,在这个时代一切都是可能的。他们根本不需要社会的表彰。他们穷困潦倒,一无所有。他们分享一切,包括知识,并且奋力地创造可以和科学、数学和技术上难以置信的成就相媲美的艺术和文学。

阿波利内尔和毕加索初识之时,毕加索对法国文学知之甚少,唯一的一点了解来源于雅各布;同样地,阿波利内尔除了从与特朗(André Derain)和弗拉曼克的谈话中拾取点滴之外,对艺术一窍不通。但是阿波利内尔和毕加索却一拍即合,立即认定对方是自己的知音。毕加索的法语讲得不怎么好,坎魏勒回忆道:“就是在他几乎不会讲法语的那些年,他也绝对能立即评判和品出一首诗的美来。”[41]雅各布早在1901年就注意到了这点。阿波利内尔鼓励毕加索在他的艺术中将诗的一面加以突出,这样一来,阿波利内尔等于帮助毕加索将自己从绝对的原则中解放出来,“听从他心灵的命题,”[42]总的说来,扩大了他的视野。毕加索接下来的画作也给阿波利内尔寻求联结诗人和艺术家之间的共同语言提供了一些思路,这种语言后来出现在阿波利内尔的“图画诗”(calligrammes)或“表意图像”(ideogrammes)的诗中。阿波利内尔凭借着自己的想象力、文化素养和智慧大大地开阔了毕加索的思路,而这些思路对毕加索于1907年在艺术上取得重大突破是不可或缺的。阿波利内尔给毕加索和山丘上其他年轻艺术家提供了思想上的支持和信心。

反过来,毕加索也鼓励阿波利内尔成为一位艺术批评家。当然,阿波利内尔对艺术的知识却是另外一回事,就像布拉克在1954年的一次采访中所说那样,“他连鲁本斯(Rubens)*和伦勃朗(Rembrandt) **的画都分辨不清。”[43]虽然阿波利内尔永远都没有成为一个艺术行家,但他对即将出现的新艺术,尤其是当立体主义仍处在雏形阶段的时候,作了不遗余力的宣传,表达了无条件的钦佩。要知道,立体主义在早期所得到的全是极其尖刻的非议。事实上,也许这正是毕加索鼓励阿波利内尔写艺术批评的隐秘原因。

两人之所以如此紧密地团结在一起,一是因为他俩在探索艺术和文学新的表现形式的时候——尤其是在寻找两个领域的共同语言的时候——互相给予大力支持;二是因为他俩都极为推崇创造的过程。阿波利内尔在1905年为毕加索所作的第一次艺评中,就强调他朋友“在追寻美的过程中锲而不舍的精神”,即他们共同对一种新的美学理论的追求。[44]

在阿波利内尔、毕加索和萨尔蒙对艺术和文学新形式的探索中,他们所要对抗的是什么呢?

哲学思潮和文学思潮

19世纪的科学见证了在现实主义和浪漫主义两者之间往复摇摆的世界观。在一定的程度上,文学也是如此。[45]19世纪末,人们开始反叛以左拉(Émile Zola)、易卜生、斯特林堡(August Strindberg)和安托万(André Antoine)为代表的文学和戏剧上的现实主义或自然主义。这些作家把焦点集中在日常生活的细枝末节上。为了尽可能地忠实于实际生活,情节和舞台布景越来越详尽;而梦境、幻想和传奇都被取消了,取而代之的是一些富于哲理和道德的主题。自然主义艺术(例如)包括康斯太布尔(John Constable)***的画作,他的那些云画(cloud paintings)精细地标了日期和时间,仿佛科学数据一般。

---

* 鲁本斯(1577—1640),佛兰德斯画家,在欧洲艺术史上有巨大影响,作品有《智者朝圣图》、《维纳斯和阿多尼斯》、《农民的舞蹈》等。——译者

** 伦勃朗(1606—1669),荷兰画家,擅长运用明暗对比,讲究构图的完美,尤善于表现人物的神情和性格特征,作品有群像油画《夜巡》、蚀板画《浪子回家》、素描《老人坐像》等。——译者

*** 康斯太布尔(1776—1837),英国现实主义风景大师。——译者

所有这一切都与当时统治哲学和科学的实证主义哲学观紧密联系在一起。实证主义的观点由法国哲学家孔德(Auguste Comte)最先在1830年提出。孔德提倡一种清除了神学和形而上学影响的科学的进步。这些思想在19世纪80年代得到40岁上下的维也纳哲人科学家(philosopher-scientist)马赫更精致的阐述。马赫的实证主义强调,只有能还原到感觉(或实验数据)的现象才能被认为是物理上真实的:眼见为实(what you see is what you get)。想象不起任何作用:一切超出表象(appearances)的东西都不过是幻觉而已。(我将在第3章进一步讨论马赫。)

实证主义与当时的唯物主义以及与跟它不光彩地相连在一起的产业主义和文坛、剧坛上的商业主义十分合拍。当时产业主义和商业主义风行于世。前卫派人士感觉世界就要淹没于庸才的手中了。“知识分子中普遍存在一种异化的、被从公众生活的前沿排除出来的感觉,还有一种政治上的幻灭感,这种幻灭感由于当时政坛上的一些丑闻和腐败而加速恶化。”[46]这就是所谓的“世纪末”(fin-de-siècle)情绪。

对孔德和马赫实证主义的哲学反动是唯心主义的复兴,主将之一便是杰出的法国哲学家柏格森。柏格森的唯心主义强调创造中无法用科学解释的生命冲动(élan vital)和信念,并且强调要反思心灵和实在之间的关系。当时信仰神秘术(occult)是一种时髦,知识界普遍欢迎降神会(séance),这一切在某种程度上是为了对抗实证主义关于不可见和不可言喻者乃为不存在的信条。

“毕加索帮”不可能没有听说过柏格森——他的演讲总是被广而告之,他们更不可能没有从雅各布那里听说过,雅各布还是一位年轻的哲学系学生时便通读了柏格森。[47]柏格森哲学最重要的概念是“绵延”(duration),根据这个概念,我们所了解的实在是我们在回顾中所经历过的一连串**连续的**(continuous)没有中断的感觉流的总和。绵延是一个动态的过程,它容许我们立刻反思——同时——构成我们记忆的心灵内部潜意识的经历,因而也就是我们所知的一切的根源:“纯粹的思想是一种更为广泛的力量(也即一种模糊的直觉)的缩略形式……”,它在我们的潜意识深处运行着。[48]

对柏格森来讲,要想获取对世界最纯的感知就必须抛弃排他性的唯物主义解释。只有艺术家才能达至这种思想的极点,因为“艺术为了让我们直面实在本身,艺术的目标只有一个,即消除那些实际使用的符号”。[49]

在柏格森看来,真正的自我是潜意识的、非逻辑的,只能通过直觉才能表达自身。柏格森认为科学绝不可能理解物理实在,因为作为智识构造的科学符号和单位没有反映个体经历时间中的持续状态。[50]一些哲学家认为,柏格森的观点太模糊而且反智识(anti-intellectual)。但是,正是他这种诗性的模糊和对艺术和创造的强调深刻地影响了反象征派诗人,如阿波利内尔、萨尔蒙和雅各布,并且通过他们影响了毕加索。

象征主义这一文学运动大体上都在被驱至神秘主义道路上的唯心主义哲学观基础上塑造自身。所以它完全脱离生活,加倍地反对实证主义。对当时出现的“世纪末”颓废抵制得最厉害的地方是巴塞罗那。巴塞罗那知识界赞同的是“尼采式的力量和对资产阶级的对抗,而非史文朋(Swinburne)*和伯恩-琼司(Burne-Jones)**式的纯洁和柔情,或者拉弗格(Laforgue)***式的悲观主义的冷嘲反语”。[51]巴塞罗那的反叛情绪比巴黎要强烈得多:活跃在加泰罗尼亚地区的无政府主义运动差不多每日都导致许多起爆炸事件。在“四猫咖啡馆”,毕加索曾经是公众瞩目的焦点。

阿波利内尔和他年轻的同僚们在探求一种新的文学形式:这种新形式要包含一些象征主义的想象和离奇念头,但却不能违背现实世界;这种新形式不能排除思想和文学的因素;不能一方面将自己变成极度的感伤主义或者另一方面将自己变成对自然的绝对模仿;这种新形式要在表象之外看世

---

* 史文朋(1837—1909),英国诗人、文学评论家,主张无神论,同情意大利独立运动和法国革命,作品有诗剧《阿塔兰塔》、长诗《黎明前的诗歌》、评论《论莎士比亚》和《论雨果》等。——译者

** 伯恩-琼司(1833—1898),英国画家和设计家。设计过金属、石膏等浮雕和挂毯图案等,代表作有油画《创世》、《维纳斯的镜子》等。——译者

*** 拉弗格(1860—1887),法国象征派诗人,首批采用自由体作诗的诗人之一。其诗作中的革命性形式对后来的法国诗人以及T·S·艾略特和E·庞德都有很大影响。——译者

界。就像象征主义者借助音乐来表现他们的许多主题一样，[52]阿波利内尔的新浪潮将求助于艺术。马蒂斯(Henri Matisse)的野兽派运动可以说是走对了方向，阿波利内尔曾在1907年的一期《密集的部队》(*La Phalange*)上撰文写道："作品的表现力主要是通过色彩和线条的组合来实现。正是这种表现力——而非对物体的简单再现——构成了画家的艺术。一些肤浅的人仍旧相信后者就是艺术。"[53]马蒂斯比毕加索年长12岁，是唯一曾被毕加索判定为对手并在最后又被他认可能与自己平起平坐的画家。[54]

到1904年10月马蒂斯遇见毕加索的时候，阿波利内尔早已开始试着在"一种立足于现实的抒情风格——不管这个现实是城市还是乡村——和从马拉梅那儿继承的关于诗即谜的象征主义的观念之间寻找一种调和"。[55]

对比之下，科学上的气氛迥然不同。

科学思潮和技术思潮

就在19世纪即将过去的最后几年里，科学上有了三个重大发现：1895年发现了X射线，1896年发现了放射性，1897年发现了电子。这三大发现使科学走出了自己的"世纪末"低潮。科学家们不得不严肃地考虑这么一个问题：这些效应可能是由感官知觉以外的实体引起的。

X射线尤其引起了公众的浓厚兴趣。最直接的哲学科学启示是：眼见非为实(what you see is *not* what you get)。人类的感官知觉是有限的。知识的这种相对性，引起了反实证主义的评论。空间再也不是空空如也。相反，四面八方都飞舞着射线：从放射性物质发射出来的α射线，作为电子另一种名称的β射线，最终被确认是光的一种的γ射线——正如X射线也被确认是光的一种。"X射线"这个名字本身就表明了科学家们对它们究竟是什么并不完全清楚。从19世纪90年代起就激发作家想象力的这个X光视觉概念，仿佛马上就要成真。漫画家们则大显身手。[56]

别忘了，毕加索1900年的第一次巴黎之行是为了参加万国博览会，他的画作《最后的时刻》在博览会上展出。而这个博览会的"电之宫"就是为了见证近几十年工业上所取得的惊人成就而设立的。就在过去这一代，人们的时间观念和空间观念由于电话、无线电报、X射线、自行车、电影、汽车、飞艇和飞机这样一些技术革新而发生了巨大的变化。[57]既然毕加索喜欢照相和摆弄图像，他不可能没有注意到展台上那些X光照片和器材。

报纸和杂志上的科学报道

毕加索和他的文学界朋友，当然也应该在报纸上看到关于X光和其他技术发展的报道。1905年5月10日的《巴黎日报》(*Paris-Journal*)就有一篇题为"Choses de l'Invisible"(看不见的事物)的文章这样开门见山地写道："天地之间的事物比我们共同相信的要多得多……而我们这个世纪仿佛要有力地成为这么一个特殊的时代：那些看不见的、神秘的、一度被实证主义者得意洋洋地放逐到幻想之列的事物，似乎都要在这个时代被揭示出来了……这就是那个非凡的密探——X射线的发现。"同一时期许多别的文章也引证了X光照片开启的一个看不见的现实，就像想象中的鬼魂照片。[58]这些文章对雅各布这类对神秘现象感兴趣的作家有着特殊的吸引力。艺术家和作家开始觉得他们也许可以和科学家一样揭示看不见的实在。

1906年1月31日的《巴黎日报》在一篇题为"Les Rayons X"(X射线)的文章中引用德国物理学家伦琴(Wilhelm Röntgen)本人的话："我发现的射线允许你看到隐形的东西，看到肉眼看不到的东西。""这一次，"文章评论道，"奇迹是真的。"然后文章转而用一种比较忧郁的腔调告知读者有关X射线的阴暗面：它们能杀死老鼠胚胎，使老鼠和兔子不育，"它们能否也被用来灭绝人类呢?"作者警告公众要对射线照片多加小心，因为"已经有一个内科医生因为用X光在自己身上做实验而毙命了"。

1906年12月31日的《巴黎时报》(*Le Temps*)将电话远程传递照片和重于空气的物体的飞行列为当年两个最重要的科学发现。《晨报》(*Le Matin*)[1907年2月8日载文"Les Photographies miraculeuses"(神奇的照片)]和《不妥协者》(*L'Intransigeant*)等其他日报还载文详尽地讨论了照片的远程传

递。这将给报纸带来一个崭新的面貌，因为直到那时，报纸一直依赖于艺术家们的图画。1906年1月9日的《巴黎日报》报道了莱特(Wilbur Wright)旨在让法国人信服他绝技的巴黎之行：他38分钟飞行了38千米。1906年11月11日的《巴黎时报》这样描述从巴黎到伦敦的飞艇航行："Le Manche a disparu"(英吉利海峡消失了)。

1907年2月8日的《晨报》大肆宣扬先锋派和与之相联的技术进步："今日的人类已不再感到惊讶了。他们目睹了如此多奇迹般的事物成真：电话、无线电报、飞艇。所有这些人类天才创造的奇迹使我们习惯于期待意想不到的东西，微笑地看待不可能发生的事物，因为我们有看到它实现的信心。"在大肆吹捧空中旅行的壮丽、浪漫和冒险的文章中，经常可以看到"La Conquête de l'Air"(征服天空)这样的字眼。

像大多数关注文学现代思潮的人一样，阿波利内尔、雅各布和萨尔蒙密切关注着文学双月刊《法兰西信使》(*Mercure de France*)，这本杂志也刊登一些准科学的(quasi-scientific)文章。我之所以说"准"，是因为这些文章是由一些文学幻想家撰写的，如雅里(Alfred Jarry)和佩拉当(Joséphin Péladan)，后者是要复兴玫瑰十字会秩序(Rosicrucian order)*的有名人物，也以"法师"著称。这种复兴，就像对神秘术和神智学(Theosophy)的兴趣一样，是和象征主义的高涨及其要从日常世界中寻找解脱的目标齐头并进的。1904年2月号《法兰西信使》刊登了佩拉当题为"Le Radium et l'Hyperphysique"(射线与超物理学)的文章，这篇文章企图将X射线与超自然现象(supernatural phenomena)联系在一起。他写道，"超物理学的研究对象，是超自然现象。"[59]不过，作为一种介绍性文章，他对X射线、阴极射线和卢瑟福(Ernest Rutherford)的放射线研究所作的解释还不错。尽管有些人认为佩拉当是个颇为荒唐的人物，但阿波利内尔、雅各布和雅里由于被神秘术所吸引，都有些受佩拉当关于《启示录》、雄激素和性的神秘本质等方面思想的影响。反过来，他们毫无疑义地将这些思想传达给了毕加索。[60]在同一期《法兰西信使》里，我

* 系始于17—18世纪的一个哲学家秘密团体，自称有古传秘术、通晓自然奥秘。——译者

们也看到普里厄(Albert Prieur)对法布雷(Louis Fabre)的《科学精神》(*L'Esprit Scientifique*)一书所作的书评。这本书比较详细地探讨了科学相对主义的问题。[61]另一期《法兰西信使》上有署名为雷哈(Marcel Réja)的文章,对时间旅行作了讨论。[62]

还有一期《法兰西信使》刊登了对勒邦(Gustav LeBon)1905年出版的《物质的进化》(*L'Evolution de la Matière*)一书的书评,焦点集中在这样一种主张:任何放射物都是原子分裂的结果。[63]按照勒邦的理论,原子不是固定不变的,而是不断地转换成为能量。最后,一切都是无定形的。这些观点反映了勒邦的好朋友柏格森的哲学:两人都强调连续性和过程而非有形的实体。[64]勒邦的书成为畅销书。[65]

《法兰西信使》上另一篇值得注意的书评是路易·韦伯(Louis Weber)写的,评论的是法国伟大的博学之士庞加莱1902年出版的《科学与假说》。[66]韦伯在文中讨论了,从一个肤浅的意义上看,科学是如何显现为一个绝对正确的逻辑体系的,而其中的真理是毋庸置疑的。但庞加莱通过指出假说在科学中的作用和假说对众多连锁假定的依赖,表明科学理论实际上多么不牢靠。书评者写道,庞加莱的探索也向我们揭示了这样一个奥妙:我们对假说的选择——从理论上讲,应该有无穷多的假说能解释任何一组数据——是基于"便利"的。因此,没有理由相信科学理论的独特性,甚至也没有理由相信那些被科学理论假定存在但看不见的事物真的存在,比如说原子。《科学与假说》也是一本畅销书,而且,我们将看到,它对毕加索起了重要作用。

所有这些报纸和文学期刊,"毕加索帮"的各个成员都应该读了。他们的朋友雅里比他们更能理解科学对他们的文学尝试产生了重大影响,并且也将很快影响到毕加索的艺术。

阿尔弗雷德·雅里

阿尔弗雷德·雅里是先锋派生活方式的绝对化身。他是思想界的一个密探,擅长摧毁资产阶级文学和社会的常规习俗。

雅里1873年9月8日出生在布列塔尼的拉瓦勒。在雷恩的公立中学里,他是一个才华横溢的学生,不用怎么努力也能卓尔不群,不过他同时也展示了做一个最顽劣的捣蛋鬼的才能。黄色笑话最是他之所好。他以希腊语、拉丁文、德语和绘画方面的优异成绩毕业。不过,与他将来的文学事业更为相干的是他那位完全无能的物理老师埃贝尔(Hébert)教授。埃贝尔所教的"我的物理科学"的课堂上完全是一片大混乱,所作的解释完全不恰当,所做的演示总是出差错。雅里以巨大的热情投入到大家的哄闹骚动中,策划各种关于这位不幸教授的玩笑剧。这些剧作材料中的一部分后来形成了他的《乌布》(*Ubu*)系列剧和《荒诞玄学家浮士德洛尔博士的言行》(*Gestes et opinions du ducteur Faustroll, pataphysicien*)一剧的基础,前一部分剧本的写作日期始于1896年,后者在他死后才出版。

雅里曾一心要在综合工科学校(École Polytechnique)拿一个工程学位,但后来却决定去巴黎的亨利四世公立中学,为考高等师范学校作准备。虽然专攻精深的恶作剧,雅里也找到时间学习尼采,亲耳聆听柏格森开始讲述一种新的、绝对尖锐地反实证主义的哲学。同时,他也认识到想象的绝对重要性,象征派文学的这个特点将永远对他的著作至关重要。[67]最后雅里抛弃了正规教育,闯到巴黎成为一个"文人"(homme de lettres)。大约从1895年开始,雅里更是脱胎换骨,他那爆炸性的反传统的艺术和文学目标与他本人完全合为一体,加上每天故意大量地酗酒吸毒:他身体力行地实践着他的文学创造。

虽然1896年之前雅里就已给自己闯出了些名气,但直到那一年,他才以他的剧本《乌布王》(*Ubu Roi*)一举震撼了法国文坛。乌布王是个单人爆破队。雅里以全副武装的尼采式虚无主义意欲将当时浮华自负的法国剧院连根拔除,并通过荒谬怪诞来取笑典型的中产阶级文化。《乌布王》的第一个字是"操!"(Merdre)——雅里对众所周知的"诅咒"(mot de Cambronne)进行的翻版。这个字从来没有在法国舞台上使用过(至少没有在这么突出的场合)。更加糟糕的是雅里要求的着重发音,还将卷舌音"r"发得十分响亮——

"MerdRe"。在该剧第一次公演时,观众花了大约15到20分钟才平静下来使演出得以继续。该剧的第二个字也是"操!"[68]

雅里的典型形象是:裹着一身自行车赛车服,蹬着一辆自行车,肩上挂着一支卡宾枪,腰间别着一支或两支勃朗宁手枪,有时外加一根钓鱼竿用来从塞纳河里钓点鱼来当饭吃。他的勃朗宁手枪极富传奇性。1897年,有一次雅里对一个比利时喜剧演员的口吃恼怒极了,最后他掏出手枪朝那演员便是一枪——当然用的是空包弹。还有一次在"巧兔"咖啡馆,雅里向三个德国人一阵猛射,只因为他们有关美学理论的问题激怒了他。

雅里性格中几个为数不多的常性,是反复无常和毫无节制。没有哪一种习俗不受到他的嘲笑:如果他喜欢,他可以倒着程序从饭后甜点开始吃饭。他有时穿一件纸做的衫衣,领带是用墨水画在上面的。[69]

这些特点并非雅里个人特有的癖好或者仅仅是作秀的极端行为,而是他的宣言,关于生活、文学、艺术三者统一的宣言。这种统一,照他看来,要求完全重新定义一个人的概念框架。他这些观点给阿波利内尔和萨尔蒙一类的年轻作家留下了不可磨灭的印象。雅里是1903年认识阿波利内尔和萨尔蒙的,通过他们,他也给毕加索留下了深刻印象。雅里的主张是:他们必须清除自我思想中的一切限制和约束。他的影响强化了这些年轻作家和艺术家自我的抒情和艺术幻想,尽管他们并不准备走雅里本人的路。1907年,毕加索开始在艺术上响应雅里的主张。

虽然具有破坏性的"乌布神父"是对一名错误百出的"物理科学"教授的嘲弄模仿,但浮士德洛尔博士却反映了雅里自身对另一途径"荒诞玄学"的探索——探索超出我们感官知觉之外的世界。《荒诞玄学家浮士德洛尔博士的言行》是一次对艺术、文学、哲学和科学想象世界的游历。[70]雅里大部分时间花在"科学的想象"(L'imagination scientifique)上。几年后,"他明确地宣布他设想不出任何别类的想象。"[71]

雅里对荒诞玄学的阐述,表明了他最想要描绘的是科学和艺术范畴。"最重要的是,荒诞玄学是一门关于特殊现象的科学,虽然一般都认为只有关于普遍现象的研究才叫科学。荒诞玄学要考查适用于例外的法则。”[72]**“荒诞玄学是关于想象的解答的科学，这门科学象征性地把由事物基本性质描述的特性归因于事物的属性。”**[73]不管是在文字上还是在生活中，雅里都信仰不一贯的一贯性，因此对他来说，一切都是例外，任何事情都可以成为任何问题的想象的解答，科学上、艺术上或者文学上都是如此。并且，所有这些想象的解答都是可以采纳的，因此，所有的世界都是可能的世界，智识自由是绝对的。

雅里立刻举例说明他所谓的事物的“基本性质”是什么意思。“一面钟的形状是什么？”这样一个问题就允许有一大批答案，就看你如何看待它，也就是说，如何看待它的基本性质(virtuality)。所有这些解答都是可能的。换言之，没有一个绝对的“钟的形状”。这个观点将影响毕加索去发展一种新的艺术，在这种新的艺术里，一个物体的好几种视图同时都被画下来。

至于这些“想象的解答”是否妥当，雅里接下来在《荒诞玄学家》一书里讨论道，如果一个人缩变成一只很小的虫子，走在一片沾满露水的菜叶上，那生活于他会是什么样呢？可以肯定，这个人从感官知觉而来的世界观与我们日常世界是极其不同的。这些知识相对性的例子表明了雅里反传统科学的立场，反对传统科学认为我们的宇宙是唯一可能的宇宙的观点。

毕加索在巴黎的头几年，他的法语水平还不好，阅读不了雅里的著作。但是雅里的好朋友阿波利内尔给毕加索讲解了所有这一切，并且透彻地向他解释了雅里的宗旨：一个人必须解放自己的头脑去想象一切想象的世界，去观看现象之外的世界。阿波利内尔更不可能忽视雅里著作里一个最重要的主题，即雅里赋予艺术家的崇高地位。在尼采宣告上帝的死亡之后，由此产生的真空被富于创造性的艺术家填满了，因为只有艺术家才具有展现想象世界的无穷创造力，才能去探索绝对真理。[74]探索绝对真理于雅里至关重要，因为对他来说，一切相对真理实质上都是谎言。

在探索绝对真理的过程中，雅里提出，艺术的进一步发展需要几何学。他在1901年出版的《乌布神父的插图年历》(*Almanach illustré du Père Ubu*)一剧中写了这么一段乌布神父与自己良心的对话：

> 良心：乌布神父，你只吐些蠢话。换个话题吧，你最近对绘画的主题有些什么愚蠢的意见？
>
> 乌布神父：我不再绘画了。我赞同圣热罗姆(Saint Jerome)*的观点，他曾对学生说："别信任提香(Titian)**！要警惕柯勒乔(Correggio)***！"我的观点甚至更笼统，我说："要警惕绘画！"我不再用我的忠告帮助布格雷罗(Bougrereau)****先生了，我研究几何学。[75]

争论毕加索是否见过雅里没多大意思。[76]他通过阿波利内尔以及雅各布、雷纳尔和萨尔蒙了解了雅里。雅里对轰炸资产阶级常规习俗的专心专意，他对艺术的关注和对科学的兴趣，以及他赋予艺术家的崇高地位，只可能给毕加索留下深刻印象。雅里对艺术家和作家的告诫是：脱离现实主义，走向想象世界。这个号召直接影响了阿波利内尔，也将影响毕加索。

毕加索刻意地模仿雅里的生活方式，不过他不像雅里那样走极端。例如：到1907年的时候，毕加索也拥有一支上满空包弹的勃朗宁手枪，如果他的赞美者询问他画作的意义、他的美学理论，或者任何人胆敢侮辱塞尚，他便朝他们开枪。[77]像雅里一样，毕加索将他的勃朗宁手枪当作一种荒诞玄学的武器，在某种意义上扮演着现实生活中的乌布神父，[78]清除着布尔乔亚式的乡巴佬、蠢货和庸人。乌布神父对自己良心所作的关于摈弃旧的绘画形式而转向几何学的声明只可能在毕加索创造《亚威农少女》的时候给他灵感

* 圣热罗姆(347—420)，早期西方教会教父，研究《圣经》的专家，以修订《圣经》著名。——译者

** 提香(1490—1576)，意大利文艺复兴盛期威尼斯画家，擅长肖像画、宗教和神话题材画，作品有《乌尔宾诺的维纳斯》、《圣母升天》、《文德明拉全家肖像》等。——译者

*** 柯勒乔(1494—1534)，意大利文艺复兴时期重要画家，创作了大量的油画和天顶画，多以宗教和神话为题材，著名作品有《耶稣诞生》、《天堂》等。——译者

**** 此处布格雷罗暗指布格罗(Bouguereau)。布格罗(1825—1905)，法国学院派画家，维护正统艺术，排斥印象派，多画裸体、田园、宗教神话等题材，风格严谨细腻。——译者

和鼓舞。几何学成为一种激动人心的新艺术的语言,这种艺术是毕加索从1907年开始一直在热情满满地探索着的。不过,在这之前,他需要两个重要的转变期。

转变:1904—1905年

毕加索的第一个转变期是1904年冬和1905年,他从“蓝色时期”过渡到了“粉红色时期”。用马尔的话讲,为那惊人的转变所作的一切准备都就绪了:[79]他钟爱的女人,费尔南德·奥利维耶;作为催化剂的诗人或诗人们,主要是阿波利内尔、雅各布和萨尔蒙;他所居住的地方,“洗衣舫”;给予他永远也嫌不够的赞美和理解的朋友圈,“毕加索帮”;以及与他形影不离的爱犬,弗里加。

毕加索安定的个人生活和“毕加索帮”在智力上的刺激合在一起擦出了火花。因为经常去看梅德拉诺马戏团(Cirque Médrano)的表演,毕加索开始喜欢那里的小丑和杂耍艺人,这些人在他们的角色和演出中把16世纪传统的人物——“喜剧角色”和**杂耍艺人**这样一些游离于社会之外的局外人——合二为一。费尔南德回忆毕加索曾在马戏团的酒吧和那些人谈天说地。让她更为气恼的是,他甚至带了一个艺人回家吃晚饭。[80]到这个时候,毕加索早已把自己装扮成那个友善的局外人了,所以那些人物对他来说就更有吸引力。

对于阿波利内尔一类的诗人来说,**杂耍艺人**是个隐喻,喻示“艺术创造这样一个神圣的奇妙过程,绝不受自然法则的约束,更不受社会习俗的约束”。[81]阿波利内尔想要将这个隐喻反复灌输进艺术家的脑子里。他1905年11月完成的诗作《杂耍艺人》(*Les Saltimbanques*)大大地影响了毕加索的思维,促使他完成《杂技演员之家》(*The Family of Saltimbanques*)。[82]这幅画中的人物原形明显是“毕加索帮”的成员,而毕加索本人就是其中的喜剧角色。[83]这些关于喜剧角色的画作将喜剧角色描绘成一个身着颜色鲜亮、图案线条分明的传统服装的人,这样便把他从现实世界中分离出来,而与现实世界之外的一个神秘世界联系到了一起。[84]在《杂耍艺人》中,阿波利内尔赋予这个人物以首要地位,并称之为"喜剧演员特里斯米吉斯特"(Harlequin Trismegistus),这是取自赫耳墨斯(Hermes)*这个掌管金丹术秘密的永恒和神秘之神的姓氏。[85]这就是早在1905年诗人对毕加索的兴趣和创造力的评价。[86]

在完成了《杂技演员之家》以后,也就是1905年岁末,毕加索实际上结束了他的"粉红色时期":将喜剧角色杀死在《喜剧演员之死》(*Death of Harlequin*)这幅画里。[87]

进一步转变:1905—1906年

对毕加索从严重忧郁的"蓝色时期"过渡到"粉红色时期"——后者又被称为毕加索的第一个新古典主义时期,学者们推测还有另外一些可以作为补充的原因。大约在1904年,像"丁香园"一类的咖啡馆开始传播有关"地中海传统"复兴的言论。实质上,这是一次由南欧人掀起的反对德国画家传播的"世纪末"颓废情绪以及反对崇拜"le moi"(自我)的尼采信徒的对抗运动。古典艺术被"重新发现",而对毕加索来说,频访卢浮宫变得必不可少。他也开始更加仔细地研究高更的作品。他是1901年通过他的朋友杜里奥知道高更的,杜里奥曾与高更住在一起过。对毕加索和其他年轻的艺术家来说,高更代表着一种原始主义,这种原始主义比美学理论更富文学性和哲学性。高更的生活,与那种几乎已被严酷的法国殖民主义消灭了的更加轻松浪漫的生活方式相比,是对现代文明的一种无言批判。[88]为了响应知识界和艺术界这些丰富多彩的潮流,毕加索抛弃了他的"蓝色时期",拥抱了一种更加轻松、更加抽象、更加自由的风格。

这种概念转变的最初迹象,可从1905年6月和7月他在荷兰所作的素描和绘画里明显看出。这些作品没有透视点,没有立体感,女人被描绘成一些女巨人(giantess)——"像卫兵一样的女学生",据说毕加索曾经这样说

* 又译海尔梅斯。希腊神话中众神的使者,亡灵的接引神。罗马神话中称为墨丘利。——译者

过。[89]之所以从“粉红色时期”那些开始有市场的喜剧角色和杂耍艺人的绘画转变成另外一种风格，可能与毕加索“不相信他自己的精湛技巧”有关——包括他作画的惊人速度。[90]1901年，尽管被沃拉尔收买的那批具有野兽派前期风格、劳特累克(Lautrec)*式的油画非常成功，毕加索还是转向了他那些不受欢迎的“蓝色时期”画作。现在，面对他略为成功的“粉红色时期”，他要冒险尝试一种更加概念化的风格，画一种“没有主题、全是沉寂”的“画”。[91]

毕加索去荷兰的时候，费尔南德还没有搬来与他同居。她对他没有带上她一起旅行十分不满，以去做裸体模特儿来引起他的嫉妒，毫无疑问其中也穿插着一些风流韵事。毕加索回来后便把他所画的女性人体画展示给她看，这些画无言的暗示再明显不过了。这使两人大吵一场，之后便是情感激荡的和解。1905年夏末，费尔南德搬进了毕加索的画室。[92]

收藏家和艺术经纪人

另一个促使毕加索画风变换的因素，是罗谢将他引见给了莱奥和格特鲁德·施泰因兄妹。1905年10月，罗谢安排莱奥走访了“洗衣舫”。莱奥惊讶地看着眼前的一切，完全被毕加索吸引了：“他言语不多，显得既不遥远又不过分亲密——只是完完全全地在那里……。他看起来比大多数人都真实，虽然他并没有刻意地去营造这种效果。”[93]几天以后，费尔南德和毕加索已经在左岸弗勒吕斯街(rue de Fleurus)施泰因兄妹的寓所里用餐了。格特鲁德被这个“漂亮的擦鞋匠”打动了。[94]毕加索也同样被她所吸引，于是他们开始十分频繁地见面。也许他们之所以相处得这么好是因为他们的法语都不怎么样，那是他们唯一能进行交流的语言。毕加索天生能和那些他不懂其语言或者只懂一点点的人相处得很好。[95]他和格特鲁德变得如同兄妹一般，常称她为“搭档”(pard)——这是他从他非常喜欢的西方人那里拣来的美国

* 劳特累克(1864—1901)，法国画家，善于描绘人物本质特征，吸收日本浮世绘技法，自成一格，作品有油画《面对面的晚餐》、招贴画《红磨坊——贪食者》、石版画《她们》等。——译者

俚语。[96]

格特鲁德因为对毕加索着迷，就请他为自己画一幅肖像。她宣称她大约去“洗衣舫”做了90次模特。周六的夜晚，费尔南德和毕加索会陪她走回左岸，然后大家一起在弗勒吕斯街吃晚餐。这些晚餐就是她的沙龙的起源，在沙龙里，毕加索遇见了不少人，其中之一就是马蒂斯，那是1906年3月。毕加索法语十分糟糕，经常听不懂别人讨论，因此沮丧不已。他尤其听不懂马蒂斯：“马蒂斯讲啊讲啊，我却讲不出来，所以只一个劲地**是**、**是**、**是**。但根本就他妈的全是废话。”[97]他把“毕加索帮”的成员如阿波利内尔、萨尔蒙、雅各布和普兰斯带来给他助威。[98]他从施泰因兄妹尤其是格特鲁德那里获得了一种有关艺术史和现代美学理论的教育。他们的惠顾也改善了他的经济状况。但是同样重要的是，毕加索看到自己的画和格列柯、高更、雷诺阿、塞尚和马蒂斯的挂在一起。

山丘上大多数的艺术家实际上完全受艺术经纪人的摆布，而大多数经纪人无耻地占尽艺术家的便宜。例如，有个被称作“神父”(le père)的名叫苏利耶(Soulié)的经纪人，从来没有给哪个艺术家的哪张画付过超过100法郎的钱，100法郎简直就是一笔小小的横财了。苏利耶经常是先和艺术家们讨价还价把价钱杀得低到艺术家注定接受不了，然后到午餐或晚餐的时候再度出现在这个穷艺术家的画室里，再将那个低价抖出来，而艺术家现在饥肠辘辘，常常会接受下来。[99]每当毕加索赚了点钱时，他会立刻去买画具，这样一来他又基本上一文不名了。

1905年2月25日到3月25日，毕加索在塞律里埃画廊(Galeries Serrurier)展出了他“蓝色时期”的作品，但这批作品卖得极差，这使毕加索决定再也不在巴黎办画展了。这种态度不是一时形成的，并且只有在他遇到俄国收藏家休金(Sergei Shchukin)和施泰因兄妹后才下了最后的决心。为什么不直接卖给收藏家本人呢？

毕加索直到1907年7月才再次改变他对艺术经纪人的看法，那时候，他遇到了坎魏勒。[100]坎魏勒胜于其他经纪人的地方是：他不但真诚地喜欢画，也真诚地喜欢画家。他建立了这样一种名声:拼命地讨价还价,但凭良心公平办事,绝对忠于他的艺术家。[101]从1907年开始,毕加索再没有物质生活的困扰了,再也不必为了他的晚餐去求蒙马特尔那帮经纪人了。这种物质生活的独立,毫无疑问是毕加索创造力这片马赛克里的另一块花砖。[102]

1907年,是毕加索第一个伟大的创造之年。还有三件事影响着他这一年的创作:这些年来他严肃认真参观的巴黎两个主要艺术沙龙——独立艺术家沙龙(Salon des Indépendants)和秋季沙龙(Salon d'Automne);他在卢浮宫发现了古伊比利亚雕塑,那是1906年5月之前的某个时候;他和费尔南德1906年夏的格索尔之行。

1905和1906年的沙龙

独立艺术家沙龙是19世纪后期创建的,其目的十分明确,就是为了对抗美术馆拘泥刻板的传统体制。它所举办的画展是些没有专家点评的大型展览。为了提高这些画展的整体质量,另一个完全独立的秋季沙龙于1903年创建,这个沙龙有一批杰出的评论家来评选现代艺术的最佳之作。[103]

秋季沙龙1905年的画展成为一系列给毕加索留下不可磨灭印象的画展之首。起先那里有令人震惊的“野兽笼子”(Cage aux Fauves)事件,所谓“野兽笼子”是指马蒂斯及其追随者如特朗和弗拉曼克举行画展的展厅。他们使用鲜亮的、反差极大的色彩,走笔几乎是任意的,给人的整体印象是人体和人脸的一派扭曲。野兽派画家对一切传统绘画形式的直接挑战使艺术批评家沃塞勒(Louis Vauxcelles)把他们称为“野人”,并责问他们这是否真的是艺术。[104]

这次展览同时还展出了塞尚的几幅画,也许这几幅画当时还没有引起毕加索的兴趣。修拉(Seurat)*的画同样没有引起他的注意。他仰慕马奈

---

* 修拉(1859—1891),法国画家,新印象画派点彩派主要代表,追求色彩分析,用不同的色点构成画面,主要作品有《阿涅儿的淋浴》、《大碗岛上的星期日下午》等。——译者

图2.3　格列柯的《启示性的幻象》,作于1608—1614年。

(Édouard Manet)*的技巧。但除了野兽派,他印象最深的是安格尔的回顾展,尤其是安格尔的《土耳其浴》(*Le Bain Turc*),这幅画被藏匿在一批私人收藏品里差不多有40年之久。一个以严肃的肖像画而知名的画家被发现画有一幅闺房场景的画,引起的轰动是可想而知的。《土耳其浴》里裸女们拥挤的聚集以及手臂拱举过头顶的两个女人的站立姿势,都影响了毕加索对《亚威农少女》的构图。影响他的还有格列柯的《启示性的幻象》(*Apocalyptic Vision*),这幅画是毕加索1906年才看到的。

1906年,马蒂斯在独立艺术家沙龙展出了他的《生命之欢乐》(*Le Bonheur de Vivre*)。这幅画被艺术批评家视为同时代最先进的绘画作品:它是艺

* 马奈(1832—1883),法国画家,革新传统绘画技法,对印象派产生影响,画风色彩鲜明,明暗对比强烈,尤善表现外光及肖像,主要作品有《左拉像》、《奥林匹亚》等。——译者

术上流行的、充满冒险精神的一切的化身。在这幅画面前，毕加索的杂耍艺人和喜剧演员都显得暗淡逊色了。毕加索将《生命之欢乐》和它获得的好评视为一种巨大的挑战。格特鲁德又在她周六夜晚的社交晚会上煽动这两个男人之间的妒火。不过，毕加索和马蒂斯还是定期见面，评论相互的作品，甚至交换画作。我们将在第4章看到，这种关系在马蒂斯看了《亚威农少女》后变得十分紧张，到了崩溃的边缘。

理查森强调，到1906年秋天，毕加索的竞争性开始凸现出来。他开始摩拳擦掌，他"开始训练；他再也不能容忍马蒂斯的无上地位不受到挑战"。[105]就在这个时候，毕加索决定他需要暂避巴黎的压力并且找些时间进行反思。但是在前往格索尔之际，他有了一个新的发现，那是1906年5月，他在卢浮宫看到了新近才被发掘出来的非常原始的古伊比利亚雕塑，这个发现将促使他发展一种崭新的绘画风格。

原始主义和格索尔

卢浮宫展出的面具般的石像使毕加索印象深刻，因为雕塑作者感兴趣的不是一种自然主义的再现（naturalistic representation），而是一种概念式的再现。这个展览也打动了马蒂斯和特朗，他们同样感觉到一种回归原始艺术源头的需要。[106]卢浮宫的这次经历使毕加索重新诠释高更。他将高更温和的原始主义和对天堂的浪漫描绘糅进古伊比利亚雕塑精神的"粗糙"之中。

整个夏天跟费尔南德在格索尔的时候，毕加索一直在消化吸收他的卢浮宫经历。这是他们的幸福时光。费尔南德回忆道，在西班牙，"他变了个人似的，和气多了。"[107]他们路经巴塞罗那，在启程去格索尔的时候，毕加索的朋友本托萨在他的画室里为他们拍下了图2.2的那张照片。

在格索尔，毕加索"发现了"费尔南德的裸体，在她梳妆打扮的当儿为她画了许多素描。他的素描《闺阁》（*The Harem*）描绘了一群费尔南德式的美貌女人拥挤地聚集在一起梳理着长发（图2.4）。素描的前景上，一个肌肉发达、古伊比利亚式的裸体男人正懒洋洋地倚靠着地面，手里还抓着一只长颈酒瓶(porrón)，野餐的剩余食品——香肠和面包——被搁在地上。这种主题和构图显然是受了安格尔的《土耳其浴》的影响。这是毕加索第一次尝试将人物这样排列。

图2.4　毕加索的《闺阁》，1906年作于格索尔。

在格索尔的另一大发现是他们的房东丰德维拉(Josep Fontdevila)。丰德维拉的脸在毕加索的手中渐渐变成一种死亡一般的面具，这种面具将渗透到毕加索所有的肖像习作中，最后到老年时面具变成了毕加索自己的面具。毕加索在格索尔的素描本"表现了一些新的尝试，他将女人的面庞和身体进行简化，并用图解法表现，尤其着力将面庞简化为面具"。[108]

8月底或9月初，一回到巴黎，毕加索便立刻着手完成格特鲁德·施泰因的肖像。广为流传的有关故事是：格特鲁德做了约90次模特之后，毕加索将她的脸涂掉,把画像放在了一边。现在,他可以完成这幅肖像了,并且也这样做了。传说他在一刹那间便完成了:[109]格特鲁德的脸是古伊比利亚浮雕式的,一幅石头似的面具。这可能是立体主义最早的画作了,阿波利内尔6年后评写立体主义的发展时对立体主义理解得再透彻不过了:“这种艺术描绘新的和谐整体,其构成材料不是从视觉的现实而是从概念的现实而来。”[110]为了进一步探索他对概念高于感官知觉的发现,毕加索开始绘制一系列石头般的裸体画。他的风格越来越不受个人情感影响。像他在文学界的朋友阿波利内尔、雅各布和萨尔蒙一样,毕加索背离象征主义,转向了一种新的表达现实的方式。

这便将我们带到了1906年年末。这时毕加索正在绘制一些石头般的女巨人,如《两个裸女》(*Two Nude*)。[111]在他的《拿着调色板的自画像》(*Self-Portrait with a Palette*)里,艺术家将自己描绘成一个具有石头般自信的人,这直接挑战了马蒂斯作为先锋派领袖的地位。[112]这种挑战不仅仅表现在画中人富有进攻性的姿势上:那极简主义的(minimalist)用色,紧捏的拳头和将脸作为面具的概念化表现都强有力地挑战了马蒂斯的野兽派艺术。正如理查森所写的:“马蒂斯想去镇定、抚慰和取悦,而毕加索想去挑战、刺激和震荡。”[113]这幅尼采式的自画像提出了挑战。莱奥·施泰因在回忆毕加索这个时期极端的竞争性情绪时引用了他的话:“强者应该前行,取其所需。”[114]

这个时候,毕加索与费尔南德在 起的生活开始恶化。这是毕加索生命中第一次完完全全地沉溺于自己的工作之中。格索尔的蜜月结束了。毕加索完全退隐到自己的世界里,确信自己很快就要创造出一件伟大的艺术品,并且对别人的干扰表现出异常的愤怒。费尔南德对毕加索沉溺于工作之中很不满,可能也不喜欢毕加索对她的描绘,因为在这些画里她渐渐从一个轻柔、美丽的女人变成了石头般的格特鲁德·施泰因的同类。就像几十年后吉洛(Françoise Gilot)所描述的那样,毕加索这时已经走上了将他的情人们从“女神”转变为“门前擦鞋垫”(from“goddesses to doormats”)[115]的道路。到1906年年底,两人之间的紧张关系已经到了白热化的地步,并且还在继续恶化。1907年9月,他们尝试了一段短暂的分居。

在创作的酝酿时刻,艺术家们绝不可能把自己和周遭世界分离开来。在毕加索1907年创作他的杰作《亚威农少女》的时候,这种跟费尔南德充满火药味的两性关系的影响不可低估。

第3章　动人心魄的男性美

如果运气好,能成功地通过考试,我将去苏黎世的联邦工学院。我会在那儿待4年,学习数学和物理学。我梦想自己会成为那些自然科学分支领域尤其是其理论部分的一名老师。……科学生涯存在着一定的独立性,那正是我非常喜欢的。

——阿尔伯特·爱因斯坦,1896年9月18日于阿劳

满怀着年轻人的乐观主义,17岁的爱因斯坦思考着他的未来。这段话是他在瑞士阿尔高州的一所预科学校毕业时的法语考试中写的。他的前景一点也不确定。一年前,即1895年,他没能通过位于苏黎世的瑞士联邦工学院入学考试,被建议先复习几门功课然后再试。在此之前,1894年,这个男孩为了减轻由易怒的老师所带来的痛苦,从慕尼黑的卢伊特波尔德高级中学辍学,未获文凭。1900年,他从瑞士联邦工学院毕业,由于与身居要位的教授们在个性上的冲突,再加上成绩平平,两年之内未能找到稳定的工作。最后,在1902年,由一位好朋友的父亲帮忙,他才在位于伯尔尼的瑞士联邦专利局找到了一个职位。

然后,在1905年,这位中级公务员发表了4篇彻底颠覆物理世界、并对20世纪的文化产生了不可磨灭影响的论文。第4篇论文引入了一个成为物理学、宇宙学、事实上是所有现代科学象征的公式:$E = mc^2$。

我们尤其对第3篇论文即所谓的狭义相对论论文感兴趣。其中有一种全新的空间和时间概念，在科学意义上与毕加索对视觉的探索非常相似。

年轻科学家的教育

与毕加索一样，爱因斯坦在一个其成员联系密切的家庭中度过童年。[1]他的父亲，赫尔曼·爱因斯坦（Hermann Einstein），在年轻时曾显示出在数学方面的才能，但是家庭的财政状况使他不得不放弃任何科学上的抱负，最后他成了一位商人。爱因斯坦的母亲，保利娜（娘家姓科赫）[Pauline（née Koch）]，比赫尔曼年轻10岁。他们是具有献身精神的一对，努力想在一种开明的、有文化氛围的家庭环境中培养他们的孩子。据说赫尔曼很喜欢大声诵读海涅（Heine）和席勒（Schiller）的作品，而保利娜则鼓励孩子们发展音乐方面的才能。

阿尔伯特于1879年3月14日出生于德国的乌尔姆（Ulm）。那时赫尔曼32岁，做着羽绒床垫的生意。生意还算成功，但问题不少。一年后，他成为其弟雅各布（Jakob）在慕尼黑的机械工程公司的合作伙伴，该公司专做燃气锅炉。1882年，他们确信电气企业会有伟大的未来，于是把生意扩展到了该领域。赫尔曼负责业务，而雅各布，这位获得专门资格的工程师，则负责专业技术方面的事情。

年幼的阿尔伯特很晚才开始讲话，以致那些与他接近的人担心他永远也不会讲话。“但是这种担心是没有理由的，”因为大约在两岁半时，妹妹马亚（Maja）的降生触发了这个男孩的语言功能。[2]爱因斯坦一家所具有的热情以及自由思考的非宗教态度，明显有利于爱因斯坦的自尊心。在三四岁时，这个男孩就敢自己穿越慕尼黑最繁华的大街。“自信是其性格固有的一部分。”马亚回忆道。[3]尽管阿尔伯特并不缺少朋友，他还是宁愿单独做一些事情，比如猜谜语、用纸片搭建多层楼房等。爱因斯坦在7岁时进入公立小学，被认为智力平平，因为他解题要花那么长的时间。他宁愿慢慢地、有条不紊地检查它们，而不是像老师所期望的那样机械地回答。耐心、坚持不懈和有

条理，这些对他未来的工作非常重要的特征，在很早的时期就显示出来了。但是这些特征都被老师误解了。

爱因斯坦10岁进入慕尼黑的卢伊特波尔德高级中学时，这种误解加深了。他后来谈到他的早期教育时说："小学老师在我看来就像步兵中士，高级中学老师则像中尉。"[4]在这种普鲁士式的氛围下，学生必须害怕老师，老师们的话是毋庸置疑的。死记硬背司空见惯。

高级中学的课程首先强调语言，然后是历史和生物学，根本不重视物理学和数学。记性好是取得好成绩的关键。这对爱因斯坦来说是一大问题，因为他的"主要弱点就是记忆不好，尤其记不住单词和课文"。[5]在科学上，这种"不好的记性"(bad memory)在某种程度上说是有用的，因为他偏向于从第一性原理(first principles)而不是从所记得的结果出发来展开工作。比如，当碰到与引力有关的问题时，爱因斯坦是从牛顿理论的基本公理出发，在这个基础上继续前进，而不是试图记住已经得出的结论。这是极其困难的，它是那些极力了解比他们知道得更多的人的显著特征。

在高级中学，爱因斯坦遭遇了不幸的境况。一位教希腊语的老师告诉他，鉴于他的成绩太差，他将一事无成。就希腊语这一点而言，他确实是毫无成就。其他老师的态度也同样生硬。其中一位老师甚至说，仅仅因为他的出现就毁掉了"老师需要从班里得到的尊敬"。[6]这些老师明显感受到了阿尔伯特抵抗权威的超常方式，因而也反过来采取了即使在那个时代看来也显得粗暴的方式对待他。爱因斯坦对此的反应是，从这个"仅仅是个人的"领域退却，进入到超越表象的世界中去。[7]

爱因斯坦对这种世界最早的感知出现在四五岁时。他生病后躺在床上，父亲给他带来一个罗盘让他玩。[8]爱因斯坦吃惊地注意到，不管他采取什么方式转动罗盘，其指针都永远指向同一方向。这在他的日常经验中是完全没有见到过的。在日常生活中，只有把指针固定住，它才能不变地指向一个方向。这个男孩由此得出结论："在事物背后必定有某种深藏着的东西。"[9]后来，爱因斯坦把一种与我们的日常经验有明显冲突的现象称之为"奇迹"。[10]

在大约12岁时，他又一次试图让自己从仅仅是个人的领域中解放出来。尽管在一个非宗教的家庭氛围下长大，爱因斯坦有一段时间也深深沉浸在宗教中。他准备他的成人仪式(bar mitzvah)，*热衷于成为当地犹太人团体中的一名积极分子。这一愿望没有实现，很大程度上是由于一位年轻、贫穷的医科学生塔尔穆德(Max Talmud)。按照慕尼黑犹太家庭的习惯，贫穷的塔尔穆德每周在爱因斯坦家里吃一次午饭。**一方面，塔尔穆德鼓励这个男孩的宗教信仰，另一方面，他也培养了爱因斯坦对科学和哲学的好奇心。塔尔穆德向他介绍诸如伯恩斯坦(Aaron Bernstein)的《自然科学大众读本》(*People's Books on Natural Science*)之类的通俗科学读物。这是一套五六卷的著作，爱因斯坦记得曾“全神贯注地读过”。[11]伯恩斯坦的书在19世纪后半叶曾多次再版，在不受约束的改革派犹太人团体中曾被广泛阅读。这些书是爱因斯坦最早了解原子论的入门读物。伯恩斯坦把原子论看成是能揭示不同科学学科之间关系的一个论题来讨论。[12]爱因斯坦牢记了伯恩斯坦的研究方法。

作为一件礼物，塔尔穆德送给12岁的爱因斯坦一本关于欧几里得几何学的教本，被爱因斯坦称为“神圣的几何学小书”。[13]这是另一个让爱因斯坦感到“惊奇”的学科，因为它的反直觉的(counterintuitive)断言能够“被如此精确地证明，以致任何怀疑都是不可能的”。[14]

雅各布叔叔向阿尔伯特提出非常难懂的代数和几何问题。他努力思索，直至“非常满意地得到答案，[从而开始]醒悟到他的才能会把自己引导到什么方向上去”。[15]他向叔叔、爸爸和塔尔穆德讨要更多的数学教材，然后从方法上去了解它们。爱因斯坦非凡的专注能力开始显现了。

在他13岁时，塔尔穆德介绍他读了康德的《纯粹理性批判》(*Critique of*

---

* 犹太人的传统，在男孩成长到13岁时，会为他们举办成人仪式、成人礼。——译者

** 派斯(A. Pais，一译派伊斯)的书*Subtle is the Lord*(参见中译本《上帝难以捉摸——爱因斯坦的科学与生活》，派伊斯著，方在庆、李勇等译，第44页，广东教育出版社，1998年)中说是“吃晚饭”。米勒教授认为派斯在一些细节上疏于考察(米勒教授2003年1月8日给译者的电子邮件)。——译者

Pure Reason)。塔尔穆德有关科学和哲学的谈话,是对雅各布叔叔数学课的补充;这两个人让这个男孩超出了高级中学的课程。

在母亲的建议下,5岁时爱因斯坦开始上小提琴课。他发现基本音乐训练太难受了,以致把椅子扔向他的第一位音乐老师,使这位老师哭着跑出门外。之后,当他13岁,在读康德的著作的同时,他发现了莫扎特(Mozart)的奏鸣曲。[16]虽然演奏这些曲子超出了他的能力,他还是反复练习它们,尽管不是系统地练习。这时他还放弃了正式课程,独自磨炼自己的天赋,这给人以不平常的印象。音乐成了其生活一个不可分割的部分,他常常将音乐作为集中精力思考某个科学问题的一种手段。1896年3月31日,爱因斯坦参加了阿劳州的中学音乐考试。从监考老师对这次考试的报告中我们得知,爱因斯坦不只是精通音乐。监考老师从17个学生中选出"一个叫爱因斯坦的"学生进行测验,他"在演奏贝多芬(Beethoven)奏鸣曲中的一个柔板时甚至显示出对它的深刻理解"。[17]

这样,当雅各布叔叔向爱因斯坦的磨盘里添加数学谷物时,塔尔穆德扩展了他的视野,让他关注科学和哲学问题。这种潜在的混合摧毁了这个男孩"年轻人的宗教天堂"。[18]爱因斯坦认识到,"在我们之外,有一个巨大的世界,它离开我们人类而独立存在,在我们面前就像一个伟大而永恒的谜,然而至少部分地是我们的观察和思维所能及的。对这个世界的凝视深思,就像解放(Liberation)一样吸引着我们。"[19]爱因斯坦发现了他的天职:解读这个谜。

赫尔曼·爱因斯坦和雅各布·爱因斯坦在生意上的失败,导致这些关于事物本性(de rerum natura)*的萌动的深思突然中断。赫尔曼对商业现实缺乏了解,加上雅各布过大的扩张计划,导致了严重的问题。1894年3月,他们把电气公司搬到了意大利的帕维亚。除了阿尔伯特外,全家在1894年搬到米兰,和他们在一起。之所以把阿尔伯特一个人留在慕尼黑,是想让他完成在卢伊特波尔德高级中学最后一年的学业。但这完全违背了这个年轻人的

---

* 《物性论》,本是伊壁鸠鲁派哲学家卢克莱修(Titus Lucretius Carus,公元前98?—前55)写的一部论自然的诗作,共六部。这里作者用的是本意。——译者

意愿。这时候，好几个有名的教员都说越来越不喜欢这个学生。他的反叛性在很大程度上是根植于一种完全不同的思考方式。他在学校里处境悲惨，又想家，此外马上面临着到普鲁士军队中服役，那是爱因斯坦自童年时就一直讨厌的一个机构。[20]

爱因斯坦断然采取行动。在没有通知其父母的情况下，他获得了一份医学证明，说他接近神经衰弱，必须休学。然后，他说服一个富有同情心的数学老师，给他开了一个证明，说他掌握了较高的数学知识，有资格进入大学听课。爱因斯坦并不是一个普普通通的高中辍学者：他每一步都作了精心安排。[21]

1894年12月末，在还有6个月就要毕业的时候，爱因斯坦来到了米兰，让父母惊讶不已。爱因斯坦的父亲力劝他"忘掉这种'哲学的胡说八道'"，学一些工程课，以便为一个能提供财政保障的职业作准备。[22]但是没有中学毕业文凭，限制了他对大学的选择。幸运的是，位于苏黎世的声名卓著的瑞士联邦工学院并不要求中学文凭。爱因斯坦说服父母，让他们放心，他将马上安顿下来，独立准备大学入学考试。他还开始通过法律手续放弃其德国公民身份，这一程序迟至1896年1月才办妥。他一直保持着无国籍的身份，直到他在1901年成为一名瑞士公民。

旅行癖与早期的物理学

在1895年秋天来到之前，爱因斯坦都一直在意大利北部旅行。与差不多100年前的歌德（Goethe）一样，他发现阳光灿烂的意大利风光让他从"狂飙"的慕尼黑时光中解放出来。而且，与在奥尔塔时的毕加索一样，爱因斯坦变得对自己和自己的能力越来越有自信。1895年夏天，他将第一篇科学论文寄给他的舅舅科赫（Caesar Koch）。论文的标题很大："对磁场中以太状态的考察"。[23]尽管回过头来看，这篇论文没有显示出任何天才的迹象，但它表明爱因斯坦熟悉电磁理论的前沿进展以及他对物理学的热爱。16岁时，他坚持不懈地自学。

科赫是布鲁塞尔的一名商人，很可能根本读不懂这篇文章。知道这一点，爱因斯坦在信封上写道："如果你一点都不读这篇文章的话，我也不会生气。"[24]很可能，爱因斯坦把这篇文章寄给科赫舅舅，为的是舅舅会把这些话再告诉他的家人，从而让家人知道他正在学习。这段时间阿尔伯特偶尔也给叔叔的电气公司做咨询，并且成功地解决了一些机械设计方面的难题。[25]据说雅各布叔叔曾对工厂的一位同事说："我和我的助理工程师冥思苦想了多日，这个年轻的小伙子来了，只用了一刻钟就解决了所有问题。他有朝一日会大有出息。"[26]

但大有出息的时候还没有到来。瑞士联邦工学院的考试从1895年10月8日开始举行。不出所料，爱因斯坦的数学和物理都考得非常好，但语言和历史却不怎么样，那是要求死记硬背的两门课。[27]鉴于他的物理课考得不错，著名的教授韦伯(Heinrich Friedrich Weber)提议爱因斯坦来听他为二年级的学生上的课。但爱因斯坦决定听从工学院院长的话，到离苏黎世30英里(约48千米)远、属于阿尔高州的阿劳镇州立中学补习自己的弱项。他在1895年10月底进入该校；事实证明这正是他所需要的。这一举措给他更多时间反思他的(很大程度上通过自学获得的)知识，也磨炼了他的社交能力。

爱因斯坦在阿劳

爱因斯坦上的州立学校，是由18世纪的瑞士教育改革家裴斯泰洛齐(Johann Heinrich Pestalozzi)*的追随者们建立的。裴斯泰洛齐强调Anschauung(直观形象)的内在力量。德文词Anschauung具有哲学含义，可被理解为"直觉"(intuition)或从我们用感官看到的现象中抽象出来的"视觉影像"(visual imagery)。这在裴斯泰洛齐的同时代人康德的哲学中扮演着重要的角色。在康德看来，直观形象是视觉影像的最高形式。[28]在其1801年出版的《葛笃德怎样教她的孩子》(*How Gertrude Teaches Her Children*)中，裴斯泰洛齐

* 裴斯泰洛齐(1746—1827)，瑞士著名教育学家。——译者

写道:“我必须指出,直观形象的基本知识是正确地判断所有事物形状的根本手段和唯一正确的手段。”[29]州立学校是按照裴斯泰洛齐的如下信念实施教育的:“概念思考(conceptual thinking)是建立在直观形象之上的。”在州立学校里,没有强迫的知识灌输。相反,强调的是独立思考,而且“学生不是把老师看成权威人物,而是看成学者,看成具有独特人格的人。[阿尔伯特]在阿劳度过的时光在许多方面对他来说都是非常有益的,是他一生中最美好的时光之一”。[30]概念思考将成为爱因斯坦的特长。

图3.1　爱因斯坦在阿劳镇的州立中学的毕业班照片。爱因斯坦坐在前排左边。

在阿劳,爱因斯坦寄宿在温特勒一家中。约斯特·温特勒(Jost Winteler)和他的妻子保利娜(Pauline)很快就被他称为“爸爸”和“妈妈”,爱因斯坦以后也一直这么称呼。[31]约斯特是一位教希腊语和历史的学者,非常让人信赖。他向爱因斯坦展示了自由主义的政治观点,这种观点与爱因斯坦在(慕尼黑的)高级中学所受到的教育完全相反。[32]

从爱因斯坦到达阿劳的那一天起,他在某种程度上就成了一位见过世面的人(a man of the world)。尽管比他的同学年轻一点,但他敢于反抗普鲁士式的高级中学当局,并曾独自漫游意大利北部,这让他在同学中声名大振。他在阿劳的同学拜兰(Hans Byland)有点罗曼蒂克地回忆爱因斯坦:

> 灰色的毡帽把浓密光亮的黑发压向后面,他充满活力和自信,迅速地——我很想说飞速地——迈着大步,不安宁的心中装着整个世界。没有什么能逃过他那像阳光一样明亮的大眼睛。任何接近他的人都会被他的高尚人格所俘虏。在下唇突出的肥厚嘴巴周围挂着的嘲笑,让那些无事生非的人不敢去惹他。他不受传统限制的约束,以一种微笑的哲学家的形象来正视世界精神,他严厉对待所有的虚荣和做作,对之毫不留情地报以诙谐的挖苦。[33]

拜兰的回忆是30年之后才写的,但一张在阿劳时的集体照支持了他的观点。尽管在照相时需要绝对的安静,爱因斯坦仍是一副年轻人自由自在的表情,陷入深深的思考之中。他也是唯一敞开衣领,并把领带松开的人。

当爱因斯坦对某个问题感兴趣时,他会非常认真地研究它。他后来成长为一名科学家,很大程度上得益于在阿劳时对视觉理解能力(即直观形象),而不是对记忆和死记硬背的注重。[34]爱因斯坦把这种思维方式与他的物理学知识结合起来,形成了一个"思想实验"。这个实验在他心灵深处长存10年之久,直至1905年,他认识到这个实验含有"狭义相对论的萌芽"。[35]我将在第6章中再回过来谈这个实验。这是直观形象的一个很好的例子,在这个例子中,爱因斯坦想象出一种情形,某人追着光波上的某一点跑(图3.2)。光波的视觉表现(visual representation)或说直观形象是一种抽象的水波状线条。

他在阿劳时的另一个精彩段子,是与温特勒爸爸妈妈18岁的女儿玛丽·温特勒(Marie Winteler)之间的罗曼史。他们的关系具有年轻人初恋的所有特征(trappings)。玛丽在音乐方面的天赋还使其增添了艺术家的热情。

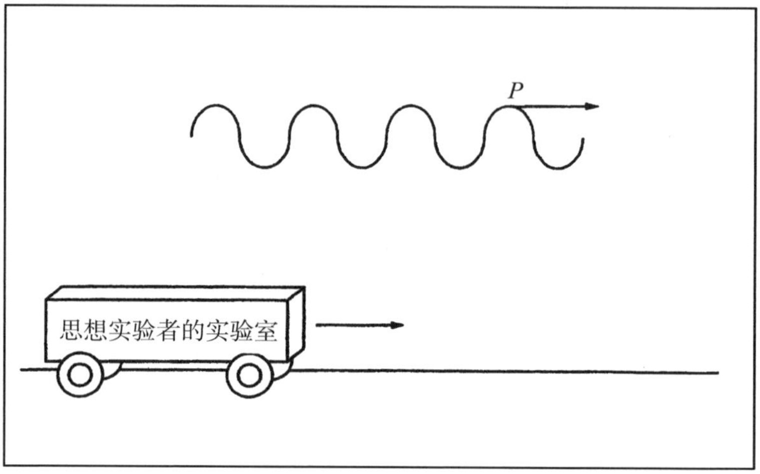

图3.2 爱因斯坦的思想实验。爱因斯坦的思想实验者试图追赶光波上的P点，地面上的一个观察者测得其运动速度为光速。

1896年4月21日，爱因斯坦给玛丽写了一封信，那时他正在帕维亚看望父母。在这封信中，他称她为"可爱的甜心"！并且告诉玛丽，他是如何想她"可爱的小眼睛"和"优雅的小手"，她对他是多么不可缺少，他是如何现在才知道对"我亲爱的小阳光"的"思念和渴望的意义"。这种关系对爱因斯坦来说认真到在信中说他的母亲"时常惦记你"。事实上，爱因斯坦的母亲续写了几笔："虽然并没有读这封信，但我要致以衷心的问候！保利娜·爱因斯坦。"[36]在写给瑞士联邦工学院的爱因斯坦的信中，玛丽恳求她"最最亲爱的"不要太用功，并且允诺，她将来苏黎世看看"我的亲爱的生活"的地方。[37]信的结尾她祝"亲爱的晚安"。

与许多高中时期的恋爱关系一样，阿尔伯特与玛丽的关系并没有维持到他上大学以后。正如爱因斯坦在1897年5月写给温特勒妈妈("亲爱的妈咪")的信中所述："我写信给你，是为了减轻我内心斗争的痛苦。事实上，这种斗争的结果已经坚定地驻扎在我心中。……辛苦的智力工作和对上帝性质的沉思，将会是引导我经受生活中所有烦恼的天使，她们安抚我、激励我，却又严酷无情。……每个人都为自己创造了一片小天地。"[38]所以他在整个

一生中都将这样做。在罕见的几个能让爱因斯坦从他的“小天地”中走出来的理由之一就是为了女人。从外观上看，他对女人很有吸引力，他漫不经心的方式、演奏小提琴时非常明显的热情，以及后来具有传奇色彩的智力，都极大地加深了他的吸引力。正如他的第二任妻子埃尔莎(Elsa)的一位女友所说的：“他具有特别是在本世纪初那种动人心魄的男性美。”[39]然而当追求有可能变成一种严肃的关系时，爱因斯坦就会赶紧回到他的“小天地”。

一些年以后，玛丽把她与爱因斯坦的关系描述为一种“理想的爱情”。[40]也许吧。爱因斯坦继续把他的脏衣服寄给玛丽，甚至在遇到瑞士联邦工学院的另一个学生米列娃并与她谈恋爱时还是如此；玛丽总是把衣服洗干净后及时邮还给他。[41]爱因斯坦事无巨细地向他的新女朋友讲述这一切。在一封写于1899年9月底的信中，他提到，他会经常去阿劳，因为妹妹马亚刚注册成为该镇中学的一名学生，但“你根本用不着害怕，[尽管]那位4年前我曾深深热恋过的必不可少的小女孩也会回到家里”。[42]

作为大学生的爱因斯坦

1896年9月，爱因斯坦参加了中学毕业考试，即可以使他进入瑞士联邦工学院的会考。[43]每门课最高分为6分，他在代数和几何两科的分数最高，物理得5分多，法语得分最低。在参加物理考试时，主考官发现爱因斯坦尽管来晚了，但提前交卷。[44]他得到了一个很好的分数：$5\frac{1}{3}$分，全班最高。

1896年10月，爱因斯坦进入苏黎世的瑞士联邦工学院学习。联邦工学院以在科学和工程方面的教学和研究著称。它有7个大系。爱因斯坦进入的是六系——数学和科学师范部，而不是他父亲所希望的工程部。[45]六系本身分为两部分。爱因斯坦就读的六A部(VIA)是数理部(数学、物理学和天文学)。而六B部(VIB)则教其他的自然科学。爱因斯坦就读的班有11个学生。他于1900年7月毕业，获得了中学数学和物理学老师的资格。

在联邦工学院，每个学生自己安排自己的课程，每个学期允许有一门自选课。爱因斯坦超过最低要求选了很多课，注册学习哲学、政治和经济课程。人们可能因此会认为他的学术兴趣特别广泛；事实上并非如此。

爱因斯坦的大学生涯后来证明是苦乐参半。物理课程没有诸如电磁理论之类的前沿课题。他不强迫自己去记那些在他看来不重要的材料。甚至没有提到科学研究中的直观思维(visual thinking)。爱因斯坦又回到其自学的方式，开始旷课，待在他的宿舍里自学理论物理学大师们——如玻尔兹曼(Ludwig Boltzmann)、亥姆霍兹(Hermann von Helmholtz)和洛伦兹的著作。正如玻尔兹曼在一本爱因斯坦必定读过的书中所写："力学原理中的不确定性一开始并不是[来自]假定的思想图景(mental pictures)，而是来自开始时试图与经验的联系。"[46]被阿劳的教育打下深深烙印的爱因斯坦，牢记了这句话。

对于他在瑞士联邦工学院所待的日子，他回忆道："总共只有两次考试；除此之外，人们可以做他们愿意做的任何事情。如果像我这样，有个朋友经常去听课，并且认真地整理讲课内容，那情况就更是如此了。这种情况给人们以选择从事何种研究的自由，直到考试前几个月为止。"[47]爱因斯坦的朋友格罗斯曼(Marcel Grossmann)[的笔记]一定做得非常漂亮，因为在1898年10月的期中考试中，爱因斯坦得了第一名，格罗斯曼才得第二名。多年后爱因斯坦谈到格罗斯曼的笔记时说："如果没有它们的话，我都不知道该怎么办。"[48]爱因斯坦记得作为一名学生，他缺少"集中精力听课堂上所讲授的东西"的动力。[49]比爱因斯坦大一岁半的格罗斯曼，也是六A部专攻数学的一名学生。他最后就非欧几何这一论题写了一篇博士论文。尽管爱因斯坦是一个有点喜欢独处的人，但他与格罗斯曼越来越靠近。他们每周在大都市咖啡馆(Café Metropol)见一次面，谈话持续好几个小时。格罗斯曼对他的朋友印象深刻，跟父亲这样描述爱因斯坦，说他是一个"有一天一定会成为伟人的人"。[50]

但是爱因斯坦还没有成为伟人。瑞士联邦工学院的一位名教授不怎么欣赏爱因斯坦的独立思考能力，爱因斯坦讽刺挖苦的言论使事情雪上加

霜。这个教授就是韦伯,他正是在爱因斯坦第一次入学考试失败后格外出力给他鼓气的人。韦伯作为电气技术方面的国际知名研究者,正处于其权力的巅峰。伟大的德国工业家西门子(Werner von Siemens)在1886年给瑞士联邦工学院提供了一笔资金,用于建立一个科学与工程研究所,其前提条件是这个所的所长必须是他的朋友韦伯。韦伯40多岁时,俨如普鲁士的权威,没有善待像爱因斯坦这样具有独立精神的学生。爱因斯坦曾公正地赞扬过韦伯的讲课方式和内容,但发现它们并不是最新的。

当爱因斯坦费心地称其为“韦伯先生”(Herr Weber),而不是“韦伯教授先生”(Herr Professor Weber)时,也无补于事。[51]1897年,一个重要的科学期刊报道,韦伯为了检验交流电源的电击效应,而在自己身上做试验。[52]无疑这有助于把电作为执行死刑的手段。对于爱因斯坦和他的朋友们是如何解释这类实验的,人们无从知道。

有一次韦伯非常恼怒地对爱因斯坦说:“你是一个非常聪明的年轻人,爱因斯坦,一个非常聪明的年轻人!但你有一个毛病:人们不能告诉你任何事情。”[53]无论如何,韦伯具有最后的决定权。在1900年7月从六A部获得学位的四个学生当中,惟独爱因斯坦没被留下做某个教授的助手。蒙受这种耻辱之后,他从此永远不再尊敬韦伯。[54]不过濒临危险的,不只是他的自尊:爱因斯坦疯狂地陷入爱河,不得不想到如何养活他未来的妻子。

阿尔伯特、米列娃和物理学

正如现在的大学生所做的那样,在瑞士联邦工学院时,爱因斯坦和一小群朋友常在当地的一家咖啡馆里见面,既讨论学术问题,又讨论社会问题。[55]他由于对学术过于投入,有时也引起某种喜剧色彩的心不在焉。爱因斯坦回忆说:“我年轻时,常到朋友家里去玩,彻夜不归。清早离开时我忘了我的小旅行包。房东对我父母说:‘这个年轻人以后成不了什么大器,因为他记不住任何事情。’”[56]很显然,他常常在很晚的时候叫醒他的女房东,因为他忘了带钥匙,这种事已变得很平常:“我是爱因斯坦——我又忘拿我的钥匙了。”[57]

图3.3　在苏黎世的瑞士联邦工学院求学时的爱因斯坦。

爱因斯坦不修边幅，满不在乎，头发蓬乱，加上对音乐和哲学的热爱，使他更像一位诗人，而不是科学家。

在这副波希米亚式的外表后面，是追求学术问题时近乎残忍的严肃，这将使他更深更远地走进精神生活，而将其他所有事情排除在外。

爱因斯坦爱上了六A部唯一的女生，米列娃·马里奇。米列娃比爱因斯坦大四岁，来自蒂特尔（当时属奥匈帝国，现在是塞尔维亚的一部分），是一个心气很高的女性，决心要在完全是男性职业的领域里打一番天下。瑞士联邦工学院的一名教授、著名数学家赫维茨（Adolf Hurwitz）回忆道："总而言之，米列娃是一位不同寻常的女性。"[58]从1896年10月到1899年8月，他们只是关系比较密切的朋友。从那时起到他们于1903年1月6日结婚，他们的恋

爱风波，除了具有《波希米亚人》(*La Bohème*)*一剧中的成分外，还具有罗密欧与朱丽叶的所有特征。

图3.4　米列娃，约1896年。

阿尔伯特与米列娃是一对奇特的结合。阿尔伯特中等身材[高5英尺8英寸(1.73米)]，身体良好，对人友善，而米列娃只到他的肩高，因小时得过结核病**而跛脚，具有斯拉夫人特有的忧郁气质。当他们的恋爱关系真的确定下来之后，爱因斯坦的一些朋友非常关心，问他这个在女人方面非常成功的人为什么会选择一个身体欠佳的女子。爱因斯坦回答说："为什么不呢？她有一副甜美的嗓子。"[59]除了声音外，米列娃外表娇美，还有一双锐利的眼

* 普契尼的四幕歌剧。故事取材于法国作家米尔热的小说《波希米亚人的生活情景》，叙述住在巴黎拉丁区梦想成为艺术家的贫穷青年和绣花女工间的生活与爱情故事。自1896年2月1日首演后，观众的反应就十分热烈。爱迪生在给普契尼的一封信里写道："人会死去，政权会更迭，而《波希米亚人》的歌将永远活着。"——译者

** 确切地说，应该是下肢骨结核，而不是人们一般所认为的肺结核。肺结核不会导致跛脚。——校者

睛、一头乌黑的头发。有些人回忆她“情绪低落、寡言少语、生性多疑”。[60]但是少数几个真正比较了解她的人发现她是一位心胸开阔、谦和的人。不管别人怎么想，他们两人充满激情地陷入爱河之中。

单独在一起的热烈渴望，加上相同的政治观点，以及对物理学研究的高度激情，他们常在阳光灿烂的日子里在苏黎世湖上泛舟，在阿尔卑斯山上徒步旅行。每当分离时，他们热烈地给对方写信，这包括放暑假和当爱因斯坦待在帕维亚父母家中时。米列娃在帕维亚的家中是不受欢迎的。这些信件于1986年被发现，后于1992年以《爱因斯坦的爱情书信》(*Albert Einstein: The Love Letters*)出版*从这些信件可以看到他们讨论物理学的某种热烈气氛。[61]

一开始，阿尔伯特用朋友的称谓“亲爱的小姐”(Liebes Fräulein)来给米列娃写信。从1899年8月开始，米列娃变成了“亲爱的小多莉”(Liebes Doxerl)，阿尔伯特变成了“小约翰尼”(Johanzel)。信中充满了小型化的爱称和用语上的游戏，随处可见终生相爱的誓言。“没有你，我缺乏自信，缺乏工作的热情，缺乏生活的享受——总之，没有你，我的生命就不是生命。”阿尔伯特在1900年8月14日写道。[62]另一封信里还有小约翰尼的脚的速写。[63]

有没有另外一个科学家的情书值得发表？我们当中的任何一个人都可能在情书中写一些纯粹是私人的事情，也许写得更好。但这些是由阿尔伯特·爱因斯坦写的，它们对他的一部分生活提供了一种新看法，这在以前是几乎不为人知的。读这些信，人们“从一开始就被两个恋人不对称的声音所震惊。他，自信，惹人注意，熟练掌握他的母语德语；而她，常常不自信，不喜抛头露面，对于与她的母语塞尔维亚语不相干的一种语言还不熟练。”[64]爱因斯坦能娴熟地运用施瓦比亚语**，这根本不是米列娃所能掌握的。随着恋情向前进展，她越来越多地被她的恋人的魅力所吸引，在信中也就越来越呈

---

* 至少有两个中译本。(一)《爱因斯坦的爱情书信》(1897—1903年)，上海译文出版社，1994年；(二)《情书——爱因斯坦与米列娃》，童元方译，台湾天下文化出版公司，2000年。此外，《爱因斯坦全集》第1卷也收录了这本书的全部信件。——译者。

** 一种高地德语方言。流行于德国南部巴登符腾堡州、巴伐利亚州一带。——译者

现出不自信。

从爱因斯坦的信中，人们能窥见德国哲学家叔本华的强烈影响。叔本华的思想为爱因斯坦表达对米列娃的感情提供了一个概念框架和词汇。[65]叔本华所描绘的与俗人抗争的孤独的知识分子形象，激发了生活在过分物质化社会的威廉德国整整一代年轻德国人的认同。天才仅仅通过生活在大众之中，就扮演了引导大众的高级角色。叔本华对公众弱点进行的尖锐批评，反映在爱因斯坦身上，则是他的冷嘲热讽和讽刺挖苦的做法。按照叔本华的说法，只有两类高兴的事允许孤独的天才去做：一是有一个无需太多物质需要的同伴共享精神生活；另一个就是音乐。在这个单子上，爱因斯坦和米列娃还加上了物理学。在他生命中的这段时间，叔本华向爱因斯坦提供了比尼采向毕加索提供的更为良性的指导。

从这些情书中我们得知，表面上这一对恋人分别住在不同的公寓里，但他们要么在爱因斯坦的公寓要么在米列娃的公寓里一起待很长时间。[66]爱因斯坦的信有一个非常有意思的特点。例如，在1899年8月10日，在一个非常浪漫的至少是异常大胆的段落中间——“你是一位精力非常充沛的姑娘，在你娇小的身体中具有这么多的生命力。”——突然他就转向物理学：“我把亥姆霍兹的书还了，现在开始重读赫兹（Hertz）的电力传播。”[67]接着又是更多的物理学内容，然后突然又用起了叔本华式的语气：“如果你能够在这里与我待一会儿，那该多好！我们能非常好地理解对方隐藏的心灵（dark souls），喝咖啡，吃香肠等等。”[68]当然这里很清楚，小约翰尼所说的“等等”是什么意思。

这种亦庄亦谐的风格，在一封写于1900年8月底或9月初的信中又出现了。[69]在写完“亲吻你，你的阿尔伯特”之后，他又加了一个附言：“你的咽喉如何？”紧接着他又写道：“我正在研究这个有趣的问题[有关空间中电能的传播]。”他对工作的热情和对米列娃的爱在信中随处可见。他们是叔本华意义上完美的一对。诗歌也出现了。“我亲爱的小家伙，四重奏：哦，我的！这个约翰尼小男孩！/为自己的愿望如此着迷，/在思念他的小多莉时，/他的枕头着火了。”[70]

爱因斯坦不是拜伦勋爵(Lord Byron)*。他写给米列娃的情书与他写给玛丽或任何其他我们所知道的情人的情书没有什么区别。然而,有一点比以前呈现得更加清楚,这就是爱因斯坦的个人生活方式影响了他的科学工作的进程。他非常激动地给米列娃写信,谈他的新想法,大概她也回同样性质的信,她也是同样的人。在他们关系的早期岁月里,她很高兴能帮助他、鼓励他。后来事情发生了变化。米列娃成了爱因斯坦的费尔南德。

世纪末的哲学与物理学

在《自传提要》中,爱因斯坦对19世纪末的哲学和科学状况作了精练的概括:“在原则问题上居统治地位的是教条主义的顽固性。”[71]科学研究得以实行完全有赖于实验室的资料。把原子看成是一种计算手段,而不是客观实在,这是当时被接受的方法。眼见为实,正如马赫在谈到原子时喜欢说的:“你看到过一个原子吗?”[72]

这种搞科学的方法由来已久,不能小看它。[73]在19世纪80年代早期,为了与物理学中出现的混乱现象作斗争,马赫构建了孔德实证主义的一个变种。牛顿及其追随者曾假定:所有的物理学完全基于牛顿的运动理论。那时已经很清楚,这种假定缺乏说服力。光学、电磁学和热力学的诸多现象,都与所有试图利用基于滑轮和弹簧如何工作的模型所作的解释相矛盾。更糟糕的是,有关力、速度、精神等性质的更深层的问题,似乎从科学上是不能探讨的。人们开始谈到“科学的破产”。对于深层的、更加紧迫的生命问题,这个领域不提供答案,甚至都给不出有希望的研究导向。[74]

马赫批判了他认为是这种隐忧的根源的东西:牛顿科学的一些基础假定在他看来是没有根据的,因为它们不能在实验室里加以检验。1883年,马赫在他的《力学》(*Science of Mechanics*)一书中论述了这些观点。这本书到

---

* 拜伦(1788—1824),英国著名诗人,因其才华和个人魅力为无数女性所倾倒。——译者

1916年马赫逝世时共出了16版。马赫强有力的批评把牛顿科学中一些不可检验的概念，诸如绝对空间和绝对时间，当成“一种毫无价值的形而上学概念”[75]加以摈弃。除了不能测量外，它们还有一种明显的神学光环。作为他那个时代的人的一个典型，牛顿把科学看成是理解上帝精神的另一种手段，运动是在上帝不动的感觉器官——绝对空间——中发生的。

马赫直言反对原子理论。原子仅仅是“思维之物”(things of thought)[76]，因为它们不能“为感官所感知”。[77]对于马赫来说，科学的目标就是尽可能经济地描述实验数据。通过提倡对实验数据的强烈依赖，排除不可测量的东西，马赫把道德上的高标准交给了科学家。他们应该把那些不可解释的东西交给艺术家和神学家，让自己满足于检验支配可观察现象的方程。没有别的什么是“真实的”(real)。

各种马赫式的实证主义观点如雨后春笋般涌现出来。在所有这些观点中，实验数据是科学发现的必要条件(sine qua non)。读电流表上的数字或者X射线照片，就可以无须求助不可见的原子来进行解释。然而，对现象的一个较为深刻的认识，意味着对原因的寻找。正是1897年电子被发现存在这一明显的事实，最终让实证主义的一些著名的支持者不得不放弃他们的观点。[78]然而许多科学家继续尽可能地坚持实证主义路线，这就意味着完全依赖实验室数据。

1897年，爱因斯坦的朋友贝索(Michele Besso)推荐他读了马赫的《力学》。给爱因斯坦留下最深印象的并不是马赫的实证主义，而是他的“撼动了这个教条主义信念的坚不可摧的怀疑态度和独立性”。[79]爱因斯坦赞赏马赫对物理世界的公认观点(诸如对空间和时间)提出质疑的勇气。

在19世纪末，理论物理学的前沿地带是电磁理论。在19世纪60年代早期，伟大的苏格兰科学家麦克斯韦(James Clerk Maxwell)把它与光的理论统一了起来。从牛顿时代起，就有两种看待光的方式——把光看成粒子，或把光看成波。牛顿把光看成粒子，认为它的行为与任何其他物体诸如行星或苹果一样。然而到了19世纪中叶，实验证据越来越倾向于反对牛顿的粒子理论，而支持某种与牛顿同时代的荷兰人惠更斯(Christian Huygens)提出的波动理论。

给牛顿的光的粒子理论以严重打击的一个主要实验结果是干涉现象。我们知道在水波中会发生这种现象。想象我们向平静的水池中扔两块石头。球面波从石头击水处向外扩展，很快这些波相互交织在一起。这个思想实验在图3.5a中可以看到。

更进一步想象在池面上漂浮着一些软木。我们注意到，在两个波相交的点上，一些软木比另一些软木上下振动得厉害，有些软木则根本不动。那些振动得最厉害的软木之所以如此，是因为它们处于两个波最高时相交的位置。这个结果被称为相长干涉(图3.5b)。之所以有一些点处的软木保持不动，是因为当两个波在那里相遇时，一个处于最高，而另一个处于最低，两者相消。这个结果被称为相消干涉(图3.5c)。

1803年，英国博学之士托马斯·杨(Thomas Young)用光做了这样一个实验。图3.6的实验装置与他实际所使用的装置类似。光从屏A上的裂缝S_0进入，然后从屏B上的两个裂缝S_1和S_2经过。图3.7是到达屏C上的曝光计上所记录的光的强度数据。

没有曝光计的杨也获得了同样的图样。他正确地推断，这是由来自两条裂缝的两组光的相互作用而引起的干涉图样。图3.6因而可以重绘成图3.8，但扩展的球面波是光波，而不是水波。

我们应该记住的是，没有谁看见过光波。当你打开黑暗房间里的一盏灯，你并没有看到从灯泡向外扩展的球面光波。光波是从水波现象——一种视觉形象或直观形象中抽象而来的。它们也是光的数学形式的表示，因而用“波动方程”来称谓并非巧合。

然而，这种类比并没有到此结束。如果没有水，水波如何可能形成？波是在静止的媒介中移动的能量脉冲。合乎情理的推断就是，光能也应该是类似的在某种媒介中的波。支持光波和所有其他电磁扰动的媒介被称为以太，那是惠更斯在其早期的光的波动说中提出来的。按照定义，光在以太中

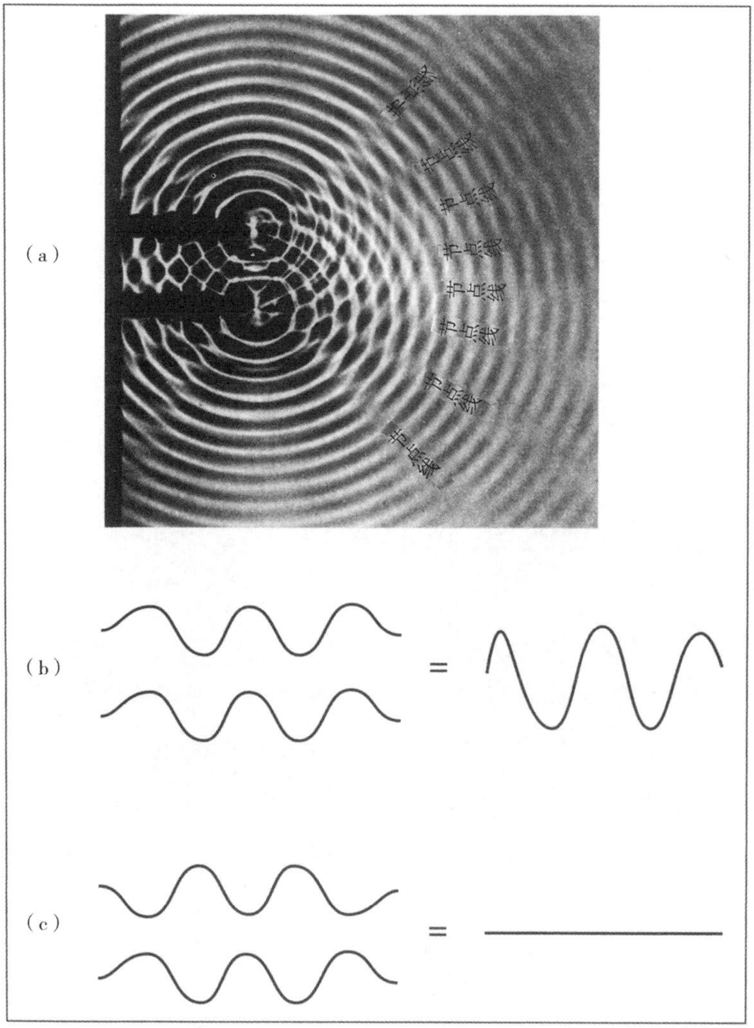

图3.5　图(a)显示了在一个涟波箱中的水波干涉。波是由两个振子同时撞击水面产生了两个扩展的球面波而形成的。在“节点线”(line of nodes)处存在相消干涉，在这些线之间存在相长干涉。图(b)显示了当两束波的最高处相遇时，相长干涉是如何产生的。在图(c)中，当一束波的最高处和另一束波的最低处相遇时，相消干涉(即相互抵消)就产生了。

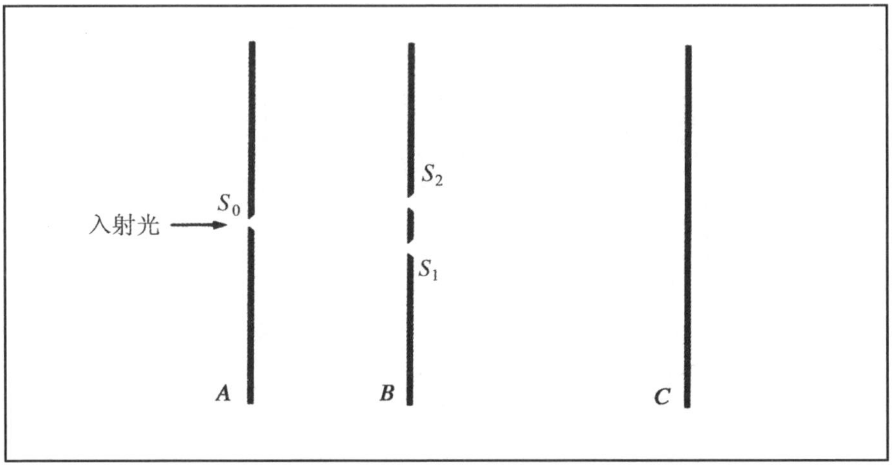

图3.6　本图显示了实验装置。其中，光入射到屏A的裂缝S_0上，具有双缝S_1和S_2的屏B位于屏C的前面。

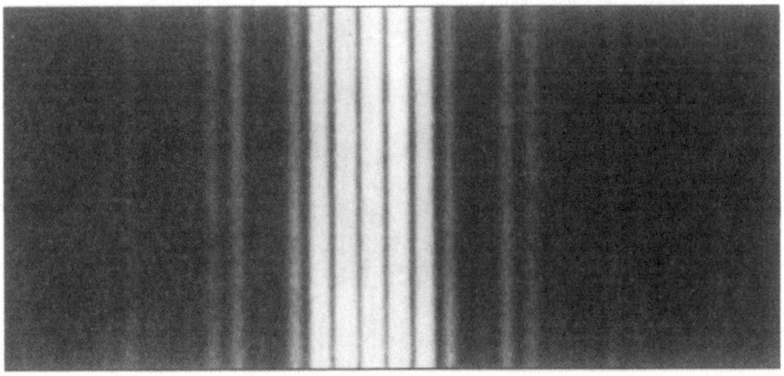

图3.7　由图3.6中首先入射到屏A上，然后又到屏B上的光线最后抵达屏C上的效应照的片资料。

以每秒186 000英里（约300 000千米）的光速运动，这最初是用天文学方法测出来的。[80]

除了与水的类比外，还有另一种直觉的理由，需要以太的存在。因为在一无所有的空间中，各个物体远距离的相互作用是完全与我们的日常经验格格不入的。正如爱因斯坦在1936年所说："整个科学只不过是对日常思维的一种提炼。"[81]如果我们所接触的世界中，物体总是进行直接接触才能相互影响，人们就会觉得，在科学中的情形也该是这样。因此，就假定电体和磁

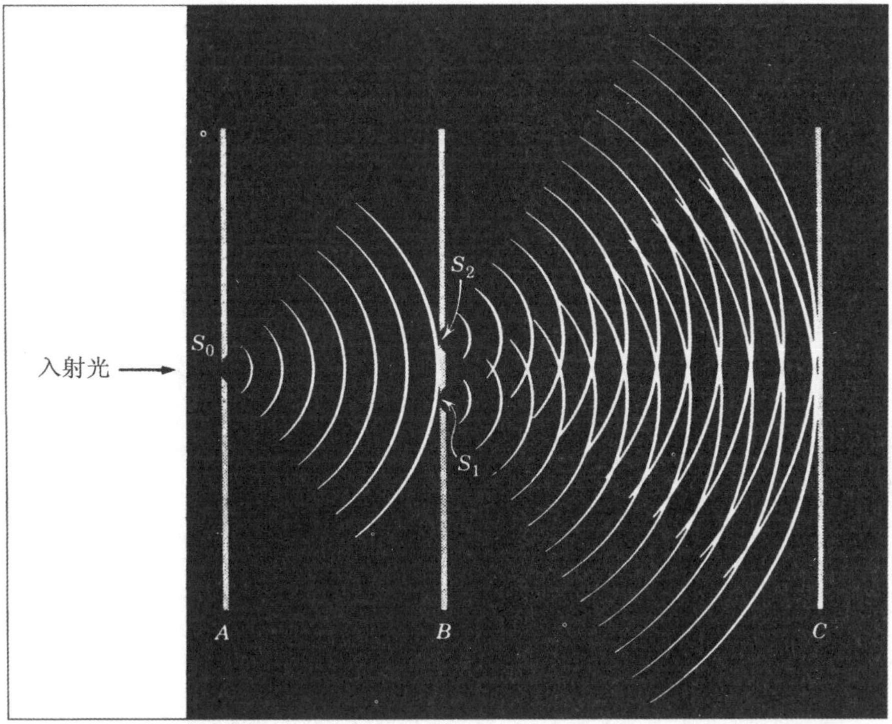

图3.8　这个图是假定光源正在发射类似于图3.5中所显示出的水波现象的球面“光波”后的结果。

体分别在电场和磁场的以太中通过相互吸引和排斥建立扰动。我们可以通过在一个磁棒上面放一张纸，看纸上铁屑的排列来获得一个有关磁场的视觉形象（见图3.9）。这些铁屑的排列可以抽象成所谓的“磁力线”，这又是直观形象的一个例子。

既然以太是如此重要，那就应该有一种办法去测定它，否则它就仅仅是形而上学的工具。公认的办法是，在移动的地球上的一个实验室里测量光的速度。这种实验大体上是这样进行的：光和电磁场的以太理论是从静止在以太中的观察者的角度表述的。按照定义，这些观察者测得的光速总是每秒186 000英里。然后，通过数学手段，所说的情况变成了在移动着的地球上的一个实验室。人们是这样想的，由于地球在以太中运动，光的速度应该与每

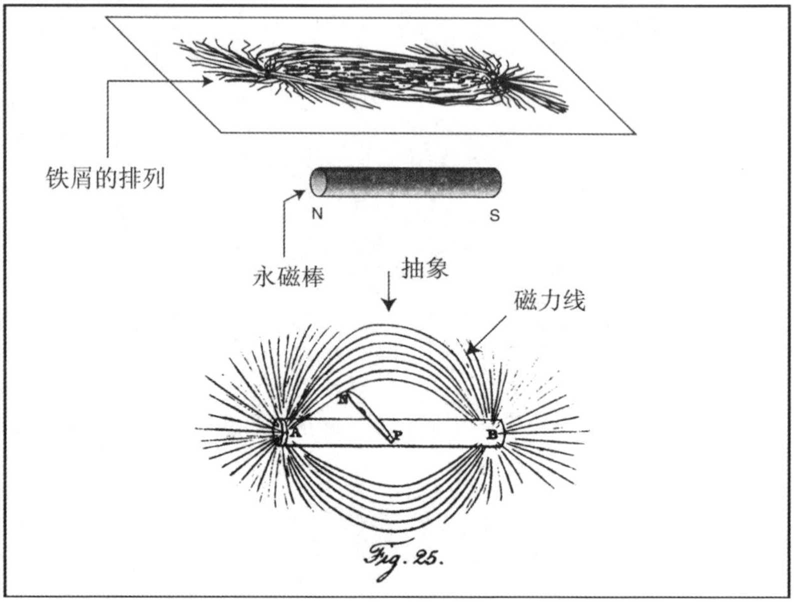

图3.9　这个图形象地说明了从我们在感觉世界中所实际见到的现象中进行抽象的过程。在这种情况下，位于一块永久磁棒上方一张纸上的铁屑的排列被抽象成假定弥漫于所有空间中的磁力线的视觉形象。这种表示法是一种直观形象。下部的图是由法拉第在19世纪30年代所做的有关磁场的先驱性的研究过程中画的(见Faraday，1965)。

秒186 000英里有所不同。这种差距本身可以通过诸如光学干涉等现象的微小但可预测的变化来加以证明。因为每个人都同意以太的存在，这样一来问题就变成以太是否是静止的，还是说它有一部分随着地球的移动而被拖曳着。如果以太是静止的，那么地球相对它的速度就是其通过空间的各种运动的组合。这些运动速度包括地球对太阳的轨道速度、它每天绕着中心轴的旋转速度以及太阳系在宇宙中的速度，后者在19世纪末还不是很清楚。

作为一个例子，让我们考虑图3.2中爱因斯坦思想实验的一个变种，而他也很可能这样考虑过。假定光源在以太中静止，这样，按照定义，点P以每秒186 000英里的速度远离光源。做思想实验的人测出的光的速度将少于每秒186 000英里，因为他正在追赶着点P。这在直观上是合情合理的。如果实验室相对于以太来说是不动的，那么通过在他的实验室里做光学实验，思想实验者应该能从他们所期望发生的现象中测出可预测的变化。

用于测定相对于以太运动的实验，常常被称为“以太漂移实验”。为简单起见，物理学家假定地球是静止的，以太相反于地球绕太阳运动的方向以一种“以太风”的形式流动。其结果是光线被以太风“吹动”，其速度应该是一个不同于每秒186 000英里的值。以太漂移实验是当时最前沿的课题，19世纪一些伟大的理论物理学家和实验物理学家都认为应该进行这类实验。然而，实验一次又一次地失败了，因为所测得的光速被证明是同样的，仿佛地球在以太中**实际上**是静止的。但是我们知道，地球不是静止的。

在处理以太漂移实验方面取得极大成功的电磁理论，是1892年由洛伦兹提出的麦克斯韦理论的一种形式。洛伦兹在42岁时就被认为是荷兰历史上自惠更斯之后最伟大的物理学家，后来又得过许多奖，其中包括1902年的诺贝尔奖。[82]洛伦兹喜欢处理理论物理学问题，同样也对非常实际的物理学问题感兴趣。例如，他在水利工程方面的成就就对在须德海（Zuiderzee）*建造一个关键的围堤起了指导作用。他本人也监督了这个围堤的建造过程。

1895年，洛伦兹发表了一篇长达一本书厚度的关于他的最新研究进展的论文，爱因斯坦在瑞士联邦工学院上学期间曾读过这篇论文。[83]洛伦兹理论的独特之处在于，除了能解释一大类以太漂移实验的失败外，它还能解释大部分已获得的电磁现象的数据。它是通过提出一种洛伦兹最初称之为“离子”（ions）的亚微观带电粒子而完成的。这种粒子在一个除了支持光在其中穿过外没有任何特质、在各个方面都表现迟钝的以太中移动。[84]1897年，洛伦兹所说的粒子被发现，并被命名为“电子”。

19世纪所做的所有的以太漂移实验，除了1887年由两个美国科学家所

---

* 位于荷兰西北部，现已不复存在。原须德海因海水过浅，大船行驶至此经常搁浅，且经常泛滥成灾。1916年荷兰政府决定筹建一个大坝，将须德海与北海隔离。工程始于1927年，耗时五载，建起了一个长30千米的混凝土结构大坝。大堤防完工之际，须德海和北海之间的天然通道随之消失，须德海走入历史。大堤防将原来的海域一分为二，靠内陆的是艾瑟尔湖，堤防以外的海域改称瓦登海（Waddenzee）。——译者

做的那个实验之外，都具有同样的低阶精确度*。这两个美国人是俄亥俄州克利夫兰市凯斯应用科学学院的迈克耳孙(Alfred A. Michelson)和莫雷(Edward W. Morley)。[85]迈克耳孙和莫雷的实验装置把入射光分成两束光线(见图3.10)。

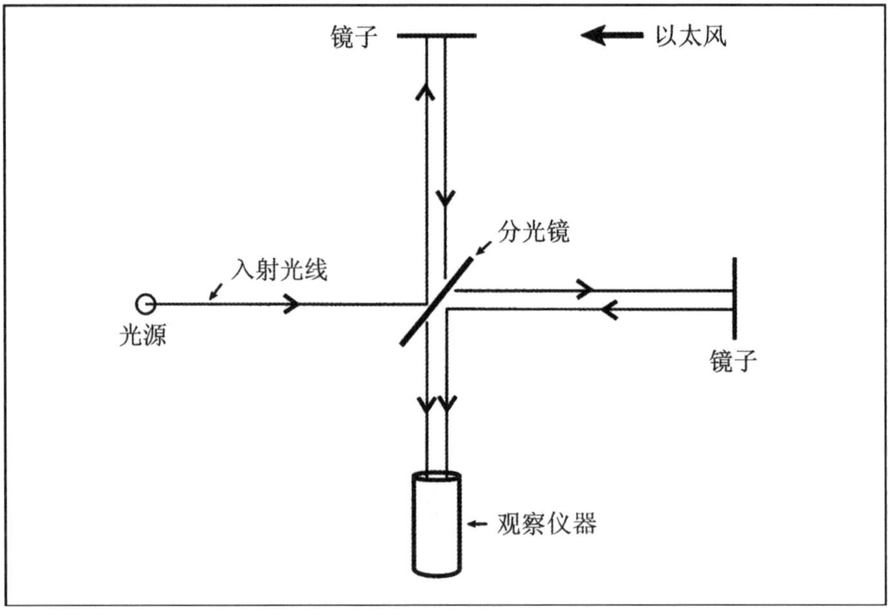

图3.10 这是1887年迈克耳孙—莫雷实验的图示。一束入射光被敷银半透镜分成两束，相互成直角，走完相等的距离，然后重新汇合在一起，形成如图3.7式的干涉效应。因为假定地球是静止的，所以在与围绕着太阳运动相反的方向产生了一股以太风。

这两束光线彼此以直角通过相同的距离，然后被反射到它们分裂之处，再结合在一起。观察得到的结果是一系列明暗相间被称为"干涉条纹"的线条，它类似于图3.7。

* 从现在起，我所说的"低阶精确度"(low order of accuracy)，是指两个速度之比：地球对于以太的相对速度与以太中的观察者所测得的每秒186 000英里的光速之比。为了估计这个比率，物理学家使用了地球围绕太阳公转的速度，约为每秒18.6英里。比率为万分之一。而迈克耳孙—莫雷实验的精确度有望提高到该值的平方，即令人惊奇的亿分之一。

由于以太风导致了光线在去和回的过程中时间上的差异，人们预料干涉图样将有一个可测到的移动。为了说明这一点，让我们做一个类比，假定有两个人在一条流速很快的河中游泳。其中一个人先顺水游动，再逆水游动；另一个人则来回横向游动，穿过河流。如果他们在水里以同样的速度游泳，那么他们来回一趟的时间将是不同的：那个来回穿过河流的人所花费的时间将多一些。在迈克耳孙—莫雷实验中，游泳者是光线，水流是以太风，它们相对于以太的速度是每秒186 000英里。时间方面的差异预示了在条纹类型上的一个可预测的移动。但是在实验误差范围之内，迈克耳孙和莫雷没有观测到任何条纹漂移。

他们实验的高度精确性使他们提出：以太不是完全静止的，其中的一部分被地球曳引。在这种情况下，除了地球参与的运动外，在地球和以太之间可能存在某些相对运动。迈克耳孙和莫雷只能得出结论：地球和以太之间的相对速度比地球绕着太阳的轨道速度要小很多。

大约有10个最低级精确度类型的实验。洛伦兹通过使用一个他称之为“地方时”(local time)[86]的严格的数学实体来代替通常时间(usual time)，能够系统地解释它们的失败。与我们的感官感知连在一起的通常时间，是不受我们的运动影响的。一个船上的计时器，可以与放在布里斯托的一只钟同步，即使是在这个计时器以及装有这个计时器的船已绕行地球半圈时。作为牛顿科学的一个基石，这个假定一直延续到了电磁理论。这也是如下预测的根源，即在运动的地球上所测得光速与静止在以太中的观察者所测得光速是不同的。

洛伦兹的“地方时”是一个完全不同的东西，因为它含有两项。其中一项是通常时间，另一项则依赖于钟相对于以太的运动。这个额外的项是如此之小，以致我们不能感知它。这个结果进一步被认为是支持该项的证据，也就是支持地方时的证据，但它缺少任何真实的物理内容。[87]因此，地方时不被认为是物理时间。然而要解释以太漂移实验在低阶精确度方面的失败，则要求一个把地方时包括在内的假定。这样就可将这些项导入洛伦兹的电磁理论中，用于消除预测过但没有测得的效应。爱因斯坦将把地方时记在脑海里。但他暂且还不需要它。

然而洛伦兹的地方时不能解释迈克耳孙—莫雷实验。迈克耳孙这位世界上最著名的光学实验专家，要求比低阶的以太漂移实验高很多的精确性。按照迈克耳孙—莫雷实验，以太不是绝对静止的，这个结果与洛伦兹关于以太的基本假定背道而驰。[88]为了把他的理论从这种不愉快的结果中挽救出来，洛伦兹提出了一个非常富有想象力的假设：物体在地球通过以太的方向上发生了收缩。这就是著名的洛伦兹收缩。因而，在图3.10中，假定平行于以太风运动的测量仪器的臂长收缩了，其收缩量恰好补偿了两束来回旅行的光线的时间差，从而抵消了所预测的条纹漂移。但这是一种“要无赖的”假设，完全是为了把理论从单个实验的结果中拯救出来而人为插入的。大多数物理学家把洛伦兹收缩看成是过火行为。

阿尔伯特、米列娃和相对论

让我们回到阿尔伯特在1899年8月10日给米列娃的信，回到他在突然中断对“你的娇小身体的生命力”的恭维后所讲的一些物理学。“我越来越确信，”他在信中继续写道，“现在所呈现的动体的电动力学与实在不相符，它可以以更简单的方式表现出来。”[89]“动体的电动力学”这个词出现了，因为它将成为爱因斯坦的相对论论文的标题。我们因此可以得知，当爱因斯坦仅是一位大学三年级的学生时，他就在思考物理学的前沿问题了。他在思考某些理论描述以太时的人为的(artificial)方式。[90]应该有一个“更简单的方式”，甚至比洛伦兹的理论更简单。在洛伦兹理论中，以太没有任何力学特性，仅用来让光从中通过。

1899年9月10日，爱因斯坦告诉米列娃，他已在思考“研究一个物体对传光以太的相对运动是如何影响了动体中光的传播速度的”。[91]很可能，这是他刚读到的以太漂移实验的某种变种。当爱因斯坦再次提到以太和相对运动时，时间又过去了两年。那时，在1901年3月27日他写给米列娃的一封

信中，谈到将把“我们关于相对运动的工作带向一个成功的结论”。[92]不幸的是，我们对这项工作一无所知。

1901年4月4日，爱因斯坦告诉米列娃，他与朋友贝索做了一次长达4小时的讨论，他们谈到了“光以太与物质的根本分离以及绝对静止的定义”。[93]7个月后，他告诉米列娃，他在“忙于动体的电动力学的工作，它绝对是一件相当重要的工作。我想告诉你，我怀疑相对运动概念的正确性，但是我的保留意见是基于一个简单的计算错误”。[94]他的“重要的工作”将在4年后出现。但是我们对于1901年版本的细节一点都不知道。很可能，当阿尔伯特与米列娃在一起的时候，他们讨论过这些论题。米列娃可能充当了阿尔伯特思想的传声筒，正如当阿尔伯特与米列娃在他们的伯尔尼时期渐行渐远时，他的其他朋友所起的作用那样。这些信件的价值在于，我们现在知道，爱因斯坦甚至还只是一个大学生时就对相对运动和以太进行了积极的思考。

就业焦虑

瑞士联邦工学院的考试让人害怕，其中一项就是一篇毕业论文（Diplomarbeit），即四年级的论文。爱因斯坦与米列娃选择了热传导这个题目，他们在韦伯的实验室里准备论文。总分为6分，他们分别得了4.5分和4.0分。此外，他在期中考试时的成功在这次要命的考试中没有再现。在5个候选人之中，他以4.91分（总分6分）的成绩排名第四。米列娃没有通过，但被安排在1901年重考。但是爱因斯坦对于成为韦伯一个付薪水的助理还是乐观的，因为在他的系里只有很少几个符合条件的学生。然而，由于他对韦伯不大恭敬，加上他的毕业论文和考试成绩都普普通通，使得韦伯任命了两个学机械工程的学生。对于准备在经济上独立到足够结婚的一对年轻人来说，这是致命的一击。尽管如此，爱因斯坦继续在瑞士联邦工学院注册，以便能在韦伯的实验室里作博士论文。然而，到了1901年春，他们之间的最后一次争吵使得爱因斯坦放弃了他的计划，决定离开。[95]

在家里，阿尔伯特与米列娃的处境一直不佳。双方父母都不同意他们的关系。在他给她的一封信中,他把这种窘境称为“多莉事件”(Dollie affair)。[96]在1900年7月29日的一封信中,他描述了在他宣布准备与米列娃结婚后他母亲大发脾气的情形。保利娜坚决反对儿子与一个在她看来是来自下层社会、从事学术研究而且比儿子岁数大的人结婚:“跟你一样,她也是读书的,但你应该有一位妻子。当你30岁时,她已经是一个老巫婆了。”[97]然后就是母亲对儿子的永恒的警告:“如果她怀孕了的话,你真的会一团糟的。”[98]对此,爱因斯坦“否认我们已经违背习俗地生活在一起”。[99]显然,米列娃写了一封信给爱因斯坦,大意是劝告爱因斯坦应该更加策略地处理这种情形,而不是发脾气并尖刻地反驳他母亲讲的话。爱因斯坦接受她的劝告,但父母还是不同意。米列娃进而相信,他的父母私拆过她的信。[100]

与此同时,爱因斯坦陪他的父亲做商业旅行,也许觉得以后进入家庭电气公司这个想法很有趣:“我得学点经营管理,这样我就能在紧急情况下代替爸爸。”[101]瑞士联邦工学院的一位同学埃拉特(Jakob Ehrat)正好向爱因斯坦推荐了一个“他所在的保险公司”的助理职位。爱因斯坦拒绝了这种“不用脑子的苦差事”。[102]他还是指望能获得一个学术职位。

但是什么都没有出现。在1900—1902年间,爱因斯坦只能断断续续地找些零活干,那时这对年轻人生活拮据,仅够糊口。“我们俩谁也没有找到工作,我们通过私人授课来维持生活——如果我们能够找到一些课程的话,然而能否找到也是很成问题的。这是不是一个雇工甚或是一个吉卜赛人的生活?但是我相信我们还是一如既往地快乐,”[103]米列娃在写给她的朋友海伦妮·考夫勒(Helene Kaufler)*的信中这么说。爱因斯坦总是怀疑韦伯是反对他在学术机构任职的幕后黑手。他写信给格罗斯曼,“如果不是韦伯背后捣鬼的话,我可能早就得到这样的一个职位了。我仍然想尽办法,不放弃我的幽默感。上帝创造了驴子,还给了它一张厚皮。”[104]

爱因斯坦继续向大学申请担任一个重要物理学家的助手的职位。他给

* 亦即本书79、248页提到的海伦妮·萨维奇,是米列娃的好朋友,与之通信甚勤。——译者

柏林、莱顿、维也纳以及意大利的大学写信。但运气欠佳——大多数情况下都石沉大海。1901年4月4日，他写信给米列娃："用不了多久，我就会让从北海到意大利南端的所有物理学家为给我提供职位而感到荣耀！"[105]

在写了一系列令人悲伤的信之后，1901年3月19日他写信给莱比锡大学受人尊敬的物理化学教授奥斯特瓦尔德(Wilhelm Ostwald)。爱因斯坦曾经非常刻苦地读过他的著作，并且这在其第一篇出版物中起了很大作用。在没有接到答复的情况下，爱因斯坦在4月3日又一次不顾一切地写了另一封信，其借口是在上封信中"我不知道是否附上了我的地址"。[106]仍然没有回复。

爱因斯坦肯定向父亲提到了这次让他非常失望的事，因为1901年4月13日，在他不知情的情况下，赫尔曼给奥斯特瓦尔德写了一封信，"请您原谅一个父亲为了他儿子的事来如此冒昧地请求你，尊敬的教授先生。"[107]赫尔曼概述他的儿子在瑞士联邦工学院的求学生涯，重申了阿尔伯特想继续其教育的愿望。尽管遭受了所有这些挫折，阿尔伯特"仍然热爱他的科学"。这封信没有收到回复，爱因斯坦甚至都不知道父亲写了这封信。具有讽刺意味的是，1909年奥斯特瓦尔德提名爱因斯坦获1910年的诺贝尔奖，而且后来还提名过两次。但是在1901年，还没有任何迹象表明，爱因斯坦将来会比他在瑞士联邦工学院的平庸表现做得更出色一些。

1901年6月4日，爱因斯坦写信给米列娃，说他拟给著名的物理学家德鲁德(Paul Drude)写信，批评他最新提出的电子论，对于这个批评"他将很难提出一个合理的反驳意见，因为我的批评是非常直接的"。[108]德鲁德的回信让爱因斯坦非常不高兴。"这明显地证明它的作者非常可怜。……从现在起，我将不再求助于这些人，相反我将会在杂志上毫不留情地抨击他们，他们咎由自取。一个人逐渐变得愤世嫉俗，那是毫不奇怪的。"[109]最近发现的爱因斯坦在1901年7月8日写给米列娃的一封信的片段表明，他也批评玻尔兹曼的著作。德鲁德的回复在某种程度上等于告诉像爱因斯坦这样的初学者，伟大的玻尔兹曼是不会错的，因而也不容批评。[110]

在处境艰难的情况下，爱因斯坦宣布了他的“不容改变的决定”，他将“马上找一个工作，不管它有多么卑微。我的科学目标和我个人的虚荣心都妨碍不了我去接受一个最无关紧要的角色”。保险工作现在看来也不是那么太坏：“明天一早要做的第一件事就是给贝索老爸写信，并请当地的保险公司经理出主意，想另外的办法。”

爱因斯坦唯一稳定的职位，就是从1901年5月15日到7月15日在温特图尔技术学校做代课老师。他每周差不多要上30个小时的课。有些课程对他来说也是陌生的，“但是这个勇敢的施瓦比亚人是不会害怕的。”[111]在温特图尔之后，他搬到沙夫豪森做私人教师。

1901年12月，爱因斯坦访问了苏黎世大学实验物理学教授、物理研究所所长克莱纳(Alfred Kleiner)。克莱纳应该读过一个月前爱因斯坦提交的博士论文。[112]爱因斯坦想与克莱纳讨论他的新想法。以一种挖苦夹杂着被迫感激的心情，他向米列娃报告说：

> 今天我整个下午都在苏黎世的克莱纳那儿。我向他解释了对动体的电动力学的想法，还与他谈了所有的物理问题。他并不像我想象的那么昏庸愚笨，相反，他是一个好人。他还说，当我需要一份推荐信时，任何时候都可以去找他。他太好了，不是吗？……他建议我把关于动体的电磁光理论连同实验方法一起发表。[113]

尽管克莱纳鼓励他，但是他在差不多四年的时间内没有发表这方面的研究。1902年爱因斯坦的博士论文遭到了拒绝，因为他尖锐地批评了玻尔兹曼的气体理论，而他的批评再一次被认为是不恰当的。[114]

爱因斯坦住在苏黎世附近的沙夫豪森，他想在圣诞节放假期间利用大学的图书馆。克莱纳不仅推迟了阅读爱因斯坦的博士论文，而且还被后者苦求让图书馆在这段时间内开放。我们从爱因斯坦1901年12月17日在沙夫豪森写给米列娃的一封信中知道这件事。在信的开始，他将自己描述为

过着“叔本华孤独意义上”[115]与僧侣们差不多的生活。然后他描述了他安排与“极其迟钝的”克莱纳谈论物理的见面，以及

> 说服他，使他让我在圣诞节假期工作。我不知道我是否能成功。实在是麻烦，这些老家伙所做的一切就是阻止与他们不同类的人。他们本能地把每一个有才华的年轻人看成是对他们脆弱尊严的一种威胁，至少我是这么看的。但是如果他敢拒绝我的论文，我就把他的反驳意见连同我的论文一同发表，让他难堪。但是如果他接受了我的论文，我们将看看有教养的德鲁德老先生会怎么说。这帮人真够可以的。如果第欧根尼(Diogenes)今天还活着，他也不得不徒劳地打着灯笼去寻找一个老实的人。

毫不奇怪，米列娃也察觉到了她的阿尔伯特本来就高度愤世嫉俗、批评谴责的做法更加厉害了。大约在1901年11月末和12月中旬之间，她写信给好友海伦妮·萨维奇(Helene Savic)说“[阿尔伯特]马上就得到一个可靠的职位似乎是不可能的；你知道我的爱人有一张臭嘴”。[116]

若干年以后，一个朋友也回忆起类似的插曲。其中，爱因斯坦“受到了联邦工学院的教授们相当严重的侮辱。[他曾]被关在图书馆门外，等等”。[117]爱因斯坦从未忘记这些轻蔑和侮辱。10年后，作为布拉格德语大学的正教授，他听到韦伯在1912年5月去世的消息时，写信给他的好友仓格尔(Heinrich Zangger)说“韦伯的死对联邦工学院是件好事”。[118]甚至后来他作为柏林大学的教授，处于成功的巅峰时，仍然感到痛苦。1918年，当瑞士联邦工学院提出一个特别优厚的条件想吸引他回去时，他写信给贝索说：“如果18年前我能得到一个非常低微的**助理**职位该多好。”[119]

然而另一个问题出现了。5月初，当阿尔伯特开始在温特图尔代课之前，带着米列娃在科莫湖地区做了一次短暂的休假。1901年5月28日，他从温特图尔给她写信。像通常一样，信一开始是通告他目前又读了些什么物

理学著作,紧接着是一个惯常的突然转变。他母亲的担忧成了现实:"亲爱的你好吗? 孩子好吗?"[120]米列娃怀孕了,阿尔伯特很高兴。1901年12月17日,爱因斯坦写信说他多想与她在一起,"即使你有一个'滑稽的体形'。"[121]

当这些失望、问题和新的责任像洪水一般涌来时,许多人可能会被推向绝望的边缘,但爱因斯坦不会。他那坚忍不拔的精神,使他从"仅仅是个人的"领域里撤出来。1900年12月13日,他向享有很高声望的德国物理学期刊《物理学年刊》(*Annalen der Physik*)投交他的第一篇论文,这篇文章发表于1901年3月1日。[122]他在写求职信时附上论文的复印本。1902年4月30日,他寄出了第二篇论文,这篇文章发表于同年的晚些时候。这篇论文同样也被附在求职信中。

第一篇论文讨论了毛细现象,第二篇论文讨论了分子力。爱因斯坦采取原子论的方法来处理这些问题,试图寻找物理学和化学之间的联系。这种方法与爱因斯坦在孩童时曾读过的伯恩斯坦通俗读物中所建议的方法很相像。尽管头两篇论文发表时,他还感到很兴奋,到1907年他就认为它们是"我的两篇没有什么价值的初作"。[123]然而在其中一篇关于分子力的论文中出现了一个论题,犹如阿里阿德涅的线团*一样贯穿于爱因斯坦的整个研究之中:把自然界表面上看起来相互分离的领域统一起来。在这篇论文中,爱因斯坦假定,分子间的力的数学形式与引力的数学形式类似。早在研究之中,当小范围的现象与大范围的现象之间的联系即将显现时,爱因斯坦就向格罗斯曼表达了他的喜悦:"认识到用直接观察看来是完全互不相关的现象联合体之间的统一,是一种奇妙的感觉。"[124]

瑞士联邦专利局

1902年爱因斯坦好运来临。小丽莎儿(Lieserl)出生的消息让他非常高兴,他期盼她们母女能在伯尔尼与他团聚。那时他在伯尔尼给私人教数学

* 引自希腊神话。阿里阿德涅(Ariadne)是国王米诺斯(Minos)的女儿,曾给情人忒修斯(Theseus)一个线团,帮助他走出迷宫。——译者

和物理课，以养活自己，此外还能从家里得到少量的零花钱。经过反复考虑，在对可能获得瑞士联邦专利局的一个职位胸有成竹的情况下，爱因斯坦于2月份从沙夫豪森搬到了伯尔尼。格罗斯曼的父亲成功地劝说专利局局长、他的好朋友哈勒尔（Friedrich Haller）在下次职位出现空缺时考虑一下他儿子大学时的老朋友、当时失业在家的爱因斯坦。很显然，格罗斯曼让他的父亲确信，爱因斯坦一定会有一个美好的未来，因为哈勒尔不是那么容易打动的。作为瑞士联邦工学院1872年的毕业生，哈勒尔是瑞士铁路系统建立之初的一位坚强的铁路工程师。该系统运营之初，沿着阿尔卑斯山上下铺设铁轨，必要时炸开山石铺设隧道。1888年哈勒尔被任命为专利局的第一任局长，他在这个职位上一直干到1921年退休。1901年4月14日，爱因斯坦写信给格罗斯曼，“我为你的献身精神和热情的态度所感动，是它们使你没有忘记你的命运不佳的老朋友。”[125]

与此同时，爱因斯坦的母亲继续抱怨米列娃，而米列娃的父母已接受了现状。这段时间爱因斯坦没有反抗。米列娃被迫在诺维萨德（当时属奥匈帝国，现属塞尔维亚）独自担当起自己哺育小丽莎儿的责任。爱因斯坦儿时的启蒙老师塔尔穆德碰巧经过米兰，拜访了爱因斯坦一家。他发现当谈到阿尔伯特时，他们就默不做声，除了说他住在伯尔尼外，什么都没讲。出于关心，他来到伯尔尼，发现爱因斯坦生活在使人消沉的贫穷之中，抱怨他的悲惨处境是由于其他人有意在他的职业道路上设置障碍才造成的。[126]由于这段时间的营养不良，爱因斯坦的一生都遭受胃病的折磨。[127]

1902年春，哈勒尔让爱因斯坦去面试，一切顺利。1902年6月23日8时整，爱因斯坦作为（临时）三级技术专家到瑞士联邦专利局报到上班，年薪3500瑞士法郎。早在申请过程中，一个熟人就警告爱因斯坦不要轻易接受这类职位。但是正如他写给米列娃的信中所说的：“我确信我会喜欢它，我将终身对哈勒尔深怀感激。”[128]他正是这样做的。

爱因斯坦的职责涉及对专利申请的评价，这包括为了保护发明者免受可能的侵害而重写已经被接受的专利。除了工程和物理学知识外，这项工

图3.11　爱因斯坦在伯尔尼的专利局，约1905年。

作还得要有专利法的知识以及阅读技术细节的能力。在他所审查的专利申请中，大多是有关电气发动机的。在对某份专利申请写的一封简明扼要的拒绝信中，他这样写道："这个专利申请是不正确的，不准确的，并且没有写清楚。"[129]当爱因斯坦回忆起专利局训练他逻辑地并且清楚地思考时，他一点都没有夸张。[130]"比我的父亲更加严格，[哈勒尔]教我正确地表达自己的观点。"[131]

爱因斯坦从此开始其伯尔尼时期，1902年至1909年。这段时期他从"日常生活的担心中解脱出来，做出了[我的]最有创造性的工作"。[132]在这些年里，他先后发表了50篇文章。4篇发表在1905年的文章将确定20世纪科学的进程。

伯尔尼的生活

到了1902年秋，爱因斯坦开始再次考虑让米列娃将小丽莎儿带到伯尔尼。在瑞士北部如死水一般沉寂的社会里，有一个婚外生的小孩足以惹怒瑞士当局，并危害到他在专利局的职位。当米列娃在1902年12月底来到伯尔尼与阿尔伯特团聚时，她把小丽莎儿留给了她在诺维萨德的父母。1903年8月，米列娃回到家中把孩子带到贝尔格莱德交给了陌生人。爱因斯坦从未见过他的女儿一眼。1903年8月27日，在她伤心的布达佩斯之旅中，米列娃以恐慌的情绪给阿尔伯特写信："时间过得太快了，但糟透了。我的感觉一点都不好。你怎么样，约翰尼？快给我写信，好吗？你的可怜的，多莉。"[133]米列娃又一次怀孕了。

这时阿尔伯特与米列娃已经结婚。结婚仪式于1903年1月6日在伯尔尼的户籍登记处举行。两个证婚人是哈比希特(Conrad Habicht)和索罗文(Maurice Solovine)，我们马上就会对这两位亲密的朋友做更多的介绍。在举行了一个小型的婚礼后，这对新人回到了爱因斯坦的新公寓。像往常一样，他忘了带钥匙，不得不叫醒女房东。

这场婚姻所处的氛围并不很有利。爱因斯坦的父亲在1902年10月10日临终前认可了这门亲事。下面发生的这件事爱因斯坦在他的余生中挥之不去："死神临近了，赫尔曼叫所有的人都走开，让他独自离去。他的儿子一想起这一点就感到内疚。"[134]差不多50年后，爱因斯坦回忆起父亲对这桩婚姻的"内在的抵制"。[135]

他缺乏激情，这可以在婚礼两周后他写给贝索的信中很明显地看出："哎，我现在已经是一个已婚的男人，与我的妻子过着非常愉快、惬意的生活。她出色地照料着一切，做得一手好菜，而且总是充满快乐。"[136]爱因斯坦干了这件体面的事情。

爱因斯坦当时所看到的米列娃的一面，只是从长期的朋友的角度所看到的那一面。她变了，而且在她看来，似乎原因应由阿尔伯特负责。但她对此一直三缄其口。[137]阿尔伯特毕业后所面临的那困难的几年，对于米列娃来说，更是双倍地艰难。1901年她在瑞士的第二次也是最后一次机会的毕业考试失败了，她将永远不可能获得学位。身怀六甲且孤独无援的她，肯定由于这次失败而心情沮丧。爱因斯坦的看法是，他是“出于责任感”而结婚的，而且“投入到了某种完全超出我的能力的事情上”。[138]米列娃现在完全依赖于她的丈夫，这无论从经济上还是情感上都是一种负担。“她抑郁寡欢，喜怒无常，[而且]一般来说，对接近我的人非常冷漠、充满怀疑。”爱因斯坦多年后这样写道。[139]

奥林匹亚科学院

尽管如此，爱因斯坦觉得各种事情还比较顺利。他有一位妻子来照顾他，在伯尔尼有三位亲密的朋友、一份工作以及许多关于物理学的想法。刚到伯尔尼时，为了挣点钱，爱因斯坦就在一份当地的报纸《伯尔尼市公告报》(*Berner Stadtanzeiger*)上登广告，做数学和物理学私人辅导老师，并可“免费试听”。第一个对此感兴趣的人是索罗文，他在伯尔尼大学学习物理学和哲学。在发现课堂上的内容尤其是物理学课程相当浅显之后，他开始寻找私人授课。

抱着“也许这个人能将我带入理论物理学的神秘之中”的希望，索罗文按照爱因斯坦广告上的地址找上门去。[140]在按了爱因斯坦那个被塔尔穆德称之为空间狭窄、家具破旧的位于一楼的公寓门铃之后，索罗文“听到了一声洪亮的‘请进’(herein)，接着爱因斯坦出现了。随着公寓大门向着一个黑暗的走廊启开，他那双异常明亮的大眼睛，让我十分震惊”。[141]在正常付费的课程结束之后，他们很快就开始在一起随心所欲地讨论哲学。

不久，哈比希特就加入到爱因斯坦和索罗文的讨论中来。哈比希特是爱因斯坦在沙夫豪森短暂停留时结识的。他们三人就是一个非正式讨论小组的创始人。这个小组被他们冠以一个宏大的名称“奥林匹亚科学院”。他

图3.12 奥林匹亚科学院的创立者。哈比希特、索罗文和爱因斯坦，1902—1903年于伯尔尼。

们在通信中所用的粗话表明他们之间的关系非常密切。该小组后来又添了第4个成员，沙旺(Lucian Chavan)，他从1903年开始听爱因斯坦私人开设的数学和电工学课程。沙旺在联邦邮电局工作，该局直到1907年都与专利局在同一幢楼里办公。

除了通常出外骑马转悠外，奥林匹亚科学院有一个大概是由爱因斯坦确定下来的严肃的“课程”，大部分是与物理学有关的哲学论题。他们阅读穆勒(John Stuart Mill)的《逻辑体系》(*System of Logic*)、皮尔逊(Karl Pearson)的《科学的规范》(*Grammar of Science*)、休谟(David Hume)的《人性论》(*Treatise on Human Nature*)、柏拉图的《对话》(*Dialogue*)、莱布尼茨(Leibnitz)的著作以及1904年出版的庞加莱的《科学与假说》的一个非常好的德译本。[142]索罗文回忆说庞加莱的著作“给我们留下了极深的印象，我们连续好几周都为之着迷”。[143]

在奥林匹亚科学院鼎盛时期的1902年至1904年，他们定期在其中一个人的公寓里见面。在讨论之前，先吃一点东西，通常有香肠、格鲁耶尔干酪、水果和茶。[144]爱因斯坦结婚后，见面地点就常改在爱因斯坦的公寓里。有时米列娃也列席讨论，但她从不插嘴。[145]

有时谈话也在户外或咖啡馆里举行。哈比希特和索罗文有时在下班之后与爱因斯坦在他们最喜欢的去处——离大学不远的“码头”咖啡馆里见面。有时他们会在伯尔尼附近的山丘上散步，很晚时在空无一人的街道上溜达。当然，伯尔尼与巴黎的学术氛围是不可比拟的。毕加索生活在欧洲的学术中心，与一些艺术家和文学家一道工作，他们都是正在冉冉升起的新星，并且还有莱奥·施泰因和格特鲁德·施泰因这样具有智识水准的赞助人。

相反，爱因斯坦基本上与知识界和科学界隔绝。他最亲密的朋友不是做研究的科学家、艺术家或文学家。奥林匹亚科学院与毕加索帮唯一相似之处在于，爱因斯坦圈子内的人都是兴致勃勃的年轻人，他们家境贫寒，却斯文体面，把他们连在一起的最深层的纽带是思想。与毕加索帮的精神一样，索罗文深情地回忆：“**快活的贫穷是件多么美好的事情**！”[146]尽管奥林匹亚科学院的玩世不恭跟毕加索帮相比显得过于苍白，但其热切地交换思想的认真劲儿却不输于他们。索罗文回忆说，他们的典型做法是“读一页、半页，有时只是一小段，然后讨论，当问题很重要时，讨论持续好多天。我常常在中午出去，在爱因斯坦离开办公室后找到他，回到前一天晚上所讨论的问题上来。你说过那些……，但你不相信它们……或者是：我昨晚说过的，我想再补充一点……”[147]

为了庆祝爱因斯坦的生日，哈比希特和索罗文买来了昂贵的鱼子酱。在由爱因斯坦独自就牛顿物理学这一论题所做的专题报告当中，他们打开了罐头，假装像通常一样，是在面包上放香肠片。爱因斯坦没有注意到这一点，继续吃盘子上的东西，直至一点都不剩。当他们告诉他他所吃的是什么东西时，他说：“对我来说都一样。”[148]好的谈话才是最重要的。

无疑，他们也梦想能整日以朋友的身份聚在一起讨论物理学和哲学，爱因斯坦向哈比希特建议道：

> 如果我有机会，我将向哈勒尔提到你；也许可以将你放在一群专利局的奴隶中偷运过来，尽管如此，对此你可能会觉得还有点高兴。你真的愿意来吗？请记住，除了8小时的工作，每天还有8小时的不务正业的时间随你支配，而且还有星期天。我很愿意你能来到这里。[149]

在这些8小时的“恶作剧”时间和星期日里，爱因斯坦追逐着他关于辐射理论、气体的原子理论和相对论的想法。

在差不多半个世纪后，爱因斯坦向索罗文回忆说“在伯尔尼的岁月真是太奇妙了”，而且“我们的科学院一点也不比那些我后来了解的值得尊敬的科学院更幼稚”。[150]这个小组围绕着其中心太阳——爱因斯坦——旋转。他们成了爱因斯坦的智囊团。尤其是当科学院的第5位成员米凯莱·贝索1904年到达伯尔尼后，情形更是如此。爱因斯坦为他在专利局获得一个职位扫清了障碍。爱因斯坦在相对论论文中向他致谢，这将使他永远被人们记住。

米凯莱·贝索

米凯莱·贝索1873年5月25日出生于苏黎世附近的一个镇上。尽管他的父亲来自的里雅斯特(Trieste)*，后来全家迁到了苏黎世，这样他的父亲就能担任一个保险公司的经理。[151]贝索是一个早熟的孩子，5岁时就开始阅读。他对科学尤其是数学有着强烈的兴趣。9岁时，他就想理解无限远处的一点意味着什么。与他未来的朋友爱因斯坦一样，他有本事让老师恼怒。因为对中学教数学的方式感到不满意，失望至极，贝索和他的一位朋友散发了一份措辞激烈的请愿书。由于这些男孩敢于直言，他们被开除学籍，于是

* 意大利东北部港口城市。第一次世界大战前属奥匈帝国，1918年后被意大利占领。——译者

贝索的父母把他送到罗马去完成其中学学业。在罗马大学学了一年之后，他于1891年进入瑞士联邦工学院学习工程，1895年毕业。

大约是在1896年末或1897年初，在一次音乐晚会上，贝索遇到了爱因斯坦。[152]他们发现，除了在拉小提琴方面有共同的爱好外，他们具有“对知识的共同的偏好、共同的兴趣和共同的渴望”。[153]爱因斯坦记得当他们在音乐晚会上偶遇时，贝索是多么让他觉得刺激。[154]

1898年，贝索与温特勒爸爸和妈妈的一个女儿安娜·温特勒(Anna Winteler)结婚。爱因斯坦成为他们在米兰家中的一位常客。贝索为爱因斯坦在他工作的公司——意大利电力发展协会——安排了一些咨询工作。[155]从他们大量的通信中我们知道，贝索具有深入和广泛的物理学和哲学知识。但他从来不能让自己从事某种科学工作，宁愿博览群书。贝索是一个一事无成者(noncompleter)的典型。他宁愿做一个永久的学生，不断地在伯尔尼大

图3.13　米凯莱·贝索及其新娘安娜·温特勒，1898年。

学旁听课程。例如，在1909年的冬季学期，他旁听了政治法规、金融政治学、中枢神经系统生理学、英国文学和天体力学。

爱因斯坦喜欢称他为“一个糟糕的笨家伙，[156]在生活或学习中不能让自己足够专心去做某件事，但他具有异常热烈的心肠，工作起来颠三倒四的，这一点我非常高兴地注意到了”。[157]他向米列娃描述了贝索最经典的“糊涂透顶”的惊人之举，这是曾与爱因斯坦一起演奏音乐的贝索的上司告诉他的。贝索曾被要求检查位于米兰西南部皮埃蒙特地区*的卡萨莱电站几条新架设的电线。“我们的英雄”，爱因斯坦报道说，如果在头天晚上动身，就可以赶上任务。但是他竟误了火车。由于心不在焉，贝索第二天很晚才想起他的差事来。第三天他终于赶上了火车。但是到了米兰车站却忘记他要去做什么了。所以贝索就在车站写了个明信片，要求“‘速电告任务！！’我不认为这家伙是正常的”。

但是贝索足以正常地与爱因斯坦谈论物理学。“昨晚我们热切地谈论自己感兴趣的话题，差不多有4小时。我们讨论了光以太与物质的根本分离、绝对静止的定义、分子力、表面现象、离解。”[158]任何事情！爱因斯坦认识到，具有批判精神的贝索正是他所需要的那个让思想反弹回来的人。“我在整个欧洲都找不到比他更好的共鸣板**”[159]他们变得谁也离不开谁，两家人之间也是这样。在爱因斯坦看来，“[贝索的]兴趣范围之广，简直没有界限。”[160]他鼓励贝索到伯尔尼，到专利局工作。贝索真的在1904年3月15日来了。[161]正好一年后，爱因斯坦一家搬到离贝索家不远的地方，两个男人开始了每天15分钟一起下班回家的步行。“我们在回家路上的谈话引人入胜、无与伦比——世俗纷争对于我们似乎并不存在。”[162]

贝索1908年离开专利局，集中精力自学，同时干了许多比较奇怪的工

---

* 位于意大利西北部，阿尔卑斯山脉下，与法国及瑞士为邻，首府都灵，本意为山脚，是意大利两大葡萄酒产区之一。——译者

** 共鸣板(sounding board)，原指乐器共鸣箱上面部分的一种薄板，用于增大音响。这里指“被咨询的人”，意指爱因斯坦常将其想法与贝索交流，看贝索如何反应，以此来看待其思想是否能被接受。——译者。

作,包括当一名咨询工程师。1916年,他被任命为瑞士联邦工学院的专利法私俸讲师(Privatdozent)。他于1920年重返专利局,1938年退休。当1926年新的局长试图解聘他时,爱因斯坦亲自出面干预了这件事。爱因斯坦给仓格尔写去了他的支持信,正是仓格尔告诉了他有关贝索的可悲处境。[163]他在信中对他最亲密的朋友的能力给出了极高的评价。

问题出在贝索不善于写专利评审书。与这种不善完成任务的弱点相对照,爱因斯坦提到了贝索异常广泛的知识范围。他写道,贝索是"一流的天才","专利局的每个人都知道"他们能从他那儿迅速地得到建议。解雇他将是一个严重的错误,因为这将使专利局损失一个具有超常特质的人。爱因斯坦提出了一种解决方案,这相当于一份新的工作。贝索应该是"客观地判明情况的那个人,而官方的卷宗则应由另一个人执笔来写"。干预成功了。

这段插曲也证明哈勒尔理解为他工作的年轻人,也非常具有耐心。毕竟,其中的一个人一天大部分时间都在梦想空间和时间的性质,而另一个虽是能对所有问题即时给出意见的专家,但又很难写出什么东西。贝索和爱因斯坦总是以一种尊敬的口吻谈论哈勒尔的公正以及他传授给他们的工作方法和工作品味。[164]

奥林匹亚科学院持续到大约1906年。那一年索罗文移居巴黎,哈比希特只是偶尔待在伯尔尼。1906年4月27日爱因斯坦向索罗文建议,如果在巴黎的事情不顺利的话,"那么你仍有某些可能找到某种工作,到时候甚至在专利局还有一个永久的职位。"[165]由于奥林匹亚科学院不存在了,爱因斯坦感到相当孤独:"谈到我的社交生活,你走后,我谁也没有遇到。甚至与贝索的谈话现在亦告终结;我没有听到任何来自哈比希特的消息。"[166]那个月他搬了家,他不再住在贝索附近,这样他们每天一起走回家的谈话就结束了。

学术上的渴望

通过同事绍特(Josef Sauter)的介绍,爱因斯坦从1902年开始与伯尔尼的科学界取得了联系。尽管绍特也是瑞士联邦工学院的毕业生,但他们之

前从未见过面，因为绍特比他大8岁。但他们也有一些共同的经历，绍特也对瑞士联邦工学院的课程感到失望，这使得他也不得不自学。绍特把爱因斯坦介绍到自然科学协会，在伯尔尼该协会就相当于是柏林和巴黎的那些大的科学协会。通过与协会成员的交谈，爱因斯坦开始重新考虑谋求一个大学职位。

按照德语国家的学术体系，一个人要从一个被称为私俸讲师的底层职位开始，这是一个大学不付薪水而由听课学生付少量听课费的职位。得到这个职位的前提条件是已获博士学位和已通过在大学授课的教授资格论文（Habilitationschrift）——一篇博士论文之外的原创性论文。爱因斯坦两者都没有。但是他发现了这个规定的一个漏洞：在“特例”下，博士头衔和授课资格论文可以由其他的“杰出成就”来取代。[167]

这一例外条款是为有名望的学者而不是为新手制定的，但是爱因斯坦相信他的——回过头来看——“两篇没有什么用的习作”[168]已证明了其杰出成就。1903年1月他向当时在米兰的贝索说明他准备做的事情：“我最近决定加入私俸讲师行列，当然前提是我能取得它。此外，我不想获得一个博士头衔，因为它对我没有什么帮助，而且整个这场喜剧变得有点让人心烦。”[169]不用说，伯尔尼大学拒绝了他的请求。他对此很恼火。“这里的大学是一个肮脏的地方。我是不会在这里授课的，因为浪费时间是一种耻辱。”[170]喜剧还在继续上演着。

第一个科学发现

1904年4月15日，爱因斯坦给哈比希特写了几行逗笑的话：“马上过来，你毕竟有辆自行车！我们期盼着几周后一个婴儿的降临。我现在发现物质的基本量子的大小和辐射波长之间以一种极其简单的方式存在着的关系。”[171]按他惯用的方式，他从希望朋友因为汉斯·阿尔伯特即将降生而来访，一下子转而突然宣布他的第一个科学发现。《物理学年刊》在1904年3月29日接受了他的论文。[172]它将是爱因斯坦发表的第5篇文章，也是他探索气体原子理论和热力学基础的系列论文中的第3篇。[173]由于童年时期读过伯恩斯坦的书，后来又详细研究了玻尔兹曼的著作，爱因斯坦刚进入瑞士联邦工学院时就成为原子论的一个拥护者。[174]尽管他欣赏玻尔兹曼在气体的原子理论方面严格的数学处理，爱因斯坦自己的风格则是相当思辨性的，正如他初次在伯恩斯坦的通俗系列中所看到的那样，他试图把不同的领域联系起来。[175]

爱因斯坦找到了一种非常简单的方式——气体在达到平衡之前的行为——来研究涨落现象，它可以用来计算阿伏伽德罗常量。该常量是每摩尔物质的分子数，由此推出一个原子的大小。[176]而且，爱因斯坦还证明了有一个特殊系统显现出了可测量的涨落，它就是从一个炽热的金属体中挖出来的空腔的辐射。这类辐射特别有趣，因为它与发射体无关。关于它存在一些普适的东西。1900年，德国物理学界的老前辈、柏林大学的普朗克(Max Planck)推出了一个方程，其显著特点是可与任何可得到的实验资料相符。对这一辐射定律的原子论根源的进一步研究，让普朗克得到一个让人吃惊的结果：空腔辐射的能量划分为分离的一小份一小份，即能量量子的形式，它不是一个基本单位的任意倍数，而是整数倍。这违反了按照洛伦兹电磁理论理解的辐射理论，因为通常人们把光看成是一种波，它的能量被期望是连续分布的。

大部分物理学家礼貌性地忽视了普朗克对他的辐射定律的解释。他们充其量只是在不使用能量量子的情况下重新推导它。爱因斯坦也试图这样做，但没有成功。他遭到沉重的打击："这就好像一个人脚下的土地都被抽掉了，使他看不到哪里有可以立足的坚固基础。"[177]但他是唯一说出下列结论的人：每一个大物理学家都把空腔辐射看成是一个附属效应。1904年的共识是，基本问题在于理解电子的结构。

这里，第一次涌现出爱因斯坦的独特能力，他知道在什么情况下不要去追问某些命题是如何推导出来的。他决定跨出巨大的一步，把普朗克的辐射定律当成公理一样来接受，也就是说，为了确定"能从中得出什么普遍结论"，[178]而不顾对它的实验的或理论的证明。正是从空腔辐射，爱因斯坦得出

了他在1904年4月14日向哈比希特描述的反比关系。这个结果是令人激动的，因为它成功地将涨落辐射不可见的微观世界与其可观察的谱线统一起来。爱因斯坦计划进一步研究空腔辐射之谜。正如他在给哈比希特的信中所说的，他将在1905这一奇迹年将之推至一个“非常革命的”结果。[179]

一个访问过专利局的年轻物理学家回忆起爱因斯坦指着他的高脚书桌抽屉的情形，爱因斯坦说这个抽屉是他的理论物理学系。[180]我们可以想象爱因斯坦正坐在他在专利局的办公室里，阳光从窗户照射进来。他不时地向周围张望，看哈勒尔先生是否在注意他。如果没有的话，爱因斯坦就小心翼翼地打开抽屉，偷偷地看一下他自己的计算。在他饥肠辘辘的岁月里，爱因斯坦的精神从这个凡俗的世界里升华，超越了“仅仅是个人的”世界，而进入一个罗盘指针之谜所处的世界，一个按照神圣的几何学小书的公理构成的世界，一个思想实验者追赶光波的世界。专利局是他的“世俗的修道院”，一个离他最近的地球上的天堂。[181]

第4章 毕加索是如何发现《亚威农少女》的

《亚威农少女》……是我第一幅祛除邪魔的画作。

——巴勃罗·毕加索

在对毕加索的研究中，有关《亚威农少女》一画的科学、数学和技术根源是一个被忽略的题目。[1]我所感兴趣的倒不是毕加索是怎样构创《少女》这样一幅画作的，而是他**为什么**构创了这幅画。这个“为什么”包括毕加索对创作一件能与科学上的重大成就相提并论的艺术作品的追求。要理解这一点，我们必须利用现有的资料钻到艺术家的脑子里去。

要进入任何一个艺术家的脑海都非易事，而就毕加索而言更是难上加难。这不仅因为他在这两个阶段或两个战役期间——他开始酝酿《亚威农少女》这样一幅画作期间，也即1906年年底，以及他正式着手绘制期间，也即1907年3月至7月[2]——没有留下任何关于此画的想法和见解的信件，而且我们还要与他的回忆录进行比较，因为他的回忆录相互矛盾、经常与史实相抵触。

许多艺术史家都反对考虑毕加索思维里任何科学的方面，因而有必要讨论一下我将用到的原始资料。第一个问题当然是为什么毕加索本人要否认《少女》有任何科学根源。

根源

关于《少女》的起源，关于立体主义，毕加索都有一些自相矛盾的说法，这些都是众所周知的。例如，他宣称在完成《少女》之前从不知道黑人艺术，即非洲艺术，但我们知道这不是事实。[3]他这样否认的原因显而易见。他对当时报刊上的一些评论十分恼怒，那些评论的大意是：这么一件复杂的作品其实可以极其简单地归因于一个单一的原型。[4]这“使他出言对‘黑人艺术’的作用轻描淡写（后来则否认这种作用）——到第二次世界大战后他干脆一口咬定在画《少女》之前从未见过原始部落的艺术，而且他那著名的特罗卡德人种博物馆（Trocadéro）之行根本就是在他画完了《少女》之后而不是之前发生的”。[5]而事实上，我们将看到，正是非洲艺术激励着毕加索继续走他那条概念化道路。这条道路是他从1906年5月发现了古伊比利亚小雕塑后就已经选定了的。

我们也应该同样地看待毕加索1945年10月给巴尔（Alfred H. Barr）的答复。[6]巴尔写道：“当毕加索被问及他是否曾与普兰斯讨论过数学或第四维时，他的答复是没有（问卷表，1945年10月）。关于这个略有些神秘的普兰斯，毕加索只说他是一个保险精算师。”[7]这个“神秘的”普兰斯实际上是“洗衣舫”的常客，但是，就像对非洲艺术的态度一样，毕加索不愿意将《少女》归功于任何一个单一的根源。但是有两篇故意扭曲立体主义历史的文章就提到过普兰斯。

第一篇是由艺术评论家沃塞勒写的。在嘲讽地回顾立体主义的历史时，沃塞勒将“立体主义创始人”[8]这顶荣誉之帽戴到了普兰斯的头上。另一篇更为恶毒的文章则是毕加索“洗衣舫”时代的朋友弗拉曼克写的。这篇发表在1942年6月6日的《喜剧剧场》（*Comoedia*）上的文章，看起来像是一场由纳粹发起的进攻。[9]弗拉曼克指控毕加索“将法国绘画艺术拖进了一个绝对要命的死胡同，一场不可言状的混乱、衰弱、死亡之中……毕加索是[立体主义的]哗众取宠者，阿波利内尔则是助产婆，普兰斯为其教父。”[10]

即使在他不抵挡具体的攻击时，毕加索也可能是个极不易对付的被访对象。当采访者请他定义立体主义或询问他的工作进展时，他的回答是最让人失望的。例如，1911年有个记者询问他立体主义时，他扔下一句“没什么立体主义”，便转而去喂他的宠物猴去了。[11]在1920年一次关于非洲艺术的访谈中，他对费尔斯(Frorent Fels)说：“黑人艺术？从未听说过。”[12]这个特别的修正声明反映出毕加索对当时那种情况的厌恶。那时，在他所谓的依赖黑人艺术进行创造的故事广为流传后，非洲艺术品的价格一时漫天飞涨。[13]

对于“你的工作进展如何”这样一个问题，费尔南德·奥利维耶曾说道，毕加索的回答是任何一个从事创作的艺术家都会有的：“糟透了。”[14]这个词概括了一切。

我们不清楚《艺术》(*The Arts*)杂志的记者1923年采访毕加索时到底是在怎样一种情形下询问他有关科学对其作品的影响的。毕加索的回答是：“数学啊，三角学啊，化学啊，精神分析学啊，以及音乐和许多别的学科都被扯进立体主义，为的是让人更容易理解它。而所有这一切都不过是纯理论的东西而已，不用说都是废话一堆，只能带来坏的结果，用各种理论来蒙蔽人们。”[15]我猜想记者的问题问得太唐突。若是在毕加索年轻的时候，他一定会掏出雅里的手枪朝记者开上一枪。

1926年，毕加索曾主动给苏联《星火报》(*Ogoniok*)去过一信，其中特别提到数学家“普兰斯，他在我们讨论美学的时候总在场”。[16]他后来则否认写了这封有他签名的信。[17]而我们将看到，普兰斯在将科学传播给毕加索和他的圈子这件事情上起着重要的作用。

还有诸多的例子可以证实毕加索的前后不一致。他企图贬低他对一种新的表达形式的探索，但“毕加索帮”许多极为睿智的谈话都是有文件为据的。[18]毕加索的许多声明都是雅里式的，雅里乐于利用一切机会去误导他的评论家和采访者：对于一切的严肃认真都要“用信口开河、荒诞不经的言语和玩笑话”[19]去应付。

有一个极其有用的访谈是由塞沃斯(Christian Zervos)1935年进行的,发表的标题为“巴勃罗·毕加索,谈话,1935年”。[20]毕加索是在20世纪20年代认识塞沃斯的,当时塞沃斯还是巴黎的一个学生。他们一直都保持朋友关系,直到塞沃斯1970年去世。有一件事可以表现他们的亲密友情,那就是塞沃斯毕生都心甘情愿做的一项工作——毕加索作品的第一个带注释的分类目录,加起来是极为可观的33卷。塞沃斯声称这个访谈笔记是1935年在毕加索位于博瓦杰卢(Boisgeloup)的家中谈完后立刻记录下来的。毕加索阅读了这些笔记并且非正式地表示了认可。[21]这些谈话记录下了毕加索对照相术、艺术的本质以及他自己的创造性的一些深思熟虑的评论。和一个密友坐在一起,没有任何压力去回答记者式的问题,毕加索就没有必要发表那些粗暴无礼的雅里式评论了。[22]

那么,“毕加索帮”其他成员的证词又是怎样的呢?艺术史家把这些直接的见证人分成两大阵营:毕加索的第一个主要经纪人坎魏勒,以及阿波利内尔/萨尔蒙。[23]第一次世界大战期间,坎魏勒在他流亡瑞士时写了一篇题为“立体主义的出现”的德语论文。在这篇文章里,他给立体主义披上了一件源于其本国的康德哲学厚实的外衣。[24]坎魏勒学者式的技巧和他在立体主义早期与毕加索的接近使艺术史家们更倾向于接受他的见证,而非阿波利内尔/萨尔蒙那些充满异想天开比喻的见证。[25]但是,坎魏勒毕竟不是“毕加索帮”的成员,他的态度、巧辩才能和生活方式都太保守了:他既非艺术家也非作家,更非生活放荡不羁的文化人。

艺术史家们不怎么信得过阿波利内尔和萨尔蒙的作品,一是他们所言和事实有误,二是他们缺乏对布拉克贡献的应有重视。例如,萨尔蒙在1912年题为“L'Histoire anecdotique du Cubisme”(立体主义的逸闻轶事史)这篇文章里写了6个亚威农少女,而事实上只有5个,并且他提到毕加索在画《少女》时曾出去度过假,而毕加索对戴(Daix)坚持说没有此事。[26]毕加索倒确实是在1908年夏天离开巴黎去过鲁德森林(La Rue-des-Bois)。所以,戴认为,如果我们假定萨尔蒙的文章是讲毕加索的《三个女人》(*Trois femmes*)[27]而不是《少女》，那么他的叙说则是正确的。[28]但是戴又反过来写道，毕加索有可能在1908年还在继续对《少女》加以润色。如果真是这样，那么萨尔蒙可能的确就是在谈《少女》。关于布拉克，毕加索在1912年10月31日一封致布拉克的信中写道，[29]“萨尔蒙对于立体主义起源的描述，当涉及你时，不公平得叫人恶心。”[30]但是他却并没有指出任何涉及**他自己**的错误。

所有这些吹毛求疵的争辩都忽略了一点，即阿波利内尔他们，尤其是萨尔蒙，在毕加索的画室里亲眼目睹了他创作《亚威农少女》时的奋力挣扎。这点可以从毕加索1907年6月和7月期间画的萨尔蒙的漫画里得到证实。[31]萨尔蒙1912年写道：“让那些倾向于把立体主义者看作不过是一群胆大妄为的笑剧作者或一些狡诈商人的人，屈尊去完整了解一下这种艺术诞生时所发生的真实戏剧场面吧。”[32]这才是他1912年写这篇文章要说明的问题。

阿波利内尔是毕加索灵感的源泉，他对毕加索的情绪变化非常敏感。尽管毕加索对阿波利内尔的华丽文体及其对布拉克的不公平论述感到恼怒，但是在众多的诗人中，他仍是毕加索最亲密的朋友。从很早开始，阿波利内尔就在毕加索画室的许多次晚餐中与艺术家分享“餐巾的一角”。[33]所以，关于创造性这些问题，本书作者将认真地看待阿波利内尔1913年出版的《立体派画家》(*Les Peintres Cubistes*)[34]一书和萨尔蒙的“立体主义的逸闻轶事史”一文。

简而言之，这就是我准备怎样去看待毕加索的反应和考虑注重哪几个友人。至于为什么毕加索从未直接谈论过科学、数学和技术在他探索《少女》时所起的作用，原因可能在于没有哪个采访他的人或者朋友——包括塞沃斯——在问他有关这些问题时所采用的提问方式能引出他考虑缜密的回答。至于被记录下来的毕加索对普兰斯的评论，以及他对人们用科学来解释立体主义的那种方式的反对，都必须放在上下文里去理解，视他被问及的情形而定。在他关于自己事业的许多评论中，毕加索从来没有强调过某个单一的根源，甚至没有强调过任何环境的核心要素，而后者在他1907年中期构创《少女》时是至关重要的。

《亚威农少女》

现在,《亚威农少女》被挂在纽约现代美术馆。这幅画表现了一家妓院里的5个妓女。虽然她们相互紧挨着,但彼此并不交流,只有观看者——嫖客——才是她们交流的对象。

当我们放眼掠过这一巨幅画布——高244厘米,宽233.7厘米——我们看到最左边是一个半裸的少女,有着一张埃及—高更式的脸,她那看起来脱离身体的胳膊正将一方帘子拉开来,然后是两个更具吸引力的少女,长得跟古伊比利亚—大洋洲人似的,左边第二个少女的站立姿势简直不可思议(注意她左脚的位置,在她右膝盖的正下方——她应该会跌倒)。最右边站立的少女也在把一个帘子往两边拉,而蹲着的那个少女的姿势怪诞得不可思议,因为她的背冲着画面,而头却像安在一个转环上一样旋转了180度,两只眼睛明显地不一样,并且不在一条直线上,鼻子几乎像一块楔形的布里乳酪,她的脸和其他几个少女比较起来丑陋得可怕。这幅画绝不包含任何传统的叙事风格,其表现手法是十分形象的。蹲着的妓女的头,是几何构图和实验手法中最先进的部分,这部分在毕加索的草图里面经历了最全面的蜕变。[35]这是毕加索发现几何化的关键点,几何化自此成为立体主义的标志。

在"立体主义的逸闻轶事史"一文中,萨尔蒙告诉我们:"毕加索的新作品自然地被艺术家的一个朋友命名为'开明的妓院'。"我们当然可以推断文中所说的朋友即指萨尔蒙自己。[36]我们知道这幅画到1910年还没有正式的名称,因为一篇由伯吉斯(Gelette Burgess)撰写的文章提到它时仍称之为"毕加索习作"。[37]这幅没有署名、没有标题的油画终于在1916年得到了它的固定名称,因为这一年它被昂坦沙龙(Salon d'Antin)展览出来,这个沙龙原是一个服装店,因为要举办一个题为L'Art Moderne en France(法国现代艺术)的画展,服装店便被临时改为艺术馆。这次画展是由萨尔蒙组织的,展出时间是7月16日至31日。萨尔蒙把这幅画命名为《亚威农少女》。[38]

图4.1　毕加索的《亚威农少女》，1907年夏作于巴黎。

对《少女》的一些现有诠释

大部分艺术史家都认为毕加索之所以选择妓院是为了响应塞尚、劳特累克、格列柯和安格尔对这个题材的处理。毕加索最早尝试这个题材是1906年在格索尔所作的油画《闺阁》。[39]当然，如果他想要用雅里的方式去震惊公众，那妓院场景则是再好不过的选择了。

虽然任何时期的妓院照片都意在挑逗刺激，但《少女》却不然。毕加索尽可能地把性描绘得腻味无比，把它仅仅当作商业来表现。这些少女都是赤裸裸的妓女，冷漠无情，并且略显厌倦。她们绝对是纯商业性的，甚至还对人构成一些威胁。威胁之一是梅毒，这种性病在毕加索时代是致命的，当时的人们看待梅毒就跟我们今天看待艾滋病一样。报纸上常报道梅毒的可怕恶果。事实上，1901年至1902年，毕加索参观过圣拉扎尔监狱，对性病带来的灾难有着第一手的了解。[40]圣拉扎尔是关押妓女的监狱，里面许多妓女都染有性病，有些怀了孕，极有可能生出一些患先天性梅毒的婴儿，这种先天性梅毒能造成可怕的脸部扭曲变形。[41]性病绝对是毕加索构想《少女》时的思维马赛克中的一块花砖。而在1972年斯坦伯格(Leo Steinberg)写下"开明的妓院"一文之前，毕加索的《亚威农少女》一画的性主题一直没有人探究过。这是极不平常的，想想看，毕加索自认为是一个精力充沛、充满创造力的人，并认为这种精力和创造力是由一种无法满足的性欲驱动着的。[42]

艺术史家鲁宾(William Rubin)把《亚威农少女》看作是弗洛伊德式自我分析的一种练习，毕加索在这种自我分析中拔除他自己的心理邪魔。这些邪魔包括他与费尔南德日渐恶化的关系所产生的紧张，加上他对死亡和性病的恐惧。鲁宾想当然地认为毕加索对女人贪婪的欲望与他对女人肉体的憎恨是十分矛盾的。画中的非洲面具被认为给了毕加索灵感，用形象的表现手法跨越厄洛斯(Eros)*和萨纳托斯(Thanatos)**之间截然对立的两极：美与丑，性爱与死亡。[43]

虽然用弗洛伊德的精神分析法作的推测很有意思，但这些从毕加索富有戏剧性的生活中得出来的结论是极为冒险的。这些推测可能被概念化，并被滥用来解释一切。蒙马特尔其他艺术家也有和毕加索近似的情感问题，但是他们永远也没有创造出能与他的作品相提并论的东西。

在某种程度上，非洲艺术之所以进入毕加索的生活要归功于理查森强

* 厄洛斯，一译"爱若斯"，希腊宗教中的性欲神和同性相恋神。荷马史诗中称他为"四肢放荡和损害心灵"者。古希腊诗人赫西德则认为他是诸神中最古老和最有权力的神，为原始混沌之子，又有人认为他是性爱与美丽女神阿芙若狄蒂之子。在雅典，他和阿芙若狄蒂供奉于同一神庙，有性器官的标记。(引自任继愈主编《宗教词典》，上海辞书出版社，1981年，第121页。)——译者

** 萨纳托斯，希腊神话中的死神，通常用来指自我毁灭。——译者

调的一个主题，亦即毕加索的富于竞争性。[44]在1907年3月20日开幕的独立艺术家沙龙，毕加索惊讶地看到了马蒂斯的《蓝色的裸女（比丝克拉忆作）》[*Blue Nude*（*Memories of Biskra*）]和特朗的《浴者》（*Bathers*）。马蒂斯和特朗所获得的知名度，加上他们作品明摆着的质量和创新，对毕加索意味着他们已经走到他前面去了。虽然他们1905年在独立艺术家沙龙的"野兽笼子"展出的画作已经掀起了轩然大波，但1906年的作品却因其原始和野蛮更是引发了一场骚动。在这两次画展之间，两位艺术家都从原始主义中找到了脱离野兽派的方法。[45]马蒂斯和特朗都收藏有自己的非洲艺术品，1906年春天，他们提醒毕加索注意非洲艺术。特朗只比毕加索大一岁，所以跟年纪更大一些又很严肃的马蒂斯比起来，他与毕加索更有一种同志情谊。他们两人是通过阿波利内尔认识的，到1906年年底，特朗离开了马蒂斯的圈子，开始集中考虑毕加索那些更加概念化的方法。特朗对哲学、科学、数学、音乐和艺术史都十分内行。我们可以想象他正好填补了毕加索"教育"中被阿波利内尔和雅各布留下来的空缺。[46]

从1901年开始，毕加索就已经通过参观卢浮宫和其他博物馆接触到埃及艺术和原始艺术，这一切为他1906年5月在卢浮宫参观来自奥苏纳的古伊比利亚浮雕作好了准备。到1907年3月，毕加索已经拥有了自己的古伊比利亚雕塑，那是从阿波利内尔一个叫皮耶雷（Géry Pieret）的朋友那里买来的两尊古伊比利亚石雕像。[47]

1907年6月初，特朗建议毕加索去参观特罗卡德人种博物馆的非洲艺术展览。毕加索后来又去了好几次，并且意识到某种特别的事情发生了，搅得他内心极其不安："我明白了我为什么是个画家。"[48]后来他用"震惊"和"启示"一类的字眼来形容他之所见。[49]

当毕加索参观特罗卡德人种博物馆时，他正陷入一条死胡同，不再在《少女》的画稿上下笔了。而非洲面具给了他一条出路。虽然他早些时候也在朋友们的画室里见过这样的面具，但那些都是被当作装饰品摆放着，与他自己的工作进展没有明显的关系，但现在，它们具有了某种意义。不过，尽

管右边的少女在毕加索参观过特罗卡德人种博物馆后有了明显的变化,但我们将看到,实际情况远比单纯地受非洲艺术的影响要复杂得多。[50]结果是,非洲艺术为他的概念化表现方法提供了证据,并使他确信,作为新艺术语言的几何学有着深层的意义。

艺术史家约翰逊(Ron Johnson)则走得更远,他没有考虑各种艺术家对毕加索的影响,而是去探索毕加索的文化环境。他探索了尼采的影响,尤其是尼采关于女人不是奴隶便是暴君不能和她们建立友谊的观点;以及尼采的权力意志论:人生的目标即是在一种性满足的气氛中创造艺术。约翰逊也探究了雅里的影响:雅里那些关于对立面生硬并存(stark juxtaposition)的观念,以及在戏剧场景中采用面具的做法。在雅里的戏剧场景中,《少女》可被看作一步一步失去人性的木偶式人物。[51]约翰逊的研究开了文化因素的先河,导致人们去考察前卫派的政治和社会范畴及其对毕加索的影响。[52]

但是所有关于这个20世纪艺术上重大转折点的诠释都没有提到过科学、数学或技术所起的作用。这个研究方向是不是允许我们对这幅画的整体结构和几何倾向看得更深远一些呢?要回答这个问题,我们必须考察一下毕加索进行思维和工作的条件。

孤独和焦虑

阿波利内尔在“蓝色时期”就认识毕加索了,在他们几乎每天都相见的日常生活中,他亲眼目睹并鼓励毕加索向“粉红色时期”画风转变。但是,在1906年至1907年间,一种更大的变化发生了,阿波利内尔对这个变化的评论给我们提供了宝贵的见解。

他写道,有两种类型的艺术家和诗人。第一种虽然丰产,但他们有如“制作诗和艺术的器械”,[53]因为他们从来不曾奋争过。与之截然相反的是第二种,他们“必须从自身中汲取一切,因为没有精灵、没有缪斯给他们灵感。他们生活在孤独中……毕加索本是第一种类型的艺术家。没有哪一种景观有毕加索变为第二种类型的艺术家的蜕变过程那么奇妙”。[54]

遗憾的是，阿波利内尔并没有详尽叙述毕加索的"蜕变过程"。他作为见证人对毕加索绘作《少女》期间进行的挣扎所作的唯一评论是1907年2月27日的日记，那天他在"洗衣舫"吃了晚餐："傍晚，与毕加索共进晚餐，看了他的新画：同样的颜色，肉色般的粉红，鲜花，等等……女人的头，全都一样而且很简单，男人的头也一样。一种十分精彩的语言，没有文字能够描述，因为我们的文字事先就被定义了。唉！"[55]一个语言大师居然没有词了，即使是一些初步的速写。

毕加索习惯邀请朋友们来看他创作中的画。[56]而这一次他们的评论却不那么鼓舞人心。比如，沃拉尔和当时非常重要的艺术批评家费内翁（Félix Fénéon）"丝毫也没有理解就离去了"，经纪人乌德（Wilhelm Uhde）1938年这样回忆道。[57]这幅油画完成后，猛烈的嘲弄更是接踵而来。我们可以设想毕加索在极度孤独中工作的场景：非常亲密的朋友给予支持；别的人瞠目结舌；而有一些人却完全迷惑不解。舆论不容乐观。雪上加霜的是，与他生活在一起的女人对他的工作、对他所要反抗的一切丝毫也不理解。施泰因兄妹倒是敏感地注意到毕加索所面临的空间和感情问题，因此在1906年年底或1907年年初某个时候给他在主画室下面一层租了另一间画室。[58]在这间副画室里，毕加索可以把自己关在里面避开一切人，包括"毕加索帮"的成员和费尔南德。这间极其隐蔽的画室也成了毕加索与女人幽会的场所。[59]

阿波利内尔1913年所提及的"孤单"和独立也被坎魏勒注意到了。坎魏勒写道——可能当时脑子里想得更多的是油画完成后所得到的反应——"我将永远仰慕毕加索的孤独精神。他是孤独地完成此画的，非常非常孤独。他绝对是一个让人仰慕的天才，坚持他手头的工作。他的确坚持到底了。"[60]坎魏勒还报道了特朗在谈到毕加索绘作《少女》过程中所经历的"可怕的精神孤独"时表现出的崇敬。[61]只有这个时候毕加索才意识到——正如他几年后确切表述的那样，"重要的是创造。一切别的都不重要；创造就是一切。"[62]

平生第一次，毕加索不仅经历了孤独而且"懂得了焦虑（l'inquiétude）"，[63]因为他处在某种新事物的临界点上，这种新事物是他全身心地渴望着的，也

绝对是突破性的。但是怎样去进行？他决定集中精力去探索一种新的表现方法。他“将画稿面墙而置，并扔下画笔”。[64]在经济方面，毕加索因为停止绘作“粉红色时期”的画而错过了许多有利可图的买卖。他把一切都豁出去了。

毕加索的焦虑，近似于从事研究工作的科学家们在本专业的前沿阵地对自己所提出的问题毫无解决方法时所经历的那种感觉。你得从走进一片空白着手，也许你的事业危若累卵。这种层次的研究极可能得不到任何的回报。

对于法文词“l’inquiétude”，另一种可能的理解是“无休无止的奋斗”，所以时不时地，当“焦虑”一词变得不十分妥当的时候，我将选用它的这一层含义。

塞尚

在1906年夏天之前，也就是在毕加索决定集中精力研究新的表现形式之前，他已经见过这位艾克斯*艺术的大师的范例，不可能不注意到塞尚的“拼溶”概念。[65]

从为创作《少女》所画的早期草图里那些强壮的女人来看，塞尚的影响再明显不过了。但到第一场战役的末了——1907年3月至7月底——这些女人已换上古伊比利亚人的模样了。毕加索就好像读了塞尚1905年写给艺术批评家贝尔纳(Emile Bernard)的信一般：“卢浮宫是一本书，它让我们学会阅读。但是，我们不能满足于保持我们那些杰出的前人所创造的美丽模式。”[66]虽然毕加索创作《少女》之初是从塞尚、格列柯和安格尔等艺术家那里获取灵感的，但他们的表现模式最终都从《少女》上消失了。

但是塞尚本人一直是鼓舞毕加索的一种力量，不仅在他最艰难的创作时期，在他的《少女》受到冷落的时期也一直如此。塞尚的孤独性情，他研究一个风景然后将之绘出、每天变换一点点视角所花的大量时间，这些都成了

* 艾克斯为法国地名，画家塞尚的故乡。——译者

年轻艺术家中间的传奇故事。[67]阿波利内尔在1908年为布拉克在坎魏勒画廊举办的画展所写的目录内容中，曾写到“毕加索孤独的辛劳和承受辛劳的决心”。[68]毕加索哀叹一个人要产生一种新风格所必需的“难以置信的孤独”。[69]“你以为你并不孤独，”他接着说，“而事实上你比以往任何时候都更孤独。”1935年，毕加索曾试图向塞沃斯解释清楚他所谓的焦虑是什么意思：“重要的不是一个艺术家的所作所为，而是他的本性。塞尚无休无止的奋斗[l'inquiétude]才是吸引我们的关键。那就是他的训诫。”[70]就在下面这段话里，毕加索曾用“研究”一词来指他的作品完成之前那一大串的画稿：“绘画就是研究和实验。我从不把绘画当作艺术品来作。我的所有画作都是研究。我不停地探索，并且所有这些研究都是有逻辑顺序的。”[71]1945年，毕加索用同样的语气对瓦尔诺(André Warnod)说过：“画家的画室应该是个实验室。在那里，你不会像一只猴子一样去制作艺术，你是在创造。绘画是一种精神[l'esprit]游戏。”[72]

对毕加索深沉的创作状态既仰慕又恐惧的费尔南德写道：“[毕加索]永远需要通过绘画来作出新的发现。像雅各布或者阿波利内尔一样，他永远有一种不可抗拒的工作需要，一种要唤醒他的头脑并且学会随心所欲地使用它的需要。”[73]

塞尚绘画中的技术方面也十分重要。这个艺术家所绘制的静物，既可以有四个透视点——取决于你从哪个角度看它；也可以一个透视点也没有——如果你从别的视角去看。[74]塞尚是“技巧和独创性”[75]的大师。他艺术中的科学层面没有逃过毕加索的眼睛。

在1906年的独立艺术家沙龙，毕加索惊讶地发现马蒂斯和特朗在他们自己对新形式的探索中都已经摈弃了野兽派的风格。除了原始主义，这两个人都直接对塞尚的影响作出了反应，创造出一种概念化和雕塑化的风格。这次展览震惊了毕加索，激发了他的好胜心，促使他更加专注于新形式的实验，也增加了他的“焦虑”(l'inquiétude)。塞尚对毕加索的影响扩展到从**怎样**到**为什么**的所有方面。

工作习惯

毕加索从深夜的寂静和安宁中汲取灵感。夜间工作的时候，他用一盏大的汽油灯照亮“洗衣舫”的画室，并手持一根蜡烛去研究细节。当他外出用晚餐、看马戏表演或者电影的时候，他常常10点钟就回来了，然后工作至凌晨五六点钟。之后他再睡至下午晚些时候再起床。

他的作息时间一直都是这样的，直到他开始绘作《亚威农少女》。费尔南德告诉我们，从1906年中期到1907年，毕加索出去的次数开始少起来，而“他的朋友们开始惯于在他不工作的钟点定时来看他”。否则，不管他们怎样坚持，门是绝对不开的。[76]

这两口子试图保持他们每周的社交活动。星期一是去雅各布那里，参加“反对一切艺术里既定秩序的……阴谋家集会”。[77]星期二，他们徒步穿过巴黎去蒙帕尔纳斯的“丁香园”参加那里的文学沙龙。星期三，他们去阿波利内尔的公寓。星期五，“毕加索帮”经常去看电影，而星期六晚上一般是留着去施泰因兄妹那里用晚餐的。

他绘画的方式极其消耗体力。萨瓦特斯1901年回忆道：

> 我一般都看到他在画室的中间，离炉子不远，坐在一把破旧的椅子上，也许这把椅子比一般椅子要矮一些，因为不舒适并不困扰他，他甚至有些喜欢这种不舒适，好像他高兴这样，并且乐于让他的精神受煎熬，只要这种煎熬能给他带来灵感。画布被放在画架的最底部，这就迫使他几乎是斜着身子去作画……他全身心地投入到这个成为他生存理由(raison d’être)的活动之中。[78]

毕加索的画室乱得一塌糊涂。但这并不要紧：他只聚精会神于手头的工作。

1906至1907年间，费尔南德正忙着搞外遇，这是对毕加索日渐冷落她的一种反应。她深信要留住一个爱人就得让他嫉妒。[79]而毕加索则一如既往地在楼下自己那间隐蔽的画室里和别的女人幽会。费尔南德愤怒地肯定《少女》在某个地方有她被当作妓女的形象，而这种感觉，在毕加索“开玩笑地”告诉朋友们费尔南德“是他妓院里的少女之一”之后也没有消失。[80]另外，他又有了和小女孩雷蒙德（Raymonde）的一段插曲，雷蒙德是他们1907年4月收养的。

费尔南德1901年有过一次小产，这次小产导致她从此不能再生育；而毕加索对自己曾经迫使他的前情人马德琳堕胎深感内疚。因为对毕加索一心一意专注于他的工作非常失望沮丧，费尔南德执意要领养一个孩子。他们自信雷蒙德能够减缓他们的各种内疚，并且帮助他们恢复他们的稳定关系。所以，雷蒙德之被收养，就像一个人需要一个宠物一样。虽然“毕加索帮”的成员都十分溺爱她，但她开始让毕加索感到恼怒。首先，毕加索一看到年轻的女孩子总是性欲亢进；其次，也许毕加索从雷蒙德身上看到了他那1894年仅8岁就死于白喉的妹妹孔奇塔（Conchita）的影子，因而，雷蒙德的存在让他不知所措。费尔南德不可能没有注意到这个问题的性方面。当她发现了毕加索为雷蒙德画的一些十分露骨的素描时，事情到了紧要关头。雷蒙德成为多余的（de trop）。为了避免一场痛苦的灾难，费尔南德将她送回了孤儿院。但她在回忆录里只字未提雷蒙德。

1907年8月24日，费尔南德写信给格特鲁德·施泰因抱怨“疲倦，经常抑郁”。[81]到这个时候，他们已经决定分手了。毕加索正等着沃拉尔的钱，因为沃拉尔1907年2月花2500法郎买下了毕加索画室里所有的作品。沃拉尔终于在9月14日现身，带给他首期付款1400法郎。毕加索将其中的一半给了费尔南德，她立即搬进了科兰古街（Caulaincourt）自己的公寓里。[82]他们仍然一起参加施泰因兄妹的晚宴。11月底，费尔南德搬回了“洗衣舫”，他们一直貌似和平地共处到1912年，那一年，毕加索离开她去追求埃娃·古埃尔（Eva Gouel），“我的小美人”（Ma jolie）。

在毕加索绘制《少女》期间，“毕加索帮”的那些怪诞的活动仍然继续着，即使不像以往那么定期，也绝对是同样地激烈。虽然工作、性和抽烟仍然是毕加索的主要兴趣所在，但吸毒是他的另一爱好，他一直跟大家隐瞒着这个爱好。1953年3月14日跟让·科克托(Jean Cocteau)[83]谈话时，毕加索透露，从1904年夏他搬进“洗衣舫”起到1908年，他和朋友们每周都要吸两三次鸦片，偶尔还用乙醚、吗啡和印度大麻。[84]费尔南德也略带挖苦地回忆道：他们就这样“在一种更加睿智和敏锐的气氛中”度过了许多梦幻般的夜晚。[85]虽然毒品对毕加索这幅画的影响不可轻视，但《少女》那高度的理智性绝不是哪一种力量能独立完成的。[86]毕加索的嗜好仍然是工作、性和抽烟。

电影、文学、音乐和戏剧

1906年的时候，毕加索对古典戏剧的品味一点也不成熟，这主要因为他听不太懂法语口语。为了让雅各布高兴，毕加索就任由他们把自己拽去看法国古典戏剧，但有时结果会是灾难性的，都是因为毕加索瞎胡闹。他们有一次甚至被人撵出剧场，因为他们在演出进行的时候大嚼香肠。[87]古典音乐一点儿都不能打动他：他对音乐的精妙一点儿也不敏感，更喜欢由吉他和响板伴奏的西班牙吉普赛歌谣。[88]

毕加索喜欢马戏场和电影院。早在1904年他就开始看电影，特别是与雅各布一起在杜埃街(Douai)的电影院看最新的牛仔系列片和梅里爱(Georges Méliès)执导的片子。[89]不到一年，这便成了每周的一项常规活动：每个星期五，“毕加索帮”都急切地聚集到杜埃街看最新电影。[90]特别是在他创作《亚威农少女》期间，“电影是毕加索的另一爱好。”[91]擅长自我戏剧化的毕加索很快换上了无声影片演员那颇具威胁性的表情，这可以从同时期他如照相机般逼真的自画像中看出来。费尔南德开始变得像个银幕上的荡妇。

电影院的入场券从1法郎到30生丁都有，所以几乎每个人都能进去。除了因为毕加索对一切视觉上新鲜的事物感兴趣这一点以外，还有另外一个吸引“毕加索帮”逛电影院的原因。电影院几乎毫无例外地坐落在蒙马特尔区，自然被认为是不合时宜的场所。一个人去看电影就等于是去贫民区猎奇作乐。这种对资产阶级社会的故意怠慢,绝对吸引着毕加索和他的朋友们。[92]

毕加索读些什么呢?[93]我们知道他阅读报纸,这表明不管他说或写法文有多困难,但阅读是不成问题的。毕加索在"洗衣舫"不多的藏书里既有从廉价商品店里买来的水牛比尔(Buffalo Bill)一类的西部小说和卡特(Nick Carter)的侦探故事,又有魏尔伦、兰波和马拉梅的书。雷纳尔曾写过毕加索对18世纪法国文学的爱好。[94]在1905年2月22日一封写给巴塞罗那的老朋友雷文托斯(Jacint Reventós)的信中,毕加索对自己的法国文学知识很是自豪:"告诉我你有没有听说过拉伯雷(Rabelais)*,他的《巨人传》(*Gargantua*),你可能读了它的西班牙文版,不过那没关系。还有**拉布吕耶尔**(*La Bruyère*),以及所有那些我们这里叫古典文学作品的书。过些日子我要给你寄本你可能没听说过的帕斯卡(Pascal)**的书。"[95]坎魏勒写过毕加索对法国诗歌那种本能的鉴赏力,甚至"当他不会讲法语的时候"[96]就有了,并且,他先后接受了雅各布和阿波利内尔的熏陶。这就是说,到1906年前后,毕加索有可能已经开始用法语阅读古典文学作品了。[97]

至于毕加索是否真能阅读柏格森、庞加莱、雅里、兰波或者马拉梅的作品并不重要。他周围尽是诗人、作家和文学爱好者,这些人总是让他知道前卫派的最新动态。雅各布和阿波利内尔这样重量级的诗人都给他写过信。如果毕加索真的阅读不了,那么这些人会给他写信吗?到1906年时,雅各布已经觉得可以用一些非通俗词汇与毕加索交流了。[98]

立体主义对所有关心它的人来讲都是一种紧张的智力奋斗。毕加索试图探索一条摆脱以前的思维模式的道路,他仔细地研究了前卫派所提供的一切。科学、数学和技术所能提供的任何一点线索都可能是十分可贵的。

---

* 拉伯雷(1483?—1553),法国作家,人文主义者,代表作为长篇小说《巨人传》,作品反映了文艺复兴时期新兴资产阶级的思想要求。——译者

** 帕斯卡(1623—1662),法国数学家、物理学家、哲学家,概率论创立者之一,提出密闭流体能传递压力的帕斯卡定律,写有哲学著作《致外省人书》、《思想录》等。——译者

跟爱因斯坦一样，毕加索也是一个智识机会主义者(intellectual opportunist)*。

早先，我们讨论了X射线以及当时的报纸和文学期刊是如何将之描绘成一种能“看到”肉眼看不见的事物的手段。前沿科学另一个与此不无关联的方面是非欧几何学和第四维。

庞加莱和非欧几何学

非欧几何学对哲学的影响是巨大的，因为这些理论支持了知识的相对性，因此也就构成了对实证主义的攻击。[99]古老而受敬仰的欧几里得几何学，现在必须和一大堆其他的几何理论共享这个领域。法国的文学期刊成为激烈辩论几何学基础的重地。争辩的问题之一是：既然从理性的角度看可能存在着这么多的几何理论，那为什么欧几里得几何学仍受到偏爱。实证主义者拒绝考虑这个问题，因为实验的结果总是有利于欧几里得几何学。但是更喜欢思辨的哲学家们并不满意这种解决办法。在这些人当中，就有庞加莱。

庞加莱建立的哲学体系能够解释不管从理性上我们如何能够发现多少种任意维数的几何理论，但三维的欧几里得几何学对我们日常活动来讲却是最“方便”的理论。[100]他在那本获得巨大成功的《科学与假说》中讨论了他这个著名的“约定论”(conventionalism)观点。这本书所涉及的论题范围极为壮观，书中那清晰透彻的文体一下子就能把一个受过教育的外行带到数学、科学和哲学领域的最前沿。庞加莱同时也强调科学思维里自由创造的成分。某组恰当的实验数据一旦被确认，那么要在众多可能从这些实验数据

* 这里指科学家不要过分依赖于某个认识论体系。对此，爱因斯坦有段名言：“他[科学家]在一个有认识论体系的认识论者看来，必定像一个无聊的机会主义者；就他寻求描述一个独立于感觉作用的世界而言，他像一个实在论者；就他把概念和理论看成人类精神的自由发明(而不能从来自经验的东西逻辑地推导出来)而言，他像一个唯心论者；就他认为他的概念和理论只有在为感觉经验之间的关系提供了逻辑表示的高度上才能成立而言，他像一个实证论者；就他认为逻辑简单性观点是他的研究不可或缺的有效工具而言，他甚至像一个柏拉图主义者或毕达哥拉斯主义者”。载于P. A. Schilpp, ed. *Albert Einstein: Philosopher-Scientist* (New York: Tudor, 1949), p.684。——译者

得出结论的方法当中选用哪一种，指导科学家的是"简单性"(simplicity)原则，[101]而这个标准是很难用数量表示或还原于感官知觉的。庞加莱潜在的意思是：实证主义的科学观不过是一种拙劣的模仿。

毕加索从那些读过《法兰西信使》一类杂志的朋友们那里听说过X射线和神秘学。但是，法国没有什么科普杂志可以让人详细了解非欧几何理论或第四维一类的知识。[102]只有详细了解最新发展的人才能说出个所以然来。而对于毕加索，这个人就是普兰斯，他后来以"立体主义运动的数学家"(le mathématicien du Cubisme)而出名。[103]

立体主义运动的数学家

普兰斯比毕加索年长6岁。1906年，他通过了保险精算师的考试，从此这一行成了他的事业。[104]他也大量阅读新的几何学理论，包括庞加莱在《科学与假说》中对这个论题所作的大师级阐述。他就是凭借这本书来给"毕加索帮"作那些非正式的讲座的。虽然雅里提供了灵感，柏格森提供了流畅但含混的散文，但却是庞加莱通过普兰斯提供了关于新的非欧几何学理论到底意味着什么的细节和关于第四维到底讲些什么的线索。

对于普兰斯这样的人，还有一个获取资料的来源：茹弗雷(Esprit Jouffret)1903年出版的《初论四维几何学》(*Traité élémentaire de geométrie à quatre dimensions*)。茹弗雷综述了有关第四维的文献，包括庞加莱的讨论，并提供了一些让人难忘的插图，描画出了由许多个小块面组成的几何体，就像后来出现在毕加索和布拉克的绘画中的那样。[105]1909年，普兰斯被梅青格尔(Jean Metzinger)的立体派圈子所吸引。梅青格尔后来回忆道，普兰斯"像一个艺术家一样去设想数学，像一个美学家一样去描绘n维连续统。他喜欢引起画家们对新的空间观念的兴趣……而这点他做得非常成功"。[106]

普兰斯这样一个既非艺术家也非作家的人怎么进入到"洗衣舫"的圈子呢？在毕加索1905年春天那段时间的情妇里面，有21岁的艾丽丝·热里，她打青春期开始就是普兰斯的情妇。艾丽丝的感情不专一是出了名的，但是，她偏爱血气方刚的西班牙艺术家。从1901年开始，她就是住在“洗衣舫”的西班牙人生活圈子里的一部分。[107]1905年，艾丽丝将普兰斯介绍给毕加索，他很快就成为“毕加索帮”的边缘(en marge)[108]成员。莱奥·施泰因曾回忆：“蒙马特尔那帮人的一个朋友对数学很感兴趣，时常谈论无穷大和第四维。”[109]这人几乎可以肯定就是指普兰斯。显然毕加索将他带去参加了一些施泰因兄妹星期六晚上的社交晚会。

普兰斯也参与“巧兔”咖啡馆的闲聊，那里的人们记得他有教授般的气质、睿智和魅力，但性情有时会变得极为苛刻、凶暴——正是“洗衣舫”圈子欢迎的那种人。卡尔科这样回忆普兰斯，“我们尊敬他，因为他绝对地自己养活自己，并且总是衣着体面，常以一个筋疲力尽的绅士形象出现在弗雷德的餐桌上，一副嘲弄、忧郁的神情。”[110]普兰斯通常坐在餐桌的角落处，手执一本笔记本，长篇大论地谈说“空间几何学的一些基本原则”。[111]他声称他只高兴与艺术家和诗人交往，因为这些人“不仅视他为‘精明的数学家’，也视他为‘画家的伙伴’”。[112]

普兰斯在“洗衣舫”的经常出现在毕加索的第8个素描本里有所记载。这个素描本画于1907年5月至6月，毕加索在素描本一个印有乘法表的封面上将普兰斯的名字涂画了三遍。[113]毕加索的传记作者理查森写道，有好几次普兰斯和毕加索的其他“密友”一起加入了这伙人的鸦片吸食活动。[114]费尔南德也回忆过与阿波利内尔、雅各布和毕加索一起吸食鸦片的经历，那一次在阿松(Azon)酒馆是从就着晚餐吞食印度大麻开始的。之后一伙人转移到普兰斯在附近的公寓里，“普兰斯只是一个劲地为妻子的事哭着，那时他的妻子刚刚抛弃了他。”[115]

这表明那次鸦片吸食活动就在1907年9月之后不久。那一年的3月份，普兰斯终于说服艾丽丝与他结婚，这事让毕加索感到十分厌恶。虽然毕加索是证婚人，但据说他当时就质疑：“他们干嘛要纯粹是为了离婚而去结婚。”[116]毕加索的预言十分准确。普兰斯夫妇婚后搬到了巴黎郊区，但艾丽丝留恋蒙马特尔的生活。她搬回“洗衣舫”附近的一个公寓后不久，毕加索邀请她吃午餐,目的是把她介绍给特朗。那可真是叫一见钟情,到9月份,艾丽丝就抛弃了普兰斯。虽然普兰斯为这事对毕加索大发雷霆,但他仍然留在"毕加索帮"里,至少暂时如此。

萨尔蒙在《巴黎日报》他的专栏里写过普兰斯:

> 我们有望在这个出版季度读到一本关于美学的奇妙之书。
>
> 该书作者普兰斯是一位数学家。现代派画家的成就激发了他奇妙的见解,至于这些见解是明智可取还是应受谴责,现在判断还为时过早。
>
> 普兰斯先生特别关注那些蔑视古老的透视画法的画家。他颂扬他们不再信赖不久以前让他们产生错觉的光学,并称他们为伟大的几何学家。……简而言之,即将来临的冬天,将给画家和艺术爱好者提供大量关于透视(在此应该这样称它)的讨论。[117]

萨尔蒙在一家主要报纸的专栏里大写普兰斯,这表明"毕加索帮"的一名核心成员极其看重他。[118]不过,要找到普兰斯的这本书看来已经是不可能的了。据我所知,他从未把书写完。

萨尔蒙在他1919年写的"立体主义的由来和目的"一文中再次用赞赏的语气提到普兰斯。在这篇文章讲到经常去毕加索画室的知名人物时,他提到"数学家普兰斯先生,就他一人知道他在被我们不恰当地称为立体主义的发明中所起的真正作用"。[119]萨尔蒙所说的"普兰斯先生,就他一人知道他……所起的真正作用"到底是什么意思呢?为什么毕加索和别人没有更多地提到他呢?我对这点作过推测,但也许情况比这更复杂。只有一点很明了,那就是普兰斯在毕加索的画作中确实起了极其重要的作用。

萨尔蒙在文章中接着把普兰斯的作用说得更重要。他提到毕加索参观特罗卡德人种博物馆所受到的巨大影响,以及接下来"在蒙马特尔那个旧画室里进行的激烈的考察和讨论,立体主义就是在这里出现的"。[120]参加这些相互启发的讨论的有特朗和弗拉曼克等艺术家,也有诗人。诗人们“不过是提供了一个plastique(或抽象措辞),这对理解面前这些新生事物十分必要,还有一个神秘的数学家,他给朋友们提供了经过推理的准确性”。[121]因此,照萨尔蒙看来,普兰斯在1907年6月的关键时刻作了贡献。当然,最终,“只有毕加索”。[122]在1955年出版的回忆录里,萨尔蒙回忆起“洗衣舫”那美好时代,包括友人“普兰斯,一个保险精算师,就是那个后来成为立体主义数学家的传奇人物”。[123]

把这些不同的描述合起来,就告诉我们一件事:普兰斯正是毕加索在第二战役中所需要的人。第二战役即指1907年6月至7月,就在这个时期,右边的少女开始朝几何图形发展。就像萨尔蒙1912年回忆的那样,毕加索“冥思苦想着几何学”。[124]萨尔蒙继续用这种科学的语气写道:“少女”是“赤裸裸的问题,黑板上的白数字。这就是以绘画 = 方程的姿势呈现出的原则。……绘画因此变成了一门科学,并且绝非随意的科学”。[125]

综上所述,普兰斯不仅给“洗衣舫”带来了庞加莱的作品,而且还带来了关于非欧几何学的严密思想,后者显然受到欢迎。我还要在这里有所保留地提一提毕加索另一个加泰罗尼亚密友,即画家和雕塑家马诺洛(Manuel Manolo)的证言,他1910年回忆道,“毕加索那时经常大谈第四维,身上总装着庞加莱的数学书。”[126]虽然我十分相信这个描述的头一半,但后一半似乎不太可信。

第四维和亨利·庞加莱

虽然数学家们激烈地辩论非欧几何学以及违反欧几里得第五公设的哲学后果,但更高维的几何学理论则没有在学术上引起如此的兴趣。在世纪之交*,人们通常把这两类几何学割裂开来。在大众文化里,四维几何学风靡一时,因为它和超验主义(transcendentalism)或唯灵论(spiritualism)联系在

---

* 此处指19世纪末20世纪初。——译者

一起。因此，三维世界的居民看不到第四维是合情合理的。一些著名的科学家同意这种观点。[127]

对第四维种种揣测的另一个主要兴趣点是“灵面”（astral plane）上的“灵视觉”（astral sight）这一神智学概念。灵视觉是指看见一个处于灵面上的物体的真实、绝对的表象，这个灵面延伸至无限。一旦置于灵面上，你可以同时看到一个物体的各个方面，以至于几乎认不出那个物体。与此同时，存在于低维物理世界的那种透视点不存在了。[128]到1903年，类似这样的讨论出现在法国的通俗文学中。[129]

第四维也是早期科幻小说里最受欢迎的东西。在威尔斯（H. G. Wells）*1895年的科幻小说《时间机器》（*The Time Machine*）中，他提到一种第四维，不过，不是空间的第四维而是时间第四维。威尔斯的小说被连载在1898年12月至1899年1月的《法兰西信使》上。雅里立刻对威尔斯的小说作出反应，写了一篇“如何建造一台时间机器”的文章，发表在1899年2月的《法兰西信使》上。[130]

对雅里来说这篇文章可不是儿戏——至少相对于他刚完成的浮士德洛尔博士的漫游记而言。雅里的时间机器是一种陀螺仪装置，由坐在一个自行车车架上的时间旅客操作。陀螺仪是为了在骑车人观察时间流逝时让时间机器在复杂的机械以太中保持不动。[131]这点极像毕加索画作的观察者，站在一个固定的地方，观看着一个物体的各个方面随着时间逐一展开。[132]毫无疑问，毕加索通过阿波利内尔和萨尔蒙听说了雅里的故事，知道了第四维和神智学家的灵面的关系，那是雅各布最喜爱的话题。但是可以说毕加索最感兴趣的还是庞加莱对四维世界的分析。普兰斯给毕加索详细地解释了这些问题。

庞加莱提议去实际察看一下第四维，这样一来便将他的论述上升到可能性的范畴，从而不仅把他和那些因为不相信推测性思维而要求测试每一

* 威尔斯（1866—1946），英国科幻作家。除《时间机器》外，还创作了《摩若博士岛》（1896）、《隐身人》（1897）、《大战火星人》（1898）、《首先登上月球的人们》（1901）等众多科幻作品。——译者

个被提出的假设的实证主义者区分开来，而且也把他和那些认为四维只有通过X射线或某种别的中介物才能看得见的神秘学者分开来。庞加莱在下面这段文章中建议“我们如何可以想象一个四维世界”：

> 外在物体的形象被描绘在视网膜上，这个视网膜是一个二维面；这些形象是**透视图**。但是因为眼睛和物体是活动的，我们便可接连地看到同一物体在不同的透视点上的不同透视图。……那么，我们既然可以在一张三维（或二维）画布上画出一个三维形象的透视图，则同样可以从几个不同的透视点画出一个四维形象的透视图。这只是几何学家的一种游戏。试想一下同一物体的各个不同透视图接二连三地涌来的情景吧。[133]

就像二维面上的一个形象可以是一个从三维而来的投影一样，一个三维面上的形象也同样可被看作是一个从四维而来的投影。庞加莱的第四维是一个空间维，他建议将它描述为画布上接连出现的不同透视图。这是一个错误。以毕加索的视觉天赋，他认为这些不同的透视图应该在空间同时性（spatial simultaneity）里展示出来。于是出现了《少女》。

毕加索的空间同时性观念比柏格森的走得更远，后者的思想在塞尚的艺术中得到典型的表现。塞尚在画布上一下子（同时地）把长时间贮存于他潜意识里的一个景象的全部印象画下来。毕加索也超越了印象派艺术的时间概念，如莫奈（Claude Monet）*关于干草堆或鲁昂大教堂的系列画作所表现的那样——那些画是一系列的静态表现。毕加索的空间同时性观念更加激进，因为它是**完全不同**的视点的同时表现，这完全不同的视点的总和构成了所要表现的物体。蹲着的少女的整个正面和侧面被同时表现出来，毕加索把她看作是一个从第四维而来的投影。这仿佛是毕加索想象他自己坐在“灵面”上。

---

* 莫奈（1840—1926），法国画家，印象派创始人和主要代表人物，常在户外作画，探索光色与空气的表现效果，代表作品有《睡莲》、《鲁昂大教堂》、《帆船》等。——译者

毕加索在特罗卡德人种博物馆获得的顿悟，让我们理解了他**为什么**必须将最右边的两个少女画成现在画上的这种样子，以及**为什么**几何学的抽象语言十分必要。在这一点上，普兰斯的讲演变得清楚了。如果不是毕加索在特朗和马蒂斯的画室里见过那些非洲小雕像并且意识到它们的重要性，那他现在还真需要这么一个想法了。那些面具的许多个面和许多条棱是将多重视图向几何图形发展的最理想办法。从庞加莱关于如何能看到第四维的解释中获得了最关键的顿悟后，毕加索将他的想象以戏剧性的方式加以转换并精心绘出。

毕加索的素描本告诉我们什么

为画《少女》准备的那实实在在的数百张素描和画稿“不仅在毕加索的事业中独一无二，而且为了一张画这样做，在整个艺术史上也独一无二”。[134]从1906年秋天到1908年春天，毕加索一共画有16个素描本。要分出这些素描本的时间先后并不容易。[135]从某种意义上说，这些素描本是毕加索在这个时期的生活日记。里面画有他的爱犬弗里加，还有雷蒙德，一些有关素描里还有萨尔蒙。第8个素描本里还有一张购物单，这印证了费尔南德关于毕加索禁止她离开居所的回忆。[136]这些素描本有点类似一个科学家的笔记本，里面有各种失败的开端和各种没有出路的死胡同。这种档案资料为我们理解一个艺术家或科学家的创造性思路提供了重要的帮助。这些素描本是对知识的前沿领域进行的探索。

蹲着的少女是最让人费解的主题人物，因为这个人物历经了最厉害的变换。已有的绘画中，可能给毕加索蹲着的裸女作原型的有塞尚的《三个浴者》(*Three Bathers*, 1879—1882)和《圣安东尼的诱惑》(*The Temptation of Saint Anthony*, 1869—1870)里的人物。她们是当时的“标准”女性表现法。问题是毕加索为什么要将蹲着的少女变换成一个几乎完全由三角形、正方形和圆形构成、整个正面像和侧面像同时出现的人物。他的素描本不仅使我们能够对至此为止所作的推测加以补充，而且还使我们能够将这些推测

图4.2 《为亚威农少女而作的7人形象构图习作》，第2个素描本第32R页，作于1906—1907年的冬天。

具体化、详尽化。

蹲者出现在毕加索为画《少女》所作的首批素描中，那是在第2个素描本里，时间是1906年到1907年的那个冬天。[137]她是塞尚风格的女人，背对着观众，被画成正在用她一览无余的性区去径直勾引置身素描中央的水手。[138]她的头应该说是比较舒适地转向左边，以表现其侧面像。她的头发梳成一个马尾辫。在作于1907年3月的第3个素描本里，毕加索将她的脸完全转过去背向观众（如图4.3）。在这个素描本里，她从一个粗壮的塞尚式女人变换成一个古伊比利亚形象，类似《闺阁》中费尔南德式的女人。

在1907年4月或5月某个时候，毕加索在他的第5个素描本里开始了他最极端的几何学实验。[139]例如，第1V页是对比例所作的异常创新的研究。在这个素描里，女人被分成好几个连锁菱形面，只有膝盖骨处是圆圈（图4.4）。萨尔蒙在“立体主义的逸闻轶事史”一文中写到毕加索“冥思苦想几何

图4.3 《为亚威农少女而作的7人形象构图习作》，第3个素描本第8V页，作于1907年3月。

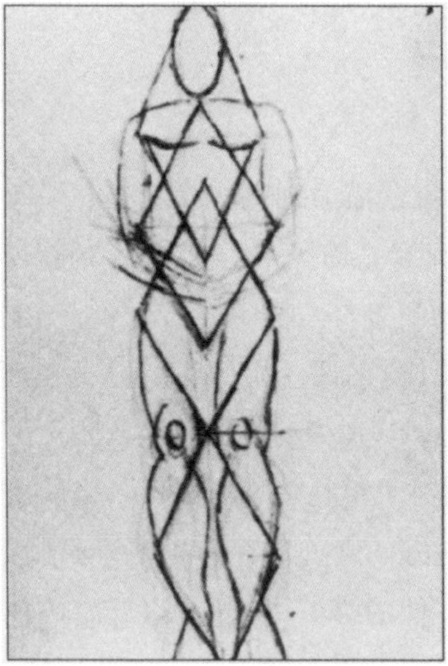

图4.4 《交手站立的裸女（对比例的研究）》，第5个素描本第1V页，作于1907年4月至5月。

学”[140]时脑子里一定装有这样一些素描图。

我们可以想象萨尔蒙对毕加索的大胆所表现出的惊讶。就目前所知，毕加索可以了解几何学的唯一途径是普兰斯。毕加索有没有可能从茹弗雷的四维立体在平面上的投影图想到将人体分成很多小块面这个主意呢？

茹弗雷那些块面数目极多的图形，是用解析法得来的，即通过“旋转”复杂多面体去获得它们的四维结构投影到一个平面上的不同视图或透视图（图4.5和图4.6）。[141]这种技巧在当今的计算机软件里是很普通的了。

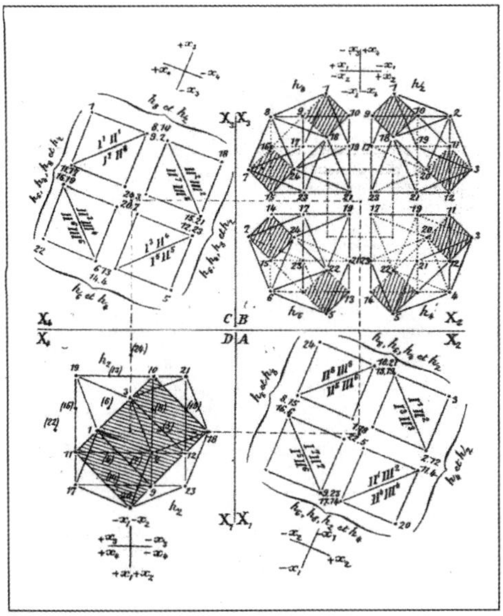

图4.5　组成四维二十四面体的16个基本八面体在一个平面上的投影。这个四维二十四面体是由24个八面体组成的(Jouffret，1903，p. 152)。

另一个吃惊是第5个素描本的第3V页。这是一个女人的头部,鼻子是一块楔形的布里乳酪,双眼不在一条直线上(图4.7)。鼻子上没有画影线,所以脸显得十分柔和。毕加索这个几何实验与第1V页(见图4.4)的那个是联系在一起的,但没有那个那么极端。这种情形在他参观了特罗卡德人种博物馆后将发生变化。

萨尔蒙详细叙述了“[毕加索]怎样在那长长的白昼和如此多的夜晚画呀画呀,使抽象的东西具体化,使具体的东西简化成基本的要素。从来没有哪种劳动像这样丝毫没有欢乐的回报。毕加索不久前那种幼稚的热情不见了,他开始用一块巨大的画布,这块画布成为他对那些研究的第一次应用”。[142]“毕加索帮”不再定期会面了,因为他们的首领完全沉浸在他的新工作里。“幼稚的热情”让位给极其严肃的孤独,因为毕加索必须在这种孤独中

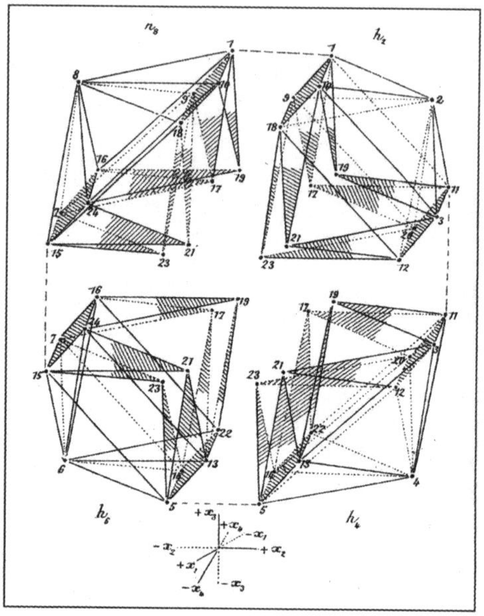

图4.6　四维二十四面体转动时16个基本八面体视图在一个平面上的投影。引自Jouffret (1903), p. 153。

深入到自己的灵魂深处去寻求灵感。他决意要在这块“巨大的画布”上创造出一种全新的东西。

从1906年至1907年之交到1907年5月，毕加索将这个妓院场景转换成只有5个少女的场景。这就是《少女》在5月底的情形，那时，这幅画还处在它的古伊比利亚阶段。就是在这个时候，毕加索“将[画稿]面墙而置”。[143]这一定是个非常困难的时期。不仅他自己被困，他还得站在一边眼看着马蒂斯和特朗在一片欢呼声中被拥戴为先锋派的领袖。[144]他必须做点什么。特罗卡德人种博物馆给了他线索。

毕加索在第8个素描本（作于1907年5月至6月）里确定了《少女》的最后形式。这个素描本标志着“第二次战役”的开始，毕加索在该素描本的封面上写道：“我是素描本。”这行字下面还写着：“属于画家毕加索先生，巴黎18区拉维尼昂街13号。”

图4.7 《交手女人习作：女人头部》，第5个素描本第3V页，作于1907年4月至5月。

毕加索还把《矿业和工业银行》(*Crédit Minier et Industriel*)的资料纸夹进第8个素描本里，他在这些纸上画的素描趋向高度几何化的原始主义。[145]从素描本的将近中部开始有一系列十分独特的几何化人物，显然是受了非洲艺术的启发。这个素描本也显示了毕加索作品中的一个分岔点。一方面倾向更加成熟、不那么激烈的非洲形式主义，其结果将是《披纱的裸女》(*Nu à la draperie*)；[146]另一方面是野性的、猛烈的倾向，带有这种倾向的影线将出现在《少女》里。

毕加索就在萨尔蒙的眼前试图构想出一种表现现实的新方法。从古伊比利亚艺术那里得到的启示是，这个新方法应该是一种概念化的表现而非感官知觉的表现。但是真正给毕加索震动的是他在特罗卡德人种博物馆的顿悟。"画家毕加索先生"发现了怎样将这块大画布推向完满的办法。在参观特罗卡德人种博物馆之前，毕加索就已经开始在各种道路的探索中试用几何学。参观了特罗卡德人种博物馆后，他清楚地认识到，几何学就是他要用来表达原始主义的概念化含意的语言，同时他找到了艺术表现的一种新模式，这种新模式堪与前卫的科学技术的伟大成就相提并论。这个从前没有明确形式的艺术语言在毕加索的手中有了明确的形式。我们在这里也不能忘记雅里的忠告：抛弃由“布格雷罗”典型化了的正式绘画形式，“用几何学”取而代之。[147]所有这一切，正如萨尔蒙1912年所写的那样，都是“这个艺术诞生时所发生的真实的戏剧性事件”[148]的一部分。

第8个素描本以后的素描本几乎无一例外都集中在几何研究上。参观特罗卡德人种博物馆后素描里多了一个成分，即通过在脸上和身体上画影线使素描急剧地向几何图形发展。毕加索回到了格索尔老农约瑟普·丰德维拉的那张脸上，并渐进地用几何图形表现它。丰德维拉已经成为毕加索“进行原始风格变换的基准，自从毕加索第一次在格索尔将他的脸变换成一张面具以后，这个基准就一直伴随着他”。[149]丰德维拉的脸需要用几何图形表现。第13个素描本里的变换图，加上对炭笔和油彩的进一步研究，将导致蹲着的妓女之脸的四维表现法。我们注意到第13个素描本里渐进的几何图形化，就是在这里，丰德维拉的鼻子几乎变成一块楔形的布里乳酪。

在图4.9里，毕加索将图4.8里丰德维拉的鼻子在其垂直轴上翻转了180度，同时将它从一种古伊比利亚式结构变成一个扁平的鼻子。与此同时，丰德维拉的古伊比利亚状眼睛也变得扁平了。

在图4.10里，一种基本的影线出现在鼻子上。然后在图4.11里，毕加索再次将楔形的布里乳酪鼻子翻转180度，同时将双眼错开；这个形象也变得没有性别了。

图4.11里那张脸差不多被女性化并准备变成画作本身了，而在真正的画作里它还将经历更多的变化，比另外那几个少女的脸经历的变化都多。[150]最后它将是第四维在画布这个平面上的投影，正如毕加索1907年通过庞加莱的著作所理解到的这个名词那样。几名少女的脸，尤其是蹲者的脸，差不多是女性化的，有点倾向于无性别，这样毕加索就可以突出非对称性和动感

图4.8 《约瑟普·丰德维拉头像》，第13个素描本第9R页，作于1907年6月底至7月初。

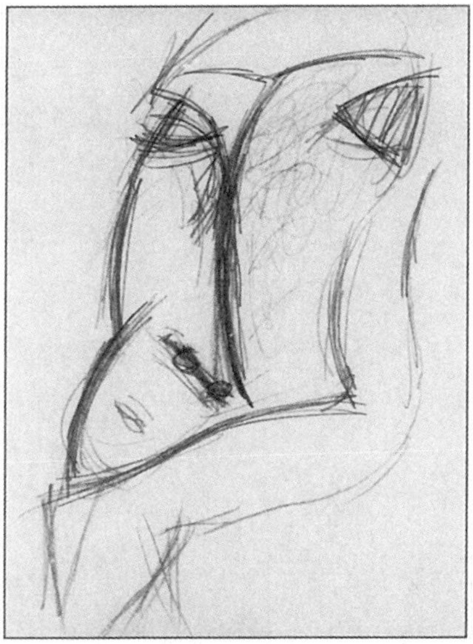

图4.9 《蹲着的少女从背后到右边的习作》，第13个素描本第11R页，作于1907年6月底至7月初。

图4.10 《蹲着的少女的头部像》，作于1907年春天。

图4.11 毕加索的《蹲着的少女》（亚威农少女习作），1907年春天作于巴黎。

（见图4.1）。[151]

萨尔蒙这样描述毕加索在他第二个演习阶段的几何方法：

> 他通过对光的明暗配合的动态分解创造了这个方法；这个成就将新印象主义和点彩派的尝试远远地抛在了后面。属于一种既能任意接近零又十分活跃的几何学的那些几何符号成为一幅画的主要成分，并且从此以后没有任何东西能阻止它的发展。[152]

我们不清楚萨尔蒙所说的“既能任意接近零又十分活跃”到底是什么意思，但是“几何符号”是指毕加索想要表现经历了几何变换的现实。当然，这种变换一直要到毕加索和布拉克的分析立体主义时期才接近完成。

《少女》里有一个例子能说明萨尔蒙所说的“几何符号”到底意味着什么：“鼻子……都以等腰三角形的形状长在脸上。”[153]萨尔蒙指的是右边两个少女的鼻子，尤其是蹲者的鼻子，严格地说，这个被修圆的鼻子不应该叫等腰三角形，不过，它当然是五个人里几何化程度最高的鼻子（见图4.1）。在图4.10蹲者那状如一块楔形布里乳酪的鼻子没有出现在最后的《少女》里，因为毕加索发现这个鼻子在风格上与画布中央两个古伊比利亚少女那被简化的鼻子太不一样。[154]那个帘子后边的少女的鼻子处在一种从古伊比利亚风格向几何图形转化的过渡阶段。但是这个少女的乳房却表现为线条分明的四方形，颇类似于第5个素描本1V页的图（见图4.4）上对人体所作的小块面分割。

这幅画里到处都是几何符号：另外三个少女的乳房是由三角形和半圆“构成”。几何线条最多的身体是右边的两个少女，这是与渐渐将自然形体简化成几何形体的大主题相一致的。蹲者的眼睛，就像她那喷嘴形的嘴巴一样，基本不像是人的了，它们已被简化成两个几乎是椭圆的形状，视网膜用小圆点代表。

从第8个素描本开始，毕加索越来越频繁地使用几何形体，这是因为毕加索终于领悟了普兰斯的几何学演讲的深度。那些演讲在这个时期可能增多加强了。这也许就是为什么毕加索在这个素描本的封面上将普兰斯的名字画了又画的原因。[155]

要略知一下普兰斯到底说了些什么，我们可以看看画家兼艺术批评家洛特(André Lhote)的回忆录。毕加索的圈子在酒馆聚会的时候洛特总是在场。虽然洛特的回忆录极可能讲的是1909年或1910年，但普兰斯提出的问题正是毕加索在1907年6月冥思苦想的问题。

> 你通过一个不规则四边形来表现一张桌子，就像你所看到的那样，因为这张桌子经过透视后变形了。但是如果你要将这张桌子表达为一个种类的话，那会怎样呢？你得把这张桌子摆正放到画面上，这样桌子就从一个不规则四边形回到一个真正的长方形。如果那张桌子上放有物体，这些物体也同样经过透视后变形了，那么每样东西都要经过同样的摆正过程。于是，一只杯子的椭圆形将变成一个完美的圆圈。但这还不是全部：这只杯子和这张桌子，如果从另一个角度去看，桌面不过是一根几厘米厚的水平横杆，杯子的杯底和杯口都是些水平线，由此看来，得进行另一个位移。[156]

既然透视会扭曲形象，艺术家如何能够完全同时地从不同的视点表现一个物体，并且使每个视点都具有同等的有效性呢？

就像跟普兰斯一起聊天回答他所提出的问题一样，毕加索在第8个素描本的30V页面画了一只盘子和一只碗的素描。在这个素描里，盘子是俯视图而碗是侧视图(图4.12)。[157]怎样才能把它们合在一起呢？在那个年代巴黎那高度实验性的视觉文化里，别人是用直接法来解决这种问题的，如流行杂志《欢笑》(*Le Rire*)就用插图这样解释：这是多次曝光的照相术游戏(图4.13)。毕加索对照相术早已很在行了，这一点我们将在第5章看到。

普兰斯关于庞加莱第四维概念的谈话很可能唤起毕加索对图4.13里那

图4.12　毕加索的《盘子与碗》,黑墨画。第8个素描本第30V页。

图4.13　1901年《欢笑》杂志上的二次曝光漫画像。

类卡通的记忆。下一步则是趋向各种形象的同步表现,而非连续的表现。

萨尔蒙这样描述毕加索在第二战役阶段的策略:

> 科学,它不是这些研究者的唯一指导吗?这些人急于让我们同时忍受棱柱体的所有棱边,将触觉和视觉这些如此不同的快乐因素并合一体。对于这个问题,至今还无人能权威地作出回答。[我]只是提议证明,一些艺术家,不公平地身负重担,听从着由无名天才发掘的必然规律的支配。[158]

在这里,萨尔蒙正努力想要理解科学在毕

加索的思想中所担负的重要角色，这一点“至今还无人能权威地作出回答”。这就好似毕加索跳进了自然的必然规律之中。我们可以将萨尔蒙的“必然规律”改为“不变”或“恒定的自然规律”，因为在闵可夫斯基（Hermann Minkowski）于1907年对爱因斯坦的狭义相对论给出了四维描述后不久，科学家们便开始采用了这种术语。[159]

还有两点必须加以考虑。这两点都是巴黎蓬勃的视觉文化的副产品，当时的视觉文化深深地卷入了照相术和电影这样的技术发展中。

巴黎的视觉文化

毕加索博物馆的巴尔达萨里新近披露了毕加索曾使用过福捷（Edmond Fortier）拍摄的非洲妇女的照片明信片一事，当时这种明信片风靡一时。[160]毕加索的档案中有40张这样的明信片，所有这些明信片的日期都是1906年。巴尔达萨里提出这样的假设，“《亚威农少女》里的每一个人物都搀和了——通过那许许多多的试验草图——从福捷的某张或某几张明信片里取来的结构成分。”[161]图4.14是福捷的一张明信片，图4.15是毕加索1907年5月画的一张有6个人的素描，这两者太相似了，绝不可能是巧合。[162]

图4.14 福捷的《不同类型的西非妇女》，摄于1906年。

萨尔蒙的“轶事史”里还有一段向我们暗示了巴黎视觉文化对毕加索的更多影响。萨尔蒙写道，毕加索试图要比“原始的人物形象”和他们已经高度概念化的表现走得更远一些。毕加索必须找到一种方法能够“在平面上”表现非洲艺术的三维概念化特性。为了实现这个目标，毕加索发现他“必须接着通过把这些置学院法则和解剖条理于不顾而取得平衡的人物放置到一个严格服从动作的意外自由的空间里，来进行创新”。[163]

图4.15　毕加索的《亚威农少女习作》，作于1907年5月。

左边拉帘子的少女那脱离身体的左胳膊，和她旁边那个悬浮着的少女，都反映了毕加索企图要创造一个“置学院法则和解剖条理于不顾”的空间，以产生“动作的意外自由”。[164]这使我们想起电影制作人梅里爱，他最有名的特技是以一种有时十分古怪和滑稽的方式去肢解和重组人体。毕加索在杜埃街的电影院看过他的不少片子。

在另一条实验道路上，马雷和迈布里奇对运动进行了探索。马雷研究一个单一画面上的一系列事件，而迈布里奇则创作了按照顺序紧挨着的一系列照片(图4.16)。[165]

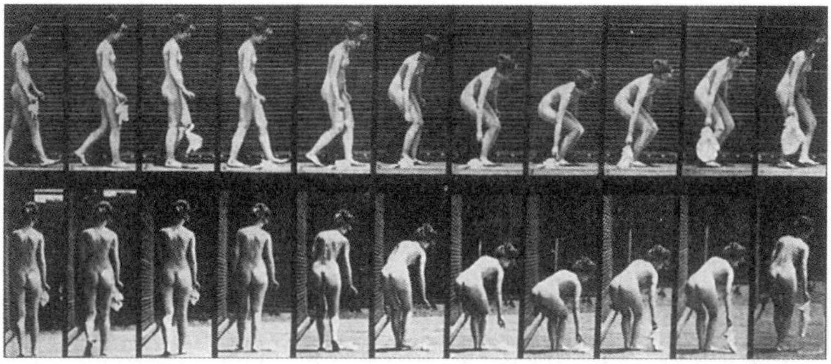

图4.16　迈布里奇的《抛手绢和拾手绢》，摄于1885年。

马雷的多次曝光让人想起X射线，因为多次曝光的人影互相穿透，不过它们比X射线走得更远，因为那些惊人的画面展示了运动的连续性。《欢笑》杂志的插图就是多次曝光实验的结果。图4.17这样的马雷照片一定影响了毕加索对立体主义同时性和人物形式互相渗透的实现，因为这种意念第一次出现在蹲着的少女身上。

图4.17　马雷的《击剑者的精密计时仪》，摄于19世纪80年代。

迈布里奇则给了毕加索另一灵感：五个女人的“活动画面序列”，其“情节”乃是人体形象渐增的几何化。

毕加索对电影摄影术和照相术这些新视觉艺术的兴趣扩大了我们了解《少女》根源的视野。他无意利用马雷和迈布里奇探索运动中所创作的那些没有情感的系列姿势，而是用一种新的方式去"摆弄"一系列画面。这时，梅里爱影片所提供的想法帮了大忙。我深信毕加索第二战役阶段的目标，正是要创作出这样一个序列：当"情节"从左向右发展时，让人体形象的逐渐几何化形成动感。终端是一个蹲着的妓女的四维视图，这体现了毕加索的认识：空间同时性才是这里的精髓，而非庞加莱在《科学与假说》里所写的透视图的接连出现。

1908年春天，毕加索在"洗衣舫"拍摄了一张引人注目的照片（图4.18）。他创造这样一个特定的摄影布景，理由有二：一是汇集那些导致《少女》有突破的作品，二是将其作为《骷髅习作》(*Composition à là tête de mort*)的发源。[166]置于照片右边的《少女》只露出了一部分画面，其余被毕加索的两尊

图4.18　毕加索的《"洗衣舫"画室里"站立的裸女"工作室》，1908年春作于巴黎。

古伊比利亚木雕像挡住了。墙上并排挂着的两幅素描都源于格索尔老农这一主题。古伊比利亚雕像下面是一幅看不出性别的头和肩部素描，这幅素描被称为《独眼人头像》(*Head with One Eye Blank*)。[167]照片的视觉中心是一张《站立的裸女》(*Standing Nude*)习作，这可以确定照片是在1908年初拍摄的。[168]照片中用一堆书、调色板和画笔构成的金字塔形的布局，表明这是《骷髅习作》的前景。在《骷髅习作》这幅画的中央就是一个类似于《站立的裸女》的裸女形象。[169]也许毕加索在这张照片中部分地遮住《少女》是要表明这幅画还没有完全作完，他有意要让人们对它留意。

填满整片马赛克

任何一个艺术成就或科学成就，都必然会吸收利用许多不同并且显然互不关联的领域的知识。这种高度创造性的思维，可以比作一片由多块花砖拼成的马赛克。就毕加索的情况而言，我们已经辨认出下面这些成分：

• **电影摄影术**提供了一连串动态的人体形象(或者，如梅里爱电影里被开玩笑地加以重组的人体形象)，毕加索于此吸收了揭示人体形象变换的思想。

• **几何学**向毕加索提供了即将崭露的艺术所需的一种新的概念化语言的基础——也即**原因**，这种语言能够探索人物形象的深层结构。毕加索的显著的进步是使过去没有明确形式的艺术语言有了明确的形式。这包括毕加索将一个具有空间同时性和第四维氛围的形象投影到一个平面上的探索。毕加索是从普兰斯关于庞加莱的演说中了解到这一切的。

• **X射线**传达了知识相对性这样一个反实证主义的信息。X射线连同空中到处飞扬的其他射线——α射线、β射线、γ射线、阴极射线——剖开了人的身体，给了毕加索重组人体器官的许可证。

• **照相术**以一种对绘画进行启发的方式被愉快地采用。就《少女》而言，毕加索利用照片改进了他的构图。不过，除此之外，颂扬照相艺术长处的文章也给了毕加索灵感。

• **非洲艺术**支持了毕加索的概念化处理方式，并使他认识到作为新艺术语言的几何学的深层意义。

- 毕加索的**俄狄浦斯*情结**(oedipal complex)以及要把他的父亲完全从男子气概上压下去的企图。他要通过完全不同于其他任何艺术家所尝试过的任何艺术风格,甚至违反社会常规来取得盛名,以达到这一目的。

- **竞争性**是集中精力向前推进的一种方式。毕加索1907年在独立艺术家沙龙目睹了马蒂斯和特朗的进展后非常激动,心中只有一个欲望:要超过他们。

- **性**是贯穿毕加索生活和工作的一根阿里阿德涅线。它是一个强有力的创造性引擎的燃料。

- **物质上的独立**使得毕加索不需要立即卖掉作品,使他得以不受阻碍地创作《少女》和其他空间同时性作品。其中最重要的两件事是沃拉尔在1907年2月将毕加索画室里的作品全部买下,以及接下来毕加索于1907年7月遇见坎魏勒。

- **哲学和文学**予以毕加索理性刺激去打破现时常规并走向一种全新的表达方式。

- 当然,同样不重要的是**绘画**本身——通常的来源包括塞尚、格列柯和安格尔,另外还有特朗和马蒂斯那些激发毕加索的竞争性的画作。

我还要在这里添上这片马赛克上另一块花砖的证据。这块花砖来源于当时的哲学气候,它的存在表现在右边站立的少女那由小块面组成的乳房上。这个"折叠卡"(folding card)结构对毕加索随后的分析立体主义实验至关重要。虽然这种分小块面的方法极可能是从茹弗雷的示图中得来的,但毕加索画中这种特别的明暗法却向我们暗示了予以毕加索理性刺激的另一个人:詹姆斯(William James),他是经由格特鲁德·施泰因影响毕加索的。[170] 1893年至1897年,当格特鲁德还在拉德克利夫(Radcliffe)**上大学本科时

* 俄狄浦斯是希腊神话中底比斯国王拉伊俄斯(Laius)和王后伊俄卡斯忒(Jocasta)的亲生子,曾解怪物斯芬克斯(Sphinx)之谜;因不知底细,弑父娶母,后刺裂双目,流浪而死。——译者

** 拉德克利夫女子学院创立于1879年,后成为哈佛大学的一部分。——译者

就极其崇拜著名的哲学家、心理学家詹姆斯。詹姆斯允许她选修一些研究生课程和专题讨论会。她对詹姆斯的《心理学原理》(*The Principles of Psychology*)一类的经典著作知之甚深。在弗勒吕斯街的居所里,她将詹姆斯的著作陈放在显要的地方。毕业后她一直和詹姆斯保持着联系,并且在他1908年9月访问巴黎时特意去看他。在《艾丽丝·B·托克拉丝自传》(*Autobiography of Alice B. Toklas*)一书中,她写了詹姆斯来看她的艺术收藏品,藏品中有毕加索的《披纱的裸女》。"他看着,惊讶得透不过气来。我跟你说过,他说,我总跟你说你应该保持思想开放。"[171]

不知怎么地,虽然格特鲁德带有极重的拉德克利夫式的法语口音,毕加索的口语也不那么流利,但在1906年春天格特鲁德为她的肖像给毕加索做了90多次模特的那段时期,她却成功地向毕加索表达了她的艺术理论观点和她对从前的哈佛教授的看法。问题是,关于詹姆斯的视觉实验,她到底谈了多少,并且,毕加索是否真的将那些东西融进了他的艺术之中。詹姆斯对透视图的反感是这两个人之间直接的思想连接点。[172]

右边站立的少女乳房那特别的块面状和明暗法表明毕加索确实从格特鲁德那里吸收了詹姆斯的思想。正如普兰斯把茹弗雷的示图给毕加索看了一样,格特鲁德不可能不借机将詹姆斯的《心理学原理》展示给毕加索。毕加索总是对模糊的视觉表现法着迷,他毫无疑问被詹姆斯的"折叠视卡"(foldcd visual card)实验(图4.19)吸引住了。

在这个实验中,折叠的卡片仿佛在来回变动,而卡片本身并不动,它的明面和暗面也不变。这种来回翻转的现象将被格式塔心理学派弄得广为人知。[173]詹姆斯的"折叠"实验很有可能影响了右边站立的少女,因为它融进了整个画面,画中右边的两个少女身上的各种影线和明暗处都没有能分辨得出的光源。毕加索这种类似"折叠视卡"的特别的块面分割赋予了《少女》一种与众不同的韵律。

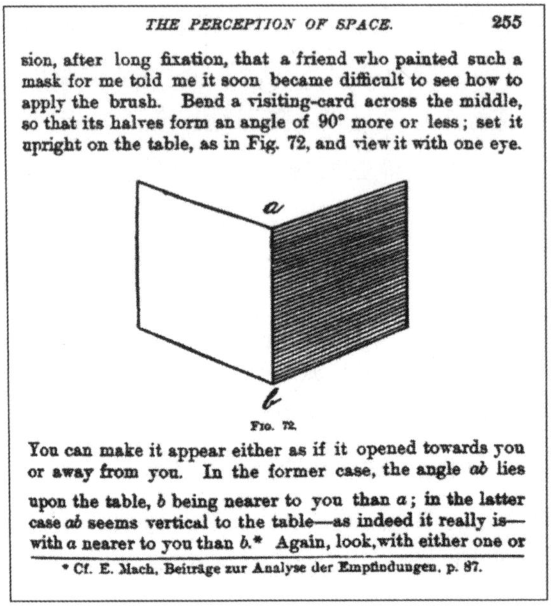

THE PERCEPTION OF SPACE. 255

sion, after long fixation, that a friend who painted such a mask for me told me it soon became difficult to see how to apply the brush. Bend a visiting-card across the middle, so that its halves form an angle of 90° more or less; set it upright on the table, as in Fig. 72, and view it with one eye.

FIG. 72.

You can make it appear either as if it opened towards you or away from you. In the former case, the angle *ab* lies upon the table, *b* being nearer to you than *a*; in the latter case *ab* seems vertical to the table—as indeed it really is—with *a* nearer to you than *b*.* Again, look, with either one or

* Cf. E. Mach, Beiträge zur Analyse der Empfindungen, p. 87.

图4.19　威廉·詹姆斯的“折叠视卡”实验(James, 1890, vol.1, p.255)。

*　　*　　*

毕加索的伟大突破是为了实现科学、数学、技术和艺术之间的一种联系。他摈弃了已有的常规,转向一个崭新的思想框架,以科学作模型,以数学作指导——就像20多年后物理学家们也将做的那样。就这样,他找到了勇气在《亚威农少女》里创作他自己的视觉表达法,并向即将出现的立体主义的几何语言方向前进。[174]

拓宽我们对《少女》的由来和起源的视野以囊括科学、数学和技术各方面,这将促使我们更深地理解这件划时代的作品,而不致求助于“天才”、“直觉”或者弗洛伊德分析法这些老一套说法。[175]这样我们也能更好地理解一个更广大的问题,即先锋派在20世纪初的巨大力量,那正是文艺复兴以来无与伦比的天才辈出的时代。20世纪第一个10年所产生的作品,将永远是确定文明进程的台阶。它们是处在不同地理位置、不同文化氛围中的个体对海啸般横扫欧洲的变化所作出的反应。

对《亚威农少女》的反应

我们已经提到过在毕加索的第一期创作过程中人们对《少女》的冷淡反应。但更糟的还在后面。“是那些脸盘的丑陋使一些将信将疑的人裹足不前,他们被吓坏了。”[176]萨尔蒙写道。他目睹了当时的反应。坎魏勒报道了特朗看到《少女》时的评论:“这种类型的画是个死胡同,胡同的尽头只有自杀;某个晴朗的早晨,我们将看到毕加索吊死在他的大画布后面。”[177]阿波利内尔从来没有写过任何关于《少女》的东西,人们也没有找到他对《少女》发表过任何评论,甚至闲聊中都未涉及这幅画,唯一的例外是他对毕加索1907年2月的一幅《少女》的早期画稿的反应。

马蒂斯被激怒了。费尔南德写道,看了这幅画后他“扬言要跟毕加索算账,要让他求饶”。[178]这种反应一定给了毕加索极深的印象,因为尽管他们的画风不同,但这两人还算友好。在很多个星期五,毕加索都走访了马蒂斯的画室,他们星期六晚上也经常在施泰因兄妹处碰面。直到1907年,他们还会互相交换画作。马蒂斯的愤怒很可能是因为他意识到毕加索已经超过他了。显然,马蒂斯和艺术批评家费内翁来“洗衣舫”看过《少女》,他们当时哄堂大笑。马蒂斯能给毕加索的最多也只是些讽刺挖苦的恭维话,“大家分享了从一位朋友的作品中所发现的一点点大胆。”[179]

萨尔蒙回忆道,从第二战役一开始,毕加索就“有点被遗弃”的感觉。他“发现自己处在一个极为悲惨的境地”,认为“他的一些画家朋友正在回避他”。[180]连费尔南德也离他而去,虽然他们还保持着联系。在1907年9月19日写给格特鲁德•施泰因的一封信中,费尔南德报告说毕加索显得“极其厌倦”。[181]在几乎完全孤独中苦干了半年多之后,他没有从任何人那里得到丝毫的鼓励。坎魏勒回忆道,毕加索将《少女》放置一旁后,“接下来是一个短时期的筋疲力尽”,他必须振奋他那“受到强烈打击的精神”。[182]

公众第一次看到这幅画还是在雄心勃勃的美国记者伯吉斯1910年的一篇文章里,文章将这幅画标作《毕加索习作》(*Study by Picasso*)。[183]在评论

“[赫然耸现]在[洗衣舫]那片混乱中的骇人画作和那些怪异的、磐石般的女人”时，伯吉斯说他询问毕加索是否用了模特儿。“‘我到哪儿找她们呀？’毕加索笑道。”[184]不只是伯吉斯一个人这么吃惊。

虽然毕加索和布拉克的初次会面大约在1907年3月，但布拉克直到11月才走访“洗衣舫”。《少女》也让他大吃一惊，不过，他很快就意识到了这幅画的力量和创新性。[185]到1907年年底，毕加索的境况开始好转。与布拉克的会面以及与特朗日益发展的友谊，使他的画室更像一个“画家聚所”(rendez-vous des peintres)。费尔南德也回来了。

至于《少女》作为一件具有开创性的作品却仍得不到认可，这是毕加索必须学会忍受的。创作这幅画使他殚精竭虑，但完成之后他却得不到什么颂扬，有的只是众多的嘲讽。结果《少女》也卖不出去。这幅画直到1916年才被正式展出，而到20世纪20年代才得到它应得的认可。唯有毕加索知道它的价值。[186]

第5章　布拉克和毕加索共同探索空间

那个时候，我们的工作就是一种实验室研究，一切自命不凡的个人虚荣都被排除在外了。你必须理解那种精神状态。

——巴勃罗·毕加索

自从《亚威农少女》打开了毕加索创造力的闸门，随后7年的丰硕成果是艺术史上无与伦比的。在这种创作中，毕加索与布拉克联手共进，这种合作也是史无前例的。

布拉克比毕加索小7个月，他最初是学室内装潢和房屋油漆的。大约在1902年，他决定把成为一名艺术家作为自己的事业，于是搬到了巴黎，在蒙马特尔的奥赛尔街（d'Orsel）安顿下来，那儿离"洗衣舫"只有几百米。经过两年正式的艺术培训后，他开始走上野兽派的道路，并在事业上取得了一些成功。不久他对野兽派的幻想破灭了，开始寻求另一种表达方式。秋季沙龙1907年10月1日开始的塞尚回顾展给了布拉克如何着手的启示。

一俟成为朋友，布拉克和毕加索之间的交流就急剧增加，到1910年，他们几乎是每日必见。布拉克将他们之间的亲密比喻为"登山绳"（cordée en montagne），即两个登山运动员一起攀登一座不曾被征服的山峰时串联他们的绳索。[1]他们在"洗衣舫"会面时，毕加索与布拉克不同，他已经略有成就，是个小有名气的艺术家。他们在其他一些方面也不同。布拉克洋溢着明晰和敏感，而毕加索经常是喜怒无常，艺术冲动一来便即刻付诸行动。对于毕加索而言，绘画就像他呼吸的空气一样；他生来就是为了绘画。而布拉克宣称他原本就没想到要做个画家。绘画是他喜欢的事情，但他不愿意有什么固定的目标，因为，用尼采的话来讲，“一个目标就是一种束缚。”[2]

布拉克对《少女》的反应

到1907年11月第一次走访“洗衣舫”时，布拉克已经认识毕加索有约7个月的时间。《少女》给他的第一印象是作品完全无视任何既有的西方绘画风格。取而代之的这种新风格让他大吃一惊。首先是毕加索的原始主义，这种表现法对布拉克的唯一吸引之处是它“违反了野兽派传统”。[3]更加糟糕的是毕加索对空间的运用。对这个概念极其着迷的布拉克新近开始脱离野兽派的常轨，试验着一种完全独创的塞尚风格的变体。布拉克开始用一些更为暗淡的颜色，同时明显地把绘画内容向几何图形简化。他对塞尚的改进在于将细节缩减到最小量以便突出叶子和房子的几何图形。[4]布拉克将塞尚的“拼溶”概念抽象化，以至于传统的透视面完全消失了。虽然塞尚的画作是多个透视点的绘画的顶点，但布拉克的绘画风格更加理智化，因为他不用自然作模特儿。这种方法来之不易，但它带来更大的创作自由。[5]

布拉克暗自思忖：有没有一种方法可以将塞尚式技巧与毕加索在《少女》里所成就的东西结合起来。首先他试图通过将毕加索对空间、几何学和模糊性的崭新尝试与塞尚的结构结合起来去理解接受《少女》。其结果产生了他的《大裸女》(*Large Nude*)，这幅画他几乎独自一人干了6个月。画的对象是毕加索《少女》里左边第二名女郎的一个变体，被放在一个塞尚式的静物背景上。但是跟毕加索一样，布拉克没有能够在这个女人别扭的姿势中取得平衡。《大裸女》真正的重要性在于，“它是两人合作和互相都想胜对方一筹这个游戏的第一步，这种游戏实际上是他和毕加索的立体主义的潜在含意。”[6]

在创作《大裸女》的同时，布拉克还画了一幅标名为《女人》(*La Femme*)

的素描，从这个素描演化而来的一幅同名画作与特朗的《浴者之三》(*Bathers III*)一起在1908年的独立艺术家沙龙上展出。[7]毕加索对于他的朋友布拉克和特朗公开宣称他们脱离马蒂斯和野兽派、转而追随他感到十分荣幸，并且很高兴让布拉克承担由此而生的侮辱性批评。[8]布拉克走出了第一步，即“掀起了‘洗衣舫’神秘面纱的一角”，[9]而毕加索仍在背后做“画派创立人”(chef d’école)。

自从秋季沙龙的回顾展后，塞尚变得风靡一时。布拉克试图将塞尚和毕加索结合起来，而特朗继续着他那脱离野兽派后以塞尚和原始主义为基础的风格，这种风格比野兽派艺术更具雕塑感而少些色彩。毕加索翻作了塞尚的“浴者”，其结果是一系列的油画和素描，最后产生出《三个女人》(*Three Women*)这样的作品。沿着这一方向，他画的一些素描开始失去造型，偏向抽象化，而这个时候他便往回走。最终，素描比成画展示出更多的试验，在成画里，毕加索将三个女人简化成了古伊比利亚小雕像。但是，《三个女人》进一步向几何构图方面发展，其程度比《少女》走得更远。

1908年夏天，毕加索和布拉克分道扬镳。创造《少女》的极度紧张和与费尔南德日益恶化的关系使毕加索病倒了。他的情绪十分不安，加上维戈尔斯(Wiegels)新近与毒品有关的自杀又让他极其沮丧，毕加索决定遵从医嘱到一个叫鲁德森林的宁静小村度假。这个村子坐落在巴黎以北40英里处，离克雷伊(Creil)很近，在阿拉特森林(Forêt d’Halatte)边沿。[10]而布拉克则需要进一步研究塞尚，他决定回到埃斯塔克(L’Estaque)，马赛外围的一个小城，它是大师经常爱去的地点之一。

在质朴宜人的森林风光里，毕加索集中精力创作风景画。这种森林景色也给毕加索提供了一个恰到好处的氛围，让他从那场“精神危机”(crise de nerfs)中恢复过来。他需要挣脱塞尚的影响，于是转向亨利·卢梭(Henri Rousseau)*以寻求灵感。他在1907年的秋季沙龙见过卢梭那梦幻般的《要

---

* 亨利·卢梭(1844—1910)，法国画家和剧作家。代表作有《入睡的吉卜赛女郎》、《森林漫步》和《老虎与水牛之战》等。——译者

蛇人》(*Snake Charmer*)。毕加索带着他那些完全没有任何"拼溶"尝试的风景画回到了巴黎。让他懊恼万分的是,他的作品在布拉克从埃斯塔克带回的作品面前黯然失色。

在埃斯塔克,布拉克完全沉浸在塞尚的"拼溶"概念中,并得到了画家本人的鼓舞。"一切有关[塞尚]的东西都让我喜爱,"他后来回忆道,"这个人,他的性格,一切的一切。"[11]

布拉克是个了解自己能力的人。与毕加索不同,他曾经并不是一个神童般的艺术学生。与毕加索不同,他创作速度慢,创作中考虑缜密。布拉克用一种分析的方式去作画,认为塞尚一定也是这样做的,并且非常知晓自己的局限。他在一本笔记本上写道:"艺术中的进步并不指超越一个人的能力范围,而是更好地认识他的能力范围。"[12]回忆起自己的笨拙时,他写道:"塞尚的笨拙和他的天才同样伟大。"[13]所有这些特点对**登山绳**来说都是至关重要的。在一同攀登的过程中,毕加索每走一步都不得不想好想透,其紧张程度是他自此以后再也没有经历过的。

塞尚的"拼溶"是布拉克对立体主义所作的第一个贡献的跳板,这第一个贡献即重新估量空间本身。

布拉克和空间

布拉克认定,在艺术上用一个单一的透视点去表现空间的实质是远远不够的:"传统的透视法不能使我满意。这种透视法诚然是机械的,但它从未描绘出事物的全部。它始于一个透视点,并且不能够离开它。但这个透视点完全是一个小东西。这就如同一个一辈子画侧面像的人最后会相信人只有一只眼睛一样。"[14]布拉克对理查森说得更直截了当:

> 我对整个文艺复兴传统有反感。它成功强加于艺术的那种严格得不容变通的透视法是个极大的错误,而这个错误花了4个世纪才得以纠正:塞尚和其后的毕加索与我自己在这件事情上可以引以为荣。科学

> 的透视法不过是愚弄眼睛的错觉艺术手法;它不过是一种圈套——一种极坏的圈套——这使艺术家表现一个空间的全部经历成为不可能,因为它迫使画中的物体从观察者面前消失,而不是把这些物体拉近以让观察者能够欣赏——而后者才应是绘画的真谛。[15]

布拉克接下来描述了他是如何纠正这种情形的:

> 吸引我的——同时也是立体主义的主要方向——是实现我所感觉到的那个新空间。于是我开始集中精力画静物,因为自然界里有一种能触知的空间(tactile space),可以说是几乎能用手摸得着的空间。我因此这样写过它:"当一个静物不再能被手摸到时,它就不再是一个静物。"这也解释了我的一种愿望:我不仅得看到一个静物,也总得能触摸到它。这就是那种特别吸引我的空间,因为这就是早期立体主义绘画的实质:探索空间。[16]

布拉克的"探索空间"一词特别醒目,因为这正是他在埃斯塔克城重新诠释和扩展塞尚的"拼溶"概念时所想要做的事情。所有的空间都变得能触知了:他"不仅得看到一个静物,也总得能触摸到它"。这种探索还远未完成。

布拉克尤其对画布上物体之间和物体之后的空间感兴趣。他埋怨许多画家"完全忽略苹果和盘子**之间**也可以画……。这种间隙空间[entre deux]对于我来说与物体本身同等重要"。[17]我们可以想象布拉克在画布前缓缓移动,试图触摸这些空间。毕加索的《少女》有一点困扰着他:虽然那幅画没有透视点,但它的结构不完整。少女之间和少女身后还有不能触知的空间,因此与画中其他物体并不相同。布拉克的探索空间旨在"实现我所感觉到的那个新空间",亦即将物体之间和物体之后的空间变换成一个"能触知的空间"。

他是怎么想到"能触知的空间"这一术语的呢?虽然"能触知的价值"一

类术语和画家把视觉转换成触觉的一类概念，都是20世纪初艺术批评家常用的，但据我所知，"能触知的空间"这一概念其实是哲学家的范畴。[18]布拉克和毕加索两人都不大可能读过哲学家迪南(Charles Dunan)写的这类文章，也不大可能在山丘上的咖啡馆里听人讨论过。但是，布拉克对"能触知的空间"的用法与庞加莱的如此接近，我敢打赌他主要是受了普兰斯关于《科学与假说》演讲的影响。[19]

按照庞加莱的说法，主要有两种空间：几何的和表现的。几何空间(geometrical space)是一种抽象的存在，它的范围无边无际，它的特性在任何地方都是一模一样的，而且它有三维。它是公理化的欧几里得几何空间，在这个空间里有完美的三角形和球形。另一方面，表现空间(representative space)没有任何以上的特性。它是我们生存于其中的空间，由三种空间组成：可视的、能触知的和动感的(motor)。[20]《科学与假说》里探索的一个主要问题就是几何空间和表现空间的不同之处。

几何空间是一种纯粹的数学理念，而表现空间则是由我们的感官知觉构造的，因此，"我们的表现只是我们感觉的复制。"[21]庞加莱接下去写道："要用几何空间去表现外在于我们自身的物体是不可能的，因为要一个画家在一张平面的画布上画三维的物体是不可能的。"[22]但是我们可以将三维投影到二维上，因此，"我们能对这些物体进行**推理**，就好像它们置身于几何空间一样。"[23]

以这种方式进行推理就要求我们分清表现空间的三个组成部分。因为视网膜的物理特性在每一个点上都不同，所以可视空间的特性每处都不一样。因为我们有两只眼睛，每一只眼睛里的视网膜又是一个二维的表面，因此我们应该能有四维的视力。两只眼睛之间的神经连接导致了眼调节，而这种眼调节将四维减至了三维。[24]

讨论到能触知的空间时，庞加莱只不过指示读者参阅可视空间的部分，并将"可视的"换成"能触知的"即可。[25]因此能触知的空间也有三维。我们的肌肉感觉，连同视觉和触觉一起，构成了第三种空间，即动感空间。在这里，庞加莱也认为没有理由相信这种空间的维数就必定是三。更确切地说，**“我们有多少块肌肉，动感空间就有多少维。”**[26]它所表现出的三维源于“简单的概念联想”，这种联想是对不断轰击我们的感官知觉进行实验而形成的。[27]换句话说，我们是在实际挪动物体时通过考察物体之间的关系来选择适当的几何图形的。[28]

布拉克要寻求“实现我所感觉到的那个新空间”，这一想法的唯一明显出处是庞加莱关于连接可视空间和能触知空间的特性这一建议。普兰斯是唯一有可能向布拉克解释这些概念的人，这两人不仅在社交场合会面，也在“洗衣舫”会面。有时，人们看见普兰斯“在酒馆餐桌的一角借助一个笔记本向毕加索和布拉克解释空间中的几何学的一些基本原理”。[29]

1908年夏在埃斯塔克的那段时间，布拉克将塞尚的“拼溶”概念推到了令人眩晕的高度，发现了他新的绘画空间。他意识到关键是要将后退距离切分成二维层面，然后重组它们以构成图画本身，就像在一个软件绘制程序里那样。这个重组是按照背景到前景的顺序完成的。布拉克根据塞尚的“拼溶”概念而发展的新形式不包含任何透视点，所有的空间都变得可触知，间隙空间被排挤出去了，画面上的物体几乎完全由几何图形组成。毕加索被布拉克的“拼溶”形式吸引住了，尤其是他的《埃斯塔克之屋》(*Maisons à l'Éstaque*)里所表现的“拼溶”。马蒂斯对那幅画的评论是，它是由一堆“小立方体”(petites cubes)构成的(图5.1)。[30]

在埃斯塔克的夏天，布拉克有一个极其重大的进步。他那些作品与毕加索在鲁德森林创作的几乎不含几何图形、具有卢梭式原始风格的平面图画发生了冲突。具有特别意义的是布拉克的新技巧，即凭借各种平面的层次由背景画至前景，通过布光的变化让这些层面看起来好像在振动似的，再加上物体的简化和几何化。有了这些创新，布拉克初步完成了立体主义的“空间实现”。在这个实现过程中，他不得不融进了他在毕加索的《少女》里看到的人体的几何化。接下来是更极端的几何化和更加猛烈的雕塑化。这是毕加索的领地，对他而言，立体主义“是一种主要涉及形式的艺术”。[31]

图5.1　布拉克的《埃斯塔克之屋》，作于1908年。

毕加索对布拉克的“拼溶”所作的重大改进是通过把人物形象分割成小块面而使几何化的形象变得更柔和一些。他1908年秋天和1909年春天期间的作品在《安乐椅上的女人》(*Woman in an Armchair*)里达到了顶点(图5.2)。[32]1909年夏天，他将在奥尔塔-德埃布罗进一步发展这种技巧。

毕加索1908年秋天和1909年春天的所有作品展示出一种明显向日益增多的小块面方向发展的过程。毕加索是本能地或者是在某种直觉的引导下朝这个方向进发的吗？也许如此。不过，这种取决于对“直觉”的一种模糊概念的解释，不是探索毕加索思维过程的工具，而是一种障碍。直觉是大量准备的结果。产生灵感或顿悟的瞬间，是所有的因素集中在一起的时刻。就布拉克和毕加索的情形而言，什么才是集中在一起的“所有因素”呢？

图5.2　毕加索的《安乐椅上的女人》，1909年春作于巴黎。

布拉克、毕加索、几何学和普兰斯

布拉克对空间的实验不可能没有引起普兰斯的兴趣。我敢说在他们的某个酒馆聚会上，普兰斯带着茹弗雷的《初论四维几何学》出现了，并把茹弗雷将四维形象在二维平面上的投影图(见第4章图4.5和图4.6)分发给各位。毕加索的《少女》已经受益于茹弗雷的示图，基本的小块面分割法已经出现在右边站立的少女身上。

美国艺术家和作家马克斯·韦伯(Max Weber)*，从前是马蒂斯的一个学生，他报道在他逗留巴黎期间，即从1905年到1908年，大家经常讨论第四维

* 马克斯·韦伯(1881—1961)，美国画家、版画复制家和雕刻家。与那位大名鼎鼎的德国社会学家同名同姓。——译者

的问题。[33]他经常参加施泰因家周六夜晚的社交晚会，那是当时在巴黎的年轻美国画家们经常光顾的地方，他至少去过"洗衣舫"一次。所以，有理由推测他要么在施泰因家要么在"洗衣舫"遇见过普兰斯，从他那儿了解了一些有关第四维的知识。不过，我们将看到，韦伯更愿意接受阿波利内尔那隐喻的罗曼蒂克的解释。

在第4章，我们介绍了普兰斯——依据洛特的回忆——大约1909年或1910年与立体主义者们讨论的一个问题。这个问题表明，普兰斯非常清楚画家们要反抗什么。我们可以想象夜深人静之时，酒足饭饱之后——可能在阿松酒店，因为那是"毕加索帮"当时最喜欢的活动场所，普兰斯一边在烟雾弥漫的酒店的桌布上画着示意图，一边讲解着几何学。阿波利内尔、布拉克、雅各布，很有可能包括格里斯(Juan Gris)*，聚集一堂。他们非常仔细地聆听着，因为他们都试图通过同时展示许多不同的透视点去表现物体。假定洛特至少记住了普兰斯演讲的要点，则普兰斯当时描述的是一个人应当做些什么才能表现"作为一个类的桌子"(table as a type)。

"类"(type)是来自哲学的一个术语，不久前才在英国哲学家伯特兰·罗素(Bertrand Russell)**的著作里出现。普兰斯分析的是一张桌子的理想构造，这张桌子跟他一开始所说的不规则四边形桌子不一样，它不会被透视变形。这张桌子的理想构造平靠着画面，因此成了一个"真正的长方形"。普兰斯用类来表示从经验检验抽象而来的一个理想构造。桌子上其他的物体也有必要"摆正"，比如一个杯子的椭圆边变成了一个"完美的圆圈"。

这时普兰斯也许抬起头看了看大家，在座的每个人都点了点头。然后，他"反守为攻"，开始发问，要是"作为一个类的桌子"这个概念实际上是一个侧面视图呢？那么，桌子变成了一条"几厘米厚的水平横杆，杯子则变成杯

---

* 格里斯(1887—1927)，西班牙画家，1906年移居巴黎，为第一次世界大战后法国先锋派主要成员，擅长绘画理论，开创综合立体派，作品多为拼贴画和静物油画。——译者

** 伯特兰·罗素(1872—1970)，英国哲学家、数学家、逻辑学家，分析哲学主要创始人，世界和平运动倡导者，1950年获诺贝尔文学奖，主要著作有《数学原理》(与A·N·怀特海合著)、《哲学问题》、《西方哲学史》等。——译者

底和杯口都是水平的侧面。因此,得进行另一种移动”。他的意思很清楚:透视法使作为类的物体变形或者失真。

这个时候,布拉克和毕加索举起了他们盛得很满的酒杯,一直喝到酒杯的椭圆形变成贴着他们脸面的圆圈。然后几乎是异口同声地,感谢普兰斯向他们肯定了他们的立体主义所要尝试的东西还的确有科学的基础。普兰斯让他们放心,他们要同时从不同的透视点来表现物体的想法是正确的,一点也没有出轨。

人们不禁感到纳闷:作为几何学演讲的尾声,普兰斯是否深入探讨了罗素建立类型理论或层次理论(theory of types or hierarchies)的理由。事情是这样的:1901年春天,罗素碰巧发现了一个逻辑悖论,这个逻辑悖论最后以他的名字命名。他发现,某些逻辑理论所产生的陈述,当且仅当它们在不正确的情况下才是正确的。[34]我们只能猜想毕加索和他的朋友们对这样一种情形究竟作何感想,以及这种情形是怎样影响了他们正处于发展阶段的艺术形式,这种艺术形式寻求避开模糊性而同时以一种更接近物体深层结构的方式去表现物体。也许,毕加索在说下面这句话时脑子里想的是罗素悖论:“艺术是一种谎言,这种谎言让我们明白真理——至少是上帝允许我们理解的真理。”[35]

最后一点:普兰斯是从哪里了解到数理逻辑尤其是这种有关悖论的前沿知识的呢?最有可能的地方是庞加莱最新的畅销书,出版于1908年的《科学与方法》(*La Science et Méthode*)。在这本书里,庞加莱讨论了罗素的最新研究以及逻辑学的现状。[36]虽然他没有在这里明确定义一个类的概念,但像普兰斯这样的人完全有可能进一步阅读其他资料。比如,庞加莱1909年发表的论文“无限的逻辑”。[37]普兰斯将一种反实证主义的论证带进了罗素的类型等级体系中,即因为有不同的方式去看一个物体,所以不存在单一的现实。精美的食物加上忠诚的朋友能产生令人振奋的效果。

到1909年夏天,布拉克和毕加索都在积极地继续着毕加索原来的探索,即寻求一种绝对脱离印象派与其实证主义基础的方式去表现自然。他们要创作一些——用他们最喜欢的塞尚用语来说——极为大胆(bien couillarde)的画作。也许对这个词组最确切的翻译是“极有勇气的”(ballsy)。[38]

照相术与毕加索的创造力

1909年5月,也就是毕加索少年时经历的那场精神和思想大转变10年以后,他重新回到了奥尔塔,这时是他事业中的又一个转折点。但是这次陪同他的不是他少年时代的朋友帕拉雷斯,而是他的情人。某些居民对他们的这种关系不甚满意,有一天傍晚一群特别好斗的居民愤怒地聚集在他们下榻的旅馆窗户下面。毕加索举着他的手枪出现了,几声枪响,人们立即四处逃散。

毕加索在奥尔塔工作到1909年9月。这次逗留对费尔南德来说并不愉快,她的肾受到感染,经常卧床不起,无事可干,又从毕加索那儿得不到半点安慰,因为对他来说,她已经成为一个累赘,就像他几年以后回忆的那样,她成了一台“受罪机器”。[39]

至于说他在奥尔塔逗留期间所作的包含极多小块面的画作,大多数艺术史家都将它们解释成一种技巧的磨炼,他在那年的春天已经打下了这种技巧的基础。毕加索在奥尔塔的艺术发展还运用了另一个工具,而这个工具直到最近才为人所知。

巴尔达萨里最近发现了毕加索的一百多张底片和照片,都是1920年以前制作的。这个发现对研究毕加索极其重要。巴尔达萨里展示了“其中许多照片与毕加索的创造过程之间的紧密联系”。[40]我们在讨论《少女》时已经注意到毕加索对照片和明信片的非标准用法。他不是抄袭它们,而是把它们当作人物排列组合和其他构图成分的想法来源。

按照费尔南德的回忆,毕加索最早对照相术所作的有记录的评论大概发生在1907年9月,也就是他们一群人在普兰斯的公寓里吸食印度大麻的时候:“在一种神经质的歇斯底里状态中,[毕加索]高喊他已经发现了照相术,他想自杀,他没什么东西可学了。”[41]毫无疑问,他对照相术给予他绘画的资源万分激动，并且可能对照相术当时还不为人知的潜力更加激动。[42]

毕加索从不敌视新的技术发展，从一开始接触照相术，他就对自己想要什么有了明确的想法。1935年在与塞沃斯的一次谈话中，毕加索详细叙说了他自1901年以来对照相术的运用：

> 要是能用照相术记下一幅画的创作历程以及一幅画的变形过程，那一定非常有意思。我们有可能一睹梦幻成真的整个历程。但是真正让人十分好奇的是看到画作基本未变，创作初始时的想象基本保持不变，尽管表象不同了……我注意到，当我拍摄作品时，我要引进来修改我创作最初的想象的东西最后消逝了。当一切过后，拍摄出来的形象还是符合我最初的想象，那是我要试图进行变换之前的想象。[43]

对于毕加索来说，照相术不光是摄取精确影像的工具或者对世界的实证认识，还是一种创造手段。他认为一张照片绝不仅仅是一个场景的记录，绝不仅仅按时间顺序记录了“一幅画的历程”。他感兴趣的是一幅画是怎样“变形”的：画作本身的概念转变以及画作与其他作品的关系的概念转变。在试图“一睹梦幻成真的整个历程”时，照相术揭示了艺术家的创造力实质。毕加索甚至再往前跨一步：尽管画布上有变化，照片仍保持了艺术家“最初的想象”。

毕加索的全部摄影作品表明他是在用照相术探索空间的实质。他对正在绘制中的作品的摆布和对底片和照片的操作都是在帮助他测试各种新的视觉方法的模型。

大约从1901年开始，毕加索不仅拍摄作品，而且就摄影的布局进行试验。[44]早期一个令人印象深刻的例子是他1901年的《画室自画像》（*Self-Portrait in the Studio*）（图5.3）。

照片的右边是已经完成的一些作品，其中一些作品从另一些作品后面显现出来。右下角是《居斯塔夫·科克奥画像》（*Portrait de Gustave Coquiot*）[45]，其上为《喝苦艾酒的人》(*La Buveuse d'Absinthe*),[46]这幅画的后面露出《咖啡馆的场面》(*Scène de Café*),[47]其上是被遮去一部分的自画像《我,毕加索》(*Yo Picasso*),[48]左上部是描绘毕加索和他的加泰罗尼亚朋友们(包括卡萨盖马斯)的一幅画《蒙马特尔的加泰罗尼亚人组像》(*Groupe de catalans à Montmartre*)。[49]

照片的左边是一个头戴高顶大礼帽的男人那幽灵似的影子。巴尔达萨里已经证实那就是毕加索本人。她接着说,毕加索的影子放在那个位置并非偶然,他绝对是故意空出这个空间的,然后,要么是通过叠置两张底片,要么是通过二次曝光,他把自己插进这个空出来的空间。[50]艺术家那消瘦的脸庞带着一种迷幻的神情,这种神情在后来的好几张自画像中都可看到。[51]毕加索将自己描绘成一个放荡不羁的艺术家,生活在酒精、毒品和性的颓废当中,而所有这一切都激发着他那年轻兴奋的使命感。他并不亚于丢勒(Albrecht Dürer)*或者米开朗琪罗(Michelangelo)**,他那神赐的天才魔力把他和所有其他人区分开来。艺术家从墙中隐现出来,越过世俗的乐趣,凝眸在一个远离现实以完成艺术巨作的将来。从他写在照片背后的话来看,显然毕加索对自己的使命坚信不移:"这张照片可用下列标题——'最坚固的墙为了让我走过而打开。**看吧!**'"

对图5.3的仔细查看让我断定,毕加索那幽灵似的影子是两次曝光的结果——应该是同一张底片上的两个影像,而非叠置两张底片产生的一张照片。这张照片与初露头角的业余爱好者一般习作的不同之处在于,毕加索影像的模糊与挂着的画作形成了鲜明对比。为了取得这种效果,毕加索先在作用于夹着玻璃底片和感光纸框架的灯光前面放置某种不透光的东西,然后再移走它,来抑制这部分照片的显影。如果不是这样的话,那他的整个

---

* 丢勒(1471—1528),德国画家、版画家和理论家,将意大利文艺复兴精神与哥特式艺术技法相结合,主要作品有油画《四圣图》、铜版画《骑士、死神和魔鬼》等。——译者

** 米开朗琪罗(1475—1564),意大利文艺复兴盛期雕塑家、画家、建筑师和诗人,主要作品有雕塑《大卫》、壁画《最后的审判》及建筑设计罗马圣彼得大教堂圆顶等。——译者

影像就会和右边那部分一样暗黑，这影像与他的身体形状是完全吻合的。这张不同寻常的照片显示了毕加索对照相术的精通——尤其是考虑到当时的照相器材一定非常原始，也显示了他对这种视觉文化形式的热爱。[52]

图5.3　毕加索的《画室自画像》，1901年作于巴黎。

另一个与此紧密相关的说法是，这张照片是彩色画作的黑白影像。[53]巴尔达萨里提出一个非常有意思的假设：毕加索在实践"'通过镜子判断'。这是文艺复兴时期的文章里倡导的，近期又有马奈的类似做法——通过在一面'小暗镜'里看他的作品来对它进行评估"。[54]马奈这样便把自己从光和颜色的效果中解放出来，因为他相信光和颜色的效果能扭曲艺术家的判断。同样地，对毕加索来说，他对"正在绘制中的作品的摄影观察很可能帮助解除他绘画中那些毫无意义的'添加的'颜色",[55]因此防止他过度地偏离其"最初的想象"。就像毕加索对塞沃斯说的那样:"我经常看到光和影。"[56]

在毕加索的工作中,照相术和艺术联系的复杂性还表现在:他既要保持他拍摄的照片的完整性,又要"表明——向他自己表明——绘画能够借用照相术的一切效果,并且将它们运用得更加令人印象深刻"。[57]他1903年应巴塞罗那一个裁缝之托而绘制的《苏勒一家》(*The Soler Family*)[58]就是一个很好的例子。做这幅画范本的那张匿名黑白照是一个家庭组像,三个很小的孩子,旁边站着父亲和母亲,前景还有一条狗。从玻璃房顶而来的刺目强光加上摄影间的白色背景使照片场景显得十分平淡。内中人物的脸上既没有阴影也毫无表情。摄影师添加了一些乡村式的道具,以给人一种家庭野餐的印象。毕加索的脑子里装着马奈的《草地上的午餐》(*Le Déjeuner sur l'herbe*),他从上至下而非从前至后地重新安排了这组人物。另一些变化进一步突出了场景的平淡,但保留了照片的基本特征。这幅画的视觉模糊性是将绘画带来的自由与照片进行综合的结果,就好像毕加索有意要"[将照相术的效果]运用得更加令人印象深刻"。

这种模糊性却是苏勒(Soler)接受不了的,他征得毕加索的允许让另一个艺术家加了一个森林背景,就像马奈画中的那种背景。1913年,坎魏勒买下了这幅苏勒画,毕加索开始着手重新修整。首先他试用立体主义的方式,但很快就不满意了。最后,他去掉了添加的森林,还原了平淡的背景,就像原照片中的那样,而那个背景包含了毕加索的"最初的想象"。[59]

作为摄影家的毕加索

毕加索1904年给他的加泰罗尼亚朋友卡纳尔斯拍的照片展示了一种高度精湛的技巧。毕加索预先将照相机齐膝水平瞄准,然后用镜子里他自己的影像给照片"署名"(图5.4)。

壁炉架上是卡纳尔斯的妻子贝妮代塔(Benedetta)的一张照片。如果不是从一开始,那么肯定是随后不久,毕加索本来是不能拒绝完成艺术家、模

图5.4　毕加索的《里卡多·卡纳尔斯之照》，1904年摄于巴黎。

特和再创作之间的这个循环的。[60]翌年，他根据照片中的贝妮代塔画了她的画像。也许是为了明白无误地表达他的意思，许多年后毕加索在一张卡纳尔斯照片的拷贝背后用法语写道："巴塞罗那画家卡纳尔斯肖像/镜子里是**我毕加索**/壁炉上方是卡纳尔斯妻子贝妮代塔的照片/此照摄于1904年巴黎，卡纳尔斯的画室。"[61]

毕加索当时用的照相机被称作"手提照相机"（hand cameras），以区别于职业摄影师用的那些笨重而不便操作的装置。因为最开始的时候，人们认不出这些没有三脚架的装置就是照相机，因此它们通常也被人们称作"密探”(detectives)。这种照相机始于19世纪80年代,那时,发明了溴化银凝胶板,取代了麻烦的湿板摄影。从普兰斯公寓那次众所周知的印度大麻吸食活动来看,我们可以推测毕加索的首台照相机购于1907年9月底前后。在那之前,他从卡纳尔斯等朋友那里借用他们的照相机。

毕加索使用的“密探”背后附装着一个底片盒,可以放几张12厘米×9厘米的玻璃底板。它的焦距大约57毫米,光圈9的孔径可以有很好的景深,快门速度为1/25秒,还有一个自拍装置:摄影的人可以把快门设定10秒钟的延迟时间,这样便可自拍了。摄影的人通常齐胸举着照相机,通过照相机上一块毛玻璃察看被拍的形象(图5.5)。在第2章的图2.2里,一架“密探”被置于桌面上,就好像它“硬要把自己当作这场景中的第四人”。[62]它的镜头冲着三个被摄人的眼睛的会聚点。照相机被包括在被摄的那组人里面,并同时形成那个“被摄过程中的形象”。[63]那极有可能就是毕加索的照相机。毕加索的照片里和他拍摄的照片中出现一架“密探”这一点,证明那是他喜爱的照相机。[64]

图5.5　毕加索所用的手提照相机,当时被称作“密探”。自动计时器是装在电缆上的那个装置。(Frisch, 1899)

1914年之前，毕加索用的都是玻璃底板，这就意味着他对摄影过程的唯一控制在于冲洗照片的过程以及他所用的感光纸——通常是氯化银凝胶。洗印过程中使用一个框架，玻璃底片和感光纸被面对面地置于框架内，加以曝光，然后将感光纸显影、定影和冲洗。从毕加索档案中的照片来看，我们知道他用同一张底片洗印了大量的照片，试验各种不同的显影剂配方（图5.6）。

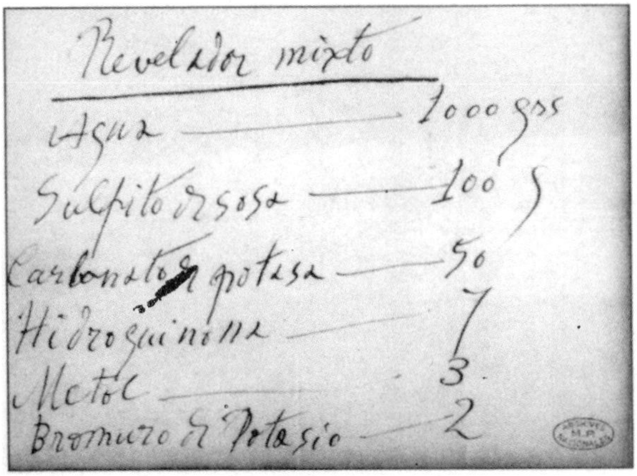

图5.6 毕加索手写的显影剂配方（1908年至1909年）。

毕加索的摄影乐趣，可以从他保留照片的一个信封背面上的题词看出来（图5.7）。其中的“PH”代表照相术。西班牙单词“ojo”意指眼睛，也可当成一个快速自画像。

图5.7 信封背面上的毕加索手迹。

毕加索在照相术的技术和实践方面变得十分内行。他通过剪裁相片或者有时干脆直接在相片和底片上修整来剪辑照片。剪裁相片的例子之一是那张1909年春天摄于他画室“洗衣舫”的照片（图5.8）。这张照片从原来的12厘米×9厘米剪至11厘米×5.1厘米。照片顺着《坐着的裸女》(*Seated Nude*)的胳臂的平行方向剪下,保留了她脸庞的大部分;有一个凹口几乎和她的鼻子平行。毕加索精心地把《看书的女人》(*Woman with a Book*)的画布靠在画架上,再把它们一起靠在《弹吉他的裸女》(*Female Nude with Guitar*)的背景上,这造成了一种错觉,好像真有一条白带垂直挂着。那条白凳子和墙柱的浅深条纹,与《坐着的裸女》那幅画的偏斜,加上《弹吉他的裸女》的右下部与《坐着的裸女》二

图5.8　毕加索的《看书的女人》,1909年春摄于巴黎的"洗衣舫"。

者之间明显的融合，所有这一切合起来给人一种错觉：自然感知的空间实际上被这种视觉抗衡系统愚弄了。[65]

一个综合毕加索的剪辑技巧与探索绘画空间的例子，是他1913年拍摄的一个画室布景。[66]毕加索在画室里给《吉他手的布景》(*Construction with Guitar Player*)拍下了这个布景(图5.9)。我们可以看到真实世界里的吉他、茴香酒瓶子和餐桌与想象空间里的胶纸(papier collé)——那是从报纸上剪下来的，上面还有"愉快的购物之旅"(Au bon Marché)的标题，[67]用剪报做的两只手拿着吉他，还有一只典型的"世界之最茴香酒"酒瓶素描画，这一切都形成复杂的对比。毕加索是在探寻下面这些可能的结构：他剪掉图5.9里照片中不需要的部分，用墨在上面画了个网状的图案，于是取得了图5.10。然后他又遮蔽图5.9的底片，产生了图5.11和图5.12，这两张照片是互补的。

通过这样一个过程，毕加索可能认为他解决了下面这个问题：视觉上和材质上不同的成分如何能虚构成一个足以让眼睛信服的视觉统一体？他进

图5.9　毕加索的《"吉他手的布景"的摄影构图》，1913年春夏摄于巴黎。

图5.10　毕加索的《"吉他手的布景"的摄影构图》，1913年春夏摄于巴黎。

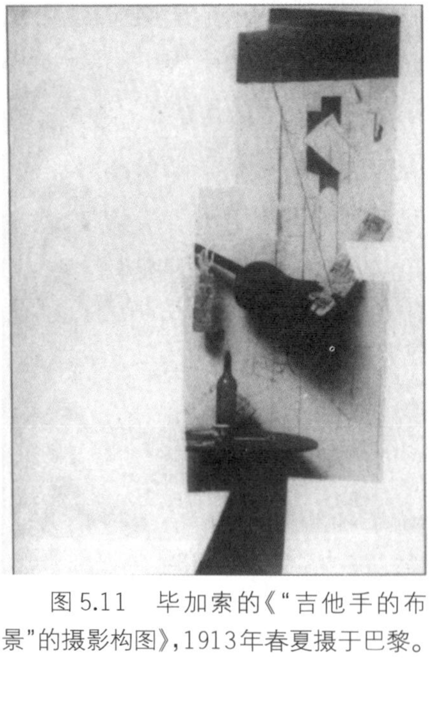

图5.11　毕加索的《"吉他手的布景"的摄影构图》，1913年春夏摄于巴黎。

图5.12　毕加索的《"吉他手的布景"的摄影构图》，1913年春夏摄于巴黎。

一步的创作包括将图5.11和图5.12的照片制成照相铜版，然后制成版画，最后导致诸如《吉他和低音瓶》(*Guitar and Bottle of Bass*)一类的立体主义构图。就像巴尔达萨里指出的那样，“从一个媒体到另一个媒体的转换……于是证实了，照相术作为一种语义转换工具在毕加索绘画发展的几个关键时刻都起了积极的作用。”[68]

对作为艺术的照相术的一个注解

那个时代，对照片进行修整和加工相当普遍，也有较大争议。比如，1906年11月3日，由《世界画报》(*Le Monde Illustré*)举办的一次摄影比赛在其比赛规则中规定：“这是一场摄影比赛，参赛者严禁提交经过修整的照片。”

一些摄影家则不同意这种观点。1905年1月11日的《巴黎日报》有一篇题为“摄影艺术”的未署名文章就恳求重新审视修整带来的各种可能，以及摄影和一般绘画的区别：“没有人否认照相机会夸张透视，它能夸张到荒唐的地步，使一个正在屈曲胳臂的人的手看起来比他的头还大。”“可喜的是，”作者继续道，“‘现代风格’的照片——经常像十分外行似的——比‘新艺术’作家或画家的作品要创新一千倍。”

这篇文章接下去颂扬修整和玩味透视的许多益处，它写道：“装修业和园艺业的老板们都欣喜若狂，因为几经巧饰之后，门面看起来更高了，花儿瞧起来更繁茂了。”摄影家们能“把玩常规布景之外的光线……赋予他们的形象一种模糊性，这种模糊性的表现力比过去照片的那种数学精确性的表现力要强一千倍”。

将照相术视为一种创造性的、富于表现力的媒介的观点是画意摄影(pictorialism)*运动的一部分，这一运动在从约1890年开始到20世纪早期的

* “画意摄影”虽然始于19世纪的40年代，但其完整的理念却迟至19世纪末最后10年才形成。总的来说，“画意摄影”强调来自对象的形式及气氛的效果，它有以下的几个特征：一、不喜欢单纯的拍照记录，而乐于在暗房中结合不同底片的成像形式。二、强调使用那种能彰显摄影者在印像过程中有充分手感控制的显像法，以达到个人性的表现。三、模仿印象派画家在画布上的笔触样式。——译者

照相术的发展中占据着主导地位。[69]它坚决主张，作为一门视觉艺术的照相术不应该依赖严格的现实主义而生存；只有照片的最终质量才是重要的，修整照片绝对可以。画意摄影和前卫派的反实证主义倾向步调一致。[70]

从一开始，即1839年，照相术就没有完全地复制现实。但是科学家们却把它说成是完全地复制了现实，还宣称他们的目标是用照相术去观看自然中的一切。[71]照相机将是科学家们的视网膜。虽然科学论述企图严格地遵循实证主义的路线，但照相方法的实验却冲淡了这种意识。X光照相，马雷和迈布里奇的作品，以及那些令人惊讶的女人照片——描述一群歇斯底里的女人被某种幽灵般的催眠气氛包围着——使照相机和视网膜显得很不一样。[72]结果照相术在许多意料不到的方面扩展了科学家的视野，并从一开始就增加了科学相对主义(scientific relativism)的可能性。所见绝非所得(what you see is definitely not what you get)。

《巴黎日报》1905年那篇文章的作者对照相术的未来极有兴趣，热衷于"它的诱惑力和鼓动性，以及它的美。[照相术]是一种艺术"。我们可以设想这样一些文章激励了毕加索去探索照相术，他一生都在探索照相术。他档案里5000多张摄影资料充分证实了照相术的重要性。毕加索特意请一些著名的摄影家给他拍照，如布劳绍伊(Brassaï)、卡蒂埃布雷松(Henri Cartier-Bresson)、雷(Man Ray)、杜瓦诺(Robert Doisneau)和邓肯(David Douglas Duncan)。在20世纪初的关键几年，毕加索亲自探索了照相术的实践和技术的各方面。尽管他的照相机很原始，但那句老格言没错：背后之手才算数。

在奥尔塔的摄影和自然的几何化：1909年夏天

在1909年那个奇妙之年，毕加索开始将塞尚有关绘画的忠告——**极为大胆地**(*bien couillarde*)去做——应用到摄影中来。早在1909年2月，毕加索就急切地计划去奥尔塔追寻塞尚式的主题。在一张当月由莱奥·施泰因寄给他的明信片背后，他概记了所要携带的基本工作器材，摄影设备和绘画用具被放在同等优先考虑的行列。费尔南德和毕加索5月11日到达巴塞罗那，6月5日前往奥尔塔。在巴塞罗那逗留期间，除了看望朋友和家人，照顾身体不适的费尔南德，毕加索就在他们旅馆的窗口完成了一系列墨水画，这些墨水画表明他准备显著地提升布拉克的**拼溶**成就（图5.13）。他着手将房子极度几何化，使一切简化至几何图形的单一平面。这是立体主义标记法的一个巨大进展，毕加索也将在接下来的三个月继续朝这方面探索。[73]

在通往奥尔塔的蜿蜒曲折的山道上，驴子背驮的除了毕加索的大量绘画用具，还有许多的玻璃照相底片、冲洗装置和显影剂。他到达奥尔塔后最

图5.13　毕加索的四张油墨画:《巴塞罗那庭院景观》，作于1909年5月。

先做的事情之一就是给村民们拍照，村民们自是高高兴兴地让他拍。费尔南德这样写信给格特鲁德·施泰因的女伴托克拉斯(Alice B. Toklas)，“这里的人们都以为我们是摄影家，每个人都乐意让自己‘做到照片里去’——这是他们的说法。这都是因为毕加索瞎拿着的照相机，因为他几乎还不懂怎么用它呢。”[74]他们朝夕相处的那些年里，费尔南德从没有意识到毕加索的摄影才能。

就像巴尔达萨里所指出的那样，有很长时间人们并不清楚到底是谁给毕加索本人拍了绝大部分的照片。经过仔细的分析，她告诉我们那些都是自拍像。

毕加索在奥尔塔的一张自拍像(图5.14)中，凝视着照相机，仿佛在发愣，也许正在想着那些终将填满身后那堵白墙的画作。照相机摆放在很低的地

图5.14 毕加索的《自拍像》，1909年摄于奥尔塔-德埃布罗。

方,艺术家颓然倒在椅子上,以利用照相机对靠近它的物体的变形,而艺术家在这里就是要故意夸张他的腿和两腿分岔处。这种扭曲效果是众所周知的,[75]毕加索很容易在《巴黎日报》等地方读到它。他在奥尔塔表现了非凡的摄影技术。他写信给施泰因兄妹,"我想在这里搞摄影。"[76]

在西班牙的乡村里,毕加索并不是在玩旅游者的摄影游戏,他在追求一种更严肃的东西。在他的照片里,毕加索捕捉到了自然的几何图案,就像他在巴塞罗那的墨水画里画的那样。塞尚的**拼溶**概念戏剧般地出现了。奥尔塔的一个绝好例子是图5.15,在这张照片里,背景戏剧般地融入画面,屋顶、山翼与天空融为一体,产生了一个多层面的融合体。[77]

图5.15　毕加索的《奥尔塔-德埃布罗风景(水库)》,1909年摄于奥尔塔-德埃布罗。

这张照片表明毕加索领悟到了线条不必融进一个单一的透视点。自然景观能有效地展示分散的线条。像布拉克一样,毕加索已经意识到,科学透视法是一个"极大的错误,不过是愚弄眼睛的错觉艺术手法"。[78]

出于完全错误的原因,格特鲁德·施泰因将图5.15中毕加索在奥尔塔的屋顶照片与他的画作《奥尔塔-德埃布罗山坡上的房子》(*Houses on the Hill, Horta de Ebro*)[79]并排放在一起,她是想说明这幅画是一个"过于照片化的自然景观”。[80]

但是仔细地研究这幅画后，我们可看到，**拼溶**和几何化的极端因素在这幅被描绘空间真的折叠了起来的画中得到了统一。立体主义的这种新成果在毕加索的《奥尔塔-德埃布罗的水库》(*Reservoir, Horta de Ebro*)[81]里甚至更加戏剧化。在那幅画里，他成功地将至少三张照片的景观折叠了起来。这幅立体主义容积分析法的早期杰作在一块单一的画布上描绘了一个物体在一个表现空间同时性的时刻的不同视图。[82]

图5.16　毕加索拍的图5.15中照片与毕加索的画作《奥尔塔-德埃布罗山坡上的房子》，作于1909年夏天。

毕加索用画室照片让格特鲁德了解他的近况，让她看到正在绘制中的作品。那些照片展现了一些画作的初稿，以及一些处在各种发展阶段的画作——从毕加索一会儿将它们挂起来一会儿将它们拿下来的过程中人们可以看到画作的变形过程；有时候，这些画完全出现在照片上，有时候却不是这样，毕加索有意将画的一部分遮掩起来，然后待画作完成时再完全展现出来。图5.17是个典型的例子，表现了他用摄影来研究他1904到1914年间所用过的画室。这张照片的左下部是《一个女人的头和肩膀(费尔南德)》[*Head and Shoulders of a Woman*(*Fernande*)]，[83]中间是《裸女》(*Female Nude*)，[84]右边是《费尔南德头像》,[85]《一个女人的头和肩膀(费尔南德)》的正上方是《披纱的女人头像(费尔南德)》[*Head of a Woman in Mantilla* (*Fernande*)],[86]那幅画的一部分被遮掩了,尚待完成。《裸女》尚未完成,所以它的一部分也被遮掩了。我们可以看到,不仅女人被分割成许多小块面,整个画面也被分割成许多小块面。

图5.17　毕加索的《奥尔塔-德埃布罗的画室(裸女像)》,1909年摄于奥尔塔-德埃布罗。

在图5.18里面,《裸女》被翻过去了,我们看到的是毕加索的《奥尔塔-德埃布罗的水库》[87]和《奥尔塔-德埃布罗的工厂》(*Factory at Horta de Ebro*)。[88]两幅画都包含了照片上的奥尔塔的所有景观,但是这些景观采用了极度的**拼溶**,被极度地几何化了。顺便提一句,奥尔塔并没有棕榈树。

在图5.19里面,《披纱的女人头像(费尔南德)》看起来基本完工了。《披纱的女人头像(费尔南德)》的右上方是《世界之最茴香酒酒瓶》(*Bottle of Anis del Mono*),[89]这比起布拉克对塞尚式**拼溶**的把握更加成熟了,其空间的几何化程度也更进了一步。

图5.18　毕加索的《奥尔塔-德埃布罗的画室(奥尔塔-德埃布罗的水库与奥尔塔-德埃布罗的工厂)》,1909年摄于奥尔塔-德埃布罗。

图5.19　毕加索的《奥尔塔-德埃布罗的画室(世界之最茴香酒酒瓶)》,1909年摄于奥尔塔-德埃布罗。

图5.20也是一个画室布景，其中的《披纱的女人头像（费尔南德）》已全部完成。在这幅全部完成的画里，女人的头就像是用圣巴巴拉山雕成的，层面几乎得到了完全的统一。照片中最引人注目的是《坐着的女人》，[90]是毕加索在奥尔塔的实验中所画的角形小块面最多的一幅画。有意思的是，一些最具戏剧性的小块面，如《披纱的女人》的前部，就属于我们在第4章中讨论过的威廉·詹姆斯"折叠卡"那一类。同样值得注意的是费尔南德的三个头像，被画得就像她的头在绕着一个竖轴转一样。[91]这可以被看作是一张移动的照片的三个画面，跟迈布里奇的电影摄影术十分相似。

毕加索也做感官知觉和对称性实验。例如，图5.21就表现了他对双目视力的变异——视觉不和谐——的兴趣。不对称现象也可以令人愉悦。这张照片的左边是《安乐椅上的裸女》（*Nude in an Armchair*），[92]右边是《拿梨的

图5.20　毕加索的《奥尔塔-德埃布罗的画室（坐着的女人）》，1909年摄于奥尔塔-德埃布罗。

图5.21　巴勃罗·毕加索的《奥尔塔-德埃布罗的画室(拿梨的女人和安乐椅上的裸女)》,1909年摄于奥尔塔-德埃布罗。

女人(费尔南德)》[*Woman with Pears*(*Fernande*)]。[93]《安乐椅上的裸女》展示了高度的多块面,比那个夏天的大多数作品都更具自由性,这幅画预示了毕加索在接下来那一年里的重大进展。[94]虽然两幅画的角度有些相似,但照片显示了二者的相似之处和不同之处。毕加索让观察者迅速地来回观看,通过阴影的变换或者表情的变化来改变图像。有意思的是,在对立体主义进行概念性定义的当儿,毕加索表现了对立体视觉的好奇。[95]

图5.22展现了毕加索的另一个摄影实验,即从叠置的两张底片上印出照片。巴尔达萨里十分精细地分析了这张照片。[96]她确定一张底片是印出图5.21的底片,另一张底片现已丢失,但可根据迹象再现出来,重现的底片右边是《裸女》(*Nude Woman*),中间是《拿着一瓶花的女人》(*Woman with Vase of Flowers*),[97]它们的上方,即画和墙之间是《一个女人的头和肩膀(费尔南德)》,左边很可能是《伸着胳膊的站立裸女》(*Standing Nude with Raised Arms*)。[98]毕加索用这个摄影布景印了两张照片。让人好奇的问题是,不知他是否也用别的底片做了实验。

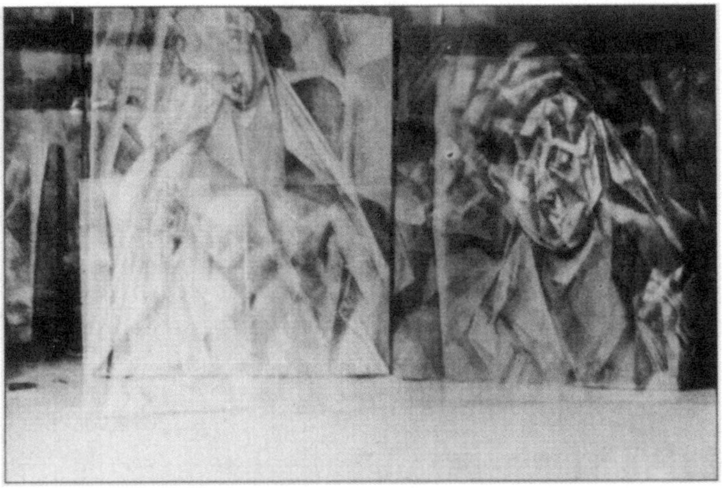

图5.22　毕加索的《奥尔塔-德埃布罗的画室》,1909年摄于奥尔塔-德埃布罗。

在这里,毕加索是在探索两套立体主义形象的融合如何能产生一种二阶的(second-order)立体主义现实。艺术家通过起动画面中央的一个震荡冲击波——这种可视的颤动源于那种几乎是立体摄影式的底片叠置——成功地产生了一种节奏。由此产生的结构是一张极其复杂和模糊的多层面透明片,带着震荡的块面图。这样的影像在毕加索向完整的分析立体主义发展的过程中是十分宝贵的。另外,我们可以设想这是在继续实验他那始于《少女》的空间同时性的概念。

毕加索的画室,不管是巴黎的,还是1909年夏天在奥尔塔-德埃布罗的,都成了他的研究实验室,是他大胆探索立体主义空间性质的地方。他在用实证主义科学的伟大工具之一——照相机——去说明被动地收集于胶片或视网膜上的东西并不是所有能见的事物。所见非所得(what you saw was not what you got)。

登山绳:1910—1912年

就形式的创造而言,毕加索在奥尔塔就已走到了布拉克的前面。到

1909年年底，两位艺术家随着"登山绳"的真正建立，见面日趋频繁。他们的作品迅速地变得日渐复杂和抽象。在毕加索的《沃拉尔画像》(*Portrait of Vollard*)[99]和《乌德画像》(*Portrait of Uhde*)(图5.23)里，物体和背景被结合在一起，几乎形成了一个多块面的连续体。同时，乌德那封闭性的轮廓被分解成碎块面。这些画像是"始于奥尔塔的探索的顶点"。[100]布拉克、毕加索、后来的立体主义画家如梅青格尔，以及像阿波利内尔那样的艺评家，总把立体主义看作是一种现实主义艺术。[101]立体主义作品始于一个主题，然后艺术家用多种方式去表现这个主题，以揭示这个主题的深层结构。在任何一幅立体主义的绘画中，不管实物被分割成多少块面，你总能辨认出那些实物。不过从1909年后半年开始，绘画变得十分复杂，艺术家们有时不得不在画中插进一些提示物使它们不至于完全地抽象化。在绘画中，空间融入了被分割成

图5.23　毕加索的《乌德画像》，作于1910年。

太多碎块面的物体，整个画布成了令人眼花缭乱的一个整体，使观察者有些迷惑不解。

布拉克**拼溶**风格的画作之一是他1910年创作的《小提琴和调色板》(*Violin and Palette*)，是通过重叠众多的层面由背景到前景逐步画成的(图5.24)。与小块面的分割一道，该过程在显像面上将整个空间都形体化了。由这些连锁层面产生的图像给人一种前所未有的复杂感。布拉克提供了一些识别小提琴的记号。但是为了肯定地将观察者拉回到现实中来，他将调色板用一个通过错视画法画出的钉子钉在墙上，并且还带着影子。就像他1954年回忆的那样："当物体的碎块大约于1909年出现在我的绘画中的时候，那是在绘画许可的范围内让我更加接近物体的一种技巧。"[102]在他的《乌德画像》中，毕加索在乌德左边的抽屉上加了一把钥匙。

图5.24　布拉克的《小提琴和调色板》，作于1910年。

这两个登山者还没有到达山的顶峰。两个人都想进一步地接近物体，并且都一心想要将他们的抽象推到更高的高度。许多年后，布拉克解释了他是怎样妥协地接受绘画空间的特性的："[物体的]碎块帮我建立空间和空间里的运动，我只有在创造了空间之后才能引进物体。"[103]对物体表现形式的兴趣使毕加索得以成为没有偏离目标的那一个。

1910年春天，毕加索绘制了《站立的裸女像》(*Standing Female Nude*)(图5.25)，这幅画为那年夏天毕加索对物体形式的完全展开作了准备。像毕加

图5.25　毕加索的《站立的裸女像》，作于1910年春天。

索的前卡达凯(pre-Cadaqúe)时期的许多裸女像一样，这幅画“展示了凸出的骨盆髋骨，这些髋骨在全身X光照片里十分明显”。[104]我们知道，至1907年，毕加索已经知道了X光及其特性。他毫无疑问看过费尔南德病中所拍的X光照片，因此直接看到了X光是怎样揭示形式并在照片上呈现出那些看起来抽象但实际上并非如此的物体图像。X光，因其模糊二维和三维之间的界线，使不透明物体变得透明，而成为反实证主义战斗中的强大武器。我们有理由假设X光为毕加索打破人体和物体的封闭形式提供了一个强有力的线索。

另一个线索是布拉克对方网格的运用。这种图案出现在他的画作《埃斯塔克丁托河畔的工厂》(*The Rio Tinto Factories at l'Estaque*)(图5.26)里。在这幅画里，主题内容尚可辨认，画面“以一种由建筑物的轮廓暗示出来的松

图5.26 布拉克的《埃斯塔克丁托河畔的工厂》，作于1910年。

散方网格或者框架"[105]展开。被简化的几何图形展开来露出一张复杂的互联层面网。毕加索接下来在他的《卡达凯港》(*Harbour at Cadaqués*)里将布拉克的方网格这一概念推向一种更加抽象化的表现，在这幅画里，右下部的一个锚提供了题解。[106]在打破封闭形式的过程中，毕加索在这里移到了抽象的最边缘。有时候他甚至记不得他1910年9月带回巴黎的速写和画稿里的明显主题。

有了这些线索，毕加索便于1910年夏天在卡达凯解开了他的难题。卡达凯是西班牙东海岸靠近法国边境的一个小城。这个夏天的成果之一是他那幅极其动人的《裸女》(图5.27)，这幅画达到了当时对他而言是抽象的几何化的顶点。

毕加索1910年秋天的杰作《坎魏勒画像》(*Portrait of Kahnweiler*)将几何

图5.27 毕加索的《裸女》,作于1910年秋天。

化更往前推进了一步(图5.28)。在《裸女》里边,形式还是以自身的抽象韵律缩减成几何结构,而到了《坎魏勒画像》里,封闭形式不仅被打破而且四散开来:坎魏勒的几何化碎片到处都是。

像这样的画作很难读懂。首先我们不知道,从错综复杂的交互部分渐渐显现出来的图像,其实只是为了被重新吸收到画作的主要空间韵律中去。毕加索通过提供嘴巴、手和眼睛这样一些标记,将《坎魏勒画像》从完全的抽象化中拉回来——当然,这些器官也都是脱位的,有点像梅里爱的电影里那些四处飞逸的身体部件。通过这张信号网,我们才能读懂画面。

将物体和空间分割成许多小块面,以及相伴而来的融合和不断增加的抽象化,这一切在1909年至1912年间加速发展着。到1911年,布拉克不得不借助于比钉子要极端得多的措施,以将画布拽回来表现具象。在《葡萄牙人》(*Le Portugais*, 1911)里,他引进了模印铅字:"他们不会变形,因为这些平

图5.28　毕加索的《坎魏勒画像》，作于1910年秋天。

平的铅字超越了空间，对比之下，他们在画中的出现允许人们辨别置于空间之中的物体和位于空间之外的物体。"[107]

1912年初，毕加索通过创造拼贴与这种抽象主义进行抗衡，就像在《藤椅上的静物》(*Still Life with Chair-caning*)[108]里一样。这是20世纪艺术上的一个转折点，其中，艺术家通过给画布上的物体施加颜料之外的东西而创造了"现成物品"。布拉克的模印铅字以其平面强调了画布本身的平面性。毕加索却通过添加其本身就突出于画布的实物而寻求将艺术从二维中解放出来。后来在1912年，布拉克又胜毕加索一筹，创造了**胶纸**，在他的画作《高脚盘和玻璃杯》(*Compotier et Verre*)里，墙纸条被用来模仿木材的纹理。反过来，毕加索又通过将色彩绚丽和形状复杂的纸张包括进来，把布拉克的**胶纸**

推向令人目眩的高度。很快,“要完全区分**胶纸**和**拼贴**已不可能。”[109]

坎魏勒建议,“立体派作品应该总是带着描述性的标题,”因为“标题会……防止感官的错觉”。[110]他接着说,分析立体主义能够将物体的表现缩减到它们的首要特性——他将首要特性定义为一个物体的“形式和其在空间中的位置”——而让观察者自己去想象颜色和质地这样的次要特性。[111]这种观察强烈表现了毕加索的科学倾向,甚至回应了科学思想史上的一个转折点,当时,伽利略(Galileo)意识到,为了给出一个关于运动的连贯一致的科学表述,他必须只考虑那些易于客观表达或数学表达的性质。在物理科学领域里,这些性质包括速度、质量和力。一个物体的第二性质如颜色、气味和其他“要素”被排除在外,因为这些特性不可能用数学形式表达。[112]

毕加索在《少女》里就已经发现了类似的还原方法,在1908年至1912年间,他将此更进一步加以发展。这个时候,他不仅得到了布拉克的大量帮助,还受益于数学(第四维)、科学(X光)和技术(电影摄影术和照相术)的发展。在当时兴起的新的表现方式里,形式被缩减成基本的几何部件,这些几何部件本身也被打碎以融入它们周围的空间,创造出一种空间和物体的同时几何化。

阿波利内尔对第四维的阐述

1911年前后,出现了试图将立体主义定形并通俗化的各式各样的文章。毕加索和布拉克都没有插手此事。主要的撰稿人是萨尔蒙、阿波利内尔、雷纳尔、勒韦迪(Pierre Reverdy)、奥利维耶-乌尔卡德(Olivier-Hourcade)等作家和批评家以及其他一些人,还有格莱兹(Albert Gleizes)*和梅青格尔这样爱好理论的立体主义者。

毕加索圈子里的前卫派艺术家和作家们考虑到了第四维的神秘学含

---

* 格莱兹(1881—1953),法国画家。此处原文为Alfred Gleizes,有误。尽管从名字的词源上看,Alfred与Albert意义相近,都为“高贵聪明的”或“精灵般聪明的”,但不是一回事。作者在书中多次将Albert Gleizes混为Alfred Gleizes。——译者

义，将其解释为空间同时性的一种表现形式。在1912年10月与秋季沙龙一同举办的**黄金分部**（Section d'Or）的开幕式上，阿波利内尔作了关于第四维和现代绘画的演讲。普兰斯被列在这个组委会的名单里，组委会还包括阿波利内尔和一群立体主义者，这些人自认为他们是正规、理性地看待这种以数学为基础的新艺术形式的，当然这种数学是普兰斯向他们解说过的。毕加索和布拉克没有参展，像德洛奈（Robert Delaunay）这样的画家参加了这次画展，他们的作品倾向于超越立体主义设置的抽象范围。

对于阿波利内尔来说，第四维并不是一个科学概念，而是一个隐喻，它包含一种新美学的种子。这在阿波利内尔1913年出版的《立体主义画家》（*Les Peintres Cubistes*）一书的第3卷里说得再清楚不过了，这本书是他1912年发表的"新创的绘画"[113]一文的拓展。他将立体主义描述成一种第四维的艺术：它超越了三维现实及其直线透视的自然主义表现方式，而自然主义的表现方式在那个时候已经完全声名狼藉了。"第四维"这个用语是巨大无限空间的一个隐喻，这个无限的空间"在[这种新的]艺术作品中给予物体应有的份额"。[114]希腊艺术"将人视为宇宙的中心"——然而是个有限的宇宙，而"新画家的艺术将无限的宇宙作为理想"。[115]像坎魏勒一样，阿波利内尔将立体主义与科学革命相提并论。立体主义用一个无限的宇宙取代了一个以人为中心的有限宇宙。

在《立体主义画家》一书中，阿波利内尔特别提到几何学在这种新艺术中的重要性："一些人因为新艺术家、画家专心于几何学而对他们大加斥责。但是，几何图形是绘画必不可少的。几何学对于造型艺术就像语法对于写作艺术一样重要。"[116]他断言，第四维是毕加索为了展开三维形象空间而采用的各种方法的一种简称。因为一个无限的宇宙没有中心，一幅画也不应该像运用欧几里得几何时会出现的那样，只有一个单一的透视点。

这些论述出现在阿波利内尔书中第3卷的第1段中，他用小的间隔将这一段与接下来关于隐喻的讨论分开来。[117]在早先的初稿中，他将普兰斯列入毕加索和布拉克的行列，称他们为"科学的立体主义"的捍卫者。[118]但是在出版的书中，普兰斯的名字被删掉了。在很大程度上，阿波利内尔对第四维的隐喻解释是从马克斯·韦伯的文章中借用的。[119]韦伯和阿波利内尔对第四维的想法都源于施泰因兄妹家里的讨论，而这些讨论直接或间接地都可能归功于普兰斯。

尽管阿波利内尔行文隐晦，对艺术又知之甚浅，但布拉克和毕加索都欢迎他对毕加索创造力的评估以及他对传播立体主义含义的真正兴趣。[120]当阿波利内尔在《立体主义画家》中写下以下这段话时，他准确地反映了毕加索的态度："**科学的立体主义**是一种纯粹的倾向。它是一门绘制新的和谐整体的艺术，其基本组成成分从知识(La connaissance)的现实而非从视觉的现实借用而来。"[121]对这一段的普遍译法都是将La connaissance译成"觉察"。[122]除了明显是错误外，这种译法还削弱了阿波利内尔对毕加索的初始目标——即寻求一种基于概念而非感官知觉的表现——的深刻理解。这种目标只有通过感觉**加上**科学的理解才能达到。我们通过感觉**和**认知来理解我们周围的世界。我们通过对感官知觉进行加工而获得的理解，可以由于科学的进展实现戏剧性的转换。阿波利内尔使用La connaissance一词与印象派那高度依赖感官和实证的表现正好相反。这种解释与毕加索对立体主义是一种现实主义艺术的评价相一致。

格里斯(Juan Gris)1924年谈到阿波利内尔时说，他"会经常问我们怎么看这个或那个，有时候，他将我们的话一字不差地复写出来"。[123]阿波利内尔对毕加索的高度尊敬以及想取悦他的强烈欲望在这一点上可以看出来：毕加索的"名字几乎在每一章里反复出现，不管那一章的主题表面上是什么，他的精神弥漫在整本书里"。[124]《立体主义画家》的某些段落"多少是由毕加索口授的，这些段落在诗一般的暗示下面是十分精确的描述"。[125]阿波利内尔对"科学的立体主义"的注解可能就是这种段落之一。[126]

立体主义的变种和变奏

尽管毕加索名声在外，但直到1912年下半年，他和布拉克的进展才为艺术家们和普通大众所熟悉。毕加索没有在那些大沙龙里公开展示过他的作品。仅有的一些消息来源于沃塞勒对两次画展的评论：其一是布拉克1908年11月在坎魏勒的画廊举办的画展，另一是毕加索1910年5月在乌德的圣母院德香画廊举办的画展。要参观这两个人的画，必须被邀请到坎魏勒在维尼翁街（Vignon）的画廊或施泰因兄妹的公寓去看。[127]1909年，沃塞勒再次在他对独立艺术家沙龙所作的评论中对立体主义绘画作了一些报道。在这个评论中，他用**奇怪的立方体**（bizarreries cubiques）[128]来描述布拉克的两幅画。同时参展的还有两位未来的立体派画家，梅青格尔和勒福科尼耶（Henri Le Fauconnier）。

几十年来，普遍认同的立体主义历史轻视了梅青格尔的作用，这种历史是由坎魏勒在第一次世界大战期间作为外敌流亡于瑞士时所讲述的。从坎魏勒开始，艺术史家经常把大约1913年以后的那一段称作立体主义的"综合"时期，而把之前的那一段称作"分析"时期。[129]在分析时期，艺术家们将物体肢解为几何图形，而综合时期则反过来。但是，对于布拉克和毕加索来说，从来就没有过一个纯粹的分析时期。打破了传统的透视法之后，他们仍然"在将一个物体的不同视图联合或'综合'起来组成一个单一的图像"。[130]因为在坎魏勒的立体主义历史中，只有布拉克、毕加索和格里斯经历了分析和综合时期，所以，所有别的艺术家都被认为是无足轻重的了。并非巧合的是，这3个艺术家也都跟坎魏勒的画廊签有合同。[131]

但梅青格尔是第一个将立体主义引入大众视野的人。在以沙龙立体派画家著称——因为他们在几个大的沙龙里展出——的这一组人里，梅青格尔不仅受到了毕加索的鼓舞，而且也是第一个知道毕加索并且最了解他的人。

1902年从南特到达巴黎后，梅青格尔首先是作为一个新印象主义画家出现的，然后开始了几乎是每年一变的风格。[132]1907年，通过与雅各布的友谊，他认识了阿波利内尔和长他两岁的毕加索。在蒙马特尔的艺术家中间，梅青格尔是比较独特的，因为他同时也是一个作家，在巴黎一些小的评论刊物上发表过诗作。1910年,他动手尝试了立体主义,在当年的秋季沙龙中展出了两幅画——《风景画》(*Landscape*)和《裸体画》(*Nude*),后者是一幅具有毕加索《坎魏勒画像》风格的习作,十分复杂、有趣。

1910年秋天,梅青格尔发表了几篇分析毕加索风格的非常理性的文章中的第一篇。在"绘画的注释"一文中,他热情洋溢地写道:"毕加索并不否定所画物体,而是以他的智慧和情感去阐明它。他把触觉和视觉结合起来了。他试验着、理解着、组织着。"[133]"视"和"触"这些词被有意地突现出来:梅青格尔精通庞加莱的《科学与假说》。梅青格尔接下来的一段话把他和其他毕加索艺术分析家区别开来:"[毕加索]展示了一套自由、流动的透视法,那个机灵的数学家普兰斯于此演绎出一整套新的几何学。"[134]

这篇文章是立体主义历史上的一个重要文件,因为它是第一篇准确描述毕加索在追求什么的文章,与形式分析或者分析性概念毫无关系。更确切地说,毕加索感兴趣的是消除文艺复兴所创的透视法的一切踪迹,用一个"流动的透视法"或者一个场景的多点视图取而代之。1911年,梅青格尔又作了精辟的阐述,这种阐述方式已经与立体主义的普遍观念成为同义了,"[立体主义画家]允许他们自己围绕着物体转动,是为了……具体地表现它,这种表现是由几个相连的视图组成的。"[135]

此外,梅青格尔1910年的文章将他与普兰斯联系起来。普兰斯对梅青格尔的这种吸引可以理解,因为梅青格尔还在南特的公立中学上学时就非常喜爱数学。1952年,梅青格尔回忆道,他与格里斯一起"在普兰斯的指导下研习几何学,为的是探索"非欧几何学与第四维之间可能的联系,脑子里当然装着立体主义艺术的空间概念。[136]他的文章之所以格外重要,是因为他是那个时期唯一与布拉克和毕加索有过交谈的立体主义画家。[137]

纯属偶然,在1910年的沙龙里,梅青格尔的作品被挂在格莱兹和勒福科尼耶的作品旁边。评论家们眼中有关他们画风之间的关系,在"丁香园"这样的左岸咖啡馆里被作家们的高谈阔论大大地夸张了。通过阿波利内尔和萨尔蒙这样一些文坛友人的帮助,梅青格尔和他的圈子说服1911年独立艺术家沙龙的总委员会允许他们一同参展。这次展览设在41号厅,当时多少引起了一些轰动。

梅青格尔遵从着布拉克和毕加索的早期立体主义,意欲让他的参展作品《下午茶》(*Le Goûter*,图5.29)表现第四维。一个被分解成小块面的裸体女人的整个正面像和侧面像被同时展示出来,手中的茶杯也同时绘有侧面和杯口的视图。这几乎是完全照着普兰斯两年前在酒馆一张餐桌上提出的问题画的。这是一幅简单的多视面图,仿佛艺术家在围着他的主题转动一般。这样,《下午茶》比梅青格尔早先在1911年画的《裸体画》*往后退了一步,因为在《裸体画》里,他模仿了毕加索在《坎魏勒画像》里的新风格,即空间被分解,主题内容变得更加难懂。不过,《下午茶》"被当作一种突破受到欢呼……并且打开了格里斯的视野,使他看到了数学的可能性"。[138]因为毕加索和布拉克没有参加这些画展,梅青格尔遂成为立体主义最初的代言人。主要由于《下午茶》的功劳,梅青格尔当时被当作立体主义的"画派创立者"。

图5.29 梅青格尔的《下午茶》,作于1911年。

* 原文如此。《裸体画》于1910年秋季展出,所以作画时间应在此之前。此处恐有误。——译者

到1911年底，格莱兹、格里斯、勒福科尼耶、梅青格尔和普兰斯的讨论组里加入了弗朗西斯·皮卡比亚（Francis Picabia）、罗歇·德拉弗雷奈（Roger de La Fresnaye）和维庸（Jacques Villon）、杜尚-维庸（Raymond Duchamp-Villon）和杜尚（Marcel Duchamp）这几位兄弟，这个讨论组也包括一些文人学士，他们每个星期天在维庸位于皮托的画室里聚会，这群人后以"皮托学圈"（Puteaux circle）闻名。普兰斯在这些讨论中起着重要的作用，不过据杜尚回忆，他的学生梅青格尔有时使他相形见绌。[139]这个具有高度文化修养的学习小组产生了两个重要的成果。

第一个是立体主义运动的高潮，即1912年10月在德拉博埃蒂美术馆举行的"黄金分部"画展。在那次画展上，30多个画家展出了立体主义画作。阿波利内尔充当画展的主办者，组织者包括雅各布、雷纳尔、萨尔蒙和普兰斯。布拉克和毕加索再一次保持冷漠。[140]他们的缺席使公众对立体主义的看法非常不同，远远没有那么概念化，否则，情况会大不相同。

莱热（Fernand Léger）试图将场景缩减成工业般的几何景象，沃塞勒将之戏称为"管道主义"（tubism）。[141]德洛奈以鲜明的色彩走着自己的路。[142]只有梅青格尔仍然贴近立体主义创始人的风格，但是他的画作基本上是对布拉克和毕加索早期作品的学术研究，对他们目前接近的东西缺乏真正的了解。[143]

皮托艺术家们之间的理论评议的第二个重要成果是，格莱兹和梅青格尔1912年出版的《论立体主义》（*Du Cubisme*）将他们的思想具体化了。虽然其中一次也没提及毕加索和布拉克，但《论立体主义》被认为是立体派的宣言。格莱兹和梅青格尔也从没有明确地谈到过第四维，虽然他们写过"如果我们希望把画家的空间与某种特殊的几何学联系起来，我们就得把它归于非欧几里得科学家们了"。[144]摈弃了欧几里得几何学的艺术结构，"立体主义代之以无限的自由。"[145]

虽然格莱兹和梅青格尔对几何学与空间的讨论类似于庞加莱在《科学与假说》里的讨论，[146]但他们明显地背离了庞加莱的约定论。照庞加莱看来，

所有的几何学都同样正确，而他们却武断地声言："只有一个真理，就是我们的，我们把这个真理强加于每一个人。"[147]他们被引用得最多的思想就是梅青格尔1911年那篇文章的一个变体，即一幅立体主义图画可被比作"围绕一个物体转动以从几个连续的表象中抓住它，这几个连续的表象被融合成一个单一的图像，并被及时重现"。[148]但是，这里描述的是毕加索和布拉克早些时候的立体主义。

梅青格尔和他"皮托学圈"里那些朋友试图探索之前毕加索和布拉克已经探索过的同样的空间思想，指导他们的也是同一个人——普兰斯。不过，他们对形象的信奉却限制了他们的想象力。但是，尽管梅青格尔最终只是一个较次要的立体主义画家，他却是第一个从理性上理解毕加索和布拉克试图成就什么的人。他将他们的立体主义引入了公众的范围，向其他人展现了这个领域。[149]

格里斯完全是另一回事。格里斯1906年9月到达巴黎，通过加泰罗尼亚圈子里的熟人关系很快接触上了毕加索。毕加索给他在"洗衣舫"弄了一套公寓，并在《黄油碟》(*L'Assiette au beurre*)为他找了一个画漫画的工作。但是毕加索圈子激发格里斯去作更具创造性的追求。到1910年，他已经以立体主义风格作画了。格里斯在这个新的体裁上显示出了惊人的技能，遂成为立体主义内圈里的第三人。此外，由于他在数学和物理方面的修养，格里斯自然被普兰斯那些非正式的演讲所吸引。[150]

格里斯在思想上向立体主义的靠近产生了一些结构令人惊叹的作品，这些作品中高度精湛的工艺和冷峻的美使得某些批评家认为他是冷酷地处理艺术的，就像一个制图员，手里拿着圆规、测量器具和削尖的铅笔。[151]仔细考察却能揭示某些完全不同的事实。虽然完成后的作品极为精确，但是他留下来的画稿以及查看他在画布本身上所作的修改，却表明了一番煞费苦心、试验性的探索，到处都有删除和手描的痕迹。已成定局的表面掩盖了格里斯准备工作中的探索。[152]一幅格里斯图画就像一篇完成的、干净的科学论文，创作者的疑惧、忧虑都从中删除了。

在1912年3月致奥藏方(Amédée Ozenfant)的一封信中,格里斯描述了他探讨立体主义时所采取的高度理性的方式,以这种方式,任何构图都可被缩减成纯粹的几何图形:"我工作着,以我的智力,以我的想象力。我试图将抽象的东西具体化。……我认为,绘画中的建筑元素是数学,那抽象的一面……。塞尚将一个瓶子变成一个圆柱体,但是我从一个圆柱体入手,创造出一个特殊类型中的一个个体。我从一个圆柱体创作出一个瓶子——一个特别的瓶子。"[153]但实际上,这种纯粹综合的立体主义的观念连格里斯也避之不及。[154]

超出立体主义

虽然德洛奈有时候用未来主义者持有的同时性概念——一种将空间、时间和运动融合在一起的概念——作比喻,他自己对于同时性的看法却基于19世纪谢弗勒尔(Chevreul)*和鲁德(Rood)**的色彩理论。[155]德洛奈在1913年写道:"光的同时性,是色彩的谐和、韵律,它们创造了**人类的视觉**"。[156]他不喜欢毕加索和布拉克作品里色彩的缺失,这种不喜欢导致德洛奈去追求纯粹的色彩和日益增加的抽象化。

通过"皮托学圈",德洛奈和普兰斯成为朋友。普兰斯为德洛奈1912年在巴尔巴赞热画廊举办的画展写了一个跟数学没有关系的展品目录序言。在1912年一封写给康定斯基的信里,德洛奈暗示他已花了一些时间在研究一种理论,这种理论涉及"可与音符相比的色彩的透明性",它的法则是全新的,"甚至我的朋友普兰斯也没见过。"[157]他报告道,普兰斯的反应十分肯定,

---

* 谢弗勒尔(1786—1889),法国化学家。第一位发现同分异构体的人。他创立的一套标准色轮,仍然是目前制定检验颜色方法的基础。他的成就不仅对物理学中的"色度学"起了重大的推动作用,而且对色彩心理学、印象派绘画都产生强烈的影响。他80岁后开始研究化学史,先后出版了许多内容丰富、评价客观公正的论著。他还是老年医学的首倡者,90岁时提出心理学对老龄者的影响等问题。——译者

** 鲁德(1831—1902),美国哥伦比亚大学教授,发明了用以比较不同颜色光亮度的闪变光度计。所著的《现代色彩学》(1879)在历史上产生过一定影响。——译者

说这些想法遵循了“他多年前就已开始的研究，我曾真正提醒你注意的研究”。就我们所知，没有任何成果由此产生。

但是，梅青格尔在他的自传中叙述了下面这个故事：在梅青格尔和格里斯面前，普兰斯讨论了一些新近的研究工作，即“在一个单一的系统里（重新结合）色彩的关系……；并且，在让我们了解非欧几何学的同时，他敦促我们创造画家的几何学。”[158]这里所说的研究工作是否就是德洛奈提到的研究呢？这也表明了普兰斯在毕加索和皮托这两个圈子所起的作用：基础理论的来源和传声筒。普兰斯于1973年10月23日去世，享年98岁，一生在商业冒险中积累了大量财富。

阿波利内尔虽然有可能连鲁本斯和伦勃朗的画都分辨不清，却对艺术上新异的东西非常了解，并且随时准备捍卫这些东西。当他意识到一种新的风格正从德洛奈、莱热、皮卡比亚和杜尚的画室里诞生的时候，阿波利内尔将这种风格命名为“俄耳甫斯主义”（Orphism）*，并在《立体主义画家》里对此加以定义：“俄耳甫斯立体主义……是一种绘画艺术，它不是凭借视觉现实的元素而是完全由艺术家创造出来并被他赋予一种强有力的现实的元素来勾画新的结合体。”[159]俄耳甫斯主义是纯抽象之源。这种趋向一定使毕加索和布拉克感到沮丧，因为他们正在苦苦地挣扎以保持抽象和具象之间的平衡。

俄耳甫斯主义者们“不仅受到当代科学、技术、文学和哲学的影响，而且也受到在当代世界生活的实际经历的影响”。[160]主要的俄耳甫斯主义画家，库普卡（Frank Kupka）、杜尚、德洛奈和莱热，以不同的方式综合着这些因素。德洛奈和莱热不加掩饰地反映了他们生活于其中的技术世界；杜尚的理性风格大部分基于数学和科学的发展；[161]库普卡采用了一种深受X光之类的科学发展影响的神秘主义。[162]不过，到末了，俄耳甫斯主义者的世界是一

---

* 俄耳甫斯主义是阿波利内尔赋予20世纪初叶法国抽象艺术流派的名称，又称为“色彩立方主义”。该词源自俄耳甫斯（Orpheus），后者乃希腊神话中阿波罗（Apollo）和文艺九女神之一卡利俄珀（Calliope）之子，是个诗人和歌手，善弹竖琴，弹奏时猛兽俯首，顽石点头。——译者

种幻象。他们对格里斯和蒙德里安(Piet Mondrian)这样的艺术家的计划毫无兴趣,后者把自己比作科学家,以探寻恒定的自然法则。[163]

对于所有这些艺术家来说,立体主义为他们打开了一条破除形式、重组绘画空间的新路子。在试图融合艺术和科学的努力中,毕加索和布拉克为20世纪所有的理性艺术创造了条件。正如达根(Philippe Dagen)——特朗—弗拉曼克通信的编辑——所写的那样:“对于这些艺术家来说,毫无疑问,科学革命和美学革命、技术现代化和绘画现代化是不可割裂的。”[164]

1912年,雷纳尔就艺术家们和科学家们为了超越感官知觉而作的多种学科相结合的努力进行了评论。谈到信赖自然表象的危险时,雷纳尔讲了伊卡洛斯(Icarus)*试图通过模仿鸟在空中飞行的故事。但恰当的方法是用螺旋桨:“追求真理不能仅仅凭我们所见,也要凭我们的想象。”[165]他接下来谈到立体主义画家们已经吸取、爱因斯坦近来在提倡的一个教训,即“仅仅建立在感官知觉基础上的判断和推理大部分是错误的,[所以]完全建立在外在感觉基础上的绘画是不恰当的”。[166]只有概念的方法才能让艺术家更接近真实。画家应该“只(依赖)物体的概念,因为只有这些是不依靠那些无穷无尽的错误源头——感官——而创造的”。

立体主义的另一个分支随着杜尚的《下楼梯的裸女》(*Nude Descending a Staircase*)于1912年出现在公众的眼前。那种流动的风格可以追溯到马雷的摄影实验、X光技术、未来主义以及杜尚想要在一块单一的画布上描绘时间中的运动的愿望。[167]

库普卡对基于X光的主题的探索大约在1912年终止,那一年他与康定斯基和马列维奇(Kazimir Malevich)一同在完全抽象化的王国里遨游。他们很可能是受了新物理学中所描述的物质完全消失的激发。就这点而言,他们不需要知道爱因斯坦的质能方程,勒邦的著作就够了。既然所有的物质在本质上都是没有定形的,那么它的最终表象也应该是没有定形的。

---

* 伊卡洛斯是希腊神话中巧匠达得罗斯(Daedalus)之子,与其父双双以蜡翼粘身飞离克里特岛,因飞得太高,蜡被阳光融化,坠爱琴海而死。——译者

立体主义这个隐喻对艺术之外的世界也产生了影响。格特鲁德·施泰因回忆第一次世界大战开始的时候，她和毕加索站在“拉斯帕伊（Raspail）大道上，看见第一辆伪装的卡车从面前经过。那是夜晚，我们听说过伪装但还从没有亲眼见过，毕加索看着它，惊讶无比，然后叫出声来，‘是的，是我们造就了它，这是立体主义’”。[168]虽然伪装的发明者谢沃拉（Guirand de Scévola）从未见过毕加索，但知道他的创作，据报道他曾说过：“为了彻底地让物体变形，我采用了立体派艺术家的方法去表现它们——后来这让我不用陈述理由就在我的[伪装]部雇了一些画家，这些画家因其独特的视界而具有一种能使任何形状失去自然属性的天赋。”[169]

21世纪伪装术（camouflage）所发生的变化提供了艺术和科学之间的另一条纽带。说起来，现代隐形伪装就采取了一种由许多个小块面拼接的最优外形，以便分散雷达的射束，使像谷仓那样巨大的飞机在雷达上看起来犹如天空中一个小斑点。[170]美国空军的隐形轰炸机B117就是一座飞行着的立体主义雕塑。

间 奏 曲

画家的画室应该是一个实验室。在那里,你不会以猴子的方式去制作艺术,而是去发明。绘画是一种大脑游戏。

——巴勃罗·毕加索

在我们讨论爱因斯坦怎样在1905年发现相对论之前,让我们暂停一下,以便扼要地回顾一下前面的内容。

1904年5月毕加索一到巴黎,人们几乎立刻就意识到一个需要重视的人物登场了。气氛极其紧张的巴黎文艺界发现自身被一个具有出奇个人魅力、让人惊愕的艺术天才点燃了。毕加索那双敏锐的黑眼睛流露着绝对的自信:他将以尽可能宏大的规模成功。他立刻戏剧般地改变了他文学上的良师益友——阿波利内尔、雅各布和萨尔蒙的私人生活和事业。这些良师益友凭自身的能量本就是巴黎咖啡馆社交圈的新秀。这个核心小组的重心从左岸移到了蒙马特尔,最后移到了毕加索在“洗衣舫”的画室,就在这间画室的门上挂着“诗人聚所”的牌子。

“毕加索帮”是毕加索的智囊团。通过文学刊物上的文章和在咖啡馆里与雅里这样令人兴奋的知名人士的交谈,他们随时向他报告前卫的思潮。这些思潮包括文学、哲学或者科学中涉及他们对神秘主义兴趣方面的某些领域的一切新生事物。值得注意的是,这个小组包括普兰斯,他以庞加莱的

著作为基础,对非欧几何学和第四维所作的讨论深深吸引住了毕加索,促使他沿着全新的路线去思考。就庞加莱关于第四维应该以一系列接连的场景来表现的建议,毕加索增添了一个视觉上巧妙的窍门:将一个场景的不同视图同时记录下来。这就是毕加索发现的自然表现法的基本要素,这种表现法受到20世纪初发生在艺术、科学和技术方面的巨大的概念变换的影响。1907年底,他与布拉克进行了艺术上史无前例的合作,这种合作最终导致了立体主义形式的全盛时期。在这里,毕加索与普兰斯的讨论,以及他那些大胆的照相实验,都是至关重要的。

在接下来的章节里,我们将看看身处瑞士伯尔尼的阿尔伯特·爱因斯坦是怎样在前卫派的浪潮中冲浪的。"奥林匹亚科学院"是爱因斯坦的智囊团,在这个"学院"里,他和他的伙伴们仔细分析了一些哲学上的经典著作,也包括庞加莱的《科学与假说》。结果是,同时性也在爱因斯坦这儿起到了极其重要的作用,他还得修正庞加莱的一个建议。相对论,就像立体主义一样,也是对哲学和科学潮流的转变以及引人注目的技术革新的一种意义深远的反应。

对于僵化的传统思维模式和20世纪初崭露头角的非传统思维模式之间的冲突,毕加索与爱因斯坦独特的处理方式在本质上是一样的。最终,他们都是在解决同一个问题:在历史上的那一刻,即当我们意识到这些概念显然不是我们直觉所感知的那样时,应该怎样表现空间和时间。对于毕加索而言,对这个问题的解决首先是摈弃印象主义这种既成的艺术形式,然后精心发展原始的概念艺术,最后意识到几何学方面的新思想所起的关键作用。对爱因斯坦来说,则是首先发现了光的波粒二象性(wave/particle duality),然后独特地运用思想实验去超越实验室的数据——正是这些数据阻碍了其他人的思想。两个人都在寻求自然的表现法,这些表现法必须超越僵化的古典思维表现法,透过现象看到本质。研究工作的紧张、个人生活的复杂以及停滞不前的那些时期,迫使他们进入了一种以前从未体验过的孤独和焦虑状态。

另一些意识到改革趋势的人也曾朝着后来证明是正确的方向发展，但却在紧要关头退却了。特朗的失败在于未能深入到原始的概念艺术最深层的结论中去——而毕加索却在普兰斯的帮助下成功了；在定义时间和同时性这些概念上，庞加莱的理论是他处理实验数据和感官知觉的依靠——而爱因斯坦，如我们将要看到的那样，为了超越实验室数据和感官知觉，他使用了思想实验的“数据”。

让我感到意外的是，庞加莱对毕加索和爱因斯坦两人来说竟然都是关键人物。1976年，我在巴黎发现了庞加莱的书信和手稿，这些东西自他1912年去世后便失踪了，如今被他的孙子弗朗索瓦·庞加莱(François Poincaré)先生保存着。这让我得以重新考察他的哲学观和科学研究是如何相互映衬的。不过，我绝没有想到庞加莱的著作竟然对毕加索和他的圈子有着如此巨大的影响。因为庞加莱在随后的几个章节中将起着越来越重要的作用，所以有必要在这里对他作些简介。

1873年，年仅19岁的庞加莱在以极优异的成绩完成了公立中学的学业后，进入了综合工科学校(L'École Polytechnique)，1875年由此毕业后被另一所高等院校——矿业学校录取。1879年他被巴黎大学授予博士学位，之后马上又开始了具有非凡创见的数学研究。

从1881年到1912年他去世为止，庞加莱不仅在巴黎大学任数学和天文学教授，也在综合工科学校拥有类似的职位。他知识渊博，关于他在法国学术界极有影响力的一个有力证明是，他既是法兰西科学院(Académie des Sciences)的院士(1887年当选院士，1906年当选院长)又是法兰西学院(Académie Française)的院士(1908年当选院士，1912年当选院长)。庞加莱占据着构成法国科学的金字塔的塔尖。

跟毕加索和爱因斯坦的学业不一样，庞加莱在各个方面都是模范。[1]和毕加索一样，他很早就在将成就他最具创造性工作的主科(即数学)方面显示了非凡的才能。和爱因斯坦不一样，庞加莱的才能受到老师们的鼓励。(与毕加索和庞加莱都不同，爱因斯坦一直到1905年才在他的专业上显示出

图I.1　1910年前后的亨利·庞加莱。

卓越的创造性。)

庞加莱的履历是一本110页的书。他出版了大约500篇论文和30本书，获取了无数荣誉学位和几乎所有的重大科学奖项，只有诺贝尔奖除外——而许多人曾为此替他进行了大量游说。*

庞加莱不仅是有史以来最伟大的数学家之一，他还在物理学和天文学的各个分支方面都有重大贡献，此外，他还构创了一种独特的哲学观：约定论。宇宙飞船之被发射上天，其轨道计算都是利用了庞加莱的牛顿力学混合理论，而且，他的数学论文至今仍然具有新的重要意义。重读庞加莱19世纪末期的某些经典论文，在某种程度上使20世纪的数学家发现了当今最激动人心的科学领域——混沌理论(chaos theory)——的基础。[2]毫不夸张地说，庞加莱是完成牛顿力学的人，而爱因斯坦接下来拓展了它的应用范围，真正将它延伸到了20世纪。

因为庞加莱兴趣广泛，我们不难理解他对创造性思维十分好奇，以至于在1897年同意法国心理学家图卢兹(Édouard Toulouse)对他作一系列十分详

* 参见《权谋——诺贝尔科学奖的幕后》，罗伯特·马克·弗里德曼著，杨建军译，上海科技教育出版社，2005年。——译者

细的采访,作为图卢兹关于天才研究的一部分。[3]图卢兹对庞加莱的思维方式与科学家的模式化思维方式的明显不同感到吃惊,他在比较庞加莱和作家左拉(Émile Zola)时这样写道:

> 一个[左拉的]智力是固执的、自觉的、有条理的、似乎是用来做数学推理的:它却产生了一个浪漫的世界。另一个[庞加莱的]是本能的、没什么意识的,更喜欢做梦而不是理性的方式,似乎从头到尾都倾向于纯想象的东西,不服从现实:它却在数学研究中大获全胜。这就是一个令人吃惊的事情,需要我们直接研究最深层的机制。[4]

庞加莱本人相信艺术家和科学家之间创造力的共性。在一篇作于1908年至今仍被广泛阅读的自省文章中,他较为细致地描述了自己是怎样进行研究工作的。他谈到数学家"对美的特殊鉴赏力",这种鉴赏力起着"精密的过滤器"的作用,将一切杂质过滤掉,只剩下为数不多的几个"和谐"和"优美"的组合。[5]对于庞加莱来说,这种审美和理性相结合的感知才是大脑的最高能力。他写道:"只有通过科学与艺术,文明才有价值。"[6]在《科学与假说》里面,他热忱地谈到了科学家对再现自然的探索,这种再现应该体现基础的简明性、对称性和统一性。为了探索哲学和心理学上最深邃的问题——我们是怎样从不停地刺激我们的各种感觉的大杂烩中形成准确知识的——他接下来提出了关于大脑结构的各种假设。正是这种鉴赏力激励了年轻的艺术家们和科学家们。

在前面的章节里,我们分析了这种灵感对毕加索发现恰当的表现方式去绘制出《亚威农少女》是如何地至关重要。在接下来的章节里,我们将探索美学对爱因斯坦于1905年发现相对论起着怎样的作用。结果将与下面这个问题有关:为什么只有毕加索和爱因斯坦成功地取得了这些重大的突破,而另一些更有名、更富经验的人,如特朗、马蒂斯、洛伦兹,当然还有庞加莱,却没有。

第6章　奇迹年：爱因斯坦是如何发现相对论的

我对你准备回到专利局这件事非常感兴趣，在这个人间修道院里，我孕育了我最好的想法，而且我们一起度过了非常愉快的岁月。

——爱因斯坦1919年12月12日给贝索的信

从1905年3月17日始，在6到8周的时间内，爱因斯坦向《物理学年刊》提交了3篇论文，它们将登在该刊现在人人皆知的第17卷上。在这3篇杰作中，最伟大的是狭义相对论。本章将探讨爱因斯坦是如何发现它的。

欧洲最好的物理系

1903年10月29日到1905年5月15日，爱因斯坦夫妇住在伯尔尼老市区的中心。他们在克拉姆街49号的一室一厅的公寓位于二楼，要通过一个狭陡的楼梯走上去。

这种公寓是伯尔尼在世纪之交还算过得去的一类住处(图6.1)。有一间卧室，一间起居室，起居室的一部分被隔开作为婴儿的房间，有一扇可以关上的门，另有一间厨房和一间可由小楼梯通达的浴室。由于没有书房，爱因斯坦在厨房或起居室的桌子上工作。他的经济状况是那种有一位妻子和一个孩子的低级公务员的收入。汉斯·阿尔伯特于1904年5月14日出生。

尽管爱因斯坦的职位在1904年9月16日成为终身的，但这不算是提升，

图6.1　爱因斯坦在伯尔尼克拉姆街49号的起居室，及餐厅中的餐桌。他有可能在这张餐桌上写就了相对论论文。

薪水也只增加了400法郎，达到3900瑞士法郎。[1]另外，他还要赡养寡母。米列娃无疑对这种捉襟见肘式的生活抱怨不已，爱因斯坦曾一度想在联邦邮电局申请一个薪水较高的职位。毫不奇怪，当他走出家门坐在专利局的办公室时，他“从日常生活的焦虑中解脱出来，产生［我的］最有创造性的工作”。[2]

每天有8小时“不务正业”的时间自由支配，再加上每个星期天，这些就是爱因斯坦可以用来连续集中思考的仅有时间。家中有一个絮絮叨叨的妻子和一个男婴。但是爱因斯坦展示出一种了不起的让自己远离“仅仅个人”事务的能力。马亚第一次注意到这一点，是在爱因斯坦离开中学后待在米兰家中自学的那段时间。“他的工作习惯相当奇怪——即使在一群很吵的人中，他也能躲在沙发上，手上拿着笔和纸……让自己完全沉溺于某个问题中，以致多人之间的交谈非但没有打扰他，反而刺激了他。”[3]

爱因斯坦在苏黎世大学的研究生坦纳（Hans Tanner）在1910年底也作了类似的描述。坦纳有一天来了之后，发现爱因斯坦在抽着经常放在手头的一种便宜的瑞士雪茄。

> [爱因斯坦]坐在书房里，前面有一叠写满数学公式的稿纸。他用右手写，用左臂抱着他的小儿子，其间还要回答正在玩积木的大儿子阿尔伯特的提问。在说完“等一会，我马上就做完了”后，他把孩子们交给我照管，又继续工作了。从这一点上，我可以看出他的专注能力。[4]

在比这更糟糕的情况下，在克拉姆街49号，爱因斯坦完成了刊登在《物理学年刊》1905年第17卷上3篇论文中的两篇，完成了相对论论文的草稿，撰写了一篇博士论文，并且在3月发表了10篇书评。[5]

1905年5月15日，爱因斯坦搬到了伯尔尼郊外的贝森绍伊尔道28号，以便离贝索家更近些。正是在这个时候，贝索和爱因斯坦开始了他们一起走到专利局和从专利局走回家的时期。米列娃和阿尔伯特的社交生活从各方面讲远不像费尔南德和毕加索那样忙碌。米列娃通常做饭，照顾汉斯·阿尔伯特。他们最亲密的朋友就是贝索一家。米列娃对哈比希特和索罗文的来访感到很高兴，但对奥林匹亚科学院有时持续到第二天清晨的过长的会谈感到愤恨。当这种同志之情在1905年后结束时，对爱因斯坦的打击可以从他1906年4月给索罗文的一封信中清楚地看出。在这封信中，他抱怨再也没有任何社交生活。[6]

他也很喜欢与儿子一起玩，至少当他还是小孩时。汉斯·阿尔伯特愉快地回忆起他父亲用火柴盒和线给他做玩具的事。[7]后来他发现爱因斯坦即席创作的癖好扩展到了他讲课的风格上。“例如，当他不得不去作一个演讲的时候，却从来不会提前知道究竟将讲些什么。他以何种方式表述自己，他将讲多详细，都取决于他从听众中获得的印象。因而即兴创作是他性格和工作方式中一个很重要的部分。”[8]对于非常自信的爱因斯坦，这种风格也是一种用来告诉听众他们所看到的是一个独立思考的人的方法。坦纳回忆了爱因斯坦用一个写在名片大小的小纸片上简短提示讲课的情形。[9]他并不是总能很成功地做到这一点，这样一来他的学生们就能观察到一个物理学家如何利用其才干使自己摆脱僵局。[10]这使得他的课让学生非常兴奋并且大受启发。

爱因斯坦一家也休假，通常很短，爱因斯坦帮忙料理家务。正如汉斯·阿尔伯特所说的："尽管他在用手做某些精致的事情时，并非特别灵光，但他总是愿意提供帮助。"[11]在1919年离婚前后，父子之间的关系紧张到了崩溃的边缘。尽管如此，汉斯·阿尔伯特仍然回忆起在他们偶尔的见面中，父亲总是对他的工程研究表示出兴趣。[12]他总是觉得他们在发明和解题方面的谈话让父亲感兴趣，因为这让他回忆起"在伯尔尼专利局愉快的、无忧无虑的成功日子"。[13]

在专利局，爱因斯坦与他的约30位同事以及他直率、精明又实际的上司哈勒尔相处得很好。1905年他的亲密朋友和共鸣板贝索与他须臾不离。这一切，以及他的高脚书桌，构成了他的理论物理系。事实证明，这是欧洲最好的一个理论物理系。

庞加莱和1905年的物理学

在与奥林匹亚科学院的成员讨论庞加莱的著作时，爱因斯坦入迷地注意到了这个哲学大师解析洛伦兹电磁理论的方式。庞加莱带着极大的兴趣跟踪着洛伦兹理论，从1892年它一出现时就开始。在相互竞争的电磁理论中，只有洛伦兹的理论与庞加莱对科学统一的追求相一致。[14]尽管洛伦兹的地方时能够把不太精确的以太漂移实验的失败解释清楚，但庞加莱把这个理论看成仅仅是令人满意的，因为它不能恰当地解释迈克耳孙—莫雷实验的失败。专门用来解释这种失败的洛伦兹收缩假说，在庞加莱看来，是一种人为的、没有讲出任何物理意义的随意的规定(arbitrary fix)。在《科学与假说》中，他颇带讽刺地怀疑是否一旦有人做出一个更准确的以太漂移实验时就需要更多这样的规定。他评论道："我们最不缺少的是假设。"[15]当时的情形与托勒玫(Ptolemy)以地球为中心的宇宙越来越相似：每当新的视像被发现时，它就要求不断地导入新的本轮。

在1905年，以太是电磁理论不可分割的一部分。物理学家们试图在运动的地球上测定光速中发现细微的变化，但屡遭失败，这让物理学家们感到难堪和迷惑。[16]以太即使是不可探测的，它也必须存在，以便支持光波的传播。然而，即使你像庞加莱一样，不是一个严格的实证主义者，但实验资料仍是十分重要的，因为“实验是真理的唯一来源”。[17]

第3章已就这一情形做了某种程度的展开。让我在这里重申一下。所测的光速总是一样的，就像地球在以太中是静止的一样。但是地球进行着好几种运动。人们提出了各种假设用于消除所预测的地球通过以太时所导致的光学效应，这些假设在低阶准确度的实验中是管用的。[18]尤其是洛伦兹的地方时坐标假设，就像一根神奇的魔术棒一样。“地方时”由两项组成。其中之一就是物理学中使用的“通常时间坐标”，而另一项依赖于时钟的相对运动。通常时间坐标——我们从时钟和怀表上读到的时间——似乎总是一样的，不管我们和其他人之间做任何相对运动。另一方面，与相对运动有关的一项又太小，以致无法观测到，因而不配成为物理实在。[19]

洛伦兹、庞加莱和所有其他物理学家认为地方时之所以有用，完全是为了从数学上提供一套取消没有观测到的预测效应——简而言之，是为了解释以太漂移实验的失败。不管其相对运动如何，真实的时间对所有的观察者都一样。这将被证明是错误的：他们被基于感官感知的直觉所误导了。爱因斯坦将认识到洛伦兹的地方时不仅在数学上是正确的，**而且**在物理上也是正确的。但是这需要超越感官感知的勇气。

迈克耳孙和莫雷声称他们的实验是准确的，这对洛伦兹的电磁理论是一个沉重的打击。对这一说法的关心导致有些评论者认为爱因斯坦在1905年发现相对论是对这个实验失败的直接反应。[20]爱因斯坦本人所作的评论被认为是对这种看法的支持。[21]这是一个在科学的基础上深入的问题，因为它关系到了实验数据和科学发现的联系。

实际发生的事情更为复杂。有时爱因斯坦所作的评论有赖于他讲话的场合或别人提问题的方式。[22]客观的历史事实是：爱因斯坦在1905年前就研究过迈克耳孙—莫雷实验。他自己在差不多50年后所作的评价可能是最准确的:“著名的迈克耳孙—莫雷实验对我的思考的影响是相当间接的。”[23]全面、公正的历史研究支持了爱因斯坦在差不多50年后所作的陈述。此外,如果有人相信一个像相对论这样复杂、这样漂亮的理论是从某个单一的实验而来的,这只会让爱因斯坦恼怒不已。

1981年,我对爱因斯坦在1905年6月底把相对论论文提交给《物理学年刊》时肯定读过的、很有可能读过的以及可能读过的书、研究论文和期刊作了一个系统的分类。其结果是爱因斯坦从未与外界失去联系。在1896年至1900年间,他能使用瑞士联邦工学院的图书馆。在令人沮丧的1900年至1902年间,苏黎世的图书馆经常——尽管不是永远——对他开放。从1902年开始,他在专利局工作,可以用专利局自己的资料室以及伯尔尼大学的图书馆。在这些图书馆里他为自己的研究搜寻有关的文献。作为一个游离于学术主流之外的人,爱因斯坦有选择地阅读,但足以了解物理学研究中的主要趋势。[24]这个信息是非常重要的,因为相对论的论文没有引用任何科学文献。他肯定不会不知道迈克耳孙—莫雷实验,但他有更广泛的关注。

尽管庞加莱相信在实验数据与理论之间存在着密切的联系,但他对待实验数据的方式是相当复杂的。然而马赫及其实证主义学派的追随者把科学看成是事实的概要,数学仅仅是一种分类的手段。庞加莱不同意上述说法:“事实的堆积并不是科学,正如一堆石头不是一座房子一样……。最重要的是,科学家必须能预测。”[25]

实验室数据的特征发生了变化,尤其是放射性、X射线和阴极射线的效应很可能是由原子和电子这样一些看不见的实体引起的,这激起了庞加莱的极大兴趣。然而,1902年他仍然坚持原子——这个实证主义者与反实证主义者争论中的著名的起因(cause célèbre)——不可能被承认为某种程度的物理实在。“这类假设,”他写道,“只具有隐喻的意义。”[26]

然而,爱因斯坦不知道的是,到1905年庞加莱改变了自己的看法。那时,洛伦兹理论令人惊讶的成功已使物理学家们提出,它应该是对所有运动物体的一个基础理论。这个纲领性的研究成果被称为“电磁世界图景”。[27]

其目的是想解释电子质量是如何通过由自己的辐射反作用于它自身产生的，而且最终能将牛顿的力学理论从洛伦兹的电磁理论中推导出来。[28]其程序如下：先在电磁理论中增加假定用以描述某种特定的电子，然后做实验检查这个电子是否真如所描述的那样运行。洛伦兹选择用一个带有电荷的弹性球——就像气球一样——来描述电子。当它运动时，它就经历一个洛伦兹收缩，变得像枕头一样扁平，其长轴指着与运动方向成直角的方向。这种混杂的电磁理论观点就是洛伦兹的电子论。它得出了电子质量的预测，该预测被用来与德国科学家考夫曼（Walter Kaufmann）所获得的高速电子的实验数据作比较，考夫曼的实验被誉为绝对经典——它是对当时占统治地位的理论的响亮支持。事实上今天已无人知晓考夫曼为何许人也；他的数据误导了人们。[29]

尽管了解这种有关电磁世界图景的研究，爱因斯坦还是对庞加莱在《科学与假说》中对物理学的概括更感兴趣。按照庞加莱的观点，物理学面临着3个紧迫的根本问题：以太漂移实验；被称为"光电效应"[30]的紫外光从金属中释放电子的特定方式；以及被称为"布朗运动"[31]的花粉粒子和尘埃粒子在显微镜下的奇怪运动。爱因斯坦对这3个问题感兴趣的原因在于，在1905年早期，只有他一个人知道电磁世界图景是一个怪物（chimera）。到了6月底，他就以一种崭新的、令人惊讶的方式解决了所有这3个问题。

之所以会出现这样的情形，事实证明还有意想不到的根源。

物理学与音乐

除了专利局、物理学和奥林匹亚科学院的活动，爱因斯坦还有他钟爱的音乐。汉斯·阿尔伯特回忆起父亲试图在一个更宽泛的意义上教育他："他常常告诉我，他生命中最重要的事情之一就是音乐。每当他觉得找不到解决办法或在工作中处于困境时，他会逃到音乐中，音乐通常都会解决他的所有困难。"[32]

从青春期到大学生时代，一直到20世纪40年代，音乐都处于爱因斯坦创造性生活的核心，而莫扎特和小提琴又是他音乐的核心。16岁时，在主显节上爱因斯坦在阿劳中学的自助餐厅里有过一次演出。爱因斯坦曾反复思考过俾斯麦(Bismarck)的一句名言——“啤酒使人愚蠢和懒惰”，发誓将成为一名理论物理学家，从此就只会为物理学和康德的《纯粹理性批判》而陶醉。[33]为了庆祝，他邀请朋友拜兰在他演奏莫扎特的奏鸣曲时为他作钢琴伴奏。拜兰对接下来所发生的事情是难以忘怀的：“当他的小提琴开始发出声音时，房间的墙看上去开始向后退——这是莫扎特的曲子第一次以其纯美的形式呈现在我面前，沐浴在纯洁的希腊式的美中，非常顽皮而又非常崇高。”[34]爱因斯坦充满激情的音乐表现反映了年轻人固有的信念，即一切都是可能的，但他的音乐品味却显示出对古典纯粹性的偏好，这也会反映在他的物理学中。音乐是一个窗口，通向他为了避免处理人际关系而将其情感封存之处。

爱因斯坦喜爱巴赫(Bach)和莫扎特那些结构复杂、具有宿命论色彩的音乐。他想象莫扎特是从大气中去摘取旋律，一如它们曾经存在于宇宙之中一样，[35]他想象自己也像莫扎特一样工作，不仅仅是在编织理论，而且是以与宇宙和谐的调子在应答大自然。对于这些作曲家，他有一些非常明确的观点。[36]当一个喋喋不休的记者问他对巴赫的看法时，爱因斯坦非常粗暴地回答道：“这是我对巴赫一生的作为所要讲的：倾听、演奏、爱戴、崇敬——闭上您的嘴。”[37]他发现韩德尔(Handel)很有趣，但有点浅薄；贝多芬过于夸张，此外，他“创造”了他的音乐；勃拉姆斯(Brahms)的一些音乐他认为有意义，“但他的大部分作品对我来说没有内在的说服力，我不明白有什么必要去写它们”；他认为施特劳斯(Richard Strauss)很有才华，但“仅仅只考虑外在的效果”；德彪西(Debussy)的音乐“多姿多彩，优美无比，但结构上却比较贫乏”。在1908年看过在伯尔尼剧院演出的瓦格纳(Richard Wagner)的《众神的黄昏》(*Götterdämmerung*)之后，爱因斯坦对他的同伴说：“上帝原谅我，瓦格纳可不合我的口味。”[38]

人们很少谈到科学中的“口味”，但是爱因斯坦在音乐和科学方面的口味是联系在一起的。他把音乐真理和物理真理看成是一种心灵必须直觉地感知的柏拉图式的形式。正如伟大的物理学不可能严格地从实验数据中推演出来一样,伟大的音乐也不可能如此被“创作出来”。对于两者来说,宇宙间的一些美学感觉是必需的。

如果爱因斯坦的创造性要在1905年春天一下子爆发,那只有当他预先就3篇论文的主旨反复思索之后才可能出现。他的结果不是从大量计算得出来的那种类型,他也没有时间做这种推导。它们是爱因斯坦精心培育的最困难的一种思维方式——概念思维——的硕果。

对于他的传记作者西利格(Carl Seelig)的问题:是否“相对论有一个确定的诞生日”,爱因斯坦回答道,

> 在狭义相对论的思想形成和相应的出版物完成之间有四到六个星期。但把这段时间看成是出生日也不一定正确,因为很长一段时间内我一直在准备早期的论证和“建筑材料”,尽管这些没有产生决定性的进展。[39]

我稍后还将讨论这些“建筑材料”。这里我想强调爱因斯坦坚持思考相对运动和以太的问题。他以一种完全不同于其他物理学家的方式来思考这些问题。后来他指出,他把思想建立在来自世界的日常运动的概念之上,因为“科学思想是前科学思想的一种发展”。[40]这个对他自己的思维方式有价值的洞见,在一篇有一个颇具吸引力的标题“物理学与实在”的论文中得到了精心的阐述。爱因斯坦在这篇文章中写道:“整个科学不过是对日常思维的一种精练。[科学家]如果不去批判性地考察一个更加困难的问题,即分析日常思维的本质问题,他就不能开展研究。”[41]

诸如时间这样的概念的起源,总是位于他的研究的中心。索罗文回想起了在奥林匹亚科学院,爱因斯坦对儿童如何发展他们的时间观念产生了好奇心,这与对创造性思维的兴趣是同属一系的。[42]与这种关注相连在一起

的，是爱因斯坦对创造性思维本质的兴趣。格式塔心理学家韦特墨（Max Wertheimer），爱因斯坦在柏林大学的一位同事，回忆说他们在1916年曾“长时间地”讨论这个主题。[43]相对论急剧地改变了空间和时间的科学概念，这源于对这些实体直觉领悟方式的一种深刻认识——因而也有能力对这种方式提出质疑。

爱因斯坦常常通过提醒他的听众概念分析的重要性而开始他那些非常深奥的科学和哲学演讲：“相对论是直接与空间和时间的理论联系在一起的。因此我首先将简单地考察一下空间和时间观念的起源。”[44]他几乎总是对庞加莱表示敬意：“在这里对经验与我们的概念之间的关系也要严加注意。在我看来，庞加莱在他的《科学与假说》一书中所作的说明中已清楚地认识到了真理。”[45]

正如庞加莱用“事实上，什么是数学上的发明”这个问题作为他1908年那篇著名的自省文章的开场白一样，[46]爱因斯坦自己的开场白也是：“准确地说，什么是‘思维’？”[47]与庞加莱一样，他对观念是如何演变的非常感兴趣。我们对一个外在于我们自身世界的第一印象，他在1946年写道，是从“记忆图像”中出现的“感觉印象”（sense impressions）。[48]某些记忆图像形成系列。一个在许多不同的系列中多次出现的记忆图像，可以当成是这些系列的一个“主导因素”（ordering element）。爱因斯坦把这个主导因素看成一个“概念”。思维是“概念的操作……是概念之间特定功能关系的创造和使用以及感觉经验对这些概念的协调”。[49]概念是使我们能够把感官知觉（sense perception）变成精确知识的组织原则。[50]潜意识的思维是“使用概念的随意游戏（free play）”。[51]当爱因斯坦告诉西利格有关“准备了许多年的……建筑材料”时，他指的是一个连续的“随意游戏”过程，然后保留在潜意识里。

创造性思维本质上是非语言的，这对爱因斯坦来说再清楚不过了：但“我们如何能对某些经验完全自发地感到‘惊奇’”呢？[52]（爱因斯坦童年时代的两个“惊奇”，正如我们所看到的，是指南针和几何小册子。）“完全自发地”感到惊奇，是他的栩栩如生的思想实验的根源。对于爱因斯坦来说，创造性

思维是以视觉形象出现的，而文字“只是在第二阶段经过艰苦搜寻才得到的”。[53]

总而言之，作为一位音乐家和一位物理学家，爱因斯坦是一位反实证主义者。在音乐里，在音符和乐器之外是漂浮着旋律的崇高的王国。在物理学中，在观察和理论之外是这个领域的音乐，在那里，自然规律等待着从宇宙中被收集起来。他的巨大突破就是利用组织原理和思想实验的视觉形象去超越感官知觉及与其相关的直觉形式。

三篇论文，一个主题

到了1905年春天，26岁的爱因斯坦已认定物理学家们“超出了[他们的]理解力”。[54]从基于普朗克辐射定律的计算出发，爱因斯坦得出了一个令人惊讶的“普遍结论”：光可以是粒子，也可以是波，事实上可以同时是二者，一种波粒二象性。[55]因此电磁世界图景不可能成功，因为洛伦兹的理论把辐射或光仅仅作为一种波来描绘，这样它就永远也不能解释为何电子的质量是由自己的辐射产生的。鉴于普朗克已经发现了辐射能量的一些特性，爱因斯坦企图探讨辐射本身的结构。爱因斯坦的光粒子与牛顿的光粒子从根本上是不同的，即使他自己当时也没有完全认识到这一点。

在1905年5月的第3个星期左右，爱因斯坦给他的朋友哈比希特写了八成是科学史上最低调的一段话。他写道，他仅仅有一些“不合逻辑的胡言乱语”写给他的朋友，这个在复活节时既不写信又不拜访他因而应该受到惩罚的家伙：“你都在忙些什么？你这个冻冷了的鲸鱼，你这个被烟熏的、干枯的、醉醺醺的家伙……我一定给你写4篇论文。”第1篇论文是爱因斯坦称为“非常革命的”光量子论文。第2篇提出了一种用流体的扩散和黏性来测量原子大小的方法。第3篇用热的分子理论方法探讨了布朗运动。“第4篇论文目前还只是一份草稿，是关于动体的电动力学，这篇论文利用了空间和时间理论的一种变体，其中纯运动学部分肯定会让你感兴趣。”[56]有关这个创造性爆发最让人难以置信的是，到了5月底，前两篇论文已经完成，第3篇也已写出草稿。

第1、第3和第4篇论文是准备送交给《物理学年刊》的，而第2篇是准备做他的博士论文用的。[57]第1篇被用来提交给《物理学年刊》的论文题为“关于光的产生和转化的一个启发性观点”。[58]它关注的是光照射到物质上被吸收，随后出现电子发射的过程，例如光电效应，即光在某些金属中能产生电流。作为一个试探性的假设——或理论上的权宜之计——他建议在这种情况下，把光描绘成一种粒子或“光量子”是有用的。[59]爱因斯坦没有提到令人困惑的波粒二象性，而是关注粒子模式。令人吃惊的是，在提出这种极端的研究方法时，爱因斯坦没有提到实验数据。相反，他是在美学的基础上来论证粒子的存在的，因此给20世纪的物理学导入了一个全新的推理方法。

这篇论文马上引起了注意，这是一种让爱因斯坦颇感不快的关注："在物理学家们所形成的关于气体的理论概念[与]麦克斯韦的电磁过程理论之间存在着巨大的形式差别。"[60]爱因斯坦所指的是电磁理论在光与光源之间所做的不自然的区分。设想一下，向一个水池里投一块石头，就会看到球面波从撞击处扩散开来。这个比喻是麦克斯韦电磁理论所设想的。一个加速的电子是以太中的球面电磁波（即光）之源。波和粒子并排在一起分别代表连续和间断，这在爱因斯坦看来是不自然的、不美的。只有把粒子性质的电子与粒子性质的光联系起来，像光电效应这样的重要现象才能得到解释。正是这篇有关光电效应的论文，而不是相对论，使爱因斯坦获得了1921年的诺贝尔奖。[61]

尽管没有任何实验证据来反驳爱因斯坦的光量子假设，物理学家们却以基于直觉的理由排斥它。普朗克认为，没有一个基于光粒子的视觉形象能够解释干涉现象，而现存的一个令人满意的视觉形象是从水波如何干涉中抽象出来的。[62]在涉及杨氏双缝实验时，这种批评也同样对准了牛顿的粒子（见第3章）。

第2篇论文是爱因斯坦第3次（并最终成功）尝试作博士论文《分子大小的新测定》。[63]他决定既为提升自己在专利局的职位，同时也为再次试图以

正常的方式获得一个大学职位而继续学术“喜剧”。这篇博士论文和第3篇论文《热的分子运动论所要求的静止液体中悬浮小粒子的运动》[64]提供了一种测定原子大小和解释神秘的布朗运动的方式，布朗运动来自原子和分子的碰撞，是在显微镜下看到的随机运动。在原子的实在还没有被普遍接受的时候，这两篇论文的重要性怎么说都不算夸张。[65]

到了1905年3月，爱因斯坦已经认识到庞加莱的3个问题涉及一个共同的主题，这就是光的性质和它与物理理论局限性的关系。这是爱因斯坦发表在《物理学年刊》上的3篇论文的主题。光量子的论文证明了电磁理论的局限，布朗运动的论文探讨了热力学和力学的局限。正如他在1907年所回忆的，这两篇论文让他确信这个领域需要根本性的变革。[66]第3篇论文被证明是从19世纪物理学的灰烬中重生的凤凰。它不仅将推翻有关光的传播的某些假定，而且还将提出一种新手段详细说明一个物理理论的恰当形式。辐射的本质及其特性和结构，是所有这3篇文章所致力讨论的主要问题。[67]

爱因斯坦令人震惊的洞察力，通过其大胆地把某些结果（比如普朗克辐射定律）接受为公理而显得光芒四射。但是他的智力工具箱中的主要组成部分来自科学本身之外，涉及美学和哲学概念。爱因斯坦能够抓住庞加莱的3个问题的统一，找到解决它们的手段，是因为他愿意并且能够直观地感受到一个超出感官之外的实在。

相对论论文

爱因斯坦的第4篇论文题为“论动体的电动力学”，也就是所谓的相对论论文，其主体乍一看与那个时代的其他科学论文没有什么两样。[68]

但是第一印象往往具有欺骗性：它在风格上和内容上都是大胆的。今天不会有任何重要的物理学杂志会发表它，因为它完全没有引用任何文献。爱因斯坦发表在《年刊》*第17卷上的另两篇文章至少还列出了参考文

* 指《物理学年刊》。作者有时用杂志的全称，有时用略称。——译者

献，尽管不多。《物理学年刊》的做法是，作者的地址就是他提交论文时所在的城市。爱因斯坦写着“1905年6月，伯尔尼”。大多数人就到伯尔尼大学去找他。

理论物理学期刊上的论文格式，从1905年以来几乎没有任何变化。它们基本上有3部分：对问题所涉及的经验数据的陈述；对现有的理论提出修正来解释这些数据；推导出进一步的预测。

现在让我们看看爱因斯坦的论文(图6.2)。设想一下，你是一个声望很高的物理学期刊的编委，收到了一位默默无闻的作者的论文，它无论在风格上和形式上都背离了正统；它的标题与其绝大部分内容没什么关系；[69]没有引用任何文献；论文的前半部分主要讨论被人们认为理所当然的某些物理

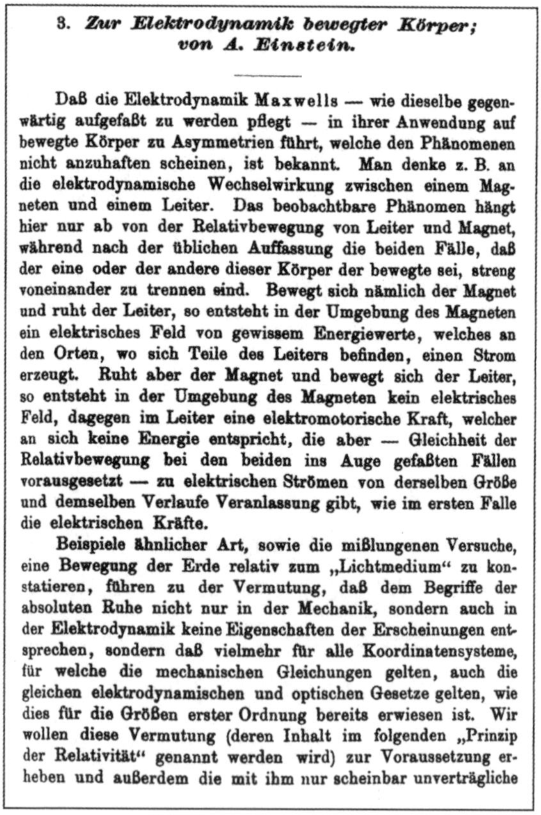

3. *Zur Elektrodynamik bewegter Körper;*
von A. Einstein.

Daß die Elektrodynamik Maxwells — wie dieselbe gegenwärtig aufgefaßt zu werden pflegt — in ihrer Anwendung auf bewegte Körper zu Asymmetrien führt, welche den Phänomenen nicht anzuhaften scheinen, ist bekannt. Man denke z. B. an die elektrodynamische Wechselwirkung zwischen einem Magneten und einem Leiter. Das beobachtbare Phänomen hängt hier nur ab von der Relativbewegung von Leiter und Magnet, während nach der üblichen Auffassung die beiden Fälle, daß der eine oder der andere dieser Körper der bewegte sei, streng voneinander zu trennen sind. Bewegt sich nämlich der Magnet und ruht der Leiter, so entsteht in der Umgebung des Magneten ein elektrisches Feld von gewissem Energiewerte, welches an den Orten, wo sich Teile des Leiters befinden, einen Strom erzeugt. Ruht aber der Magnet und bewegt sich der Leiter, so entsteht in der Umgebung des Magneten kein elektrisches Feld, dagegen im Leiter eine elektromotorische Kraft, welcher an sich keine Energie entspricht, die aber — Gleichheit der Relativbewegung bei den beiden ins Auge gefaßten Fällen vorausgesetzt — zu elektrischen Strömen von derselben Größe und demselben Verlaufe Veranlassung gibt, wie im ersten Falle die elektrischen Kräfte.

Beispiele ähnlicher Art, sowie die mißlungenen Versuche, eine Bewegung der Erde relativ zum „Lichtmedium“ zu konstatieren, führen zu der Vermutung, daß dem Begriffe der absoluten Ruhe nicht nur in der Mechanik, sondern auch in der Elektrodynamik keine Eigenschaften der Erscheinungen entsprechen, sondern daß vielmehr für alle Koordinatensysteme, für welche die mechanischen Gleichungen gelten, auch die gleichen elektrodynamischen und optischen Gesetze gelten, wie dies für die Größen erster Ordnung bereits erwiesen ist. Wir wollen diese Vermutung (deren Inhalt im folgenden „Prinzip der Relativität“ genannt werden wird) zur Voraussetzung erheben und außerdem die mit ihm nur scheinbar unverträgliche

ON THE ELECTRODYNAMICS OF MOVING BODIES

By A. Einstein

That Maxwell's electrodynamics – the way in which it is usually understood – when applied to moving bodies, leads to asymmetries that do not appear to be inherent in the phenomena is well known. Consider, for example, the reciprocal electrodynamic interaction of a magnet and a conductor. The observable phenomenon here depends only on the relative motion of the conductor and the magnet, whereas the customary conception draws a sharp distinction between the two cases in which either the one or the other of these bodies is in motion. For if the magnet is in motion and the conductor at rest, there arises in the neighborhood of the magnet an electric field with a certain definite energy, producing a current at the places where parts of the conductor are situated. But if the magnet is at rest and the conductor in motion, no electric field arises in the neighborhood of the magnet. In the conductor, however, we find an electromotive force, to which in itself there is no corresponding energy, but which gives rise – assuming equality of relative motion in the two cases discussed – to electric currents of the same path and intensity as those produced by the electric forces in the former case.

Examples of this sort, together with the unsuccessful attempts to discover any motion of the earth relatively to the "light medium," lead to the conjecture that to the concept of absolute rest there correspond no properties of the phenomena, neither in mechanics, nor in electrodynamics, but rather that as has already been shown to quantities of the first order, for every reference system in which the laws of mechanics are valid*, the laws of electrodynamics and optics are also valid.

We will raise this conjecture (whose intent will from now on be referred to as the "Principle of Relativity") to a postulate, and moreover introduce another postulate, which is only apparently irreconcilable with the former: light is

图6.2　上页是爱因斯坦相对论论文的第一页，本页为取自Miller (1998a)第370—371页的英译文。

概念的性质，对之进行哲学上的取笑；这篇论文只讨论了一个实验（在一个相对于磁铁运动的线圈内的电流的产生）；一个可用洛伦兹的电磁理论恰当地加以解释的实验，一个甚至不被认为是重要的实验；论文作者大胆宣称正是电磁理论的核心本身——“光以太”——是“多余的”。[70]文章结束处得出了某些关于电子的结论，而在当时讨论电子的论文中，结论通常是置于文章之首的。在1905年的读者看来，这篇论文有点反其道而行之的味道。

这就是为何爱因斯坦提交的论文可能让《物理学年刊》的编辑德鲁德大吃一惊的原因了。德鲁德刚从死水一潭的吉森大学转到柏林大学。回想一下，在他1901年7月7日给米列娃的信中，爱因斯坦曾以并非最老练的语气指出了德鲁德的文章中的一些错误。幸运的是，德鲁德在柏林。编委会的大多数成员居住于此。不然的话，他可能会将这个年轻的、自命不凡的家伙的论文抛入废纸篓。

《物理学年刊》的编辑方针是这样的：一个作者首次发表的文章，或由编辑或由编委会中的一个成员仔细进行审查。[71]随后提交的论文发表时就无须再找人审稿。因为他在此之前已在《物理学年刊》上发表了5篇论文，所以爱因斯坦的论文在收到之后就会被发表。他先前发表的论文在《物理学年刊》看来，实在是太好了，以致他被邀请为他们的书评期刊写文章。[72]德鲁德还是有些不放心，他将这篇新作交给近在咫尺的理论家普朗克。普朗克马上就意识到了这篇论文的前景。

从内容的深度、广度和纯粹的智力鉴赏力来看，爱因斯坦的相对论论文每一页在科学史上都是无与伦比的。爱因斯坦以一种简约却并不乏精华的文学上和科学上的风格，提出了物理学上一个影响最为深远的理论。论文在必要时行文缓慢，但恰当，并不缺少高潮和绝活（tours de force）。1905年的相对论，印出来有30页厚，几乎相当于一本小书。在五周之内没日没夜写成的这篇论文在形式上是质朴的，它以自己独特的方式和牛顿的长篇大论《原理》（*Principia*）一样完整。[73]它现在仍然是学习相对论的一篇极好的文献。

它所起的推进作用，真的是与物理学家们在处理前沿问题时所做的完全相反。与现在一样，那时的物理学家也试图表述万物之理（Theory of Everything），只不过那时他们的日子还"好过"一些，因为当时只有两种已知的力：电磁力和引力。如何能从一个在发电机中产生电流的简单观察出发，来评论这样一个宏大的研究呢？

爱因斯坦的电动力学研究

1905年春天，好几个渠道的思想在爱因斯坦的头脑中汇集起来：科学的、哲学的和工程的。在《自传提要》中，他回忆了在1904年论文的突发事件后的思想状态。在1904年的论文中，他开始确信洛伦兹关于光和电子的理论的不足之处：

> 渐渐地我对那种基于已知事实用构造性的努力去发现真正定律的可能性感到绝望。我努力得愈久，就愈加绝望，也就愈加确信，只有发明一个普遍的形式原理才能使我们得到可靠的结果。我认为热力学就是放在我面前的一个范例。在那里，普遍原理是用这样一条定理来说明的：自然规律是这样的，它们使构造一个永动机成为不可能。[74]

所谓“构造性的努力”，爱因斯坦指的是试图用一个基于电荷的最小单位——电子——的理论来认识现象。对于洛伦兹和庞加莱以及那个时代的每一位物理学家来说如此重要的“已知事实”或实验室的数据，是指以太漂移实验和考夫曼关于电子质量的数据。问题在于，洛伦兹的理论在描述光时是不完善的，所以不能导致“发现真正的定律”。

怎么办？在这一点上，爱因斯坦回想起他是如何发现洛伦兹理论的致命缺点的。洛伦兹理论通过把普朗克辐射定律当成公理，而得出其结论。也许他也能够用这种方法来讨论相对运动的问题。正如我们从他给米列娃的信中所知道的，这个问题从1899年开始就一直萦绕在他心头。在寻找一个“普遍的形式原理”时，他看到了热力学——热的科学——在他前面所建立的范例，而他是一个热力学专家。[75]

热力学之所以让爱因斯坦着迷，是因为它的基本原理是公理化的，而且与它所支配的体系的物质性质无关。[76]多年以后，爱因斯坦把这样的理论称为“原理理论”，而洛伦兹的理论则被称为“构造性理论”。[77]热力学的基础之一就是能量守恒原理。这个原理直接要求每一个物理理论都遵守能量守恒，毋庸置疑。

这样的原理对于理论构建是非常重要的。科学家非常放心地应用它们，因为它们解决了一个困难的问题：何时停止问为什么。爱因斯坦是这样谈到这个问题的：“科学尝试是相当独特的，通常情况下再没有任何一件事比知晓何处不值得花时间和努力更重要的了。”[78]

但是认识到需要一个形式原理是一回事，而发现那个恰当的原理完全是另一回事。《科学与假说》只能起到辅助作用。

庞加莱的相对性原理

在牛顿科学中，有一类优先的观察平台，称为“惯性参考系”。这些平台相互以匀速直线运动。惯性参考系非常独特，因为牛顿运动定律在所有这些参考系中都是一样的。因此，没有任何一个力学实验能揭示出系统的运动；它同你在静止时看到的是一样的。这个陈述就是众所周知的“相对性原理”(principle of relativity)。在牛顿的运动理论中，它是公理。[79]

由于对科学的认知基础感兴趣，庞加莱对这个原理的有效性给出了一个重要的理由：“相反的假设完全让人生厌。”[80]按照庞加莱的观点，相对性原理是与几何的起源和知识本身的起源相关联的。我们基本上是通过考察物体之间的位移来构创几何学的，然后，通过抽象，我们认识到，科学的目的“不是事物本身……而是事物之间的关系；在这些关系之外，不存在任何可知的实在”。[81]科学应该把自己限定在探求物体之间的相对运动。

然而电磁理论的基础本身——以太——违背了相对性原理。在以太中静止的惯性参考系，从理论上讲与运动着的惯性参考系是不同的。为了揭示你的参考系的运动，你就要测量（比如说，在运动的地球上）光的速度，然后把它与固定在以太中的一个实验室里假定测得的值进行比较。[82]这就是以太漂移实验的目的。庞加莱并“不相信……更精确的观察能够揭示出物体之间相对位移以外的任何事情”——也就是说，这些漂移实验还将继续失败。[83]然而，它们还在进行，因为“我们预先不能确定[它们的结果]”。[84]与他对实验数据的强调相一致，在把洛伦兹的电磁理论中的相对性原理提升到它在牛顿科学中所具有的公理地位以前，庞加莱要求更多的证据。

爱因斯坦看到了庞加莱如何与以太漂移实验的失败作斗争。他注意到，庞加莱已跨过了新旧物理学之间的界河，但又退回来了，身后留下了这些失败。庞加莱忠于以太和依赖于实验数据的构造性理论。毕竟，从一个遥远的恒星发出的光，“可以说，一定在某个地方，由某些物质媒介承载着。”[85]

但是如果相对性原理在洛伦兹的电磁理论中变成一条公理，那么由物体之间的相对运动所导致的唯一效应应该能测量出来。以太的情况又如何？庞加莱泰然自若地向读者保证“我们假定以太是在我们力所能及的范围之内”。[86]在《科学与假说》中，他提到了一些旨在测量以太在发射光脉冲的仪器上反冲的实验，这些实验在他1900年的出版物中有更详细的说明。[87]

总之，尽管庞加莱坚信相对性原理的重要性，他仍然坚持认为，这种矛盾的存在需要以太，他确信，以太漂移实验之外的实验将能测出它的效应。以太是庞加莱对何为实在所作的定义的核心，因为它提供了“事物之间的关系”。在读庞加莱的《科学与假说》和洛伦兹1895年的论文时，爱因斯坦清楚地知道，物理学家们试图为电磁理论**构造**一个相对性原理，其地位与牛顿力学中的公理相同，但支撑它的是一系列像地方时一样的假定。这样做似乎也不错。但爱因斯坦知道，因为光的粒子特性，它永远也不可能成功。而这种特性被其他大多数物理学家忽视了。[88]

爱因斯坦的相对性原理

在1905年那种物理学状况下，爱因斯坦相对论论文的开场白是完全出人意料的：“众所周知，麦克斯韦电动力学——像现在通常为人们所理解的那样——当应用到运动的物体上时，就要引起一些不对称，而这种不对称似乎不是现象所固有的。”[89]这与光量子论文的开场白惊人地相似。在那篇文章里，爱因斯坦谈到了电磁理论在辐射的连续性（波）与其不连续性（粒子）之间所存在的“形式上的深刻差别”。在这两种情况下，他都指出了某些事情是人为的、多余的，因而也是不美的。然而对于所有其他人，这些都是非常自然的。但与爱因斯坦所说的相反，麦克斯韦电动力学中的不对称性并非“众所周知”。

爱因斯坦要说明这点只需用电磁感应最基本的例子,即由英国科学家法拉第(Michael Faraday)在1831年发现的一个现象,它成了第二次工业革命的核心。它包括一个导电线圈和一块做相对运动的磁铁(图6.3)。

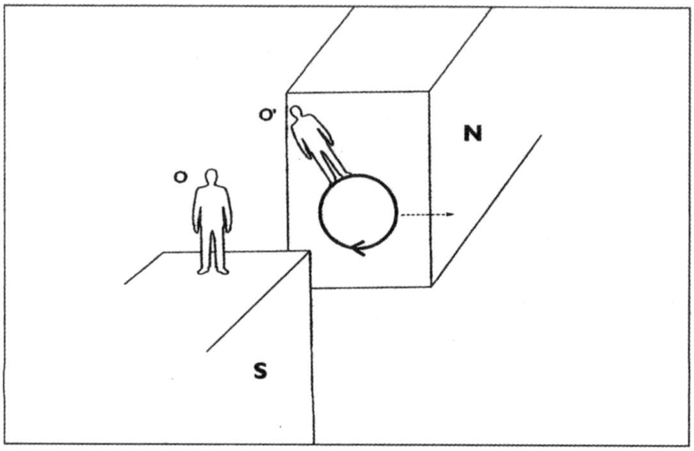

图6.3 对电磁感应的两种解释。N和S表示一个永磁体的两个磁极,在这两极之间有一个闭合的导体回路朝着右方行进,其运动方向如图中的虚线箭头所示。观察者O′随着导体回路一起运动,而观察者O则站在磁体的南极上不动。两名观察者对同一个量进行测量,他们测量的是导体回路由于相对磁体作运动而产生的电流。电流按顺时针方向流动,如回路上的箭头所示。虽然被测量的量(电流)仅取决于回路和磁体之间的相对运动,但两名观察者却把这一电流解释成是由两种根本不同的方法产生出来的。爱因斯坦觉得这种解释上的双重性是"不可忍受"的。

观察者测量电线中的电流。通过在专利局的工作,爱因斯坦对于发电机设计中的复杂问题相当熟悉。在他看来,这些问题的根源位于这个简单易懂的例子中,如他在相对论论文中所写的那样。[90]爱因斯坦在写于1919年的一篇未发表手稿中非常仔细地讨论了他的思想的起源。他回忆说"法拉第的电磁感应[实验]对我起了指导作用"。[91]

爱因斯坦自己对下面的情形感到疑惑不解:"在这里,可观察到的现象[所测得的电流]只同导体和磁体的相对运动有关,可是按照通常的看法,这

两个物体之中，究竟是这个在运动，还是那个在运动，却是截然不同的两回事。”[92]他提醒读者注意在对电流是如何产生的解释上的巨大形式差别。它依赖于观察者是位于导电线圈上还是位于磁铁上。导电线圈上的观察者认为电流由穿行于磁体的磁场的线圈产生，而磁铁上的观察者将电流归因于一种力，这种力基于磁铁产生的一种电场。[93]但是所测量到的电流只取决于他们的相对速度。爱因斯坦感到困惑：一种现象竟然需要两种截然不同的解释，这种现象又只取决于一种量，即相对运动。一种解释以**场**来论，另一种解释以**力**来论。这未免太重复多余，因而也是不对称的。这里，爱因斯坦采用了**非对称性**的一种新意义，与艺术中的非对称性是不同的。

1919年，爱因斯坦回忆道，他发现这个多余性如此“不可忍受”，它“迫使我提出(狭义)相对论，[因为]这种差别不可能是两种情形之间真实的差别，[而]仅仅是参考点选择中的差别”。[94]一个单一的现象(电磁感应)可以从不同的观点来“看”，但它只能有一种解释。对于爱因斯坦来说，不对称在解释中可能是多余的。他将挥动这把奥卡姆剃刀，让物理学理论降至令人满意的最简约的形式。

在相对论论文的下一段，爱因斯坦写道，“这类例子”(未明说的)连同“不成功的”以太漂移实验“导致了如下猜测”：对于同样低阶精确度，牛顿力学中的相对性原理在电磁学和光学中同样适用。这个时候，1905年的物理学家肯定问过他们自己：“这家伙是如何把光学、力学与电磁感应联系起来的?”

答案原来极其简单。计算线圈产生的电流需要知道线圈相对于磁体的速度，而这必定涉及力学定律。光学之所以介入是因为电磁理论也是一种光的理论。另外，就最低阶精确性而言，牛顿的相对性原理也适用于电磁理论和光学。[95]爱因斯坦的伟大洞见是：电磁感应是光学、电磁理论和力学三方面都有交叉重叠的那个领域。

爱因斯坦的下一步纯粹是虚张声势：他把这个不准确的相对性原理提升为一条公理。在爱因斯坦的术语中，这也是一个概念，因为它重新组织了迄今为止被错误理解的数据。这样爱因斯坦就一笔勾销地宣布此前所有的以太漂移实验都白忙了。从一开始,他就消除了不可测量的量,例如相对于以太的速度,并且坚持认为所有的基本概念(诸如空间、时间和速度)都是可测量的——如果不是通过真实的实验,至少在原则上通过思想实验者是可测量的。"以太中的观察者"这样的概念变得没有意义,所以"'光以太'的引入[是]多余的了"[96]——从形而上学的晦涩中走出来。马赫所坚持的量(quantities)的可测量性在这里起了作用。同样,庞加莱在《科学与假说》中对力学基础的分析也是有帮助的。在这本书里,他批判性地看待了物理学处理绝对量的做法:"我们过于经常地解释力学事实,仿佛真有一个绝对空间让我们参照似的。"[97]

接着爱因斯坦提出了第二原理:在惯性参考系中,光的速度总是恒定的,即186 000英里每秒,并且采用只有静止于以太中的观察者才可能测到的数值。已经是与直觉相反的光量子,变得更加违反直觉了:不管实验室运动得多快,它都是以同样的速度运动。这就更进一步把爱因斯坦的光粒子与牛顿的光粒子拉开了距离。

如果这还不足以让任何一位物理学家怒火中烧,那么,爱因斯坦文章的导论的结尾部分肯定会让他们发怒的:

> 这里所要阐明的理论——像所有的电动力学一样——是以刚体的运动学为根据的,因为任何这种理论所讲的,都是刚体(坐标系)、时钟和电磁过程之间的关系。对这种情况考虑不足,就是动体电动力学目前所必须克服的那些困难的根源。[98]

在1905年6月,大家一致认为,理论物理学的前沿关注的是这个电子理论的复杂数学表述。科学家们假定,空间间隔是用尺子来测量的,时间间隔是用钟来测量的,就这么回事。[99]而爱因斯坦知道别的方式。

他的第一个模糊概念来自他1895年的思想实验,他对此一直牢记在心。在这个情景中(参见第3章图3.2),有人试图追上光波中的某一点,光波的源静止在以太中。在追赶这一点时,实验家测量它相对于其平台的速度变化。通过增加平台的速度,实验家应该能追上光波中的一点,这与牛顿力学和我们的日常经验是一致的。这就像你试图驾车赶上另一辆轿车一样。当你赶上时,两辆轿车之间的相对速度减少,并最终变成零。正如爱因斯坦在1946年回忆的那样,“悖论之处”在于当思想实验者追上光波中的那一点时,光波将在空间中冻结。[100]但是这样的现象并没有被观察到,它在电磁理论中也没有占据一席之地。

至此,爱因斯坦意识到,阿劳的思想实验包含了所有可能的以太漂移实验。电磁感应“迫使我提出(狭义)相对论原理”,[101]它支持思想实验者会发现的“直观上很清楚的”东西:“从[思想实验者的]观点来看,所发生的任何事情都将遵守相对于地球静止的一个观察者所遵循的同样的定律。”[102]通过**直觉**,爱因斯坦心中有某些事情是非常确定的——牛顿的相对性原理必须原封不动地保留。

然而即使这种进展也没有完全解决这个悖论。设想你处于思想实验者的位置。不管你跑得多快,光波中的那点总是以同样的速度——光速——相对于你运动。

所有这些结果最终依赖于时间的性质。爱因斯坦如何实现这一点是一个引人入胜的故事,它涉及他作为一个专利局职员的工作,并且再一次把我们的朋友庞加莱引进来,这次是他比较实际的追求之一。

庞加莱、爱因斯坦和时间的性质

让我们考虑这样一种情形:两个人离得非常远,不可能通过声音与对方取得联系。他们事先商量好,下午三点钟的时候,将把他们的电筒对着天空打亮。他们怎么能肯定他们的钟在时间上是同步的呢?在相对论论文的第一部分,爱因斯坦指出,要做到这一点,万无一失的办法是让持钟的观察者交换灯光信号。

使不同的时钟同步的讨论位居爱因斯坦论述的核心：所有结果都从时钟同步的规则中导出。他之所以这样构造他的论证，是因为他觉得对时间性质的“不充分考虑”乃是物理学的阿基里斯脚踵。*至于爱因斯坦是如何通过使钟和灯光信号在时间上同步来构想出一种分析时间和同时性的方法，则一直是个谜，就像我们不知道毕加索是如何意识到几何学是艺术上一种新的表现方法的关键一样。让我们来找一找先例。

当爱因斯坦还是瑞士联邦工学院的学生时，他就在洛伦兹1895年的论文中读到了“地方时”。但是洛伦兹并没有写过任何关于时钟和同时性的东西。不过，在《科学与假说》一书中，庞加莱那有关牛顿力学的基础的透彻讨论是以两个令人震惊的段落作为开场白的。在这两个段落中，他将涉及时间的普遍问题一分为二：绝对时间和同时性。在第一段中，他这样写道：

> 绝对时间不存在。说两个时间是等同的，这是一种本身没有任何意义的断言，它只有通过约定才能获得意义。[103]

庞加莱用“绝对时间”意指牛顿那相对于一个绝对参考系的时间概念，包括其神学上的含义。马赫抨击牛顿的绝对时间是一种形而上学胡说。但是庞加莱接下去照常将时间的绝对性引入到运动的研究中。这种时间不依赖于表示时间的时钟的相对运动，它对所有人都是同样的。

庞加莱接着提醒我们注意被我们视为当然的一点：“我们不仅没有关于两个时间段等同性的直接直觉知识，甚至也没有对发生在不同地点的两个事件的同时性的直接直觉知识。我在一篇题为‘时间的测量’的文章中解释过这一点。”[104]这种时间和同时性问题之间的区别未在别处出现过。这段话只可能让正在津津有味地嚼乳酪、喝茶、抽廉价香烟的伯尔尼年轻小伙子们

* 源自希腊神话。阿基里斯（Achilleus），或译阿喀琉斯，出生后被其母倒提着在冥河中浸过，除被拎于母手、未浸到水的脚踵之外，浑身刀枪不入。后遂以“阿基里斯脚踵”比喻唯一致命的弱点。——译者

大吃一惊。也许爱因斯坦竖起眉毛说过类似这样的话:“咳,这个有意思。让我们瞧瞧庞加莱教授先生还说了些什么。”虽然庞加莱在手头的著作中没有进一步说明,他却一反常态地提供了“时间的测量”一文的准确参考文献:“《形而上学和伦理学杂志》(*Revue de Métaphysique et de Morale*)第6期,第1—13页,1898年1月。”[105]这是整本书唯一提及的文献。爱因斯坦和他的朋友有没有可能接受庞加莱的邀请去当地图书馆查阅他的论文呢?爱因斯坦的法语还不错,而沙旺和索罗文的法语更是流利。[106]

如果他们真去查阅了的话,他们会读到一篇有关光速和时钟同步性之间关系的博学之作,据我所知,那是当时唯一作此论述的文章。1976年,当我有幸发现了庞加莱失踪的通信和手稿时,我抱着一点希望能找到一封爱因斯坦的来信,在信中他会以某种方式感谢庞加莱的著作尤其是1898年那篇文章给予他的恩惠。我没有找到这样的信,爱因斯坦档案馆里也没发现类似的东西。也许爱因斯坦从未读过“时间的测量”一文。更有可能的是沙旺或者索罗文在奥林匹亚科学院的某次聚会上报告了这篇文章。

任何涉及庞加莱那用光信号使时钟同步的方法的讨论,都必须提到他1900年发表的一篇题为“洛伦兹理论和反应原理”的科学论文。我们有确凿的根据可以说明爱因斯坦在写他的相对论论文之前读过这篇文章。庞加莱的论文出现在一个为纪念洛伦兹获得博士学位25周年而献给他的集子里,这个集子还包括好几篇一定会让爱因斯坦感兴趣的文章;[107]爱因斯坦1905年对采用光信号取得时钟同步性的推理与庞加莱的论文具有不可思议的相似之处;而在1906年,爱因斯坦引用了这篇论文。[108]虽然庞加莱在1898年那篇文章里只是泛泛地论说时间的性质,并没有提到地方时,但1900年的论文则用一整套数学方法研究地方时,并且还添上了一段有关牛顿力学的基础的精彩讨论。这篇文章是庞加莱的经典著作之一。不过,虽然这种论述颇中爱因斯坦的意,但1898年的文章以让人更易理解的方式表达了许多同样的事情。

“时间的测量”是一个窗口,通过这个窗口我们可以窥见先锋派的技术思维是如何影响庞加莱和爱因斯坦的。庞加莱文章的标题是刻意选择的：到19世纪后期，时间的标准化对技术和商业来说都是至关重要的。在德国一个大站换乘火车的乘客会发现火车站的钟表按五个不同城市的地方时拨定，而他自己的表还保持着自己家乡的时间。[109]这对德国总参谋长赫尔穆特·冯·毛奇伯爵(Count Helmuth von Moltke)这个德国最热烈地倡导标准时间的人来说确实令人懊恼。在法国，火车站的钟表都拨在铁路时间(l'heure de la gare)上，这个时间比巴黎时间慢5分钟。而在火车站外面的钟表都按地方时(l'heure de la ville)拨定。美国拥有大约80种不同的铁路时间，这些时间与地方时不同，[110]因此，"一个从缅因州东港出发到旧金山的旅客得以他换乘火车的频率一样去改变他的表的时间——大约20次。而这仅仅是为了跟上铁路时间。"[111]不过，最后并不是为了乘客的方便，而是为了高效、可靠的货运的需要使所有铁路采用了一个统一时间。[112]

在工业化国家中，大不列颠率先使时间标准化，于1854年通过立法产生一个标准的铁路时间。从19世纪50年代起，时间信号用电报从格林尼治的一口大钟发出。由分程传递的次数和类型，以及光速引起的传递中的时间延迟都被加以考虑。[113]美国紧随其后。从1865年开始，电报发送的时间信号每天从华盛顿特区的美国国家天文台发出，此举倡导了一个统一时间的概念。到1866年10月，美国的经度差异，通过前一年铺设的横跨大西洋的电缆，按照相对于格林尼治的时间确定下来。在这种情况下，额外的时间延迟产生了，这是由于传递发生在很长的、被绝缘的水下电缆上的缘故。[114]

1870年，与各铁路系统磋商之后，多德(Charles Ferdinand Dowd)提出了美国时间标准化方案。现今采用的基本上还是这个方案：四条标准的子午线，彼此之间按15°间隔开来，形成四个时区的中线。[115]最东边的子午线穿过华盛顿特区，因此美国海军天文台确定了一条本初子午线。[116]

除了铁路运输时刻表外，天气预报也要求时间标准化。[117]为了系统地核对横贯美国的天气报道，美国信号局气象部门的负责人阿贝(Cleveland Abbe)于1870年极力主张时间的标准化。阿贝当时必须解决的问题当中有一

个就是身处异地的一些观察者对北极光的各种观察。要说明这些相距遥远的观察者所报道的北极光现象是否同时发生是非常困难的。这就是庞加莱1898年和爱因斯坦1905年论述的远程同时性问题。两位学者以相似的方式区分了两类事件:一类事件发生于近在咫尺的地方,任何分析也不能将它们分隔开来;另一类事件发生在相距遥远的地方,应该受到科学分析的检验。[118]

由于阿贝的督促和多德方案的合情合理,美国和加拿大于1883年采用了建立在格林尼治子午线和多德的时区基础上的时间标准。下一步便是国际标准化。1884年10月,美国政府邀请了25个国家的代表会聚华盛顿讨论这种情形。本初子午线会议的结果是将地球分成24个1小时的时区,时区之间按15°间隔开来,以格林尼治作为零度经线即本初子午线。[119]

尽管法国最初主要出于沙文主义的考虑抵制这个方案,但也在20世纪初期成为此方案的支持者,至少是间接的。[120]下一个问题是在全世界确立同步时钟,这些同步时钟也将用来确定地球上人迹罕至地区的经度。纵观法国历史,法国人一直特别喜好这种探险考察,这些考察也有利于更好地绘制地球表面的地图,由此更好地确定地球的形状。[121]

这样一些问题正是庞加莱研究兴趣的核心。作为科学院唯一一个同时获得其下属五个分院——几何学、力学、天文学、物理学以及地理学和航行学——会员资格的成员,庞加莱不可能不知道1884年的本初子午线会议。很可能,巴黎天文台台长、法国两个代表之一的让森(J. Janssen)本人亲自向他通报了此事。

经度的确定取决于所有时钟都与一条公认的本初子午线上的一面标准时钟同步起来。一个主要的问题是如何提高便携式记时仪的精确性。庞加莱1898年的文章旨在告诉我们:“专家学者们默认的假设的定义,[如果我们看着]他们工作并且寻找他们用以考察同时性的规则,[我们可以观察到]这种默认的假设。”[122]这里,关键性的词汇是“默认”一词。庞加莱极擅长发现默认的假设。

他的第一个例子是天文学家通过观察木星卫星产生的食(eclipses)去测量光速的方法。这种方法涉及速度的标准定义,即速度等于距离除以时间。这里存在着两种非同时性的事件:由木星卫星引起的阳光反射和在地球上接收到的阳光反射。[123]默认的假设是:光速在每个方向上都是相同的。庞加莱指出:尽管这个假设永远也不可能被直接地验证,但如果没有这个假设,天文学研究就不可能进行。

庞加莱没有提到的是,天文学家和电动力学专家以非常不同的方式处理光速。天文学家的宇宙是空的,而电动力学专家的宇宙则充满了以太。因此,天文学家认为是公理的东西——光速在各个方向上的恒定——到了电动力学专家那里则只是源于一堆假设的东西而已,其中包括洛伦兹地方时。

庞加莱接下来探讨了经度的测量。问题是:怎样把时钟拨得与格林尼治或者巴黎的那面钟同步?按如下所示即可:携带着一面已经与本初子午线上的时钟在时间上同步的钟(但在实践中这是不可靠的);或者与天文现象的各种观察(但是这太费力,而且极其困难)协调起来。庞加莱选择电磁信号,但是他对这一问题的处理与天文学上的有所不同。例如,庞加莱假设一个人在巴黎给柏林的朋友打电话。在电话当中,巴黎人问起时间来。柏林的朋友回答,是下午5点钟,于是巴黎人将他的钟拨到下午5点。庞加莱说,为了精确起见,人们必须考虑由于虽然很高但是有限的光速引起的传递中的时间延迟。不过,就这种情形而言,没有必要作相应的修正。因此,“大体说来,我们忽略传递的时间,认为这两个事件是同时的。”[124]

庞加莱将同时性看作是一个心理学概念,其定义可能取决于感官感知。就木星的卫星这种情形而言,存在着一种对所涉两个事件的感觉上的差异。虽然用电磁信号所作的经度测量没有感觉上的时间延迟,但必须作精确的修正。[125]不过,这并不适用于电报或无线通信的每一种情形。因为“没有普遍的法则,没有精确的法则,[只有]适用于每一种特别情形的种种小法则”,因此任何有关同时性的分析都归结为时间测量问题。[126]所以,“同

时性的定性测量问题被还原为时间的定量测量。”[127]

但是归根结底，庞加莱不得不作出这样的结论：即使时间测量也多少是有些定性的。你如果愿意的话，当然可以对有限的光速或横跨大西洋电缆传递中的其他延迟作些修正，但任何别的修正都将使“物理学、力学和天文学的法则的解释”变得极其复杂。[128]他这里所谓的复杂只可能指将洛伦兹的地方时作为实时(real time)所涉及的复杂情形，因为那与我们感官感知所期望的东西相违背。[129]最终，对庞加莱来说，还是存在着时间的绝对性。他对此所作的论证聚集在他这样一种信念上：科学理论和技术实践应该反映我们日常世界的概念。

在庞加莱1900年的论文中，他给这些思考提供了一些定量的洞见。他在这篇文章中探讨了如何使正穿行于以太之中而处于相对静止状态的两面钟在时间上同步起来。持钟的观察者决定通过交换光信号而非采用笨重的电报装置来使两面钟在时间上一致。在这种情形下，“信号以同样的速度在两个方向上传递。”[130]此举的完成取决于每面钟显示的都是洛伦兹地方时，这样，与钟一起运动着的观察者并不知晓其在运动，就像一切惯性参考系一样。[131]但是，庞加莱的结果是近似值，因为关于地方时的数学还没有完全完成。[132]

使时钟同步的最好方法当然是无线电报。1905年，船舰上的无线电报是一个重要话题：它有望提高安全系数，使乘客了解最新的新闻，当然，它还有军事上的含义。爱因斯坦和他的同事们也可能讨论过美国海军在1905年怎样开始从华盛顿特区向其舰队发送时间信号。[133]那时，出现了关于怎样使传递和接受装置标准化的问题。[134]美国海军部的少校海登(Edward Everett Hayden)期待着“有一天，无线电报可能会容许一个日常国际时间信号，这个信号能在瞬间抵达每一个大洲和每一片海洋”。[135]

在瑞士专利局里，像时间标准化和由电缆、无线电报进行传递这样的问题每天都被讨论着。专利局局长哈勒尔原来是个铁路工程师，很可能加上自己的意见，由此便触发了这样的讨论。爱因斯坦不可能不注意到讨论中光速和时钟同步之间的联系。不过，更有可能是他的朋友沙旺向他报告了庞加莱1898年的文章，因为沙旺就职于联邦邮政和电报局这样一个在时间标准化方面有控制权的机构，而且这个局和专利局同处一栋办公楼。虽然爱因斯坦可能从工作时的讨论中了解到时钟同步与光之间关系的知识，但爱因斯坦1905年的思考与庞加莱1898年和1900年论文中的思考太相似了，绝不可忽略。两个人都探索了时钟怎样通过交换光信号在时间上同步起来，并且都强调分析空间上隔开的“事件”的同时性十分重要。[136]

在爱因斯坦关于使时钟同步的“物理(思想)实验”[137]中，他对时间和同时性的描述惊人地把庞加莱在《科学与假说》中对同时性问题所作的断言中的因素与铁路时间和远程同时性的因素结合起来。但是与庞加莱不一样的是，爱因斯坦主张，同时性**和**时间问题是定量问题，不涉及主体性(subjectivity)因素。

> 如果我们要描述一个质点的运动，我们会假定其坐标值为时间的函数。注意，我们必须仔细记住，这种类型的数学描述没有任何物理上的意义，除非我们非常清楚我们所说的“时间”到底是什么。我们必须考虑到，我们所有关于时间的判断，总是同时事件(simultaneous events)的判断。例如，如果我说“那趟火车7点钟到达这儿”，我的意思是：“我表上小指针指向7点和火车的到达是同时事件。”[138]

爱因斯坦有关时钟同步的最本质的思想实验与庞加莱1900年的思想实验比较起来，更为简单易懂。这是因为在相对论中，往返光速的等效性是被作为公理的。因此，需要同步的时钟上的时间正是由一面处于相对静止状态中的“主”钟发射和接收一束光线的时间的平均值。这个问题只需要小学算术知识。于是，这个惯性参考系中处于相对静止状态中的所有其他时钟的时间同步问题都得以解决。

不过，爱因斯坦为同步时钟所作的优美定义使物理学家们付出了巨大的代价：他们的概念框架被砸得粉碎。假设一个精确的、适用于物理学所有分支的相对性原理，并且假设光速在每一个惯性参考系里具有相同的值，就等于否决了以太。

在相对论论文的第二部分，爱因斯坦从这个时钟同步性定义还演绎出另一个非常反直觉的结果。在一种惯性参考系中同时的两个事件放到另一个惯性参考系中测量则并不一定是同时的。没有什么优先视点让你能够说它们“真正”是同时的还是非同时的。

在图6.4中，平台A上处于静止状态的两个观察者说好下午3点钟的时候将把他们的电筒对着天空打亮。这两个事件是同时的。但是，在一个与平台A处于相对运动状态中的平台上的人看来，这两个事件不是同时的。同时性只是一个相对概念。平台B上的人看到事件1发生在事件2之前，而平台C上的人看见事件1发生在事件2之后。不存在真正的同时性，正如一个物体没有真正的形状一样。立体主义和相对论两者都要求人们从自然中选出事物的特别方面。爱因斯坦的时间同时性正好和毕加索的空间同时性

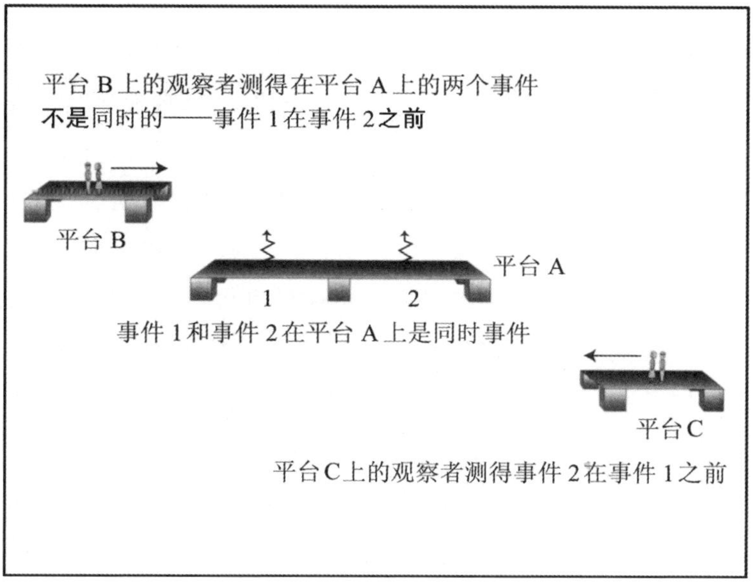

图6.4　狭义相对论的同时性。

配对。二者都等于同时从几个视点表现自然。一个景观是什么，取决于你怎么测量它或看它。

反直觉的东西开始聚集起来。爱因斯坦的论证便是其中之一，他认为，当由另一个惯性参考系中的时钟测量的时候，这种结果使得一面处于惯性运动中的钟减慢。这些结果超出了庞加莱在《科学与假说》中讨论怎样看待第四维时所提及的事件的时间秩序和空间秩序。

爱因斯坦怎样发现时间和同时性是相对的？他自己最早的证词是写于1907年的一个"回忆录"。在回顾了洛伦兹的理论和他那特别的收缩假设的情况之后，爱因斯坦接下去描述了他自己1905年对这种情形的看法："不过，令人惊讶的是，原来只需要一个足够敏锐的时间概念就可以解决讨论过的难题。我们只需要认识到：由洛伦兹提出并被他命名为'地方时'的一个辅助量可以被简单地定义为'时间'。"[139]不管是有意还是无意，爱因斯坦的措辞是庞加莱1900年论文中的断言的一种漂亮改写。在那篇论文中，庞加莱写道，用光信号使时钟同步时，你得采用的"不是真正的时间t，而是某个**地方时**t'"。[140]不过，别忘了，洛伦兹、庞加莱和任何其他物理学家都不愿意赋予洛伦兹地方时以任何物理实在性，因为那将意味着时间取决于时钟的相对运动，而这种结果与我们的感官感知是不一致的。只有爱因斯坦喜欢超越事物的表象。

不过，他首先需要更多的证据以使自己确信，地方时是真正的物理时。像他这样的人不可能仅仅因为它有益于解释一些"已知事实"而让自己信服，这些"已知事实"包括以太漂移实验的失败和电子质量是怎样取决于它的速度的。关键的洞见来自阿劳的思想实验。深思熟虑了10年之后，爱因斯坦终于明白了地方时的作用：它超越了"已知事实"。

在这当口，我们可以想象爱因斯坦做着下列的基本演算。在定义速度——距离除以时间——时，爱因斯坦不用牛顿的时间，而是插入包含两项的洛伦兹地方时：一项为"通常的"常识性时间，另一项取决于时钟的相对运动。结果一定让他大吃一惊。在惯性参考系里所做的一切光速测量如今都产生出一个同样的结果:每秒186 000英里。[141]他找到了一种速度合成的新方法,在这种方法中,没有任何一种光速测量能显示出一个惯性参考系的运动。而这给他这位思想实验者的直觉——牛顿的精确相对性原理可以被扩展以适用于光学和电磁理论——提供了数学上的支持。

这里,爱因斯坦需要一些认知指导。地方时和我们感官感知的时间之间的差别,尽管具有深刻的后果,却是极其微小难以察觉的。洛伦兹和庞加莱喜欢做出演算以证明地方时和“真正的”物理时之间的差别极其微小,测都测不出来,更不用说感知了。[142]爱因斯坦转而向18世纪苏格兰哲学家休谟(David Hume)求援。1948年1月6日,他这样写信给贝索:“据我所能记忆的是,休谟对我的直接影响[比马赫]更大;我和哈比希特、索罗文一起在奥林匹亚科学院研读了他的著作。”[143]马赫强调必须保持一种健康的怀疑主义,但更为尖锐的休谟切入得更加深刻。休谟的经典结论——自然的精确法则不可能从感官感知或经验数据中获取——给爱因斯坦提供了他所需要的信心去处理洛伦兹的地方时,因为最后的结果与庞加莱所说的相反,同时性和时间二者都是定量问题。

那么,为什么要在相对论论文中向贝索致谢呢?据我所知,爱因斯坦对贝索贡献的唯一评论出现在他1922年12月14日在日本京都作的一个即兴演说中。爱因斯坦谈到与贝索的一场讨论,在这场讨论中,他们讨论了一个“问题”的各个方面,我们可以假定这里的“问题”是时间。显然,贝索的关键性解释解开了爱因斯坦脑子里的某个难点,因为第二天“甚至没来得及问候一声”,爱因斯坦便这样招呼贝索:“谢谢你。我已经完全解决了这个问题。对时间概念的分析便是我的解决方法。时间不可能被绝对地定义,时间和信号速度之间存在着一种不可分离的关系。”[144]可惜,没有提供什么细节。

不管这种献计献策(brainstorming)的内容到底如何,它迅速带来了结果。在1905年5月18日至5月25日的某个时候写给哈比希特的一封信中,爱因斯坦提到一篇论文,“目前还只是一份草稿,[关于]动体的电动力学,这篇论文利用了空间和时间理论的一种变体;其中纯运动学部分肯定会让你感兴趣。”[145]爱因斯坦为了和贝索住得更近，于5月15日搬了家，他们下班回家路上最初的某次谈话可能就使爱因斯坦解决了先前卡住他的“问题”。与贝索的谈话，触发了他从庞加莱1898年和1900年两篇论文中习得的知识——或者可能触发了他们在工作中听到的有关利用无线电报使时钟同步的信息。

从几十年后爱因斯坦接受西利格的一次访谈来看，他向哈比希特描述的草稿包含“狭义相对论思想的概念”，即用光信号和时间的相对性去调拨时钟。爱因斯坦对西利格作的回忆——“相应的出版文章完成[之前]过了四到六周”——与《物理学年刊》于6月30日收到论文是吻合的。我们可以进一步假定，与贝索谈话之前的草稿是爱因斯坦被卡住的草稿。与贝索的谈话是决定性的，因此，爱因斯坦的慷慨致谢是合适的。在相对论论文的结论部分，他写道：“最后，我希望说明，在研究本文所讨论的问题时，我得到了我的朋友和同事M·贝索的热忱帮助，我要感谢他提出的一些有价值的建议。”[146]

爱因斯坦对奥林匹亚科学院和他与贝索的友谊的重要性从来没有动摇过。40年之后，他还对贝索谈起他的忧虑：他的传记作者西利格没有认识到这一点。爱因斯坦抱怨道，西利格一心关注他的童年，并以为这样做有道理，他声称：

> 我的生活已详知于世。而这不是事实，其实正是在瑞士度过的那些年，人们知之不详。这给人们一种误解，就好像说我的生活始于柏林！有必要指出，我们每天在从专利局回家的路上讨论科学问题。他应该提到与索罗文（现居巴黎）的友谊……在伯尔尼，我经常在晚上与哈比希特和索罗文一起阅读、讨论哲学著作，这当中，我们尤其集中研讨过休谟（一个极好的德文版）。这些阅读，加上庞加莱和马赫的著作，对我的发展有相当大的影响。是你，当我们在卡普罗蒂夫人（Mme. Caprotti）家[的某次音乐晚会上]认识之后向我推荐了[马赫]，那时我还在[瑞士联邦工学院]上大学。[147]

虽然阿波利内尔在《亚威农少女》完成之后立刻描述了毕加索的创造性，但爱因斯坦的“萨尔蒙”——贝索——却从未追叙过1905年春天发生在爱因斯坦“工作室”里的事情。这并不奇怪，因为只要一涉及哪怕有一丁点儿机会出版的写作，贝索便倾向于迟钝。不过，我们有足够的史料去理解——至少从潜在性上是如此——在伯尔尼1905年那个不可思议的春天放射出炫目光芒的超级智星。

早期的承认

对他所发表的论文的反应，心怀渴望的爱因斯坦并不用等多久。第一个反应很快在1905年11月30日出现了。它来自实验家考夫曼，他评论“A·爱因斯坦先生”的一篇“短文”（相对论论文）的结果与“洛伦兹的[电子]理论的结果从形式上是等同的”。考夫曼提到的“形式上的”等同指的是电子质量的等同。[148]考夫曼提到“洛伦兹—爱因斯坦”理论与他最近的数据不怎么相符。[149]在1906年初发表在《物理学年刊》上的一篇长文中，他不再拐弯抹角，直截了当地说，他的实验结果“与洛伦兹—爱因斯坦理论不一致”。[150]

无论如何，爱因斯坦的名声开始增长，对此，他很高兴：“我的论文被人广为欣赏，并且引起了进一步的研究。（柏林的）普朗克教授最近写信给我谈到了这一点。”[151]普朗克早就认识到爱因斯坦在相对论论文之后要做更大的游戏，决不会仅仅止步于电子论。甚至在寻找物理学的绝对定律中，普朗克对爱因斯坦的相对性原理的普遍性也印象深刻。在德国最主要的科学聚会，即每年一度的德国科学家与医生的9月年会上，普朗克站起来为洛伦兹—爱因斯坦理论与考夫曼的数据不符辩护。[152]

爱因斯坦在1905年6月30日至9月22日的某个时间写给哈比希特的一封信中宣布了1905年的最后一篇出版物*。在这封信中，他提出他有可能“把你放在专利局的奴隶中偷运过来”。它涉及一个他在相对论论文中忽视

* 参见《爱因斯坦奇迹年——改变物理学面貌的五篇论文》，约翰·施塔赫尔主编，范岱年等译，上海科技教育出版社，2016年。——译者

了的结果："质量[是]含在物体中的能量的一个直接度量……这个考虑很有趣，很有诱惑力"。[153]在世界舞台上，这个结果绝不是有趣的。40年后，其基本的科学内容由于通过质能公式 $E = mc^2$ 所揭示的一个绝对的摧毁性力量的预兆而蒙上了阴影。[154]

或许这个时候爱因斯坦认为自己可以吃点老本了，又或许他一时精疲力竭了，爱因斯坦向索罗文抱怨道："谈到我的科学，到目前为止，我还根本没有成功。不久我就将进入停滞和思想贫乏的年龄，那时人们只能对年轻时的革命精神望洋兴叹了。"[155]还不至于此。

1906年9月，爱因斯坦收到诺贝尔奖获得者伦琴甚至还有德鲁德索要相对论论文的请求。1906年6月2日，后来成为其终生朋友的劳厄(Max Laue)写信给爱因斯坦，就光量子论文中的某些问题进行评论。[156]劳厄与爱因斯坦同庚，从1905年秋天起就是普朗克在柏林大学的**助手**。他听普朗克讲的第一次物理课就是关于爱因斯坦的相对论的。[157]

1907年夏天，普朗克让他的**助手**去伯尔尼找那个写出如此富有想象力、引起巨大争议论文的人。劳厄当然是去了伯尔尼大学，很幸运地被告知转道专利局。劳厄描述了他到达那儿时的情形："在一个普通的候客室里，一个官员对我说：'顺着走廊走，爱因斯坦会出来见你。'我按照他的指示去做，但出来见我的年轻人并不是我想象的样子，我简直不敢相信他会是相对论之父。所以我把他让过去了，只有当他从候客室里回来时，我们才真正认识。"[158]

"在我们交谈的头两个小时，他推翻了整个力学和电动力学。"劳厄在1907年9月2日写给他的朋友、维尔茨堡大学的一名物理学研究生劳布(Jakob Laub)的信中这样写道。[159]在他们一起从专利局出来的路上，爱因斯坦给了劳厄一支他最喜爱的廉价的瑞士雪茄。劳厄发现它简直难以忍受，一找到机会，马上把它扔入阿勒河。

劳布已经熟悉了爱因斯坦的相对论。维尔茨堡最受尊敬的教授、1911年诺贝尔奖获得者维恩(Wilhelm Wien)让他就这个问题作一次演讲。劳布

回忆道:“讨论很热烈,从中可以看出,要弄懂时间和空间的新概念,不是那么容易的。”[160]1907年7月,爱因斯坦开始与维恩就光的速度通信往来。1912年,维恩提名爱因斯坦和洛伦兹共获诺贝尔奖。[161]

1905年并没有耗尽爱因斯坦的创造性才能。在1909年离开他那“世俗修道院”以前,他将做出又一个伟大的思想实验。

第7章　我真没有想到爱因斯坦会这么能耐!

在博雷尔(Émile Borel)家用毕晚餐,瓦莱里(Paul Valéry)*问[爱因斯坦]:当一个想法降临,你怎么样着手将它记住? 用笔记本,便笺,还是……爱因斯坦答道:噢! 一个想法,太稀有难得啦!

——博雷尔**,1922年

试想你是一名大学理科毕业生,发现要找到一个学术职位完全不可能,只好去做公务员。然而,你坚持不懈地进行你的研究工作,并且成功构建了一种大胆的时空新理论。但是别人认为这个理论不过是给一种现存理论提供了一个更牢固的基础而已,而这个现存理论的着重点其实在别处。即便如此,你的名字还是和当代一位伟大的科学家的名字联系在了一起。你于是欢欣鼓舞,甚至敢于梦想一个大学职位。然后一个实验否定了这个以你们两人命名的理论。一切都崩溃瓦解了。

持之以恒

这种情形正是爱因斯坦1906年所面临的,当时,他的时空理论被认为给

---

* 瓦莱里(1871—1946),法国诗人、文学评论家,后期象征派诗歌主要代表。——译者

** 博雷尔(1871—1956),法国数学家。在点集测度方面很有成就,为实函数论的奠基人之一。(感谢中国科学院自然科学史研究所数学史专家田森博士提供这条信息。)——译者

备受尊敬的洛伦兹的电子论提供了基础材料。但是，大多数物理学家认定著名的实验家考夫曼已经否定了洛伦兹—爱因斯坦电子论。考夫曼测量到电子质量随其速度的变化关系，与洛伦兹—爱因斯坦理论所预言的不同。心神不定的洛伦兹1906年3月8日写信给庞加莱，说他的理论“与考夫曼的结果大相径庭，我必须抛弃它。我可是智穷计尽了”。[1]

1907年春天，物理界支持洛伦兹—爱因斯坦理论的那部分人全都陷入绝望之中。如果洛伦兹这样的大人物的精神状态都是如此，那么专利局的小职员又会怎么样呢？爱因斯坦应该早就被打垮了。但是最艰苦条件下的持之以恒，才是天才的标志。正如心理学家加德纳(Howard Gardner)所发现的那样，“非凡人物……长期不断地遭受痛苦、拒斥和孤独的危险。[但是他或她有]能力看到与其说是挫折的光明面，不如说是挫折带来的学习机会。”[2]

我们从一篇关于相对论的综述文章中可以了解到爱因斯坦对当时情形的看法，那篇文章于1907年9月开始动笔，是为声望极高的《辐射和电子学年鉴》(*Yearbook for Radioactivity and Electronics*)而写的。[3]爱因斯坦首先评估了考夫曼关于运动电子质量的实验，认为它们总的说来是令人满意的；但是，可能存在着一些未知来源的系统误差。第二，他提出“意见”：因为考夫曼数据支持的一些电子理论缺乏普遍性，它们就不应被当作最终的结论。[4]爱因斯坦的第三步甚至更加不凡：他无视考夫曼的数据，进一步提出一个总的归纳——总括他那按说已被否定的时空理论并将引力包含进来。那简直是大胆放肆！8年之后，这个提议最终成为科学思想史上最优美的理论之一——广义相对论。不过，这一切的一个前兆是爱因斯坦科学生涯中第二个也是最后一个大的思想实验，那是1907年冒出来的。它的解决需要新的美学观念。

第二个思想实验

写综述文章的科学家经常会发现，集中到一起的资料具有一种崭新的意义；一旦收集到一块，一大批研究资料能被更好地理解，甚至可能在更深一层的意义上得到理解。先前互不关联的各个方面可能以一些意外的方式联系到一起，并导致新的顿悟。1907年9月到12月这段时间，爱因斯坦就经历了这种情形。顿悟以一种思想实验的形式出现，爱因斯坦在这之后很快提供了详细的回忆录。这与1895年的思想实验形成对照，不过，我们对那个思想实验的起源几乎一无所知。

思想实验只降临给那些有准备的头脑——没有什么凭空飞来的灵感。[5]思想实验的前奏是长时期自觉的苦苦思索。心理学研究表明，具有高度创新的问题解答经常要经过意识思维、潜意识思维、启发(但愿！)和确认这样一个循环过程。让我们试着再现导致爱因斯坦1907年思想实验的那个时期，看看它是否符合这个循环过程。[6]

爱因斯坦1919年回忆道，1907年他在"撰写一篇有关狭义相对论的总结性文章"[7]时，花了大量精力去推广牛顿的引力理论——以与相对论一致，但是他失败了。不过，爱因斯坦并没有大失所望，反而把他的失败当作学习机会。在仔细思索没能推广牛顿的引力理论的失败时，他想到了要重新思考1905年的电场和磁场的相对论。这是解决问题的意识思维部分。

从潜意识思维而来的启发是出人意料地冒上来的。爱因斯坦1922年12月14日在日本京都作的一次演讲谈到了这件事："我坐在伯尔尼专利局我的办公椅上，突然一个想法向我闪来：'如果一个人自由落下，他不会感觉到他自身的体重。'我吓了一跳。这个简单的思想实验给我留下了深刻的印象。它将我导向一种引力理论。"[8]

这个"突然一个想法向我闪来"的时刻背后究竟是什么呢？爱因斯坦1919年的一些未出版手稿提供了线索，他在那些手稿里更加详细地回忆了这个思想实验：

> 就在这个时刻，我一生中最快乐的想法向我闪来。正如电磁感应产生电场的情形一样，引力场同样只是相对存在。**因为如果我们认为一个观察者在自由下落，比如从一所房子的房顶上掉下来，则对处在这**

个自由下落运动期间的他来说不存在引力场——至少在他的紧邻区没有。实际上，如果观察者将手中的一些物体放开，则这些物体相应地与他处在一种静止状态或匀速运动中，不受它们特定的化学或物理性质控制……观察者因此有权将这种状态说成是“静止状态”……因此，根据实验所知的物质与自由落体加速度无关这一事实有力地证明了：相对论基本假设必须扩展到相互作非匀速运动中的一些坐标系。[9]

为了理解爱因斯坦所说的电场和引力场的“相对存在”是什么意思，让我们回忆一下同时性的相对性质。第6章里的图6.4说明了一种参考系里同时发生的两个事件对相对运动中的观察者来说并不一定是同时的。同时性没有“真正的”描述。

第6章图6.3里的磁场和导体的情形是类似的。虽然两个观察者是在磁体和导体之间做相对运动的时候测量导体回路里的同一电流，但他们的描述不同。磁体上的观察者将电流归因于穿行于磁场中的导体，而导体上的观察者*认为电流由穿行于电场中的导体产生，这个电场的源则是移动中的磁体。观察者的运动状态决定电磁感应是由磁场产生还是由电场产生，因此这些场只是“相对存在”。在爱因斯坦1919年的追忆中，他用一种莫扎特式的风格狂热地提及此事：“……这种客观实在只可能赋予联系在一起的**电场和磁场**，完全与[观察者之间]的相对运动状态无关。”[10]两个场都“在那儿”，等着被从宇宙中提出来。结果，“引言中提到过的不对称现象——当我们认为电流是由磁体和导体的相对运动产生时所出现的不对称现象——现在消失了。”[11]根据爱因斯坦的相对论，电磁感应只能以场来讨论，不能如洛伦兹的理论那样同时以力和场来讨论。

他1907年的启发，导致他作出新的发现：“引力场同样只是一种相对存在。”两个观察者，一个在地面上，另一个与石头一起往下落，他们只在可测

* 此处原文是“磁体上的观察者”，似有误。——译者

量的量这一点上意见一致——即一块石头要花多长时间才能落到地面——但是各人的解释则完全不同。地面上的观察者看到石头加速，而对另一个与石头一并下落的人来说，石头则处于相对静止状态。

爱因斯坦最初尝试探索这种情形时，基本情况是这样的：[12]首先他是从站立于地面的观察者的角度（参考系）考虑这个问题的，对于这个人来说，作用于自由下落的石头上的唯一力量是石头本身的重量。爱因斯坦然后用简单易懂的方法，将数学移至与石头一起自由下落的观察者的参考系中，因为石头和人都在下落，二者处于相对静止状态，因此对这个观察者来说，石头是没有重量的。虽然许多科学家都"见"过或者想象过这种基本的教科书情景，但只有爱因斯坦一个人看到了它的"深层结构"：在某种附带条件下（我们一会儿将解释这种附带条件），牛顿力学方程式只在一种条件下反映了自由下落观察者可和与其同时运动着的没有重量的石头处于相对静止状态的实际情形，这种条件就是，两个观察者之间的相对加速度，由下落观察者测量时，等于地面上观察者所经受的引力场的加速度，但方向相反。在这种情形下，"[对自由下落的观察者来说]**不存在着引力场**……观察者因此有权将这种状态说成是'静止状态'。"

这个结果有一个深刻的含义：加速度与引力场是等同的。爱因斯坦将把这称为"等效原理"。[13]引力场的存在与加速度相关。经典的例证是你在一个下降的电梯里所经历的情形。如果你碰巧站立在一台秤上，你会注意到你的体重比你在平地上称的体重要轻。换种方式来说，你可以想象下降的电梯实际处于静止状态，而你所处的引力场比地球的引力场要小——所差的量正好是电梯的加速度那么多。如果秤上突然出现零，你则麻烦大了，因为这意味着缆绳断裂，你进入自由落体运动中。在这种情形下，你没有重量，就像爱因斯坦思想实验中的石头，因此你的紧邻地区没有引力场。

一旦爱因斯坦能够认为下落观察者的参考系是"静止"的，那么这个参考系中的物理法则不可能与其他参考系中的物理法则相左。因此，他于1919年写道，"相对论假设必须加以推广"，以包括加速参考系。

爱因斯坦对等效原理的发现是推广狭义相对论的第一步。由此直接衍生的一个结果是:每一个参考系都可被用作测量平台。它们都完全平等,而这一点消除了狭义相对论中不对称的现象。狭义相对论将牛顿力学推广到了以接近光速的速度运动的系统,它同时也赋予惯性参考系一种优先地位。狭义相对论也从牛顿力学那里承袭了关于观察者在加速参考系里到底将经历些什么情形的模糊混乱概念,而等效原理最终将缓解这种混乱状态。[14]

在等效原理那些令人惊讶的结果当中有这么一个结果:时间取决于时钟碰巧所在的引力场,光速亦然。[15]因而,爱因斯坦在探索广义相对论时,不得不放弃狭义相对论的第二条公理:光不是在每一个参考系中都以同样的速度直线运行。

加速度与引力之间的直接关系要求爱因斯坦放弃牛顿力学中一个历史悠久的区分,因为它是多余的。而这把我们带回到作者早先提及过的附带条件。牛顿式的科学假定物体有两种不同种类的质量:引力质量和惯性质量。引力质量是对物体引力的量度,而惯性质量是对物体如何对推与拉进行反应的量度。爱因斯坦宣称这两种质量是同一回事。这两种质量事实上相互抵消,这一点对他预测等效原理至关重要。他于是消除了该现象中并非固有的另一种不对称:如果一种质量就可以了,为什么非得有两种质量不可呢?

1907年,有没有线索将爱因斯坦指向引力质量和惯性质量相等这个方向呢?[16]我们再次被带到《科学与假说》一书。在这本书里,庞加莱探究了另一个默认的假设。[17]这个假设隐藏在天文学家用牛顿运动定律去“称”像地球一样带有卫星的行星的惯常方式中。在数学中,他们理所当然地用月亮的惯性质量抵消了月亮的引力质量。因此,庞加莱写道,我们默认这二者完全相等。但是就像他在同一本书中对同时性的考察一样,庞加莱未作进一步的阐述。

爱因斯坦认识到,这个默认的假设或者说不对称,掩盖了一个深刻的自然法则:引力和加速度之间的等效性。考虑到《科学与假说》当时是一部畅销书,到底是什么激发爱因斯坦从这个段落中看到更深刻的意义呢?我相信他是在用他的极简主义的美学去消除不对称。

让人吃惊的是,即使放在当时的历史背景中,爱因斯坦1907年的思想实验所涉及的数学细节也是简单明了得令人难以置信。不需要复杂的数学思考,因为爱因斯坦径直走向了问题的概念性核心。高度创造性的一个标志就是,精通所有技术细节到了这样一个程度:能飞越无关紧要的细节,径直看到问题的核心。莫扎特在音乐上如此,毕加索在艺术上如此,爱因斯坦在物理上亦如此。

空间和时间的几何化

面对与爱因斯坦同样的实验数据——失败的以太漂移实验和考夫曼对高速电子质量的测量,庞加莱在先后发表于1905年和1906年[18]的两篇十分优秀的论文中得出了一个与爱因斯坦的狭义相对论相类似的数学表述。与庞加莱坚持只考虑经验数据和感性印象相一致,当论及空间和时间时,他不屑于分析时间和同时性。这要求他抛弃实验数据,拥抱思想实验者的视觉形象这个玄虚王国。而庞加莱永远脚踏实地。他那两篇论文只想给洛伦兹的电子论提供一个牢固的数学基础。

1906年论文里的一些结果比论文宣明的目的要经久,这包括某些数学技巧,庞加莱第一次使用这些数学技巧以简化洛伦兹电子论的分析。它们涉及在一个以时间为第四维的四维空间里建立一种数学表述。令人吃惊的是,庞加莱没有提及这个过程任何可视的几何方面。[19]

另一位数学家提到了。1907年,43岁的闵可夫斯基认识到了庞加莱方法的威力。爱因斯坦晚年回忆闵可夫斯基时说,他是瑞士联邦工学院里的"优秀教师"之一,"我真的本可以(从他那儿)得到一份扎实的数学教育。"[20] 1902年,闵可夫斯基应聘去了格丁根,在1907年到1908年那个学期,闵可夫斯基组织了一门研究课,讨论电动力学的新动态。所讨论的论文包括爱因斯坦和庞加莱的文章。那时，闵可夫斯基已经是个小有名气的数学家了，但是他在物理学界的更大的名声将是由于他的名字与一位从前的学生联结在一起的缘故，而这个学生曾经常逃他的课。读了爱因斯坦关于相对论的论文后，闵可夫斯基马上反应道："我真没有想到爱因斯坦会这么能耐！"[21]至少他还记得他。

闵可夫斯基发现庞加莱的数学方法为"洛伦兹—爱因斯坦电子论"在四维空间里的几何表述提供了基础，并且补充了视觉形象，使之十分完整。他认识到光速是联结三个空间维度与时间的东西(图7.1)。

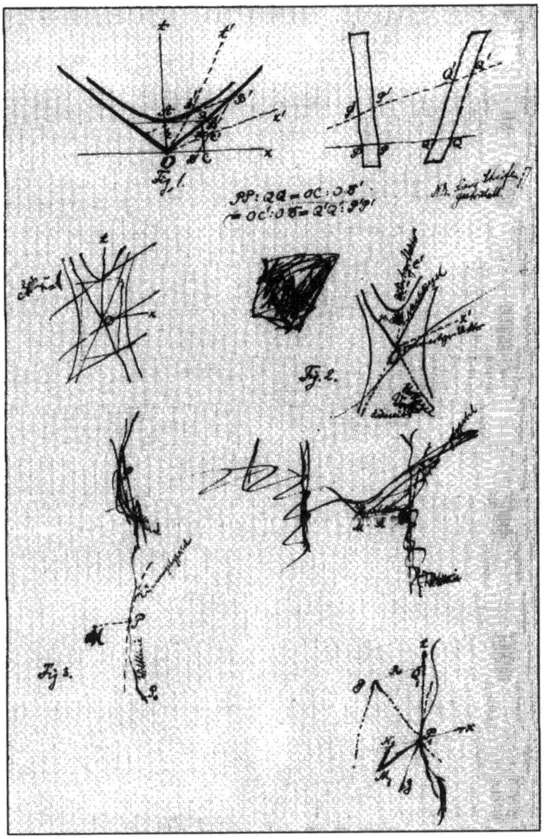

图7.1　闵可夫斯基的空间—时间图的草图，原为他1908年《空间和时间》演讲所作。图中数字系指演讲的原文。

闵可夫斯基进一步将他的数学分析推广到非欧几何。[22]这位20世纪的笛卡儿(René Descartes)的最终的梦想,就是用空间—时间里的点去填充空间。虽然庞加莱在他的数学表述中也清楚地看到空间和时间被联结成一种空间—时间(space-time),但他选择了忽略其更深层的后果。1912年,庞加莱写道,要是把这种联结视作数学以外的任何东西,就等于承认时间的相对性。[23]但是,对闵可夫斯基来说,有一些深刻的物理结果等待着人们去探索。正如他1908年意味深长地阐述的那样:"从今以后,空间本身和时间本身,都注定要逐渐消失成纯粹的阴影,而只有这二者的某种联合将保持一种独立的实在。"[24]闵可夫斯基在他的时代还没有到来之前,就在1909年去世,年仅45岁。

爱因斯坦将盖泽(Carl Friedrich Geiser)教授在瑞士联邦工学院开设的高等几何学课程描述为"教学法艺术真正的绝妙高招"。[25]他是在研究将狭义相对论广义化的过程中回忆盖泽的讲座的。[26]但是爱因斯坦其实是在《科学与假说》里了解到几何学的基础的。例如,爱因斯坦在他的相对论论文里指出了"均匀性特性(的重要性),我们将这些特性归属于空间和时间"。[27]庞加莱同样地把"均匀性"的特性归属于数学的原始空间,在这个空间里,所有的点都是等价的。[28]没有这个特性,要建立物体之间的关系是不可能的,而这对庞加莱关于几何学起源的理论是至关重要的。爱因斯坦将庞加莱的均匀性要求挪到了物理学的空间里,既然以太已被宣告"多余",这个物理空间也就同样地空了。因为均匀性确保点在空间和占据它们的惯性参考系里的平等,所以,为在参考系之间移动而建立的数学方程式则可以简化成尽可能简单的形式。除此之外,像庞加莱在《科学与假说》里那样,爱因斯坦从一开始便谨慎地表明,要分析力学,他将采用"欧几里得几何方法"。[29]

起初,爱因斯坦对闵可夫斯基的几何学表述并不在意,认为那不过是一种学问。但是,从1912年开始,爱因斯坦开始意识到,狭义相对论只有在高度几何化后才能被完全扩展以包括引力。[30]这个时候,他的朋友格罗斯曼第三次给予他帮助。[31]格罗斯曼自1907年开始在瑞士联邦工学院任数学教授。

甚至一些比爱因斯坦对数学更敏锐的物理学家，也没有立即领悟到闵可夫斯基提议的含义。他们继续回避用非欧几何方法探索爱因斯坦的相对论。[32]研究过庞加莱论述几何学与物理学之间关系的数学家起步更快一些。但是，是爱因斯坦自己从1912年开始的研究展示了闵可夫斯基建议更深层的含义。到1916年，当时卓越的数学家希尔伯特(David Hilbert)已经能够宣称"**物理学家必须成为一个几何学家**"。[33]艺术家们早在几年前就已经领悟到了用几何图形表现自然的重要性。

爱因斯坦于1915年完成了广义相对论。在这个理论里，空间—时间是一种四维结构，这个四维结构的形状被其中的大质量物体扭曲了，并且其中的光线滑过这一弯曲形状。这是洛伦兹以太的理性化(intellectualization)：比起洛伦兹那充斥着不可测量的量的电磁理论来，爱因斯坦理论的数学更加系统、更加明确地规定了以太的特性。

学术喜剧收场

劳布在研读了爱因斯坦的相对论论文之后，在1908年3月1日写信给爱因斯坦："我必须向你坦白，读到你一天得在办公室坐上8小时的时候，我大为惊讶！但是，历史充满了蹩脚的玩笑。"[34]

另一个蹩脚的玩笑是爱因斯坦进入学术界的喜剧。前一年，因为对专利局不再着迷，他决定再次试求**私俸讲师**的职位。1907年1月5日和5月11日之间的某个时候，爱因斯坦写信给一个和他一起弹奏音乐的朋友："我的一切都不错；我是一个受人尊敬的喝联邦墨水的混蛋，有一份不错的收入。我正骑着我的数学物理学这匹兴趣之马，还拉奏着我的小提琴——两样事情都受到我那两岁的小儿子对我做这种不必要事情的限制。"[35]专利局允许他"不务正业"的时间不够，他需要多一点时间"捣乱"。

获得了博士学位后，爱因斯坦决定走一走成为**私俸讲师**的传统途径。这个时候，他已经在跟维恩、劳厄、闵可夫斯基和普朗克这样一些杰出的德国科学家书信往来，并且刚刚完成了一篇重要的关于相对论的综述性文章。他觉得他可以免写**教授资格论文**,这是这种职位所要求的,在博士论文之外的一篇正式的并有创意的论文。

因此,爱因斯坦兴高采烈地把他的17篇论文装订成册,附上一份简单的履历表,将它一并寄给了伯尔尼大学。在伯尔尼大学的申请指南中,已发表的论文可算在“其他杰出成就”一栏下,正如苏黎世大学的“例外条款”一样。[36]但是,物理系的某个教授——极有可能就是年老体衰的实验物理学教授福斯特(Aimé Forster)——认为爱因斯坦的相对论“很成问题”,于是他的申请被拒绝了。[37]但是1908年2月,当爱因斯坦在他当时有关辐射的研究工作的基础上提交了一份正式的教授资格论文之后,伯尔尼大学不敢再拒绝了,这主要也是由于爱因斯坦得到了德国的重要大学的承认。到了1908年春天,他终于成为一名**私俸讲师**。听他的首门课程的人是沙旺和专利局的两位同事——贝索和申克(Heinrich Schenk)。两个学期以后,只有一个学生注册,爱因斯坦随后取消了这门课。[38]

告别专利局

1908年,爱因斯坦学术生涯终于有了较大的突破,这一年,苏黎世大学考虑向他提供一个副教授的职位。但是,这事发生之前,还有过另一场学术喜剧。克莱纳,苏黎世大学的实验物理学教授,虽然耽搁了好长时间才读爱因斯坦1901年的博士论文,但他实际上饶有兴趣地关注爱因斯坦的研究工作已有好几年。[39]好像是认真考虑给他一个职位的时候了。为了评估爱因斯坦的教学能力,克莱纳走访了爱因斯坦在伯尔尼大学的课堂,那是1908年的夏季学期,当时听爱因斯坦授课的学生只有一个人。克莱纳是来“打探虚实”的,发现爱因斯坦并不令人满意。[40]爱因斯坦不能容忍这种评估,立即反驳道:“在那种场合下我的讲课不甚突出——部分原因是我没有充分准备,部分原因是不得不被人调查的心态使我有些紧张。”[41]

爱因斯坦对克莱纳将其不合格的评估告之于人也十分不满。但是,对爱因斯坦的教学能力,克莱纳坚持要令自己满意。于是他安排了第二次评估,这一次,爱因斯坦成功了。[42]他写信给劳布:“我很幸运。与我的习惯相反,我在那个场合下讲得不错——因此算是通过了。”

“算是通过了”发生在1909年5月6日,那一天,苏黎世大学批准了爱因斯坦的职位,让他从1909年10月15日起开始工作。听到这个消息,劳布立刻写信给爱因斯坦:“实在该是从专利局出来的时候了。”[43]“现在我可是娼妓行会里的成员了。”爱因斯坦这样回复道,显然对花了这么多力气求职和学校指望他将来能出科研成果颇为不满。[44]1909年7月,日内瓦大学授予他第一个荣誉学位。获得这种荣誉学位的人还有玛丽·居里(Marie Curie)和奥斯特瓦尔德——就是这位莱比锡的物理学家,在1901年那些暗淡的日子里既没有回复爱因斯坦的信也没有回复他父亲的信。翌年,奥斯特瓦尔德提名爱因斯坦为诺贝尔奖候选人。

1909年7月6日,爱因斯坦通知专利局他打算辞职。哈勒尔为爱因斯坦写的总结报告十分感人,说“他的离职对专利局是一大损失”。[45]爱因斯坦也受邀参加他的第一个重大的物理学会议,即德国科学家和医生年会,时间是1909年9月21日至25日,他在大会上作了主题演讲。[46]在会议预定开始的两周前,他就离开伯尔尼前往萨尔茨堡。他作了一场题为“论我们关于辐射存在和构造的直观形象[Ansohauungen]的进展”*的演讲,非常受欢迎,但引起了争论。在这篇演讲里,他探讨了历史悠久的光的波动表象与光量子表象之间的冲突。

直到今天,物理学家们还是百思不得其解:光怎么能既是波又是粒子。就像爱因斯坦在1905年5月18日和25日之间某个时候写给哈比希特的信中所说那样,他认为光量子“非常具有革命性”,而从他在演讲的题目中使用“直观形象”一词,我们即可理解为什么。光量子是个“奇迹”,因为它们与我们惯常将光表现为波动现象的方式是冲突的。另一方面,爱因斯坦却从不认为相对论是革命性的,它不过是牛顿科学的一种自然推广。

---

* 许良英等编译的《爱因斯坦文集》第一卷(商务印书馆,1976年)收录了此文,标题译为“论我们关于辐射的本质和组成的观点的发展”。感兴趣的读者可以参见该书第51—67页。——译者

在苏黎世大学，爱因斯坦每周授课7小时，他极为严肃地从事着教学工作，受到了学生们的高度评价。但是，他没有像所预料的那样开心。“比起在伯尔尼的时候，我**真正**的自由时间变少了。”[47]

对狭义相对论及其作者的一些公认看法

爱因斯坦1905年和1907年的重大发现事实上是独自完成的。他仅有的少数几位同仁并不是职业科学家，而是几个热情高涨的年轻人，他们不成熟的想法和见解启发了他的思维。他的家庭生活是节俭而不愉快的。

对爱因斯坦的早期承认不可能是完全彻底的。论光电效应的论文，被认为是怪诞的。[48]在爱因斯坦关于布朗运动的理论出现后不久，便出现了另一种理论，尽管它的方法要浅一些，但大多数科学家却觉得更可理解。[49]另外，他在电动力学方面的工作被理解为是对洛伦兹电子论的一种推广。这三篇文章的统一性和意义，很长时间都未被领会。但是对爱因斯坦来说，永久让他遗憾的可能只是他最敬重的几个物理学家——洛伦兹、庞加莱和普朗克——从未完全接受狭义相对论。

他的结果与洛伦兹和庞加莱的结果有着根本的不同。例如，在爱因斯坦的理论中，处于相对运动中的不同观察者，会对在别的参考系中静止的测杆测出不同长度。测杆没有一个所谓的真正长度。长度是一个相对的量。在洛伦兹的理论中，一个测杆的真正长度是它在以太中处于静止状态时的长度——但是以太漂移实验的失败阻碍了这个尺寸的测量。通过从物理学中消除优先参考系这个概念，爱因斯坦同时也消除了那些无用的未知量。

对于庞加莱来说，洛伦兹理论与实验数据的矛盾意味着他永不能把相对性原理上升到高于实验证明的水平。[50]即使在考夫曼的数据被证明为错之后，仍存在着将洛伦兹理论扩展到包括引力现象的错误预测。[51]专利局小职员关于考夫曼数据的“看法”，结果是正确的。自此之后，尽管洛伦兹和庞加莱仍然强调实验数据的重要性，却不再要求进一步的实验证明了。

庞加莱和爱因斯坦在1911年的索尔维会议上相见了，那次会议于10月

30日至11月3日在布鲁塞尔召开。会议的主题是光的结构,那时,大多数物理学家已经接受了相对论。[52]虽然他们之间的交流不曾被记录下来,但爱因斯坦告诉仑格尔:“庞加莱基本上持否定态度,并且,尽管他十分敏锐,对整个情形他却不甚理解。”[53]

尽管他们意见相左,但索尔维会议之后不久,庞加莱便为帮助爱因斯坦获得一个教授职位而写信给他的母校,即瑞士联邦工学院:“爱因斯坦先生是我所见过的最具创新的思想家之一……反过来,因为他是在各个方向求索,我们就得料想到他走的大多数道路都会是死胡同。”[54]毫无疑问相对论就是他所说的死胡同之一。庞加莱从未在出版物中引用过甚或提到过爱因斯坦的相对论论文,也从未将爱因斯坦的名字与相对性原理联系在一起。直到他生命的终了,也就是1912年他58岁的时候,庞加莱仍认为爱因斯坦的理论不过是一种观点;他更倾向于洛伦兹的理论。[55]

如果庞加莱能活到看见爱因斯坦的广义相对论,我相信他一定会完全改变看法。庞加莱可能给爱因斯坦留下的最深印象——虽然可能不是直接的——是他作为一个真正的哲学家和科学家的诚实。我这样说,是指他的哲学观对科学上的进步是极其敏感的。庞加莱在其学术生涯中至少有一次猛烈改变了他的观点,那是他从相信原子可能不过是些比喻改为认识到它们真正存在的时候。只有通过这样的开放思想他才能全力投入前沿的研究,以获得一个电磁世界图景。广义相对论应该能最终说服他时间和同时性是相对的,应该能改变他的信念,即三维欧几里得几何学是优先的——因为它是最简单或最方便的形式。爱因斯坦的狭义相对论和广义相对论重新定义了简单性和常识的概念。并且,庞加莱将不得不放弃他一贯坚持的关于数学空间与表象空间或物理空间之间的明显区别,并承认物理空间的几何形状是可以用实验检验的。就这个问题,爱因斯坦于1921年写道:“我认为,sub specie aeterni[就永恒的意义而言],[庞加莱]是正确的。”[56]但是,“永恒的意义”不是我们的问题。我们的问题是哪种几何学适合表象空间。广义相对论是第一种认为采用哪种几何学是个真正重要问题的理论。它对空间和时间的结构有明确的断言。

普朗克在物理上有两个重大发现——能量量子和爱因斯坦。不过，尽管普朗克是相对论最早的重要支持者，但他从未接受下列观点，即洛伦兹的以太是不必要的；他也从未停止过寻求进一步的实验数据去支持相对性原理。他不能把它当作一个公理来接受。在1911年11月写给仓格尔的信中，爱因斯坦谈到，就相对论而言——量子论也一样，“普朗克被某些毫无疑问是错误的先入之见挡住了视线。”[57]

尽管有这些根本的异议，普朗克对作为一名物理学家的爱因斯坦是极为佩服的。1913年的夏天，普朗克和德国杰出的物理化学家能斯特(Walther Nernst)在柏林大学给爱因斯坦提供了一个非同寻常的机会：这包括一个没有教学任务的高薪教授职位；一个理论物理所的所长职位——这个所只有爱因斯坦一个人，其总部可以就是他的公寓；普鲁士科学院的带薪院士。爱因斯坦接受了。

但是，在1913年底启程去柏林以前，他写信给贝索：“在这同时我将不得不竭力寻找洛伦兹以便与他讨论一些原则性问题。他表现出了兴趣，朗之万(Langevin)也一样。劳厄呢，一涉及原则性问题，他便不易接近，普朗克也这样……自由公正的观点简直就不是德国成人的特点(鼠目寸光之辈！)。”[58]爱因斯坦在普朗克新近对苏黎世的一次访问中已经领教过这种态度。当爱因斯坦谈到他近阶段的研究，亦即推广相对论以包括引力的时候，他记得普朗克说道：“作为一个年长一些的朋友，我必须劝你别这样，因为，第一你不会成功；就算你成功了，也没有人会相信你的。”[59]

至于洛伦兹，爱因斯坦在他1911年11月15日写给仓格尔的信中这样描述他：“洛伦兹是一个理智和机智的奇迹。他是一件活生生的艺术品。我认为，他是出席[索尔维会议]的理论家中最有智慧的。”[60]从1909年3月开始，他一直在与洛伦兹通信讨论辐射理论。他们之间交流的气氛深深地影响着爱因斯坦：“我从未这样敬慕过一个人；我可以说，我热爱他。[61]……就我个人来说，他比我人生旅途上遇到的所有人都更重要。”[62]1911年11月22日，在拒绝了乌得勒支的一个教授职位之后，爱因斯坦向洛伦兹表达了他最深层的感情："我是怀着一颗沉重的心来写这封信的，就像一个使父亲受了某种委屈的人一样……你可能已经觉察到，我对你的崇敬是没有东西可衡量的。"[63]

流利地掌握多种语言、超凡的外交技巧和对科学百科全书般的通晓，使洛伦兹成为主持索尔维会议这种国际学术讨论会最理想的人选。主持这种自负的高人们的集会可是高难技艺。但是，让爱因斯坦大失所望的是，洛伦兹把相对论视为不过是他自己的电子论的一个变体，在他的电子论里不过没有时间的相对性而已。虽然两种理论在数学上确实是等效的，但它们在物理上却大不一样。[64]不过，洛伦兹支持甚至激发了爱因斯坦的研究工作朝着使狭义相对论广义化的方向发展。洛伦兹认为，广义相对论中支持运行中光的结构化的空间—时间不过是他的以太理论假借一种新方式的再现。

只有洛伦兹一人，而且他只在1907年以后，成为爱因斯坦个人的灵感源泉。在爱因斯坦1905年那个大奇迹年和1907年那个小奇迹年，他只需要他自己这个缪斯*。米列娃当然不再充当他的缪斯了。在这方面，爱因斯坦与1907年的毕加索相似，那时塞尚成为毕加索的灵感，但也只是在《亚威农少女》完成之后。

"纯属个人事务"

从爱因斯坦1909年5月19日写给劳布的信中，我们可清楚地了解到他还是深受家庭生活的困扰。在那封信里，爱因斯坦谢绝了劳布请他去海德堡大学的邀请。"要我来海德堡过五旬节**，为了我的妻子，我不能这样做。实际上她不能离我太远。"[65]就在那一年晚些时候，即他们搬到苏黎世之后，

---

* 缪斯，希腊神话中司文艺、美术等的九女神；也用来泛指诗神、诗歌和文艺。此处指激发灵感之意。——译者

** 五旬节(Pentecost)，又译作圣灵降临节、圣神降临节、降灵节，为基督教重大节日之一，每年复活节后的第7个星期日。——译者

米列娃写信给她的朋友萨维奇："你知道，有了这样的名气，给他妻子的时间就不多了……你知道，我是多么渴望被爱。"[66]不错，她的处境确实如此。米列娃对爱因斯坦的名气和他生活方式的嫉妒，在1909年春天达到了顶峰。

最后那次永远瓦解了他们婚姻的事件源于一次度假，那是1899年8月，爱因斯坦跟随全家到了瑞士的梅特门施泰滕，下榻在一个名叫天堂的膳宿旅馆。爱因斯坦与旅馆老板建立起一种友谊，后经介绍认识了老板的小姨子安娜·施密德（Anna Schmid），爱因斯坦跟她不仅仅只是眉来眼去。他甚至为她写了首歌谣，风格跟他写给玛丽和米列娃的信件相似。"姑娘你小巧又娇美/我能为你写点什么/我会想到好多事/也包括一个吻/落在你那小秀唇。"[67]这桩罗曼史发生时，爱因斯坦正给米列娃写着他那些最热情洋溢的信件。那可不是眼不见为净的事儿。[68]

这桩与安娜·施密德的夏日罗曼史不经意地就结束了。但是，10年之后，也即1909年的春天，苏黎世的各大报纸都在发布消息：前途无量的阿尔伯特·爱因斯坦即将加入苏黎世大学的教师行列。安娜·施密德这时已是安娜·迈耶-施密德（Anna Meyer-Schmid）了，她看到这则消息后给爱因斯坦在专利局的地址寄了一张贺卡。他立刻复信描述他收到她的明信片是如何"无法言传地高兴"，并说他是多么地珍惜在梅特门施泰滕"我有幸在你身旁度过的那几周美好的记忆"，[69]"[我]可以肯定，就像你当年是那样可爱、那样欢快的一个年轻女子那样，你今天肯定已经变成一个极为优雅、快乐的女人了。"[70]爱因斯坦接下来的语调反映了他当时个人生活的状态："瞧，我现在成了一位大教授，连报纸上都有我的名字了。但是，我仍是一个简单的人，对世界一无所求——只是我的青春一去不复返了，那个永远洋洋得意、令人陶醉的青春。"[71]几乎像是事后想起来似的，他添了一句："玛丽什（Maritsch）小姐真的成了我的妻子。"如果这还不足以清楚地表明旧情复燃，则爱因斯坦在附笔里是不顾一切了："又及：从10月15日起，我将在苏黎世大学，大部分时间会在拉弥街的物理所。如果你碰巧在苏黎世并且有时间的话，就到那儿找我好了；我将深感荣幸。"[72]

安娜的回信被米列娃扣压了，她当即写信给安娜的丈夫。米列娃把她的信写成这样的效果，即：如她自己一样，阿尔伯特对安娜“有些不适宜的信”感到屈辱，为了预防进一步的问题发生，阿尔伯特将回信退回，并附条说明他不太明白这封信。[73]阿尔伯特当然没有做这种事情。爱因斯坦极为难堪，给安娜的丈夫回信说，她的信不过是“重新唤醒了我们相互间的那份旧时的情感”，绝没什么恶意。[74]他承诺安娜和他自己之间不会再有联系。

爱因斯坦家中，闹得天翻地覆。

这种脆弱的家庭环境很可能是爱因斯坦提前离开伯尔尼前去参加萨尔茨堡会议的原因。几乎是5个月之后，爱因斯坦在一封发自苏黎世、写给贝索的完全讨论科学的信中间，突然插进这么一句纯属个人的话语——“让M把心理平衡打破了，再没恢复。”[75]爱因斯坦一直深感难堪；他对这次事件所表现出的郁闷一年以后还十分明显。[76]

米列娃和阿尔伯特分居4年之后，爱因斯坦写信给贝索：“我本来是会永远忠实于米列娃的……如果她还能叫人忍受得了的话……但是米列娃对我来说绝对不可忍受。”[77]毫无疑问，迈耶-施密德事件起了主要作用。40年之后，这场记忆仍然十分痛苦。当安娜的女儿为了解她母亲与爱因斯坦的关系而与爱因斯坦联系，问他为何这么突然地终止了这种关系时，他回答道，那都是因为他妻子的嫉妒，嫉妒这种特点经常“与一种罕见的丑陋”[78]联系在一起。

可以说，到1909年，那种卿卿我我的日子早已成为了过去。这对曾经不可分开的情侣现在已证明不可能生活在一起了。爱因斯坦很可能试过要挽回这场婚姻。他继续给米列娃买圣诞礼物，他们的第二个儿子爱德华（Eduard）出生于1910年7月28日。[79]

对于他们来说更为雪上加霜的是，他们拮据的经济状况丝毫没有改善。爱因斯坦在苏黎世大学的工资事实上一点也不比专利局的高。他有一次开玩笑地回忆道：“在我的相对论里，我给空间的每一点都缚上一面钟，但是在现实生活中，我可是一面钟都买不起。”[80]

苏黎世大学的一个私俸讲师赖兴施泰因(David Reichenstein)对爱因斯坦一家的描述与坦纳的形容具有惊人的相似之处:“我走进爱因斯坦的房间;他整个儿一副泰然自若的神情,用一只手摇着一个摇篮,里面躺着孩子(妻子正在厨房忙碌)。他嘴里吸着一根最劣等的雪茄,另一只手上是一本打开着的书。炉子冒着可怕的浓烟。他怎么可以忍受这一切啊。”[81]赖兴施泰因接着回忆道,爱因斯坦有一天躺下打个小盹,却被炉子的烟呛晕过去了。幸运的是,仓格尔正好偶然来访,把他救醒了。[82]

爱因斯坦讲完课后经常在附近的一家咖啡店继续与他的学生进行讨论。这种额外的关照,加上他那不拘礼节的行为举止,使爱因斯坦成为一位颇受欢迎的老师。在坦纳记忆中,他是一个典型的心不在焉的教授,穿一身绒毛磨光露出织纹的衣服就来上课,裤子太短了,还总把一块带有长铁链的怀表放在讲台上。[83]坦纳还注意到爱因斯坦那尖锐的愤世嫉俗的态度,这种态度第一次在国际舞台上的显露是在1911年的索尔维会议上,他当时的回答甚是直截了当。为此他敬爱的导师洛伦兹有时会把他的话用一种缓和的语气表述出来。

爱因斯坦还是喜欢调情。赖兴施泰因回忆起这样一件事:有一次他们俩去听了一个心理分析学讲座,课后随主讲人和其他一些感兴趣的人一起去了一个咖啡厅。主讲人尤其想听听爱因斯坦对他思想的科学基础有何高见。在一阵冗长细致的解释当中,主讲人突然发现爱因斯坦的注意力已转移到一对“罕见的美丽又迷人”[84]的姐妹身上。主讲人变得极为愤慨。爱因斯坦一边局促不安地望着赖兴施泰因求助,一边咕哝着,科学比调情对他更重要。[85]

这个时候,他的事业如流星般迅疾上升。1910年3月,德国科学的支柱人物能斯特来苏黎世看望了他。能斯特对爱因斯坦对物质热传导性质的研究*十分感兴趣,爱因斯坦的这项工作是建立在普朗克的量子假设基础上的。爱

---

* 此处应指爱因斯坦研究固体比热低温行为的工作,它解释了能斯特的实验结果。——译者

因斯坦的结果给能斯特最近在热力学方面的研究工作提供了支持，能斯特印象深刻地走了。[86]1910年普朗克在谈到爱因斯坦的相对论时说，它以一种继哥白尼(Copernicus)之后从未有过的方式改变了我们对世界的认识。[87]

正如《爱因斯坦全集》的编辑们敏锐地观察到的那样："与爱因斯坦作为一名科学家的野心和对女人的那种骑士态度连在一起的，是他对学术生涯的那份强烈与积极的关心。"[88]过去的经历给爱因斯坦留下了创伤，只要是涉及职位升迁他可是冷酷无情。1910年9月，他接受了苏黎世大学给他的一次大幅度涨工资，那是学校面对学生们的强烈支持所作出的决定，当时有谣传说他可能去别处高就，而他也向学校当局保证他将留任。只过了4个月，也即1911年1月，爱因斯坦却接受了布拉格德语大学的一个正教授职位。[89]他为什么这样做至今还是个谜。那里可没有人与他讨论基本原理。那里的那种让人窒息的学院生活也没有放过他："各种文牍见鬼般地没完没了。"[90]爱因斯坦不怕麻烦地与管理这所学校的那些自命不凡、神气十足的人发生冲突。更有甚者，他办公室的窗户正对着一家疯人院的院子。

纷至沓来的聘书中，有一个具有特别的意义。那份聘书来自他的母校瑞士联邦工学院，就在那一年，该校已升格为瑞士联邦工业大学，简称ETH。仑格尔和格罗斯曼等好友强烈地主张，ETH应聘用一个声誉极高的理论物理学教授。他们的主张起了作用，爱因斯坦于是欢欣鼓舞起来。但是在那之前，他利用荷兰乌得勒支的一份聘书使ETH在1912年加紧将他们的聘任具体化(并且使条件更优厚)。尽管这种手段如今在学术界已成为家常便饭了，但这个事件使洛伦兹大为失望，最后让爱因斯坦十分难堪。[91]但是，那个时候，他极其高兴。"两天之前我被指派去苏黎世的工业大学(哈利路亚!)，我已经[在布拉格]呈交了我威严的辞职报告。"[92]这个圆圈画圆了。爱因斯坦回到了12年前只差没把他赶出校门的母校。现在他成了该校最杰出的教授，并且薪水不菲。不过，他在那儿逗留的时间并不长。

瑞士那时成为希望回国的德国学者们的"头等候车室"。[93]爱因斯坦就是其中的一位，虽然他在1896年放弃了德国国籍并从1901年起成为一名瑞士公民。在做了大量的预备工作之后，能斯特和普朗克于1913年7月为他在柏林大学的优裕任命铺平了道路。爱因斯坦德高望重的一个标志是：他曾放弃了德国国籍，又没有服普鲁士兵役，并且还是犹太人，但所有这些，普鲁士人都识时务地置之不顾，只因为他们要让一个新的哥白尼加入到他们的知识精英中。

但是爱因斯坦之所以急切地接受柏林的这个任命还有另一个原因。1912年，埃尔莎（Elsa Löwenthal，娘家姓爱因斯坦）离婚后带着两个女儿去苏黎世看望了她那现已成名人的表弟。埃尔莎与米列娃完全相反。她为人热情，体态敦实，是典型的布尔乔亚妇女，从来没想过什么职业，她人生的目标就是照顾好阿尔伯特，或者说是阿尔伯托（Albertle）——她这样深情地称呼他。他们开始谈恋爱。但为了防止不可避免的问题发生，爱因斯坦决定中止这份恋情，[94]但是埃尔莎因为觉得这是一件天大的好事便锲而不舍，直到阿尔伯特举手投降。爱因斯坦接受了柏林大学的任命后便写信给埃尔莎："现在我们可以在一起了。"[95]他们间的情书来往始于1913年10月："现在可有一个我可以完全愉快地想念的人儿了，我可以为她而活着，"[96]他10月10日这样写信给她。1913年11月7日，爱因斯坦以"阿尔伯特的亲吻"[97]结束他的信。同时，埃尔莎在对爱因斯坦进行一次彻底的改造，尤其是就他的个人卫生方面。1913年12月2日，爱因斯坦以莫扎特式的诙谐写道："那么，你那污秽不堪的阿尔伯特从一个卫生的距离向你致以肮脏的亵渎和吻手礼。"[98]

争争吵吵的离婚手续拖拖拉拉地办了4年。1919年2月14日，爱因斯坦与米列娃的婚姻终于解除了。作为离婚协议的一部分，爱因斯坦每年要给米列娃8000瑞士法郎，这笔钱用他那尚未获得的诺贝尔奖偿付。现在，他是充满了自信。尽管瑞士方面禁止他两年之内再婚，但1919年6月2日，爱因斯坦和埃尔莎在柏林的户籍登记处办理了结婚手续。

不过，他们的关系早已出现了裂痕。我们从埃尔莎的女儿伊尔塞（Ilse）一封令人震惊的书信中了解到这一情况，那是伊尔塞1918年5月22日写给一个男性知己尼古拉（Georg Nicolai）的密信，信中指示"读完此信立即将之

销毁！”[99]他自然没有照办。伊尔塞亟需他的忠告，信的结尾写道：“救救我！”

显然，在一场逗乐的谈话中，尼古拉跟伊尔塞建议说也许她应该与爱因斯坦结婚。伊尔塞开玩笑地将此话传给了埃尔莎和爱因斯坦。让她大吃一惊的是，爱因斯坦认为这个主意还真不赖。事情一桩接着一桩，甚至到了这样一种地步：爱因斯坦密告伊尔塞，在她的面前“他要自持是多么困难”。[100]两个女人让爱因斯坦去决定到底娶谁。埃尔莎为了爱因斯坦的幸福愿意让位。但另一方面，伊尔塞却开始怀疑，与爱因斯坦恋爱时的炽热是否能维持到一桩婚姻中去。

其结果没有任何区别。“只要我在这个房子里，(在A[阿尔伯特]看来)，我是否结婚，对于我来说都不会有什么大的不同，最多只是方便而已。”我们知道，阿尔伯特和埃尔莎有各自的卧室，分置房子的两端，而伊尔塞与他们同住一处。难怪伊尔塞在信的结尾写着“救救我！”

声名大振

1919年11月6日，英国赴非洲西海岸一个叫普林西比的极小岛屿的日食考察队证实了广义相对论最壮观的预测：星光在一个巨大的天体附近偏移方向。爱因斯坦马上被奉若神明。对战争厌倦了的世界急切地拥抱这位坐在自己书房里似乎已经洞察了宇宙法则的伟人。星星不在它们被认为该在的位置，但一切都没有问题，因为爱因斯坦懂得这一切。空间和时间被熔接成一个弯曲的四维结构，光线就运行于其上。这个奥秘在西方世界的每一张报纸上都大为散播，并附有似乎窥见过这个创造本身的神人的照片。[101]爱因斯坦成为20世纪的第一个媒体偶像，好莱坞的明星竞相与之交友。1931年1月30日*在洛杉矶举行的《城市之光》(*City Lights*)首映式上，卓别林(Charlie Chaplin)开玩笑地对爱因斯坦讲到欢呼他们的人群：“他们欢呼我是因为他们都理解我，而他们欢呼你是因为没人理解你。”[102]被整个场面震慑的爱因斯坦回头望着卓别林，问他这到底是怎么回事。“没什么。”卓别林答道。[103]

* 此处原文为1月31日。有误。——译者

图7.2 爱因斯坦、卓别林和埃尔莎在洛杉矶剧院的《城市之光》世界首映式上。1931年1月30日摄于洛杉矶。

第8章　艺术与科学中的创造性

为思维而思维！……当我的脑子没有被某个特定的问题占据时，我喜欢在脑子里重构那些我早已知道的数学和物理定理的证明。这样做没有任何目标，完全只是找机会纵情享受一下思维的快乐。

——阿尔伯特·爱因斯坦

重要的事情是创造。一切别的事情都无关紧要；创造就是一切。

——巴勃罗·毕加索

我们在这本书里探讨了两大创作的起源，即阿尔伯特·爱因斯坦的狭义相对论和巴勃罗·毕加索的《亚威农少女》，就是这两件作品将科学和艺术带进了20世纪。但是，除了它们的历史时刻——它们对传统思维和非传统思维之间的冲突的共同反应——这两大杰作还共有着更深层的联系。在那个创造性的时刻，学科之间的界线消失了。美学变得至关重要。

心理学家加德纳颇有说服力地论证了“几种**相对自主的**人类理智能力的存在”，他把它们称作“多重智力”。[1]不过，仅仅说爱因斯坦表现出了逻辑—数学智力，毕加索表现出了空间智力，未免太简单了。加德纳正确地观察到，“人们可能低估科学中的空间思维成分”。[2]相反，在毕加索发现立体主义的过程中，逻辑—数学思维也同样被低估了。爱因斯坦是个相当依靠空间思维的科学家，而对作为艺术家的毕加索来说，逻辑—数学思维起着关键的作用。

这样一种“智力”汇合从16世纪和17世纪早期——丢勒、达·芬奇(Leonardo da Vinci)和伽利略的时代——起再未出现过。在那个时代，科学正奋力挣脱以地球为中心的亚里士多德宇宙起源论，而美学为之提供了一条出路。波兰天文学家哥白尼以太阳为中心的宇宙论的核心就存在着美。舍圆周轨道的几何完美而取椭圆轨道之后，哥白尼的观点获得了更深层、更令人满意的对称美：把各个行星安置在与其围绕中心太阳运动的速度相对应的轨道上。对于16世纪的头脑来说，一个以太阳为中心的宇宙显示了上帝之手，这体现在从中心源涌出的光和热上。[3]这些理由对伽利略极为重要。像哥白尼一样，伽利略将他的科学理论建立在美学的基础上。证实以太阳为中心的宇宙的论据要等200多年以后才出现。

在爱因斯坦1905年的论文里，美学论证以一种数百年来从未见过的力量重新出现了。爱因斯坦认为，光量子的存在源于现代物理学中粒子和波之间“深刻的形式区别”，以及由此产生的连续性和非连续性之间的冲突。[4]他宣称这种情形没有美感。在1905年的相对论论文里，他开门见山地写道，他赞成一个精确的相对性原理的理由是：为了消除“那些看上去并非内在于现象的不对称性”，我们需要这样一个精确的原理。[5]对于爱因斯坦来说，就像当年的哥白尼和伽利略一样，美学就是数据。

他对美学十分敏感，以致他把与美学冲突的东西藏在心底。1905年，他对当时关于电磁感应的不同解释变得实在“难以忍受”，因而“被迫”提出一个推广了的相对性原理。1907年，他选择了一个统一的质量定义，而不是牛顿运动理论里假设的两个定义。对于爱因斯坦而言，极简主义是一条美学原则——一条公理。自然界不是冗余重复的；因此我们要揭示自然法则就得消除冗余重复。解释中的冗余重复掩蔽了相对性原理，而质量概念中的冗余重复模糊了重力和加速度之间的等效。美学和自然的基本法则之间有一种联系。

对于丢勒而言,透视点是其精华所在。光就是从这个无限远的点发出的;它成了一种美学标准。但19世纪后期和20世纪早期的艺术家们,特别是塞尚,却不这么认为;毕加索和布拉克则完全将之消灭。他们为其新艺术构想出了一种新的美学观点:将一切还原成几何图形。

这些美学目标需要爱因斯坦和毕加索去面对同时性这个概念。毕加索的空间同时性概念比柏格森的走得更远,后者典型地体现在塞尚的艺术中。塞尚把长期贮存在他潜意识里的一个风景的各种视图的总和画在画布上。毕加索的空间同时性概念却是艺术中极端新颖的东西:同时表现**完全不同**的视点,这些视点的总和构成被描绘的物体。蹲着的那个少女,其全正面像和全侧面像被同时表现出来,毕加索将她解释为第四维空间的一个投影。用当时时髦的神秘主义用语来说,这就好比毕加索找到了一种办法坐到"灵面"上。

毕加索绘画中的时间概念超越了印象派艺术的时间概念,后者体现在莫奈那些时间上静态地表现干草堆或鲁昂大教堂的绘画中。《亚威农少女》对时间的处理是十分复杂的。我们可以把画作看作一系列的5幅运动画面朝越来越多的几何图形发展,而同时,我们可以把蹲着的少女看作是一系列相互叠印的快照。毕加索在奥尔塔-德埃布罗继续探索空间和时间的同时性,在那里,他试着洗印叠置的底片。爱因斯坦的时间同时性与毕加索的概念有一个共同点:任何事件都没有一个优先视点。

两个人的顿悟都源于一种感觉,即人们当时理解科学和艺术的方式中欠缺某种东西。对于爱因斯坦来说,冗长重复的解释和互相冲突的表达表明人们对时间和同时性的理解是错误的。对于毕加索来说,在特罗卡德人种博物馆看到的非洲艺术品使他当即明白过来:《亚威农少女》目前状态中的不协调,可以通过转向一种比任何人曾经尝试过的风格都更为极端、更为概念化的风格而获得缓解。几何学必须成为这种新艺术的语言。这是一个惊人的发现,这个发现使先前没有明确形式的艺术语言有了明确的形式,并使之更贴近科学。几何学,特别是几何学更新型的形式,提供了共同基础。[6]

不过,爱因斯坦和其他大多数物理学家一开始都没有真正理解闵可夫斯基1907年提出的相对论的非欧几何框架。爱因斯坦要再花5年时间才能认识到:狭义相对论只有通过几何化才能完全广义化。

我们现在可以回到我在"间奏曲"里提出的问题:为什么是毕加索和爱因斯坦这两个人取得了这些突破,而不是那些名声更响的人物如特朗、马蒂斯、洛伦兹,当然还有庞加莱?

第一,这两个人都是机会主义者,都愿意利用他们畅游其中的知识潮流所提供的每一个暗示。毕加索是唯一有勇气走进古伊比利亚和非洲概念艺术的最深处进行探索的艺术家,这需要重视普兰斯关于几何学和第四维的讨论。听取这些讨论在很大程度上促使毕加索认识到几何学就是新艺术的语言。特朗仍然陷在疑惑中,不知如何着手原始艺术,而马蒂斯干脆拒绝透过原始艺术的概念含义去探索必要的数学方法来获得抽象。

至于洛伦兹,他没能发现相对论是因为他过深地陷入了19世纪的思维模式之中。他不能抛弃以太这个概念或者绝对时间这个概念,尽管他自己的数学表述使得这些东西变成多余。[7]

不过,庞加莱几乎具备了所有的一切。尽管随着物理学的发展,他十分有胆识去改变他的哲学观,但实验室的实验数据对于他来说仍是真理的唯一来源。而这个,连同他对感性知觉的强调,导致了他的结论:不可能给远程同时性(distant simultaneity)下一个系统的定义。远程同时性被他错误地归结为不过是一个定性的问题,而时间,却是一个定量的问题。他选择不依赖钟表运动的常识性直觉的时间,而不是用洛伦兹的地方时来解决时间这个定量问题。

但是,在爱因斯坦以外的众多可能取得突破的人选中,庞加莱是最接近于发现狭义相对论的科学家。[8]到1905年6月,爱因斯坦和庞加莱手头有着同样的实验数据,并且都提出了相似的数学表述去解释那些数据。[9]但是爱因斯坦推断出了一种庞加莱没能得出的内涵。爱因斯坦的思想实验促使他将这种数学表述解释为一种空间和时间的新理论,而对庞加莱而言,它只是洛伦兹电子论的一个推广了的版本。[10]庞加莱追求着比爱因斯坦更大的目标：他要寻找的是关于当时已知的力——电磁力和引力——的一种统一理论。[11]只有爱因斯坦意识到，物理学还没有成熟到可以承担这样一个野心勃勃的目标，主要是因为它还没有接受光的波粒二象性。

庞加莱在《科学与假说》里面阐述的同时性观点，结果既不适于艺术也不适于科学。但是他的分析如此深刻和清晰，激发了毕加索和爱因斯坦重新思索这个概念并发掘其恰当的表现方式。在艺术上，空间同时性是不同的视点被同时全部表现出来，而不是众多接连的透视图。在物理上，同时性由洛伦兹的地方时所描述，并且依赖于钟表的运动。同时性不是绝对的——这个看起来这么清晰的概念，经过更深层的考察后却被发现原来模糊得叫人难以接受。同时性的这两种新定义都与日常生活中的常识性直觉相违背，因为它们消除了那些优选的视点，因此超越了感官知觉。

焦虑、自我和情感

爱因斯坦和毕加索都是具有巨大自我和不可抵挡的魄力加魅力的人，但又都宁愿选择情感上的孤立。他们的创造欲是他们生活中的引导力，毕加索毫不掩饰地宣称："一切别的事情都无关紧要；创造就是一切。"[12]两个人都在年轻的时候发誓要献身于创造。对毕加索，这件事发生在1894年，那一年，他的妹妹孔奇塔患了白喉病。他对上帝发下了一个誓言，如果她能恢复健康，他愿意放弃绘画。[13]她死去了，毕加索把这看作是上帝的意志，一种他感觉一定得尽他的余生去应允的召唤。[14]爱因斯坦还是一个少年的时候也宣布他最终要献身的是"繁重的脑力工作"——他1897年5月在给玛丽·温特勒的母亲的信中这样写道。[15]他们专心致志的探索要求一种情感上的孤独和严肃，这一点，许多朋友在他们的一生中自始至终都注意到了。

爱因斯坦在布拉格逗留期间，一个叫布罗德(Max Brod)的年轻作家将他引荐给当地的知识圈，其中包括布罗德的密友卡夫卡(Franz Kafka)。布罗德以写具有敏锐的心理洞察力的小说而闻名。其中之一是《第谷通向上帝之路》(*Tycho Brahe's Path to God*),在这部小说里,布罗德把17世纪天文学家开普勒(Johannes Kepler)写成爱因斯坦式的人物。在一个引人注目的段落里,丹麦天文学家第谷(Tycho Brahe)这样回忆他的年轻助手开普勒:"他不带任何情感,这一点颇让人不可思议,就像从遥远的冰雪地带吹来的一股清新之气……他没有情感,因而不惧怕世界上的任何东西。他不会动情,也不会爱。"[16]爱因斯坦在布拉格的继任者,也是其终身好友和敏锐的传记作者弗兰克(Philipp Frank)回忆道,当时所有的人都对布罗德如此准确地抓住了爱因斯坦的心态大为震惊。弗兰克忆起能斯特曾对爱因斯坦说:"你就是开普勒这种人。"[17]

吉洛,唯一一个从毕加索身边逃开而尊严未损的情人,描述了他如何使女人们从"女神"沦落为"门前擦鞋垫"的过程。[18]毕加索和爱因斯坦都从不费力去隐瞒其利用别人达到自己目的的习惯,也不隐瞒其喜好情感上孤立的最终目标。但是,爱因斯坦绝不是毕加索那样的施虐狂。毕加索的妻子们和情人们通常最后都成了怨妇,而他的男性朋友有时在最需帮助的时候也会被他抛弃。1911年,当阿波利内尔被诬告偷了一件艺术品时,毕加索假装不认识他;[19]当雅各布1943年被盖世太保逮捕、并送往让他丧生的德朗西的集中营时,他没有提供任何援助。毕加索对他那帮最好的加泰罗尼亚朋友公开地大加羞辱,而他们为了证明自己的忠诚不得不委曲求全。[20]他和爱因斯坦也都不是好父亲。但是,他们都毫不犹豫地在国际组织中担任重要角色,倡导世界和平、昌盛和理解。他们的人道主义更好地表现在理论上。

尽管他们两人都极为自信,但在创造的大交叉路口,两人都经历了极度的焦虑。毕加索在创作《少女》的第一个战役被困住时所作的无休止的努力,正好可以与爱因斯坦在试图解释电磁感应时所受的煎熬相媲美。这些紧张的时期可被视作关键顿悟的催化剂。不过,与艾略特(T. S. Eliot)*和圣

* 艾略特(1888—1965),英国著名诗人,1948年诺贝尔文学奖获得者。——译者

雄甘地(Mahatma Gandhi)这样的思想家不一样,他们不是终身都被自我怀疑所折磨。[21]

至此,我们可能禁不住要转向弗洛伊德的精神分析学以求进一步的理解。不过我们不会有多少收获,因为根据弗洛伊德的理论,潜意识是进攻性行为和性欲冲动平息其紧张的场所。虽然,性、财富、权力和盲目崇拜毫无疑问是创造过程的燃料,但它们不可能是天才的唯一动力。这样一个假设,因为解释得太多,最终反而什么也没解释。[22]

由于精神分析学对毕加索研究的影响,我们有必要在这里提一提对毕加索作的第一个精神分析述评,那是由曾经是弗洛伊德的好友和合作者的荣格(Carl Jung)作出的。荣格的述评是应1932年9月和10月在苏黎世美术馆举行的一个大型毕加索回顾展之邀所写,发表在1932年11月13日《新苏黎世报》(*Neue Züricher Zeitung*)上。这个瑞士大名鼎鼎的精神分析学家既然同意着手这项工作,本身就表明了毕加索艺术的重要。塞沃斯立即将这篇述评翻译成法文,加以引用,并在《艺术手册》(*Cahiers d'Art*)上为它写了一篇批评性的论文。[23]

在荣格的分析中,他将毕加索的某些画作与神经机能病患者和精神分裂症患者画的一些东西作了比较。神经机能病患者画的东西虽然有可能是完全抽象的,但显示了一些伤感情绪和对称因素,而精神分裂症患者画的东西则基本没有伤感情绪,充满了断裂的线条。根据荣格的解释,这些断裂线条显露着心理裂缝。荣格将毕加索"蓝色时期"的画作、立体主义时期的画作和晚期的画作归入精神分裂症的范围。他坚决认为,毕加索进入"蓝色时期"标志着精神分裂症的第一个阶段。那些画作代表着他与周遭世界的永别,并为他坠入地狱作好了准备。荣格以这种方式试图将毕加索的创造力完全归因于心理问题。

塞沃斯批评的要旨是:荣格完全无视历史。例如,荣格所谓的"坠入地狱",是因为毕加索选择的主题人物都来自蒙马特尔的底层社会。而塞沃斯强调,毕加索实际上是在步格列柯和劳特累克的后尘。在塞沃斯看来,更糟糕的是，荣格从未提及塞尚对毕加索的影响。不过，荣格关于毕加索的创造力源于心理危机的分析没有被人忽略，也不可能被人忽略。利普顿（Eunice Lipton）觉得塞沃斯对荣格的分析——不管这种分析如何错误地严重忽视了历史——所作的批评属于反应过头。她指出，20世纪30年代的各种精神分析为研究作为人的毕加索铺平了道路。

利普顿对紧随荣格之后的各种分析作了一个颇有意思的描述，其中许多分析都集中在毕加索的焦虑上。法国艺术史家和批评家、精神分析学潮流的热切追随者巴赞（Germain Bazin）于1935年拓展了荣格的分析。运用诗一般的破格*，巴赞将毕加索的焦虑归因于20世纪初的普遍焦虑，这种普遍焦虑就毕加索的情形而言导致了心灵上的流浪，一种逃避他自身的方式，而这种逃避可能最终仍是源于对资产阶级理想和满足的一种普遍厌恶。接下来，巴赞没有任何根据地将毕加索的流浪倾向与他的犹太人灵魂联系起来。另一个法国艺术批评家乔治（Waldemar George）和巴赞一样从1932年以来一直在评写毕加索的焦虑，他认为毕加索是现代焦虑的一个范例，是一个焦虑的、以自我为中心的现代人。两个批评家都没有丝毫证据地频频提及毕加索的犹太血统。就像利普顿指出的那样，“人们不禁纳闷这是如何跟20世纪30年代法国日益加剧的反犹主义联系在一起的。”[24]但是，巴赞的分析本身归根结底源于法国30年代的存在危机，一种难以解脱的空虚和不相关的感觉，就是由于这种感觉，萨特（Jean-Paul Sartre）在1938年写了《厌恶》（*La Nansée*）。

那么，是什么把某些人与其他人区分开来呢？毕竟，就绝大多数的物理学家或者艺术家而言，不管他们一天花多少小时专心致志于他们的职业，他们也永远不会达到做一个爱因斯坦或者做一个毕加索的水平。这在每一个拥有超级天才的领域都一样，包括体育在内。要理解是什么构成了高度的创造力，我们需要一种关于潜意识动力学的理论：概念是如何在脑子里被呼

---

* 指文艺、美术、音乐中不遵从格律。这里指不按常规，自由地处理。——译者

来唤去地去发现难以想象的崭新组合的。

为了这个目的，我将要采用自己一直在构想的一种理论模式，这种模式结合了认知科学里的某些概念，包括创造力的格式塔心理学理论。[25]这个模式使我们能够将我们已经讨论过的有关爱因斯坦和毕加索的发现的各种资料结合在一起，并且也让我们知晓他们是如何利用这个模式的。

创造力的一种模式

我们知道，创新思想并非按任何实时顺序突现出来，而是以一种思想爆炸的方式显现出来，[26]这与爱因斯坦、庞加莱和毕加索等名家的回忆录一致，并符合一系列心理实验的结果。这些结论与以往任何东西都如此不同，它们是极端的跨学科思想的顶峰，因此，任何建立在数字编码上的创造思维模式都受到一种线性的、过分理性的基础的不良影响。典型的例子是计算机模拟思维，思维被模拟成一种逐步解决一棵决策树上各个分枝问题的东西，当然这棵决策树是置身于一种具有多重可能性的空间里，但这些可能性不可能是无穷无尽的，必须加以限制。原因很简单：得写得出软件来，而且所写的软件要能在现有的硬件上运行。

设计所谓的“发现程序”(discovery programs)来发现物理定律是颇有意思的第一步。这些程序不可避免地给出要被发现的结果，并且必然利用一种科学创造力的定义作为发现的手段去研究实验室的数据——这些数据经过精选和处理，比发现者所做过的任何数据筛选和处理都更为仔细。[27]此外，科学发现的那种必要手段——适当的问题选择——未被加以考虑，事件的适当历史顺序也未被加以考虑。[28]

所有这一切都与伟大的发现家们本身的报告直接相抵触，因为伟大的发现家们告诉我们，一个问题的解决方法突然就出现在有意识的思维中了。我在这里要呈现的这个创造性思维模式不仅避免了以上的各种误区，而且还具有一个重要的特性，即调动了美学、思想实验和潜意识思维的平行线概念等各种因素，并且强调了直觉的作用，认为直觉不仅仅是意外出现的救星(deux ex machina)。我的目标有二:一是总结前面各章所作的详细分析;二是探索爱因斯坦和毕加索是如何处理各种信息以取得他们的重大突破的。艺术上的创造力可以像科学上的创造力一样去探索,因为艺术家和科学家在发现表现自然的新方式中采用了许多相同的策略。就像科学家一样,艺术家也是在解决问题。

这个模式的基础是从研究具有高度创造力的问题解决方式中崭露出来的一个假设,即创造力发生在意识思维 (conscious thought)、潜意识思维 (unconsciouss thought)、启发 (illumination)(但愿如此!)和确认 (verification)这样一个循环过程中。[29]这类分析的历史先例存在于庞加莱1908年写的反省式文章中,他在那篇文章中十分清楚地写到,他实际上依赖于潜意识思维去作出各种发现。法国心理学家图卢兹1897年对庞加莱所作的研究也证实了庞加莱的这一断言。图卢兹注意到,庞加莱学会了何时停止思考一个问题,因为"在那种间歇期间,他设想……其潜意识在继续着他的思索"。[30]庞加莱相信,在潜意识里"主宰一切的是我称之为自由的东西——如果我能用这个名称来形容那种完全缺乏纪律和随机产生的无序状态。只有这种无序允许意外的联系"。[31]爱因斯坦也相信潜意识里"概念的自由游戏"。[32]不过,庞加莱坚持认为,"如果之前……没有一个时期的意识思维,潜意识思维是不可能的,并且不会有任何结果。"[33]图卢兹、庞加莱和爱因斯坦所用的"潜意识"都不是弗洛伊德意义上的潜意识,我用的这个词也不是弗洛伊德意义上的。我将采用认知科学中更为中性的意义,即潜意识是心智的一部分,意识不能进入其中,但是潜意识没有一套与意识分离的特定的情感日程。

来自现代心理学的资料证实了庞加莱的见解,而且,信息是如何储存在长时记忆中的这类新知识扩展了那些见解。意识的重要作用在于确定我们日常行动的界线,但在潜意识里,我们可以毫无界线地启动长时记忆中复杂的信息。储存于长时记忆中的信息可以同时平行地在潜意识中得到处理,然后设法到达意识思维。[34]这个循环中的**潜意识思维**部分有时被称作"酝酿期"。心理实验发现,被试者解决一个问题时如果有一个失败的开端,他们

会产生一种障碍，阻止进一步的发展。在这个酝酿期，那些失败的尝试在可能激活了长时记忆中有关的内容之后会逐渐消失，让位给新的尝试。[35]

我们在第7章讨论过爱因斯坦1907年发现的导致了广义相对论的等效原理。为了进一步比较爱因斯坦和毕加索的创造性思维，我将用前面章节中关于爱因斯坦发现狭义相对论和毕加索创作《亚威农少女》的描述作为“数据资料”，这些“数据资料”就是我这个模式之磨里的谷物，我们将以这种方式进一步理解爱因斯坦和毕加索的创造力。

意识思维

对于爱因斯坦而言，**意识思维**涉及对一个问题的选择：他着手重新构造洛伦兹的电磁理论，目的是使这个理论的基本原理或公理不受物质结构的支配。从爱因斯坦写给米列娃的信和他对1895年思想实验的回忆来看，我们知道他花了10年时间研究以太问题和相对运动问题而没有获得成功。在这10年中，他熟练掌握了理论物理学中那些公认的方法。到了1905年初，他已经意识到洛伦兹理论的缺陷，这个理论不能作为基础理论，因为它不能解释光的波粒二象性。他同时也知晓了考夫曼关于高速电子质量变化的数据，并且手中还有1895年思想实验的“数据”。另外，还有他从瑞士联邦工学院掌握的知识以及通过阅读各种哲学书籍习得的学说。爱因斯坦回忆道，他从热力学理论得来一个想法：他应该寻求不受物质的原子性质支配的公理。

我们别忘了，在专利局工作的爱因斯坦精通发电机的设计问题，并且经常与联邦邮电局的朋友们聊到无线电报和钟表的同步性等问题。他在“奥林匹亚科学院”的那些读物，包括《科学与假说》，不容低估。另外，还有爱因斯坦对巴赫和莫扎特小提琴作品的满腔兴趣，这些作曲家专长的是旋律庄严、结构明确的主题。爱因斯坦渐渐开始相信他在物理学领域也能够创造出同样的东西。

所有这些信息都被从长时记忆中提取出来，定位到一个专用的表现媒介上或者由这个专用的表现媒介进行加工，这个表现媒介能够处理建立在视觉形象一类不可简化为逻辑符号的符号或元素的基础上的逻辑推理。意识思维和潜意识思维就发生在这个媒介中。所有这一切都影响着爱因斯坦对问题的选择，这就是重新表述洛伦兹的电磁理论。潜意识里的激活工作因想要解决手头问题的强烈欲望而在继续进行着。不过，到1905年5月初，他被困住了。关于对问题的选择，我们将在后面的“直觉”部分进行再次讨论。

对毕加索而言，**意识思维**涉及他对主题内容的选择，即妓院这个主题。他一心要引起震动，这种震动要远远地超出当时的艺术，当然更在性病的警戒之外。但是，当时的艺术只在安格尔和其他一些艺术家那里给出了一点暗示。原始的艺术品和来自奥苏纳的古伊比利亚雕像告诉他，他应该转向概念艺术，那个时候他也正在积极地思考着几何学和空间的表现。毕加索同时也关注着特朗和马蒂斯选择的新方向，坚决要与他们一比高低。不过，到1907年5月底，毕加索被困住了。当他将“他的画作面墙而置”时，所有那5个少女都呈古伊比利亚格调。[36]

潜意识思维

潜意识思维可以概括在我所称的“网络思维”(network thinking)名下。[37]在网络思维里，从显然不相干的学科而来的概念通过心智形象或隐喻的适当选择被联系在一起。想要解决一个问题的强烈愿望可能产生重压，这些压力转而导致各种在意识思维中不大可能的联想——换言之，心智在各种各样未必可能的情境中翻出这个问题。不过最终它得将注意力集中在某些特别的途径上。就是这个选择——找到适当的形象或隐喻——促成了启发，即创造力诞生的时刻。

韦特墨关于创造力的格式塔理论断言，心智有一种不可遏止的冲动要去创造具有最大对称性的结构，或者把事实安排成具有最大对称性的模式。这些都是好的**格式塔**。[38]许多认知科学家相信，感官知觉的格式塔原则是硬性固定在脑海里的，其作用是弄懂不断轰击我们的感官知觉的意义。[39]有些人的这种冲动——要建立好形式的冲动——特别强烈，这些人最可能

被那些不协调的东西和不具美感的表现所激怒，仿佛那是专门针对他个人似的。所以爱因斯坦用“不可忍受”这样的词来表达他对1905年物理学家和工程师解释电磁感应的方式的厌恶。

爱因斯坦的**潜意识思维**包括并行但又相互交叉的思想流：如他10年来一直将之存在脑海里的1895年的思想实验；为理解相对运动问题所作的屡次尝试；关于发电机是如何运转的各种问题；马赫要永远怀疑公认的基本原则的响亮声音；庞加莱去理解以太漂移实验的失败及其与洛伦兹地方时关系的努力。

毕加索的**潜意识思维**涉及他对巴黎视觉文化的参与，包括梅里爱那些经过高度剪辑的电影，马雷和迈布里奇的实验性照相术以及他自己对照相术的探索；X光；神秘主义及其灵面；象征主义文学；哲学潮流；以及詹姆斯关于知觉的思想。毕加索要获得成功的冲动特别受到这样一些因素的刺激：他与特朗和马蒂斯的竞争，他与自己父亲的那种俄狄浦斯式的关系，福蒂埃的照片明信片，对性病的恐惧，对女人的那种西班牙式的态度以及与费尔南德之间的性困境。这个混杂体还包括几何学的概念和庞加莱对怎样看待第四维那令人着迷的讨论。

费尔南德回忆起毕加索如何生平第一次把自己几乎与世隔绝开来，为的是要解决《少女》提出的新问题。阿波利内尔和坎魏勒记得他基本上是独自解决那些问题的，没有什么讨论，也几乎没有任何鼓励。当毕加索1907年5月底停止绘作《少女》时，他的潜意识仍然在进行剧烈的活动，等候着极其重要的信息输入。在关于创造力的格式塔理论中，这个关键时刻，这种极其重要的信息输入，可以让本身处在一片大骚动之中的思维场里的知识恢复平衡。毕加索对特罗卡德人种博物馆的参观正是这样。他回忆那一刻时所用的词是“震惊”和“启示”(revelation)。[40]

启发

启示的闪现不是**什么**(what)而是**怎样**(how)的问题。它并不提供新的事实；更确切地说，它是找到那个合适的形象或者隐喻以便让一个人知道怎样思索手头已有的事实。深入的理解或者暗示随后才到来,那时,指导原则也出现了,可以限制并且引导新的事实组合。这些指导原则,在艺术上和科学上都同样与前面的工作保持着逻辑的连贯性,而且立刻变得可视、有美感并可凭直觉获知。这样的思维结构是创造力的一种强大的推动力和组成部分。[41]庞加莱称之为"精密的过滤器",并且强调"数学家对美的鉴赏力"。[42]当这样说时,他指的是诸如这样的例子:某些数学方程式在所有空间坐标反演的情况下仍然保持其形式不变。数学家们寻求这样的问题解决方法,因为这些解答通常证明是"立竿见影,非常之美"的。[43]这在科学上尤其重要,因为,举个例子,不是每个数学方程式都能代表一种理论。更确切地说,一个方程式,除了在数学上得到证明之外,还必须与某些甚至更加严格的指导原则相一致,譬如相对性原理。启发既由创造力因素引起,又赋予创造力因素以形式。

爱因斯坦在和贝索散步之后的创造速度,就像毕加索在参观了特罗卡德人种博物馆后创作《亚威农少女》一样,[44]也像莫扎特作曲、像庞加莱撰写科学论文一样——当然指他写第一稿。[45]他们都是在处理已整体地或者是**格式塔式**地记录下来的概念。这种习惯与贝多芬那些煞费苦心才写成的乐谱和达尔文(Charles Darwin)酝酿了20多年才写成的进化论正好相反,与原子物理学家玻尔(Niels Bohr)那著名的马拉松式的长时期写作、字词修改和重写也完全不同。

让我们再看看爱因斯坦对其传记作者西利格的问题"相对论[是否]有一个明确的诞生日"所作的答复:他回答说最后的论点和构成材料是"经过了多年的准备"。[46]问题在爱因斯坦的潜意识里被持续地激活着,这种激活使"概念的自由游戏"[47]处在一种活跃状态。不过,对信息绝对自由的游戏可能徒劳无功,在科学上尤其如此,因为只有某些组合是可以被允许的。

因此,创造力需要指导原则,这些指导原则的作用像庞加莱的"过滤器",是为了滤出最富成效的结果。就我们的目的而言,最关键的是美感、视觉形象、理论上的连贯性和直觉。这四种因素对爱因斯坦和毕加索都有

效。我将简要地举例说明头3个范畴，然后对直觉作更为详细的讨论。

美感 爱因斯坦将他的极简主义美学原则应用到光理论上——他极其憎恶连贯性和非连贯性的并存；他又将这个美学原则应用到电磁感应理论上——他拒绝接受解释中的冗余重复。毕加索的美学思想当然极其复杂，但是这其中包括探寻物体的一种概念化描绘，而非自然主义的描绘，以探讨描述的“深层结构”。[48]

视觉形象 爱因斯坦把视觉形象作为他设计1895年和1905年思想实验的一种工具。他的视觉思维能力即是制定一个问题，将之作为一个思想实验，并在这个实验中得以“看见”问题的“深层结构”。[49]1895年，思想实验囊括的问题归结为爱因斯坦的一个发现：时间是一个相对的量；1905年，是电磁感应理论那“不可忍受”的情形要求给出一个拓展了的相对性原理。毕加索在《亚威农少女》里的视觉形象也是极其复杂的，但是其中一个方面是：视觉形象是通过几何语言表现的。

连贯性 理论发展中的连贯性对爱因斯坦致力推广牛顿的相对性原理以包括电磁理论和光是至关重要的。1907年，爱因斯坦进一步扩大了这条原理，以包括加速平台上的测量。这一步消除了狭义相对论中的一个不对称现象，即：测量只可在经历惯性运动的平台上进行。爱因斯坦总是把自己看成一个古典主义者，并认为他的理论是扩展了而不是打破了牛顿物理学的传统，尽管别人对他的这些想法感到非常震惊。

连贯性对艺术家们也是至关重要的。毕加索在《少女》的早期画稿上画了又画，改了又改，基本上是走着安格尔、塞尚和格列柯的套路，同时脑子里一直装着特朗和马蒂斯1906年在概念艺术上取得的大胆进步。毕加索虽然可能比爱因斯坦更有革命性意识，但毕加索也承认他受了传统的恩惠。

直觉 “直觉”一词经常被当作一个包罗万象的东西去描绘爱因斯坦和毕加索那些令人惊叹的发现是如何突兀而至的。但是，此种说法掩盖了这两个伟人是如何运用其深远见识去洞察一般人无法超越技术上的困难而深入地察看的那些问题和细微差别(nuances)的。而一个爱因斯坦、一个莫扎特或者一个毕加索却具有如此高度的技术专长，他能飞越技术性细节去理解一个问题的底层结构。

这两个人都是偏重主干而非细枝末叶者。例如，在初出茅庐的爱因斯坦写了头两篇论文后，这种倾向在他的思维中显而易见。在某种程度上，毕加索的技术专长要优于爱因斯坦，打个譬喻说，毕加索是一路画过来的，不仅尝试过盛行于20世纪初的各种艺术形式，而且也尝试过前辈画家们的艺术形式。而爱因斯坦，尽管受过大学教育，但实际上是个自修者，他对物理学的了解不如毕加索对绘画的精通。但是他却能识别什么是根本性的问题。

爱因斯坦在谈到为什么他选择不当一个数学家——数学一向是他拿分最高的学科——时说到，他没准会遭受“布里丹的驴子[的命运]，它决定不了要进食具体哪一捆干草”而饿死。[50] 换言之，他不信任他对数学问题的敏感度。但在物理学方面，“我很快就学会了嗅出哪些可能导致根本法则，因此会避开一切别的东西，避开那许多乱糟糟地堆积在脑子里的东西，把它们从至关重要的东西里剔除。”[51] 因此，举个例子，他放弃了用归纳法推究普朗克辐射定律的尝试，认为这种方法没有成效并且不正确，反过来，他把普朗克辐射定律当作一条自然法则，转而从中推断其逻辑后果。

对1907年的毕加索来说，问题选择意味着选择一个他可以将之转换成一种概念化风格的主题。今天的艺术家有时候好像忘了，要画概念艺术作品，你必须真正地有一个概念、一个主题，以及一种将这两者融为一体的方式。毕加索的概念是一种描述空间和时间的新方法；“选择一个问题”意味着选择一个场景，在这个场景里，他的概念能以复杂和美学上令人满意的方式得到完全的实现。

加德纳把那些伟大的天才分成两种：“精通者”(masters)和“创造者”(makers)。莫扎特是个在一个“领域”内部进行工作的精通者。[52] 除了他的一些歌剧，他没有产生极其新颖的音乐风格。但是，通过那些结构庄严和旋律华丽的乐曲，他结束了巴罗克时期，并为浪漫主义时代铺平了道路，而正是在这个时代贝多芬开辟了一个全新的天地。爱因斯坦和毕加索都是创造

者，他们打破现存的格局，开创全新的领域。不过，即便是对创造者，要说他们的深远见识是突然顿悟的也是对直觉的误用。

爱因斯坦的直觉包括对普遍性原则的求索，而这取决于他的领悟能力，即能觉察何时可以将一个假设提升为一个公理。他对牛顿相对性原则的推广，符合这个1895年思想实验者的直觉、极简主义美学原则以及对视觉形象的信任——这里所说的视觉形象指康德意义上的“直观形象”，即一种洞察方式。

很难像明确说明爱因斯坦的直觉那样，去明确说明毕加索的直觉，因为毕加索的直觉是文化和科学的一个共同产物。但是，我能够说的是，他们两人都有意将感官知觉这个概念从它的常识基础上扩展开来。一个包括空间和时间的相对特性的新常识概念，将感官知觉延伸到了我们的感觉范围之外。在艺术上，这种新的感官知觉从一个几何基底显露出来，这个几何基底揭示的形式，再次延伸到了我们的即时视觉之外。

确认

我将讨论三种类型的确认。前两种专指科学理论，而第三种也指艺术。

在回顾作为一个科学家的经历时，爱因斯坦能够简明地表达前两种确认：“第一点是显而易见的：理论不应当与经验事实相矛盾。”[53]如果一种科学理论不能在实验室里得到核实，则这种理论就会受到怀疑并且可能不得不被抛弃。不过暂且别忙，爱因斯坦接下来说道：“这个要求初看起来似乎很明显，但应用起来却非常复杂。”[54]这正是洛伦兹—爱因斯坦理论当时的情形，那时，这个理论与考夫曼的数据相抵触，而另一些专用于电子的理论则较为成功。洛伦兹慌了，但爱因斯坦却相当自信地继续推广他的相对论。原因就在于爱因斯坦评估一个科学理论的第二种方法，亦即选择“其目标为一切物理现象的总和”的理论。[55]这就是洛伦兹—爱因斯坦理论的目标；更具体地说，在爱因斯坦看来，这就是他的相对论的目标。这些理论不只属于电子。爱因斯坦拒绝仅仅让一组经验数据来决定这个问题。

第三种评估方法既适合于科学又适合于艺术，它更为微妙。这就是由其影响来确认:这个新的思想有没有出路?它是否激发他人去产生有用的科学或重要的艺术?它是否成为一种世界观的一部分?显然,爱因斯坦的相对论和毕加索的《亚威农少女》满足了所有这些标准。他们的创造干劲成为鼓舞力量,他们的形象被拍成电影、写成小说。他们的伟大创作,完成于他们生命中最具创造力的时期,先是被轻蔑地摈弃,然后受到礼赞,其后被融进他们自己孕育的知识氛围中,最后被取而代之。但是他们永远不会被遗忘,因为他们已是一切科学和艺术将永远建立其上的那块磐石的一部分。在有生之年,他们那创造者的影响就已经衰落,毫无疑问他们自己感到了遗憾。爱因斯坦和毕加索再也不能创造出他们年轻时的作品了,那个时候对他们来说,只有思想是最重要的,其他的一切都无关紧要。他们渴望专利局和"洗衣舫"的日子。天才之火灿烂辉煌,但是只持续了一个很短的时期,接着开始了逐渐熄灭的缓慢过程。

当爱因斯坦在他生命的尽头精辟地写出下面这段话时,或许他不仅只想到了牛顿,也想到了他自己:

> 牛顿啊,请原谅我;你所发现的道路,在你那个时代,是一个具有最高思维能力和最高创造力的人所能发现的唯一的道路。你所创造的概念,甚至在今天仍在指导着我们的物理学思维,虽然我们现在知道,如果我们要追求对各种关系更深刻的理解,那就必须用其他离直接经验范围更远的概念来取代你的概念。[56]

这种情形到1905年才发生在牛顿身上,但爱因斯坦在自己的有生之年就经历了这种变化。

古典世界的终结

趋于抽象的潮流很快将它最初的两个推动者甩到了后面。爱因斯坦和毕加索都没有跨越鲁比肯河——都没有破釜沉舟地进入极端的抽象主义境界,

尽管是他们的创作激发了别人的极端抽象。从某种意义上说，这标志着他们的发现的深度，发现者能把人引领到这条路上，但自己却不能继续前行。

虽然原子物理学上的进展都依赖爱因斯坦的相对论与他所倡导的理论建构方法，但这些进展导致的视觉形象中的抽象以及随之而来对古典因果关系的摈弃是爱因斯坦永远接受不了的。[57]毕加索永远接受不了没有任何具象内容的抽象艺术。这两人有着同样的形象概念。

狭义相对论和广义相对论中的视觉形象，与洛伦兹电磁理论和牛顿力学中的视觉形象是一样的。这种视觉形象，建立在我们实际上用感官见证的现象的基础上，被**强加于**这些理论上。比如，让我们看看两个电子是怎样进行相互作用的(如图8.1所示)。宏观世界告诉我们：带同种电荷的物体相斥。洛伦兹理论对这种观察的表现如图8.1(a)：斥力由方向相反的箭头表示。电子被假定如带电的台球一样运动，这是对带同种电荷的物体相斥这

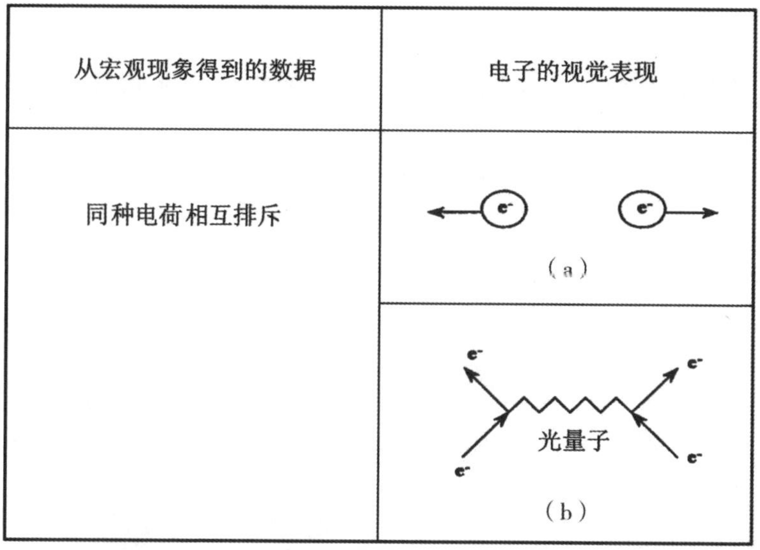

图8.1　对两个带同种电荷的物体(这里即电子)相互排斥这一情形的不同视觉表现。图(a)是在我们日常世界类似两个带电的台球如何发生作用的一种外推。图(b)才是恰当的视觉表现，是展示两个电子如何通过交换一个光量子而相互排斥这一“深层结构”的费恩曼图。

一观察的推断。

同样，在原子物理学中，玻尔1913年那高度成功的理论——根据爱因斯坦关于理论构建的公理化方法构成的理论，建立在原子的视觉形象为一个很小的太阳系这样一个基础之上(图8.2)。[58]

这个视觉形象如此令人惊讶，这个理论如此成功，连年轻的玻恩(Max Born)这样头脑清醒、严肃持重的物理学家都激动得在一阵狂喜之中写下如下的话："宏观宇宙世界的法则反映了地球世界——这种思想显然对人类的精神具有不可思议的作用；的确，这种思想的形式源于这样一种迷信(它本身与思想史一样古老)：人的命运可从星体上读出。"[59]爱因斯坦对玻尔取得的成就印象特别深刻。

但是1923年，物理学家们被迫放弃原子作为一个太阳系的形象。[60]那一年，法国物理学家德布罗意(Louis de Broglie)通过把狭义相对论与量子论结合起来，发现电子像光一样也有波粒二象性。因而，电子是不可想象的，像图8.1和图8.2中这样的图形于是被抛弃。这个时候，对玻尔理论的重新表述接二连三地出现了，其中没有一种理论有任何与之相应的视觉形象。

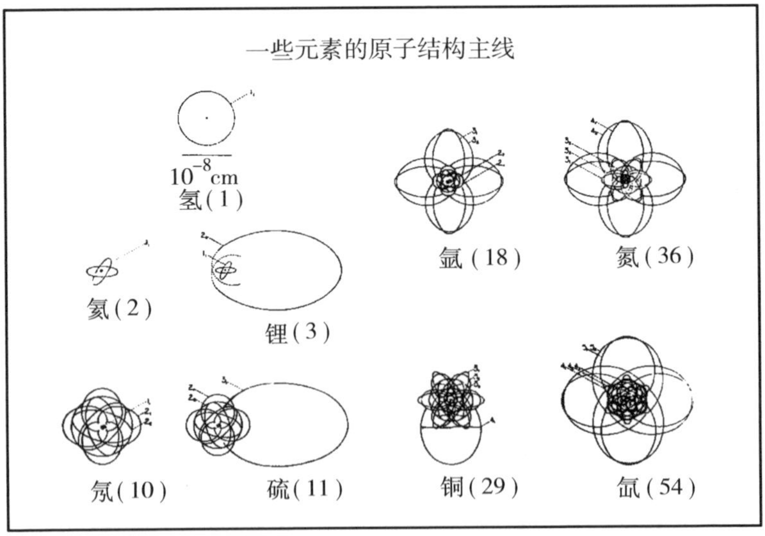

图8.2　玻尔原子理论对原子的描绘(Kramers and Holst, 1923)。

1925年初，玻尔理论终于完全崩溃。1925年年中，海森伯(Werner Heisenberg)基于不可见的粒子构建了一种新的原子物理学，叫量子力学。他尤其希望避开那个旧意象，因为它导致了混乱和不一致。

物理学家们将自己分为两个阵营。其中一派始终热切地坚持古典的具象表现方式，寻求通过从日常世界的现象抽取的形象，恰当地对原子王国重新作解释，以理解原子世界。这种形象在德语中被称作“直观形象”，这个词经常出现在载有原子物理学上的前沿研究的德语期刊上。这一派的主要成员是爱因斯坦——先前那个激进者现在正与比他更加激进的追随者进行后卫战——和他的柏林同事、奥地利物理学家薛定谔(Erwin Schrödinger)。

另一阵营的主要人物是玻尔，最强硬的是海森伯——他以极大的热情反抗视觉表象的旧方式。[61]这是一种美学上的冲突。爱因斯坦和薛定谔偏爱电子的波动表象，因为这种表象具有视觉形象和由此能联想到的对原子物理学连续性和希望能表示因果关系的描述；而海森伯则偏爱粒子表象，因为这种表象具有其固有的不连续性，缺乏可视性，因果关系也受到了冲击。海森伯取代了爱因斯坦，成为先锋派的领袖。他随后的研究为原子和亚原子世界日渐抽象的表象打下了基础。突破发生在1949年，费恩曼(Richard Feynman)利用一种与相对论一致的量子力学理论构建了以他的名字命名的费恩曼图。[62]

作为对费恩曼形象的初步介绍，让我们回过头去看图8.1。对互相排斥的两个电子的恰当视觉表示结果是图8.1(b)，这是一个费恩曼图，在这个图里，两个电子交换了一个光子。[63]这个相互作用的细节并不重要，我们要说明的问题是：如果没有量子力学的数学，我们不可能知道怎样去画费恩曼图。量子理论出现之前的视觉形象是**强加于**理论上的，结果让人混乱不清，也不正确；而量子理论的视觉形象是由该理论的数学**生成**的。物理学转了一个满圈儿回到了柏拉图那儿。柏拉图曾论证说，数学是使自然直观化的关键。

图8.3表明了原子物理学中这个表象上的惊人变换。所有这些图形都

描述着同一件事:氢原子与光的相互作用。图8.3(a)是我们熟悉的太阳系说法,是玻尔1903年的原子理论。这个视觉形象是用从牛顿天体力学中拾取的数学符号强加于理论上的。(尽管电子的这个形象过时了几乎一个世纪,并且完全不切实际,但它仍然出现在现代的书本中。)从图8.3(a)到图8.3(d)——描述同一过程的费恩曼图,我们可以看到图形越来越抽象。

新艺术与新物理学最早的直接交流始于玻尔对立体主义的兴趣。作为

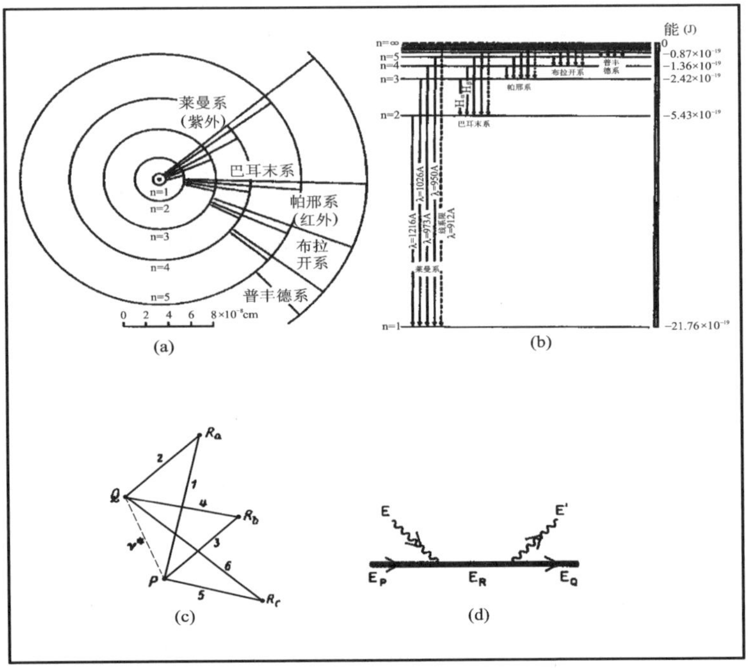

图8.3　氢原子与光相互作用的表示法。图(a)源自玻尔1913年的原子理论,这个图将原子表示为一个很小的太阳系。图(b)的表象更加抽象,它在玻尔理论崩溃后还继续存在。它是玻尔理论关于原子能级的基本假设之一的视觉表象。图(c)取自海森伯在发现新的原子物理学(即量子力学)之前所写的著作。虽然这种表象是建立在这个理论的数学基础上,但它与图(b)联系紧密。图(d)是全新的、出乎意料的。这是一个费恩曼图,这种表象完全是由海森伯量子力学的一种高级形式的数学而产生的。水平线表示穿行于空间和时间中的原子,而波状线表示光量子。注意图(a)和图(b)之间的对照。

丹麦最杰出的公民之一，玻尔于20世纪30年代搬进了卡尔斯伯格基金会拥有的一座宅第，并被授权布置室内陈设。为了获取灵感，他在书房里挂了一幅大型的立体主义画作。但是他没有选择那种风格上已被公认的大师作品，如布拉克、格里斯或者毕加索的作品，而是买了梅青格尔的《骑马的女人》（*La Femme au Cheval*，大约作于1911年）。[64]这个选择表明玻尔对立体主义的兴趣更多地源自梅青格尔的写作而不是他的艺术，尤其是梅青格尔与格莱兹合写的《论立体主义》一书。这本书对立体主义的描述已成为一个标准，用来表现一个场景的方式，就好像观察者在“围绕一个物体转动[以]从几个连续的表象去理解它”。[65]你怎么看它，它就是什么。

据丹麦画家安诺生（Mogens Andersen）说，玻尔“对现代绘画在他的有生之年如此迅速开辟的这片新天地极为感兴趣”。[66]他极其高兴地向来访者解释梅青格尔的画作，由此消除他们对艺术应该是什么的任何先入之见。[67]他这样说的用意是想将原子物理学家们辛苦习得的教训与之平行对照，因为当原子物理学家们在1923年以后抛弃太阳系原子的视觉形象时，他们意识到了视觉形象的缺失所造成的不适。在其科学论文中，他们经常对被迫在没有视觉形象的情形下工作表示失望。玻尔于1927年提出了一个权宜之计，其中心思想与立体主义的多种透视图具有惊人的相似之处。根据玻尔的“互补原理”，原子实体有两方面——波和粒子——任何实验安排只能揭示其中的一方面。它是什么，取决于你怎么看它。[68]

虽然爱因斯坦在1915年以后还有一些值得注意的工作问世，但他从不同意玻尔和海森伯的量子力学。除了缺乏经典的形象，对经典因果关系的违背也仍然让他憎恶。[69]尽管如此，爱因斯坦随后的一些工作仍成为量子力学不可缺少的组成部分。1916年，他提出了一种大量原子是如何与光进行交互作用的新理论，该理论成为激光的基础；1924年，他发现了一种“计数”原子的新方法，这种方法后被称作“玻色—爱因斯坦统计法”。1935年，他提出了一个耐人寻味的思想实验，即著名的爱因斯坦—玻多尔斯基—罗森实验，它抓住了量子力学所预测的原子物质从根本上反直觉特性的本质。[70]这个实验至今仍然在引起物理学家和哲学家的反响。

继《亚威农少女》之后，毕加索又与布拉克一起着手空间的进一步实验，结果产生了《坎魏勒画像》和《裸女》这样的杰作。[71]1910年，出现了立体主义的一些分支，如杜尚的《下楼梯的裸女》和康定斯基的《即兴之作》(*Improvisation*)，后者是第一幅完全没有具象的画作，再加上格里斯那些用高度理智的立体主义方法创作的作品。1917年，在蒙德里安绘制的作品中，自然被简化为水平线条和垂直线条，这些都是为了追求一种更高的美感，这种美感以某种方式与科学家对自然之恒定法则的探究联系在一起。[72]接下来的那一年，马列维奇创作了《白上之白》(*White on White*)，这幅作品即便是与康定斯基的《即兴之作》相比，也没有表现任何东西。完全彻底脱离客观存在物的时候到了。艺术上的抽象走在了科学上的抽象之前。

虽然毕加索从没有完全把立体主义弃之身后，但1915年，他开始回复到一种更加古典的风格，从来不曾尝试康定斯基、马列维奇和蒙德里安那样极端的抽象主义。毕加索倒是投入到了立体主义孕育的一些新画风中，比如超现实主义，并且着手在绘画、摄影、雕塑、陶瓷艺术、舞台设计和版画艺术方面进行了令人眼花缭乱的实验。1937年，他创作了那幅伟大的油画《格尔尼卡》(*Guernica*)。毕加索继续追求新颖的表达，并且最重要的是“新的抱负”。[73]爱因斯坦和毕加索以他们自己的方式致力于发展古典的具象科学和艺术。戴讲了这样一个故事：大约是1915年，瑞士指挥家安塞梅(Ernest Ansermet)对毕加索在具象和立体主义风格之间随意移动的能力表现出万分的惊讶。毕加索当即回答：“可是你看不出来吗？结果是同样的呀。”[74]

艺术和科学的古典标志就是一种视觉形象，它是从我们在日常世界里经历的现象和物体中抽象出来的。量子力学和高度抽象的艺术中没有这样的视觉形象。艺术家和科学家不得不寻求全新的视觉形象，而不是从日常生活中进行外推。正如站在蒙德里安或帕洛克(Jackson Pollock)*的一幅作

* 帕洛克(1912—1956)，美国画家，抽象表现主义运动(Abstract Expressionist Movement)的领军人物。——译者

品前问画的是什么毫无意义,要问量子力学中的电子是什么样子也是毫无意义的。这两个问题都没有答案,而爱因斯坦和毕加索都不能接受这种对古典思维的彻底弃绝。我们已经提到过毕加索和布拉克利用各种方式——如模印字母、适当的标题、甚至剪报、墙纸和粘到画布上的木块——来抵制这种潮流。在物理学方面,强加于原子理论上的视觉形象导致解释上的不一致和混乱。最后,是量子力学的数学产生了恰当的视觉形象,但这个视觉形象完全由事件的图形表象组成,而不是物体的形象。[75]立体主义形象在很大程度上也是由数学产生的。视觉形象的这种形式转换,是20世纪艺术和科学的一个主要的突出特征。

让我们继续沿着这条路进行探索,对图8.4(a)里的气泡室照片和图8.4(b)里的《亚威农少女》作一个比较。1973年,科学家面临的一个重要的基本问题是寻求这张照片里的深层结构——表象后面的意义。这张照片描绘了一个电子(e^-)和一个μ子反中微子的碰撞。[76]但是由于实验装置的复杂,这张气泡室照片与两个基本粒子相互碰撞的原始过程之间隔了许多层。物理学家将图8.1(b)的费恩曼图当作指导,有效地得出了图8.4(c)里的图。[77]根据这个图,μ子反中微子($\bar{\nu}_\mu$)通过交换一个叫Z^0介子的粒子与一个电子(e^-)进行相互作用。这样解释气泡室照片里这种现象的理论——所谓的电弱理论——于是预测了Z^0介子的存在,Z^0介子在这之后很快就被发现了。这进一步证明了费恩曼图不仅仅有助于记忆或作为计算的图形辅助,而且也预示了表象之外更深层的现象。

《亚威农少女》里的深层结构存在于几何学中。为了说明这一点,让我们看看毕加索最抽象的画作之一,那幅宏伟的《裸女》,图8.4(d)。在这里,那个可视的主题,裸体的女人,几乎完全消失了,展现在我们面前的是一个物体,像μ子反中微子一样的物体,它的实质超出了视力。这幅画,像一幅费恩曼图一样,表达了一个更深层的形象。《裸女》和1910年夏天的其他画作,是毕加索曾经最接近完全抽象的艺术的作品。

像《裸女》一样,费恩曼图表现了一个受我们的感官知觉限制的形式之

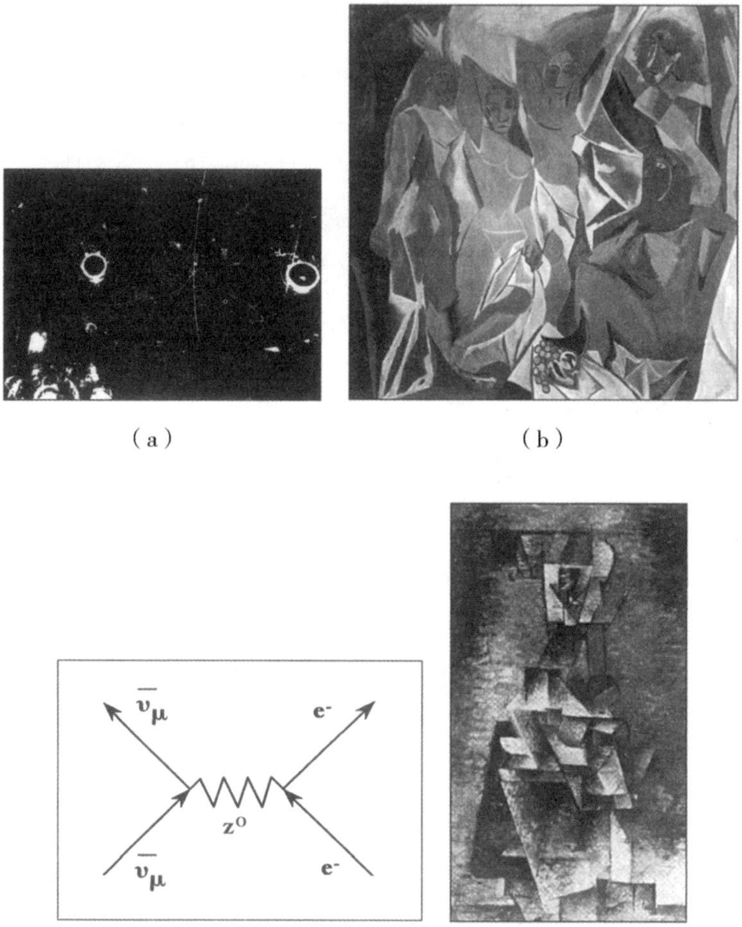

（a）　（b）　（c）　（d）

图8.4　物理和艺术中的“深层结构”。图(a)气泡室照片里的“深层结构”是图(c)里的费恩曼图，在图(c)里，μ子反中微子$\bar{\nu}_\mu$通过交换一个(Z^0)粒子与一个电子(e^-)进行相互作用。而图(b)《亚威农少女》里的“深层结构”是图(d)毕加索的《裸女》。

外的世界。这些图形是现存的最抽象的科学艺术(scientific art)。进一步抽象的唯一障碍是我们仍然必须表现一个与其背景相分离的形象。因此我们

不能表现或想象某种东西同时既是波又是粒子。但是,亚原子粒子正是这样的。目前,费恩曼图是我们以一种与其特性相符的方式看待它们的唯一工具。

不过,如果要说抽象的趋势反映了整个20世纪艺术和科学的并行进步,我们得非常小心。艺术上的进步和科学上的进步是非常不同的,任何比较都是一个雷区。科学理论有时候会淘汰它们的前辈,但布拉克和毕加索的立体主义当然没有。[78]立体主义被公认为一个主要的艺术运动之后,没有人把它们的伦勃朗和提香扔掉。但是,海森伯的量子力学在1925年出现之后,没有人再用原来的玻尔理论作认真的计算了。尽管如此,立体主义代表着一群艺术家为了将形式简化成几何图形所作的专心致志、史无前例的奋斗。在这个严格意义上,1907年和1914年之间的艺术有了进步。

20世纪20年代以后,爱因斯坦和毕加索都没有再创造出在深度、广度和技巧的精湛方面能与先前作品相匹敌的东西。爱因斯坦再没有构造出重大的思想实验*:原子领域里视觉形象的根本转变使他那独特的形象变成一种成效不大的方式。作为古典的纯粹主义者,爱因斯坦和毕加索不会——很可能也不能——追求他们的杰作引发的抽象。但是他们不再是两个不顾一切、愿意将自己完全沉浸进去的年轻人了。让一个人的生命为一个想法而耗尽——这个任务落到了别人身上:物理学上的接班人是玻尔和海森伯;艺术上则是杜尚和蒙德里安。到20世纪20年代,爱因斯坦主要致力于发现个包括电磁力和引力在内的统一的自然观。这种努力在30年代变得完全不切实际,因为那时,别的基本力被发现了,包括中子和质子之间的吸引力,这种力是极端非古典的,在费恩曼图被发现之前绝对不可想象。爱因斯坦和毕加索没有参加那些向纯粹抽象发展的大胆的新实验。他们两人都脱离了他们创造的进展。[79]

1912年,爱因斯坦开始了与埃尔莎的恋爱("我心爱的埃尔莎"),毕加索

* 这种说法不太准确。无论如何,爱因斯坦等人于1935年提出的EPR实验应该是一个产生了很大影响的思想实验,尽管对之有很不相同的评价。——译者

离开费尔南德去追求埃娃·古埃尔（“我的小美人”）。两个女人都以其布尔乔亚的气质吸引着她们的配偶。埃尔莎把爱因斯坦从米列娃的喜怒无常和忧郁寡欢中解脱出来，而埃娃宁静的外表风度与费尔南德那暴风雨般的行为举止形成鲜明的对比。她们不仅给她们的男人提供了一种平和的感觉——要知道两个男人都是刚从巨大的脑力奋斗中挣扎出来——而且也给了他们一个机会去经历几乎已经遗忘了的爱情。爱因斯坦的情书——就像他年轻时写给米列娃的一样——现在寄给了埃尔莎；毕加索写给埃娃的情书被隐蔽地夹在他的画作中，比如，他在《吉他》（*Guitar*，1912年）[80]一画中插入“我爱埃娃”的字眼，在《弹吉他的女人》（*Woman with Guitar*，1911年）上画着“我的小美人”。[81]他的许多画作变得充满了性的色彩。除了需要罗曼史，爱因斯坦和毕加索都开始患病，需要严格的饮食，而埃尔莎和埃娃都愿意照顾他们。

爱因斯坦后来和埃尔莎结了婚，埃尔莎果真照顾了他许多年。埃娃1914年被诊断患了癌症，于1915年12月14日去世。她和毕加索曾计划结婚，他对她的过世悲痛万分。“我可怜的埃娃死了……这于我是一种巨大的悲哀。”他之后不久这样写信给格特鲁德·施泰因。[82]毕加索很快恢复了他惯常的复杂爱情生活，这种生活相当于被财富、名望和艺术天才的神秘性逐步推到了*n*次幂高度的蒙马特尔生活。[83]一份他最广为人知的情人名单（其中几个后来与他结婚）是：费尔南德·奥利维耶，1904—1912年；埃娃·古埃尔，1912—1915年；与柯克洛娃（Olga Kokhlova）的婚姻，1918—1934年[他的第一个孩子保罗（Paulo）出生在1921年]；瓦尔特（Marie-Thérèse Walter），从1927年一直到40年代早期[他们的孩子玛雅（Maya）出生在1935年]；马尔，1936年到40年代早期；吉洛，40年代早期到1953年[他与吉洛育有两个孩子，克劳德（Claude）和帕洛马（Paloma）]。1954年，毕加索遇见了罗克（Jacqueline Roque），后来与她结婚。[84]

到20世纪20年代中期，爱因斯坦取得了让人狂热崇拜的地位，这时他发现他对女人的吸引力被提升到了奇迹般的高度。5英尺8英寸的身高，宽阔的肩膀，保持良好的体形，被吹捧成具有传奇般的智力，再经埃尔莎彻底改变的发型、服饰，中年的爱因斯坦风流倜傥。我们所知道的他在与埃尔莎婚姻期间的第一桩风流韵事是与威廉皇家研究所的一名年轻秘书，大约发生在1924年。[85]据说爱因斯坦曾断绝过一段热烈的情缘，借口是“他得到星空中去寻找他在地球上没有找到的东西”，[86]这个借口与他20年前跟温特勒说的话非常相似。别的女人接踵而来。一些女人由专门的司机开着豪华高级轿车来接他出去过一个晚上。有的时候他几天后才回来。爱因斯坦的伴侣照例给埃尔莎带去一盒糖果，然后埃尔莎就被打发走了。所有这一切使埃尔莎和她的女儿们感到极度失望，但是却给这台机器添加了燃料。[87]

爱因斯坦对女人的态度，就像毕加索对女人的态度一样，是他那个时代非常典型的。萨拉曼（Esther Salaman）曾与爱因斯坦一起在柏林学习过，她多年后写信给他谈到她自己创造力的不足。爱因斯坦回复道：“很少女人具有创造力。我不该让我的一个女儿去学物理*。我很高兴我现在的妻子不懂什么科学；我的前妻是懂的。”[88]当萨拉曼提醒爱因斯坦还有他见过多次的居里时，他答道：“居里夫人对物理学的了解并不很透彻。”[89]

爱因斯坦和毕加索不可思议的名望，使他们都成为世界事务中的重要角色。爱因斯坦应邀作了无数场讲话、无数次旅行，接受了无数次的媒体拍照。他非常喜欢这一切。他与众多的人就广泛的题材通信，最后卷繁册丰。1945年，他的名字与那种巨大的摧毁力联系到了一起，因为这种摧毁力部分地是由于他1905年的另一大发现才出现的：质能等价性，$E = mc^2$，这个方程实际上是20世纪的标记。这真是声名日盛。但是，他1936年却还可以这样写信给他的妹妹：“就像我年轻的时候那样，我还是无休无止地坐在这里进行思考、计算，希望发现深奥的秘密。所谓的‘大世界’，也即人的喧扰忙乱，对

---

* 爱因斯坦有两个继女，是后妻带来的。他与前妻婚前所生的女儿后来送人，下落不明。后来至少有5个人声称是爱因斯坦失落的女儿，但均没有事实依据。据译者所知，爱因斯坦的两个继女也没有学物理。作者所引的这段话出自1993年由London的Faber and Faber出版社出版的《爱因斯坦的私生活》（*The Private Lives of Albert Einstein*）一书。尽管也引经据典，书中有些说法仍颇有争议。——译者

于我来说越来越没有吸引力,因此我发现自己日渐变得更加与世隔绝。”[90]

毕加索没有写太多的信,他只是接见人。吉洛回忆毕加索经常埋怨无休无止的来访者:“我问他为什么不把世界连同它的打扰拒之门外。‘可我不能,’他说,‘我在绘画中创造的东西来自我的内在世界。但是同时我需要与别人的联系与交流。如果我告诉萨瓦特斯我不在家,人们来了,而我知道他们就在那儿却不让他们进来,我就会被一种想法搅得苦恼不堪:也许有什么我应该知道的事情而不知道呢,这样一来,我就不能集中精力作画了。’”[91] 60多岁的毕加索极为富裕、极为世故,这时的工作习惯与那个专心致志、几乎一贫如洗的26岁的艺术家的工作习惯大不相同,那个时候,他拒绝打开他那破旧画室的门,即便是最亲密的朋友来敲门也不例外。爱因斯坦26岁时也差不多,在克拉姆街49号那个狭窄的公寓里工作时专注得入了迷,身边是妻子和孩子的喧扰,他还有一份每周六天、一天八小时的正式工作。[92]这两个人,从此再也没有达到那种令人癫狂的日子里完全彻底的修道士般的献身境界。

永存的形象

我们记忆最深刻的是年轻时候的爱因斯坦和毕加索。图8.5中的集体照摄于1911年的索尔维会议,在物理学家们之间广受尊敬。打下20世纪物理学基础的巨人们都出现在这张照片上。这是物理学界的首次最高级会议。这种风格的照片一直延续下去,直到1933年的索尔维会议,也就是战前的最后一次会议。一年一年地过去,后排的人挪到了前排,新的面孔填充了后排的位置。年轻的斗士站着,年长的卫士坐着。1911年这张照片通过其刻意的座位安排,展示了许多有关这群人的情况。洛伦兹,作为主席和协调人,安详地坐在桌首,紧挨着会议的组织者索尔维(Ernest Solvay)。居里夫人和庞加莱对整个仪式漠不关心,也许正在讨论放射性的某个问题——就在那一年的晚些时候,她在放射性方面获得了第二次诺贝尔奖。

爱因斯坦站在他的新朋友朗之万的身边、庞加莱的正背后——庞加莱

图8.5 著名的索尔维会议照片。这次会议于1911年10月30日到11月3日召开。在1905—1911年这段时间,爱因斯坦从一个不被人知的专利局三等职员(1902—1909年)变成了苏黎世大学的副教授(1909—1911年),又成为布拉格德语大学的教授和首次物理学最高会议的与会者。本书中许多"事件参与者"都在这张照片里。坐排从左到右为:能斯特、布里渊(Brillouin)、索尔维、洛伦兹、瓦尔堡(Warburg)、佩兰、维恩、居里夫人、庞加莱。站排:戈德施米特(Goldschmidt)、普朗克、鲁本斯(Rubens)、索末菲(Sommerfeld)、林德曼(Lindemann)、德布罗意、克努森(Knudsen)、哈泽内尔(Hasenöhrl)、奥斯特莱(Hostelet)、赫曾(Herzen)、金斯(Jeans)、卢瑟福、昂内斯(Kamerlingh Onnes)、爱因斯坦、朗之万。[承蒙美国物理学会(AIP)塞格雷(Emilio Segre)视像档案馆提供照片。]

当时稳居科学的顶峰。[93]爱因斯坦早期的主要支持者,普朗克站在左二,看起来比较害羞和内向。坐在最左边的是爱因斯坦另一个从柏林来的影响力极大的朋友,能斯特,他戴着夹鼻眼镜和单片眼镜,普鲁士权力的一个标志。

旅程快要结束了。那位11年前还失业、显然找不到雇主的人,如今站在最优秀的人群中,并且是他们中最明亮的一颗星。他面上带着沉思的表情,也许已经在撰写给他的朋友贝索的那封信了:"总的说来,布鲁塞尔的会议有点像耶路撒冷废墟的哀歌。没有产生什么具有建设性的东西……。我没觉得这个会议有多么令人兴奋,因为我没听到一点我以前不知道的东西。"[94]很少有其他人会这样说。

尽管布罗德很好地刻画了爱因斯坦,但远远不够。爱因斯坦仍然是一个科学世纪的催化剂。爱因斯坦时代的大众媒体知道这一点,今天的媒体

图8.6 毕加索的《与"吸烟的人"的自拍像》,摄于巴黎舒尔谢路的画室(1914—1916年)。

仍然知道这一点。他的名字是天才的同义词,他是20世纪最受瞩目的人。大众文化的晴雨表——《时代》杂志,将他选为20世纪最伟大的人。不管我们怎么看待作为个人的爱因斯坦和毕加索,他们都是在大多数人会被完全击败的条件下取得巨大成功的。

图8.6中的毕加索自拍像是我最喜欢的一张照片,因为这张照片是一种如此壮丽的宣言,表现了一个艺术家对自己创造力的那种自信。这是一个经过精心摆设的画室布景,是舒尔谢路的画室,摄于1914年到1916年之间的某个时候。艺术家坐在他那宽敞的画室里,周遭是正在绘制中的作品,有的始于1907年。创作于"洗衣舫"那些令人振奋的日子里的《亚威农少女》,是最超乎寻常的存在,它就在毕加索的右边。毕加索左边墙上是立体主义作品《吉他与瓶子》。[95]紧靠在他右边的,与毕加索和《少女》成一直线的画作《吸烟的人》,[96]是他回归自然形式的巅峰之作。艺术活动的时间贯穿于这两幅画之中:它标志着一个时代的结束。立体主义的伟大实验接近尾声。

毕加索将自己置于一个三角形的顶点,这个三角形是由给20世纪定向的艺术作品组成的。他平静地坐在那里,思忖着他作品的下一个时代。13年前自画像中那茫然的迷幻神情一去不复返了。他已经成为巴黎艺术界的大师,前卫派最受敬慕的人,文明路上的指路明灯。一道阳光照耀在他身上,就仿佛是为了突出他的形象。

注　　释

第1章

1. Arnheim (1962), p. 13.

2. Richardson (1980), p. 24.

3. 先锋派一直被正确地称为一种“不明确的概念”(Cottington, 1998, p. 37)。因为我并不是在写一种依赖于各个时代之间详细比较的艺术史,也就免去参加这种辩论了。我将用下面这种直截了当的方式使用“先锋派”一词,事实上,在科廷顿(Cottington)看来,这种意义是1900年以来大家普遍理解的意义。先锋派艺术家和作家是那些反抗传统习俗和布尔乔亚趣味——包括其社会、道德和审美各个方面——的群体。巴黎作为欧洲的文化首都,有志气有抱负的艺术家和作家在19世纪80年代开始移居到那里。在20世纪之初,这些松散的群体开始形成共同体,一个主要的共同体位于蒙马特尔。那个时候,一个可识别的独立的艺术家小共同体出现了,他们有一个明确的目标,即进行一场反文化的改革,“先锋派”一词开始被用来称呼他们。进一步的讨论请参见Cottington (1998),特别是第2章。亦见Weiss (1994), p. xvi和别处,他在那本书里强调了一点:当今某些关于先锋派的理论与记录在案的证据相去甚远。魏斯(Weiss)交替使用着“先锋派”和“现代主义”。我完全避免用“现代主义”一词。某些同时代的艺术理论试图提供一些与先锋主义分离的、**强加于**历史事件的现代主义的定义。这些定义建立在事情发生几十年后形成的观点的基础上,并且通常都源于格林伯格(Clement Greenberg)的形式主义艺术理论。而我更想说明的是,毕加索的发现是如何从当时的艺术和科学的文化中出现的。这些文化是我们从记录在案的证据或当今所能获得的尽可能贴近1907年的二手资料中获得的。关于立体主义，格林（Christopher Green）尖锐地论证道，“某种被称为‘现代主义’的东西”提出了历史发展的一种“转移注意力的漫画”（Green，1987，p. 2）。在其令人着迷的有关1880年至1918年期间学术思想发展的概论中，Kern（1987）完全避开了“先锋派”和“现代主义”这些词汇。Everdell（1999）概论中的年代超出了克恩（Kern）考虑的年限。埃弗德尔（Everdell）在其有力的概述中，将现代主义定义为高度理性的文化，并且也避用“先锋派”一词，在他的分析中，“先锋派”与现代主义等同。他分章讨论了爱因斯坦和毕加索，但没尝试将这二人联系起来。Vargish and Mook（1999）在他们那本有趣的书中进行了尝试性的分析，至少有一点与我的分析是相同的，那就是建立20世纪初毕加索与爱因斯坦的探索之间的联系。他们还添加了另一个方面，也寻求与文学的联系。不同之处在于他们的目标是现代主义的一种新定义，即“现代主义是由一种专业化但具有可比性的现象组成的文化”（p. 2）。为了达到这个目的，他们提出了所谓的文化诊断。这种文化诊断在他们的书中是三重的：物理学、艺术和叙事。他们接下去定义了一种“‘价值’，该价值是一种含蓄但能被识别的特征，是三种文化诊断的共性”（p. 6）。他们的“价值”中的一种原来是有关知识扩展以及各个要素之间均等的相互依赖的“场论”，比如一块画布的各个部分或者一篇小说中的各种主题。我们都知道，在物理学中，铁屑受磁体影响不一定非得是直接的接触，只要有磁体的磁场即可。他们的书，一会儿将“场”的概念用作比喻，一会儿用它的真正意义。他们讨论了爱因斯坦对场论的偏好以后，又将立体主义评估为一种“绘画表面可视的连续统”（p. 115），然后在文学的某些例子中，他们声称有一种多视点倾向，在这种倾向中，叙事成为多重的和集体的（p. 123）。他们的论证建立在少量的原始史料上，经常由格林伯格这样的艺术批评家的精选引文加以证实，那些引文适于将一切用相对论的空间时间语言来解释。全书既没有提到理查森的两卷毕加索传（1991，1996），也没有提到Rubin（1994）对《亚威农少女》的研究。除此之外，该书还依赖后结构主义和与之相随的晦涩术语。

4. 严格地讲，我们应把弗洛伊德包括在内。虽然弗洛伊德对潜意识的探索在艺术、文学和科学上产生了反响，但据我所知，他对1905年的爱因斯坦和1907年的毕加索没有任何影响。在20世纪末，爱因斯坦和毕加索在经历了评论界的仔细剖析后都挺过来了，他们那创造性的工作继续发挥着影响。爱因斯坦成为20世纪世界上知名度最高的人物。亦见Gardner（1993）。

5. 我并不是说爱因斯坦1905年的所为与毕加索1907年在《少女》上的所为之间有什么因果关系。这样做没有必要,并且也是不正确的。艺术史家亨德森(Linda Dalrymple Henderson)在她的重要著作《现代艺术中的第四维和非欧几何学》(*The Fourth Dimension and Non-Euclidean Geometry in Modern Art*, 1983)一书中略为详细地说明了这一点。不过,数学、科学和技术对立体主义在1910年以后如何发展的影响是不容置疑的。这方面的进一步资料,参见Henderson (1998)。

6. 参见Daix (1995), pp. 671—675。

7. Brassaï (1964), p. 125.

8. 爱因斯坦1909年5月19日致劳布的信,见Einstein (1993),《爱因斯坦全集》(*The Collected Papers of Albert Einstein*)第5卷,以后简称CPAE5,英译本,p. 121。

9. Einstein (1967), p. 5.

10. Parmelin (1969), p. 116.

11. Stein (1984), p. 19.

第2章

1. Richardson (1991), p. 17.

2. Vallentin (1963), p. 5.

3. Richardson (1991), p. 27.

4. 毕加索的家庭销毁了他在9岁以前的所有绘画。

5. 引自Richardson (1991), p. 95。

6. 毕加索的密友和秘书萨瓦特斯添油加醋地给这个故事作了进一步的渲染。事实上,唐若泽一直继续着他的绘画,进入20世纪以后还画了好一段时间,不过他的视力越来越差,也许就是这个原因使得他的作品越来越少。参见Richardson (1991), p. 51。

7. Richardson (1991), pp. 64—65.

8. Zervos (1932—1975), vol.21, p. 49.

9. Zervos (1932—1975), vol.21, p. 56.

10. 引自Richardson (1991), p. 90。

11. Sabartés (1949), p. 41.

12. Blunt and Pool (1962), p. 7.

13. Johnson (1980b), p. 99.

14. Shattuck (1955), pp. 32—33.

15. Daix (1987), p. 25.

16. 毕加索当时的经纪人之一魏尔(Berthe Weill)只需花大约3到5法郎便能获得后来成为“蓝色时期”杰作的作品。那不过是一点小额施舍而已。在陷于绝境的时候,毕加索提出将20幅“蓝色时期”作品给沃拉尔,要价150法郎。沃拉尔拒绝了。参见Crespelle (1978), p. 125。拿一个参照点对比一下,巴黎当时一般大商店的售货员年薪大约3000法郎。

17. Jacob (1927), p. 199.

18. Crespelle (1978), p. 162.

19. 1969年12月1日,当时的文化部长马尔罗(André Malraux)说服法国政府将“洗衣舫”宣布为历史遗址。不幸的是,1970年5月12日,“洗衣舫”被烧成平地。克雷斯佩勒说,就“洗衣舫”那杂乱无章堆聚一起的取暖设备和马马虎虎安装起来的供电设备,它早先没有烧成平地实属奇迹(Crespelle, 1978, p. 82)。据“毕加索帮”成员之一的雷纳尔说,没有保险公司愿意对“洗衣舫”作火灾保险(Raynal,1922, p. 27)。

20. Olivier (1933), p. 27.

21. Olivier (1933), p. 14.

22. Richardson (1991), p. 310.

23. Olivier (1933), p. 27.

24. Crespelle (1978), p. 84.

25. Crespelle (1978), p. 85。例如,克雷斯佩勒写道:“1906年搬进‘洗衣舫’的格里斯,生活得更糟糕。他没有任何家具,铺上一叠报纸就当床。格里斯毫不在乎生活细节方面的不舒适,他的画室脏乱得一塌糊涂,无以言状。他在那里住了7年,还带着妻子和孩子。因为没有一辆童车,他们把襁褓中的婴孩挂在窗户口。”

26. Olivier (1933), p. 26.

27. 毕加索的第8个素描本的44页正面(参见Léal, 1988, p. 241)是一个毕加索手写的购物单:“烟、咖啡、鸡蛋、黄油、乳酪。”这证实了费尔南德的回忆录。她在回忆录中写道,毕加索把她像隐士一样地关在家中:“毕加索十分嫉妒,绝不会让他的伴侣独自出门,因此总是他自己亲自出去采购。”(Olivier, 1933, p. 49)

28. Crespelle (1978), p. 97.

29. Crespelle (1978), p. 30.

30. Carco (1927), p. 68.

31. 引自Shattuck (1955), p. 202。

32. 参见Richardson (1991), p. 333,他在此用这个词描述“毕加索帮”。

33. Seckel (1994a), pp. 48、49.

34. Salmon (1956), pp. 199—200。雷纳尔描述了“毕加索帮”当时如何从“洗衣舫”的窗口看着德加和雷诺阿爬上山丘,争论着要不要邀请他们进屋来,好像他们真的会接受邀请似的。引自Read (1997), p. 222。

35. 大约50年之后,罗谢写了小说《朱尔与吉姆》(*Jules et Jim*)。

36. Carco (1927), p. 190.

37. Shattuck (1955), p. 196.

38. Carco (1927), p. 190。卡尔科以他在“毕加索帮”时代的第一手资料进行写作。

39. Salmon (1945), p. 68.

40. Salmon (1922), p. 45.

41. Kahnweiler (1961), p. 65.

42. Raynal (1922), p. 40。Read (1995, p. 46)强调理查森将毕加索的“粉红色时期”称为“阿波利内尔时期”是十分正确的。

43. Vallier (1954), p. 18.

44. Apollinaire (1905), p. 16.

45. 比如可参见 Miller (2000),尤其是第5章。

46. Beaumont (1984), p. 56.

47. Richardson (1991), p. 203。柏格森当时极为有名。1900年,他离开亨利四世公立中学,被选入法兰西学院,他的演讲在法兰西学院极受欢迎,只有最大的礼堂才能坐下他的听众。他那非专业性的流畅文体使他的书在法国普通大众中间广为传阅。

48. Bergson (1907), p. 53.

49. 引自Mitchell (1977—1978), p. 177。

50. 进一步的讨论,请参见Antliff (1988), p. 341。

51. Blunt and Pool (1980), p. 6.

52. 正如梅里尔(Stuart Merrill)在1893年所表述的,“她通过语言说话和思维,通过音乐歌唱和梦想。”(引自Décaudin, 1981, p. 22。)

53. 同上引,p. 256。在这里值得一提的是野兽派对塞尚的敬仰。塞尚曾经写过:“自然,我曾欲临摹它;我没有成功。但是我一直对自己比较满意,因为我发现,比如太阳,它不可被复制,但是有必要用其他东西来表现它。”(p. 256)

54. 参见Richardson (1991), p. 41。

55. Breunig (1972), p. xxii.

56. Henderson (1988), p. 337.

57. 对这些潮流的讨论,请参见Kern (1983)。

58. Henderson (1988), p. 326.

59. Péladin (1904), p. 609.

60. 参见Richardson (1991), pp. 339—340。

61. Prieur (1904).

62. Réja (1904).

63. 未署名(1905)。勒邦虽非职业科学家,但与科学院一些如庞加莱一样杰出的成员保有十分友好的关系。欲详细了解勒邦的传记细节,参见Nye (1974)。

64. 参见Mitchell (1977—1978), p. 179。

65. 此书经历12次印刷,销售44000册(Nye, 1974, p. 179)。

66. Weber (1903).

67. 1891年至1893年在亨利四世公立中学期间,雅里与柏格森相识,并且受益于他的哲学课程(参见Beaumont, 1984, p. 30)。

68. 参见Beaumont (1984), pp. 100—101。

69. Shattuck (1955), p. 164.

70. 雅里此作的出版运气很坏,即使是先锋派出版商也被这本书弄得慌乱困惑。他只好满足于将部分稿件发表在1898年5月的《法兰西信使》上。雅里倒是足智多谋,他将出版的部分和手稿的部分装订在一起,把这些自订本分发给三个朋友。其中一本上还有题词:“此书只有在作者获取了足够经验以体味其所有美丽之时才能全部出版。”(详情参见Beaumont, 1984, pp. 180和330—331。)沙特克对这样的评论作了如下解释:“25岁的时候,雅里曾暗示,他写所有的人都莫名其妙,包括他自己;他必须‘经历’死亡才能理解他自己。”(Shattuck, 1965, p. 13)我们完全有理由相信他那些朋友，全都是法国先锋派文学圈子里的重要人物，会在咖啡馆里、甚至在“丁香园”周二晚上的“诗歌与散文”沙龙里讨论他的书本。毫无疑问，雅里自己也长篇大论地谈说《浮士德洛尔》。雅里的书于1911年，他死后4年出版。

71. Beaumont (1984), p. 200.

72. Jarry (1911), p. 192.

73. Jarry (1911), p. 193。除非另有说明，一切字体变化都是原文中所有的。

74. 关于此点讨论，参见Beaumont (1984)，第11章。

75. 引自Johnson (1980a), p. 111。布格罗在这里一语双关，一是指著名的学院派画家布格罗(Adolphe Bouguereau)，同时这个词也含鸡奸与同性恋的意思。

76. 例如参见Richardson (1991)，第23章。他坚持认为这两人从未谋过面，但Leighten (1987和1988b)和Henderson (1983)却声称他们相见过。

77. 有一个时期，毕加索曾掌管着雅里的手枪，但这个时期很短。事情是这样的：在一封写于1905年4月22日的信中，雅里要求阿波利内尔照管他的手枪。问题在于，在雷纳尔家用晚餐的当中，雅里指责雕塑家马诺洛醉得不够并朝他开了一枪。在接下来的混乱中，雅里丢下他的手枪跑了。当时在场的阿波利内尔将手枪借给了一个“朋友”——他在1909年的一篇回忆录中这样写道。6个月以后，雅里来蒙马特尔取枪。这个“朋友”几乎可以肯定就是毕加索。引自Read (1995), p. 215。

78. Salmon (1945), p. 35.

79. 引自Richardson (1980), p. 24。

80. Olivier (1933), p. 127.

81. Read (1995), p. 45.

82. Daix (1988a), XII, p. 35.

83. 参见Reff (1971)。

84. 1939年，当被问及如何伪装伞兵的军服时，毕加索答道：“让他们穿得和丑角一样。”(引自Reff，1971, p. 31。)

85. Salmon (1912), p. 41，也用了这一术语。

86. 讨论亦见Read (1995), pp. 46、47。

87. Daix (1988a), XII. 27, p. 265.

88. Rubin (1994), p. 38; and Rubin (1984), p. 242.

89. 引自Richardson (1991), p. 301。

90. Daix (1987), p. 81.

91. 同上。

92. Richardson (1991), p. 381.

93. Leo Stein (1947), p. 170.

94. Richardson (1991)中的引文, p. 400。

95. Richardson (1991), p. 378.

96. Richardson (1991), p. 408.

97. Stein (1947), p. 171.

98. 格特鲁德尤其喜欢上了阿波利内尔,后者为了寻求新的文学形式也在试图进行句法实验。阿波利内尔没有回报格特鲁德的这种好意,很可能是因为格特鲁德那一口糟糕并且永没有改进的法语口语,同时也是因为她对法国文学那份好像是故意的无知。她虚荣到了极点,以至于宣称她不仅亲睹了立体主义的诞生,而且实际上是它的缪斯——在《艾丽丝·B·托克拉斯自传》(*Autobiography of Alice B.Toklas*, 1933,实际就是格特鲁德自己的自传)一书那颇为浮夸的第5章中,她这样写道。布拉克和萨尔蒙曾为这段几乎就未提及布拉克的经过篡改的历史于1935年对她进行了申斥。他们回想起她那一口可悲的法语,认为那就是她从未真正理解法国青年画家们尤其是立体主义画家们到底在为什么而奋斗的主要原因。就像萨尔蒙 1935年所回忆的那样,他们的谈话经常是"洗衣舫"式的,即用法语俚语对一切加以嘲笑。参见McCully (1981), pp. 62—63。毕加索对她滥用"天才"一词以及她之宣称对他的思维有一种独特的理解颇为不满。毕加索对文学的直觉是有名的,但他读她的文章译本却不知所云。理查森写道:"艺术家直到最后也困惑不解。"(1991, p. 407)

99. 苏利耶在麦德雷诺马戏场对面卖画布和画具。他向来的风格是把要出售的画斜靠着沿街的铺面,根本不管气候如何,也不在乎狗的殷勤青睐。参见Crespelle (1978), pp. 227—228。

100. 坎魏勒比毕加索年轻3岁,出生于曼海姆市一个富裕的银行家族。但是他真正的爱好是艺术。他成功地说服了父母:如果一年之内艺术经纪人做得不成功,他将回到家族的银行业。他们同意了,并且慷慨地给他提供了25 000法郎,他于是直奔巴黎。他利用他的商业天赋对艺术世界加以侦察。他意识到要做野兽派的经纪人已经太晚了,因为沃拉尔几乎是在数以百计地出售野兽派画作,因此他四处观察,看年轻一代的画家里有什么新的东西。

101. 费尔南德以一种很不公平的方式描述他,说他是一个“典型的犹太商人,知道如何冒险去赚取利润”(Olivier, 1933, p. 96)。

102. 关于毕加索与他的经纪人的详细情况,参见Crespelle (1978), pp. 240—242; Richardson (1991),尤其是第22章;以及Fitzgerald (1995)——他强有力地指出,现代艺术市场事实上是由坎魏勒和毕加索创造的。

103. 关于20世纪头10年艺术市场的详细情况,参见Fitzgerald (1995),尤其是第1章。

104. 丑闻如此之大,以至于法国当时的总统卢贝(Émile Loubet)拒绝来大皇宫为秋季沙龙举行开幕式。参见Daix (1995), pp. 328、329。

105. Richardson (1991), p. 414.

106. Daix (1988c), p. 495。 戴指出,对原始主义的兴趣遍及整个欧洲,比如,抵达了德国“桥社” (Die Brücke)*的画家们那里。

107. Olivier (1933), p. 94.

108. Daix (1994), p. 60。 亦见 Daix (1988c)。

109. 这就是格特鲁德的传说。她那关于一个天才在一刹那间想出主意的概念在其作品中反复出现。

110. Apollinaire (1912a), p. 260.

111. Daix (1988a), XVI. 15, p. 323.

112. Daix (1988a), XVI. 28, p. 327.

113. Richardson (1991), p. 472.

114. Stein (1947), p. 172.

115. Gilot (1964), p. 77。 吉洛讲述的毕加索这番经常被引用的议论全文如下:“对我而言,只有两种女人——女神和门前擦鞋垫的。”让毕加索懊恼的是,吉洛逃避了这种命运。

---

* “桥社”是德国的一个表现主义艺术家小组的称号。其代表人物为基尔赫纳(Ernst Kirchner, 1880—1938)。在纳粹时代,他的作品被称为“堕落的艺术”,他因而陷入沮丧之中,1938年在瑞士达沃斯自杀。“桥社”1905年成立于德累斯顿。它对当时的立体主义及未来主义运动置之不理,转而从民间艺术、中世纪艺术以及“未受污染的”风景中吸收养料。在柏林现在还有一个“桥社”博物馆。——译者

第3章

1. Winteler-Einstein (1924), p. xvi.

2. 当爱因斯坦的父母告诉他会有一个可以与他玩耍的小妹妹降世时,这个小男孩想象那是一个玩具。所以,当他面对刚出生的妹妹时,阿尔伯特非常失望地问道:“好的,但轮子在哪里?”(Winteler-Einstein, 1924), p. xviii。

3. Winteler-Einstein (1924), p. xvi。爱因斯坦妹妹的名字实际上是玛利亚(Maria);马亚(Maja)是一种昵称。

4. Frank (1949), pp. 24—25.

5. 爱因斯坦1954年5月21日致宾托夫(Sybille Bintoff)的信,引自Fölsing (1998), p. 19。

6. Frank (1949), p. 32。爱因斯坦早期对这件事的回忆是在1940年写给弗兰克的一封信稿中,引自Einstein (1987):《爱因斯坦全集》第1卷,以后简称CPAE1, p. lxiii,注释56。

7. Einstein (1946), p. 5.

8. 同上,p. 9。

9. 同上。

10. 同上。

11. 同上,p. 15。

12. Renn (1993), p. 326.

13. Einstein (1946), p. 11.

14. 同上,p. 9。

15. Winteler-Einstein (1924), p. xx.

16. CPAE1, pp. 370—371.

17. 同上,p. 21。

18. Einstein (1946), p. 5.

19. 同上。

20. 虽然德国的征兵年龄是20岁,但是17岁以上的男性不能解除公民身份,因此保证了一大批潜在的应征入伍者。

21. Frank (1949), p. 31。卢伊特波尔德高级中学于1921年解散。在第二次世界大战期间,旧楼被毁,所有文档都被丢失。后来在原址上修建了另一所高级中学,并且颇具讽刺意味的是，该所中学被命名为阿尔伯特·爱因斯坦高级中学。

22. 出自汉斯·阿尔伯特·爱因斯坦(Hans Albert Einstein)，载于《妇女家庭杂志》(*Ladies Home Journal*)，1951年4月号，引自Clark (1972)，p. 41。

23. CPAE1, pp. 6—9.

24. CPAE1, 英译本，p. 6。

25. 同上，p. 5。

26. 诺伊斯塔特(Otto Neustätter)1929年3月12日致爱因斯坦的信，同上，p. lxiv，注释62。

27. 同上，pp. 10—12。进入瑞士联邦工学院的最小年龄是18岁。但是这一条对爱因斯坦免了，因为爱因斯坦家的一位朋友说服了工学院当局，他是一个神童。作为证据，爱因斯坦拿出了卢伊特波尔德高级中学数学老师表扬他数学能力的那封非正式信件。

28. 裴斯泰洛齐关于视觉思维力量的第一篇出版物出现在康德出版《纯粹理性批判》的那一年，即1781年，康德在他的书中表达了相同的思想。参见Miller (1968a)，pp. 242—243，273—275，以及Holton (1973a)，pp. 370—372。

29. 引自Arnheim (1969)，p. 299。

30. Winteler-Einstein (1924), p. xxii.

31. 后来爱因斯坦与温特勒一家成为亲戚。爱因斯坦的妹妹马亚从1899年到1902年就读于阿劳的师范学院，与温特勒的儿子保罗成婚。爱因斯坦的终身好友贝索与温特勒的长女安娜成婚。参见Fölsing (1998)，p. 43。

32. 爱因斯坦后来回忆，约斯特对德国政治气候的怀疑是一种预示性的。约斯特死于1929年。参见CPAE1，p. 388。

33. Seelig (1954), p. 16.

34. 参见Miller (1968a)，pp. 242—246；以及Holton (1973a)，第10章。

35. Einstein (1946)，p. 53。爱因斯坦1916年与格式塔心理学家韦特墨第一次讨论了这个实验，后者是他在柏林大学的一个同事。参见Wertheimer (1959)，p. 214。正如韦特墨在他著作的引言中所写的那样，他对爱因斯坦发现狭义相对论的描述是特别根据格式塔心理学的准绳而构造的。参见Miller (1986a)，第5章。

36. CPAE1，英译本，pp. 12—13。

37. 玛丽·温特勒1896年11月30日致爱因斯坦的信，载于CPAE1，英译本，p. 31。

38. 同上,pp. 32—33。

39. Vallentin (1954), p. 40.

40. 参见CPAE1, p. 385。

41. Renn (1992), p. xviii.

42. CPAE1,英译本, pp. 135—136。1911年,玛丽与一个叫阿尔伯特·缪勒(Albert Müller)的工厂经理结婚。也许,丈夫的名字也叫阿尔伯特并非偶然。两人育有二子,1938年离异。20年以后,玛丽死于一个精神病院。阿尔伯特的一个后代奥德·爱因斯坦(Auda Einstein)相信,玛丽与爱因斯坦那场不幸恋爱"把她搞糊涂了",最终毁了她的一生。海菲尔德(Roger Highfield)1993年3月20日与奥德·爱因斯坦的访谈,引自Highfield and Carter (1993), p. 32。有关阿尔伯特和玛丽的讨论,参见Highfield and Carter (1993), pp. 24—32。这里有一个因素必须考虑在内,那就是温特勒家发生的一场悲剧。1906年,他们的一个精神失常的儿子尤利乌斯(Julius)开枪杀死了他母亲保利娜和他们另一个女儿的丈夫,然后自杀身亡。

43. 详情参见CPAE1, pp. 23—42。

44. 同上,p. 24,注释6。

45. 有关瑞士联邦工学院的详情,参见上书,pp. 43—44。1911年,该校改为现今的名称瑞士联邦工业大学(简称ETH)。

46. Boltzmann (1897), p. 225.

47. Einstein (1946), p. 17。显然,爱因斯坦最经常上的课是那些高级实验课,"对与经验的直接接触着迷"(Einstein, 1946, p. 15)。关于他那股认真劲儿、或许也是一种笨劲儿的证据是他写给一个女朋友的信,信中谈到物理实验室的一个事故,他受了重伤,右手需要缝针。爱因斯坦1899年7月28日致朱丽叶·尼格利(Julia Niggli)的信,载于CPAE1,英译本,p. 128。

48. Einstein (1956), p. 11.

49. CPAE1, p. 61,注释10。

50. Seelig (1954), p. 40.

51. 同上,p. 35。

52. 参见*Electrotechnische Zeitschrift* 18, 515—616 (1897)和*Electrical Review* 41, 526(1897)。

53. Seelig (1954), p. 35.

54. 同上。

55. 同上,p. 47。

56. 出自沃特斯博士(Dr. Leon L. Watters)未出版的回忆录,引自Clark (1972), p. 50。沃特斯是一个富裕的医药制造商,曾指导爱因斯坦的财政事务。

57. 同上。

58. Seelig (1954), p. 53.

59. 同上,p. 45。

60. 同上,p. 53。

61. 米列娃 1948年去世后,她的文字财产从苏黎世转到了她的长子手中,汉斯·阿尔伯特当时是加州大学伯克利分校土木工程教授。1986年,孙女伊夫琳·爱因斯坦(Evelyn Einstein)*在洛杉矶一个银行的保管库里发现了它们。1897年到1903年期间,一共写有54封信;其中11封出自米列娃。因为看起来它们是一来一去地互相回信的,因此极有可能是爱因斯坦毁掉了他手上的许多信件。有关他们关系的其他讨论,参见Highfield and Carter (1993);Holton (1995), pp. 45—73;Renn and Schulmann (1992), xi—xxviii;Stachel (1996)。

62. Renn and Schulmann (1992), p. 26.

63. 爱因斯坦1900年9月13日致米列娃的信,同上,p. 32。

64. 同上,p. xi。

65. 有关该主题的展开讨论同上,pp. xxvii—xxviii。

66. 参见爱因斯坦1899年8月初致米列娃的信,他在信中写道:"但是在苏黎世,你是我们家的女主人,这并不是件坏事。"(同上,p. 9。)

67. 同上,p. 10。

68. 同上,p. 11。

69. 同上,pp. 29—30。

70. 爱因斯坦1900年8月20日致米列娃的信,同上,p. 27。

71. Einstein (1946), p. 19.

72. 引自Brush (1986), p. 295。

73. 根据这种方法构造的一些理论十分成功。比如,洛伦兹1892年的电磁理论表述。作为一种计算模型,洛伦兹假设宏观的电导体和磁体是由带电的"离子"——

* 此处原文为"重孙女",似有误。——译者

他当时称之为电子——组成。他设计了一种步骤，把成千上万的离子的电效应平均起来，以获得由导体和磁体产生的可测量的电磁现象。在同测量比较时，看不见任何在他的方程式中出现的离子的迹象。参见Miller (1998a)，第1章和第9章。

74. Miller (1986b), pp. xiv—xvi, and Heilbron (1982).

75. Mach (1960), p. 273。 有关马赫对爱因斯坦的影响的讨论，参见Holton (1973c)和Miller (1998a)，后者包含这种文献的大量参考书目。

76. Mach (1960), p. 589.

77. 同上，p. 589。

78. 比如，1897年，德国杰出的实验物理学家考夫曼未能得到发现电子的荣誉，因为他是马赫实证主义的信徒。结果，考夫曼本人无法解释他那些由亚微观的粒子产生的数据。1901年，考夫曼换了一种别的方法，于是成为最杰出的试图寻找电子结构解释的实验家。参见Miller (1998a)，第1章。

79. Einstein (1946), p. 21.

80. 这种测量最初由丹麦天文学家勒默尔(Olaf Roemer)于1676年完成。勒默尔注意到，地球远离木星时，木星的一个卫星的食相之间的时间间隔增大；而地球接近木星时，这种时间间隔就减小。在一年当中作了大量的观察之后，他发现了食相之间的平均差异为996秒。勒默尔将此归因于有限的光速。所以，勒默尔可以论证，光横穿地球轨道的直径需要996秒，这是那时所知的最好的近似值。从这里导出了光速的第一个测量值，这个值与今天的值非常接近。

81. Einstein (1936), p. 58.

82. 洛伦兹与先前的一个学生塞曼(Pieter Zeeman)共获诺贝尔奖。这个奖是因为用洛伦兹电磁理论解释了强磁场里某些谱线的磁分裂。这也是该理论的又一个胜利。

83. 参见Miller (1998a), p. 82。

84. 在麦克斯韦电磁理论的许多早期版本中，以太具有诸如弹性之类的机械特性，这些性质变得十分麻烦并且妨碍进一步的研究。参见Schaffner (1972)。

85. 参见Swenson (1972)。

86. 详情参见Miller (1998a)，第1章。

87. 洛伦兹和庞加莱经常提出一种快速计算，证明在运动着的地球上相距1千米的两面钟的地方时和“真正的”物理时之间的差异实在是太小了，无法测量，因而也就没有物理意义。它是十亿分之一秒的量级。比如可参见 Poincaré（1901），p. 535。

88. 有一些光学理论建立在以太的基础上，在这些理论中，以太参与了地球的运动。在洛伦兹首次公布收缩假设的那篇论文中，他给出了为什么选择一种不流动的以太的原因，这种原因基本上是从美学角度考虑的。洛伦兹解释道，作为全面研究这些理论的结果，他断定“越是复杂就越不值得考虑”（Lorentz，1892，p. 219）。亦见 Miller（1998a），第1章。

89. Renn and Schulmann（1992），p. 10.

90. 比如，在亥姆霍兹和赫兹（Hertz）的理论中，要把以太与穿行其中的物体分开是很困难的。

91. Renn and Schulmann（1992），p. 14.

92. 同上，p. 39。

93. 同上，p. 41。

94. 爱因斯坦1901年12月17日致米列娃的信，同上，p. 69。有关爱因斯坦在他1899年至1901年期间的书信中对动体的电动力学所作的深思的细节，参见CPAE1，pp. 223—225。

95. 参见CPAE1，pp. 272—273中米列娃于1900年12月20日致萨维奇的信。很有可能是爱因斯坦所尝试的论文涉及热电，那是韦伯感兴趣的题目。爱因斯坦与韦伯的问题之一是他那不切实际的希望——他希望作一篇理论性论文，其基础却是别人收集的实验数据或者是已存在于文献中的实验数据。这既不是韦伯自己的风格，也不是他所喜欢的风格，因为他期望他的学生做他们自己的实验工作。参见 Renn（1997），p. 9。

96. 比如可参见Renn and Schulmann（1992），p. 19。

97. 同上，p. 20；进一步分析亦见p. xvii。

98. 同上，p. 19。

99. 同上。

100. 比如同上，p. 29，爱因斯坦1900年8月30日或9月6日致米列娃的信。

101. 爱因斯坦1900年8月9日致米列娃的信，同上，p. 24。

102. 同上。

103. CPAE1，英译本，p. 143。

104. 爱因斯坦1901年4月14日致格罗斯曼的信,同上,英译本,p. 165。1901年3月27日,爱因斯坦以同样的语调给米列娃写道:“我绝对相信,该怪韦伯[有关他工作的问题]……我坚信在这种情形下,给任何教授写信都没有什么意义,因为他们肯定会在某个时候到韦伯那儿了解我的情况,而他只会给我另一个糟糕的评价。”(Renn and Schulmann, 1992, pp. 38—39。)

105. 同上,p. 42。

106. CPAE1, 英译本,p. 162。

107. 同上,英译本,p. 164。

108. Renn and Schulmann (1992), p. 55.

109. 爱因斯坦1901年7月7日致米列娃的信,同上,p. 57。

110. 参见Renn (1997), p. 11。

111. 爱因斯坦1901年4月15日致米列娃的信,Renn and Schulmann (1992), p. 44。

112. 从1911年开始,瑞士联邦工学院才有自己的博士学位授予权。在那之前,它的毕业生可以向苏黎世大学提交论文,不需进一步的考试(CPAE1, p. 61)。

113. Renn and Schulmann (1992), p. 71。爱因斯坦在大约1901年9月6日写给格罗斯曼的一封信中提及过这个实验。参见CPAE1, p. 136。详情参见CPAE1, p. 224,注释9。

114. 参见CPAE1, p. 331,文档132的注释2。

115. Renn and Schulmann (1992), pp. 69—70.

116. CPAE1, 英译本,p. 183。

117. 弗里德里希·阿德勒(Friedrich Adler)1908年6月19日致维克多·阿德勒(Victor Adler)的信;引自Fölsing(1998), p. 88。

118. 爱因斯坦1912年夏天致仓格尔的信;同上,p. 79。仓格尔是苏黎世大学的一位很重要的教授。他的领域是解剖学和发育生物学。仓格尔在伯尔尼初次遇到爱因斯坦是因为他们对布朗运动现象的共同兴趣。在爱因斯坦1912年受聘到瑞士联邦工学院这件事上,他将起重要作用。在他们的职业联系之外,与贝索一道,仓格尔还成为爱因斯坦个人事务和法律事务的密友。1918年爱因斯坦与米列娃离婚之后,仓格尔于1919年被指定为爱因斯坦儿子们的监护人。参见Einstein(1993), CPAE5, pp. 642—643。

119. Speziali (1972), p. 133.

120. Renn and Schulmann (1992), p. 54.

121. 同上,p. 69。

122. Einstein (1901).

123. 爱因斯坦1907年12月7日致斯塔克(Johannes Stark)的信,载于CPAE5,英译本,p. 46。

124. 爱因斯坦1901年4月14日致格罗斯曼的信,载于CPAE1, pp. 290—291。亦见注释8, p. 291。

125. 同上,英译本,p. 165。有关爱因斯坦在申请这个职位时所引发的事情细节,参见Fölsing (1998),第5章。

126. 在1921年春天一次纽约之行中,爱因斯坦与马克斯·塔尔穆德再次相聚了。塔尔穆德成了一名成功的医生,已改名为塔尔梅(Talmey)。爱因斯坦再次见到他非常高兴(Fölsing, 1998, p. 500)。

127. CPAE1, p. 303,注释7。

128. 爱因斯坦1902年2月17日致米列娃的信,载于Renn and Schulmann (1992), p. 76。爱因斯坦也一直对格罗斯曼心怀感激。他在1936年9月26日写信给格罗斯曼夫人:"[如果他没有接受专利局的职位]我也许不会饿死,但我的智力发展将受到阻碍。"引自Fölsing(1998), p. 101。

129. Einstein (1965), 没标页码。

130. Seelig (1954), p. 68.

131. Einstein (1965), 没标页码。

132. Einstein (1956), p. 12.

133. Renn and Schulmann (1992), p. 78.

134. 杜卡斯(Helen Dukas)与派斯(Abraham Pais)之间的私人通信,载于Pais (1982), p. 47。

135. 爱因斯坦1952年5月5日致西利格的信,引自Fölsing (1998), p. 106。

136. 爱因斯坦1903年1月22日致贝索的信,CPAE5, 英译本,p. 7。

137. 参见Stachel (1996), p. 209。他描述了爱因斯坦的一个传记作者对他儿子汉斯·阿尔伯特的采访。确实,一般来说, 爱因斯坦夫妇对别人的意见毫不在乎,但是他们对此事感到羞耻,从未与任何人提起过小丽莎儿。

138. 爱因斯坦1952年5月5日致西利格的信,引自Fölsing (1998), p. 106。

139. 爱因斯坦1952年5月5日致西利格的信,同上,pp. 114—115。

140. Solovine (1956), p. viii.

141. 同上。

142. 译者为F·林德曼(F. Lindemann)和L·林德曼(L. Lindermann)。扉页表明,那是"经原作者认可的带注释的德文译本",非常广泛详尽;pp. 251—347。

143. Solovine (1956), p. x.

144. 同上,p. ix。

145. 同上,p. xiv。

146. 同上,p. ix。

147. 同上,p. x。省略是原有的。

148. 同上,p. xi。

149. 爱因斯坦约在1905年6月30日至9月22日间致哈比希特的信,载于CPAE5, 英译本,p. 20。

150. 爱因斯坦1948年11月25日致索罗文的信, 载Seelig (1954), p. 69。

151. 关于贝索生平的丰富资料,参见Speziali (1972), pp. xv—lxiii。

152. 爱因斯坦1952年3月6日致贝索的信,同上,pp. 464—465。

153. Speziali (1972), p. xxii.

154. 爱因斯坦1955年3月21日致维洛·贝索 (Vero Besso)的信,同上,p. 538。

155. 参见爱因斯坦约在1900年8月30日至9月6日之间致米列娃的一封信, 载Renn and Schulmann (1992), pp. 29—30, 及p. 88上的注释8。

156. 爱因斯坦1901年4月4日致米列娃的信,同上,p. 41。

157. 爱因斯坦1901年3月27日*致米列娃的信,同上,p. 39。

158. 爱因斯坦1901年4月4日致贝索**的信,同上,p. 41。

159. Seelig(1954), p. 85.

160. 爱因斯坦1955年3月21日为追忆贝索致其子维洛·贝索的信,载Speziali (1972), p. 538。贝索 1955年3月15日去世。

---

* 此处有误。发信时间应为4月4日,页码为41。参见《爱因斯坦全集》第1卷,第285页(中文版267页)。——译者

** 应是写给米列娃而不是贝索的信。其实,注释156、157、158指同一封信。——译者

161. 贝索被任命为二级技术专家，年薪4800瑞士法郎。实际上，爱因斯坦也曾申请过这个职位，但是因为他的经验不合适而被拒绝。不过，1904年9月6日，爱因斯坦的职位成为终身职位，年薪也加至3900瑞士法郎，只是他仍旧是个三级技术专家。1906年3月，他被提至二级技术专家。参见CPAE1, p. 383和CPAE5, p. 41，注释4。

162. 爱因斯坦1955年3月21日致维洛·贝索的信，载Speziali (1972), p. 538。

163. 爱因斯坦1926年12月21日致仓格尔的信，同上，p. 544。

164. 同上，p. xxxi。哈勒尔在1888年到1921年期间任专利局局长。他1936年去世，享年92岁。

165. CPAE5, 英译本，p. 25。

166. 同上。爱因斯坦从未与哈比希特失去过联系。这一点我们可从他们一项始于1907年的合作得知。他们在一台机器上测量微弱的电流。哈比希特的兄弟保罗(Paul)也参与了此事。

167. CPAE5, p. 12，注释3。

168. 同上，p. 79。

169. 同上，英译本，p. 7。

170. 爱因斯坦1903年3月17日致贝索的信，载于Spezialic (1972), p. 14。

171. CPAE5，英译本，p. 17。1904年，哈比希特在格劳宾登州希尔斯的一所新教学校里任数学和物理老师。

172. Einstein (1904).

173. 有关这些论文的讨论，参见Klein (1967), pp. 510—511。

174. 参见Renn (1997), p. 19。

175. 有关这点的展开讨论，参见Renn (1993), pp. 326—327。

176. 涨落现象可以解释如下：一种气体中的原子在它们达到一种平衡状态之前要经过许多组态。但是这个过程并不是线性确定的。任何时候，都可能有不规则的运动，使整个系统偏离该系统展开运动的“正常”轨道。这些不规则运动被称为涨落，经常被当作迅速消失、因而从长远来讲不起什么作用的“怪现象”而不予考虑。

177. Einstein (1946), p. 45.

178. 同上，p. 47。

179. CPAE5, pp. 27—28.

180. 引自 Fölsing (1998), p. 222。

181. Seelig (1954), p. 68.

第4章

1. 亨德森1983年的研究着重点在立体主义的发展过程，尤其在倾向于理论的艺术家身上，比如梅青格尔和杜尚。我将在本章末谈及她这些了不起的研究。

2. 参见Rubin (1989), pp. 47—50对毕加索这个时期通信所作的评述。戴注意到，大约25年以后，毕加索向坎魏勒提到，在《少女》这幅画作上，有“两个时期的工作”。这两个时期被称为两个“战役”：第一个阶段是从3月到大约5月底或6月初；第二个阶段是从大约6月中旬到7月中旬或下旬。参见Daix(1988c), pp. 508—509。

3. 详情请参见Rubin (1984), pp. 260—262。我在此只作概括。

4. 详情请参见Rubin (1984), pp. 260和336，注释60、61和62。

5. Rubin (1984), pp. 260 和336，注释67。亦见 Richardson (1996), pp. 24—25。

6. 巴尔在纽约市艺术界是个重要人物。他除了是一位杰出的艺术史家外，还是成立于1929年的现代艺术博物馆的首任馆长，并且也是立体主义两个主要展览的组织者：1936年展出的“立体主义和抽象艺术”，和1939年展出的“毕加索，他的艺术四十年”。就在1939年，(纽约)现代艺术博物馆收购了毕加索的《亚威农少女》。

7. Barr (1975), p. 259.

8. 参见Henderson (1983), pp. 71—72中的讨论，我的引文出自此处，原文是沃塞勒1918年12月29日题为“画室日记：立体主义之父”的文章。

9. Vlaminck (1942)。那个时候，弗拉曼克“早已没了他年轻时候的才能，德国大使的注意使他感到荣幸，他可能正希望取悦新的主子们”(Daix, 1994, p. 266)。

10. Vlaminck (1942), 引自Seckel (1994b), p. 264。

11. 1912年1月1日《巴黎时报》对毕加索的采访。

12. 引自Rubin (1984), p. 336，注释64。

13. Richardson (1991), p. 26.

14. Olivier (1933), p. 20.

15. 这场采访通常被认为是萨亚斯(Marius de Zayas)1923年用西班牙文进行的，在Barr (1975), p. 271里译成英文。而实际上，萨亚斯并非采访者，采访者的身份不明。所谓的萨亚斯访谈录实际上只是1923年出版在《艺术》杂志上的访谈录的一个剪辑版。他删除了与他的论题——非洲艺术是现代抽象艺术的根源——相左的段落，包括毕加索1907年的思想。详情参见Rubin（1984，pp. 260和336，注释61、63和64）。毕加索之所以自相矛盾地谈说非洲艺术于他的重要性，这件事也是原因之一。

16. 引自Leighten（1987），p. 53。

17. Leighten（1988），p. 275。参见Barr（1975），p. 286，毕加索于此声称，"那封信是伪造的。"

18. 比如可参见第2章中雅各布于1906年7月7日写给毕加索的信，也可参见本书各章引用的阿波利内尔和雷纳尔的回忆录。

19. Leighten（1987），p. 51.

20. Zervos（1935）.

21. Chipp（1968），p. 266。参见Daix（1995），pp. 914—915。毕加索不许任何人在访谈当中作笔录。

22. 另一关于毕加索创造力的资料来源是帕姆兰（Hélène Parmelin）的书（1969）。她是战时在巴黎与毕加索相识的，并在他的余生一直跟他保持友好关系。Daix（1995，p. 670）写道："毕加索[跟帕姆兰和她的丈夫]毫无顾忌地谈到他的私人问题。"

23. 鲁宾将经纪人乌德与坎魏勒放在一起；参见Rubin（1989），尤其是pp. 46—47。

24. Kahnweiler（1920）。"分析的立体主义"和"综合的立体主义"这些术语出自坎魏勒之书。这些术语并非严密地建立在康德的哲学基础上，它们融进了坎魏勒自己的概念——即立体主义具有两个明显的发展时期，但事实并非如此。不过，为了方便起见，我将用"分析的立体主义"和"综合的立体主义"当作1907年后期到大约1912年与1912年以及其后这两个时期的简称。我将在第5章回到编史学（historiography）这一点上来。

25. 坎魏勒既没有喜欢过也没有理解过阿波利内尔，他将阿波利内尔的回忆录一概当作"文学"而不予考虑（参见Daix，1994，p. 374）。

26. 参见Daix（1988d），p. 532。

27. Daix（1979），p. 215，no.131.

28. Daix（1988b），p. 151.

29. 引自Rubin (1989), p. 47。

30. 参见Daix (1988d), p. 544。有好些年，毕加索经常被问及《少女》是否真的完工了。戴回忆起1970年的这样一场谈话。毕加索对这一点的恼怒令他大吃一惊，原因很简单，毕加索对任何与死亡有关的事情的恐惧是有名的。完工[l'achèvement]带有死刑或者终了的含义。“就像用手枪射进头部。”毕加索这样描述道。根据戴所言，每当毕加索谈到他对《少女》的绘作，他总是把1907年全年都包括进来，这就不排除7月份以后还作了修改润色的可能。参见Daix(1988d), p. 533，注释97。亦见Daix (1979), p. 185，注释28，戴在那里引述了毕加索就该文“对萨尔蒙大发雷霆”一事。综观毕加索对此的所有评论，我们可以推断：毕加索最恼火的是萨尔蒙暗示他在繁重工作当中作了一次休假。毕加索好像认为说他可能虚弱到了要休假的地步实是一种屈辱。

31. 参见Rubin (1994), pp. 110—112，以及Daix (1988c), pp. 509和532。毕加索这个时期的第8个素描本里有萨尔蒙的漫画，另外，费尔南德在1907年8月8日写给格特鲁德的信中提到那一刻萨尔蒙正在“洗衣舫”。

32. Salmon (1912), p. 46.

33. Olivier (1933), p. 30，和Crespelle (1978), p. 114。费尔南德和毕加索1907年后开始邀请朋友们共进晚餐，因为这时候他们的经济状况开始得到改善。但是，他们这时候仍缺少餐巾。

34. 阿波利内尔的这本书基本上是追溯到1905年早期作品的一个大杂烩。比如可参见Read (1995), pp. 101—105，和Apollinaire (1913)的1980年版本中由布罗伊尼希(Breunig)和希瓦利埃(Chevalier)所作的“序言”，以及Steegmuller (1988), p. 129。

35. Rubin (1994), p. 112.

36. 10年以后，萨尔蒙写道，阿波利内尔和雅各布也参与了这次命名礼(Salmon, 1922, p. 16)。后来，在一封写于1960年12月7日致奇维什(Euro Civis)的信中，萨尔蒙再次声称提议用“开明的妓院”为题完全是他一个人的功劳，“此名称延续了半天”(引自Seckel, 1994b, p. 225，注释3)。

37. Burgess(1910), p. 408.

38. 毕加索对这个名称非常恼怒，因为它可能被人理解为是有关亚威农红灯区的一种淫秽玩笑。参见Seckel, 1994b, pp. 222—223。毕加索从未在这幅画上署过名。

39. Daix (1988a), XV, 40.

40. 毕加索在1902年染上性病是众所周知的,他接受了已有400年历史的极不舒服的传统水银疗法。参见Rubin (1994), p. 57,和Richardson (1996), p. 18。

41. 比如可参见 Leja (1985)和 Rubin (1994), pp. 56—57 和 p. 130,注释166。

42. 正如吉洛对他的描述一样,“巴勃罗对一个完美礼拜天的定义,根据西班牙标准,是‘上午做弥撒,下午观斗牛,晚上逛妓院’。”Gilo and Lake (1990), p. 226。

43. Rubin (1984), p. 252, 和 Rubin (1994), p. 69.

44. 比如可参见 Richardson (1996), p. 26。

45. Flam (1984), p. 217。根据鲁宾的观察,在那个时代,“原始主义”一词适用于一切部落艺术,不管它是古伊比利亚艺术抑或是非洲艺术(Rubin, 1994, pp. 2—3)。

46. 参见Richardson (1996), pp. 68—77, 及Daix (1995), pp. 257—269。

47. 1911年,毕加索惊恐地发现,这些雕像是皮埃尔从罗浮宫偷出来的。关于这个事件,参见Rubin (1994), p. 129,和Richardson (1996), pp. 199—205。

48. Malraux (1994), p. 11.

49. Rubin (1984), p. 255.

50. 鲁宾通过彻底的研究调查表明,据称被毕加索用作《少女》原型的那几个非洲面具无一存在于当时的法国,甚至在欧洲的其他地方也没有。所有现存的那个时代的非洲面具面部特征都是对称的。就我们所知,鲁宾进一步确定,少女和部落面具之间的所有相似之处都是偶然的(Rubin, 1984, p. 265)。

51. 参见Johnson (1980a, 1980b)。

52. 莱顿(Patricia Leighten) 论述过无政府主义和世界性的事件对毕加索产生的影响(Leighten, 1989)。但是事实是,在巴黎绘作《少女》的那个时期,以及其后的一段时间,我们知道毕加索基本上是不问政治的,并且因为害怕法国警察和被驱逐出境,他避开了加泰罗尼亚无政府主义者的圈子(Richardson, 1991, p. 172)。

53. Apollinaire (1913), p. 77.

54. Apollinaire (1913), pp. 77—78;Chipp (1968), pp. 231—232中的译文。我对奇普(Chipp)的译文略作了改动。

55. Décaudin (1991), p. 147。阿波利内尔的日志由德科丹(M. Décaudin)以《私人日志,1898—1918年》(*Journal intime*, 1898—1918)为题出版。引自Seckel

(1994b), p. 227。

56. 比如可参见 Cousins and Seckel (1994), p. 148。

57. Uhde (1938), p. 42.

58. Cousins and Seckel (1994), p. 148.

59. 如费尔南德所写:"1909年,毕加索已富裕了许多,于是决定搬家——离开破旧的'洗衣舫',他在那里拥有两间画室:一个只是工作所用,另一个则是他私人生活的寓所。"(Olivier, 1933, p. 132。)

60. 引自 Seckel (1994b), pp. 239、240。

61. 同上,p. 240。

62. 引自 Chipp (1968), p. 273。

63. Salmon (1912), p. 42.

64. 同上。

65. 关于"拼溶"的定义,参见第1章。比如,毕加索可能于1901年在沃拉尔的画廊、1906年在秋季沙龙、1906年10月22日在伯恩海姆热纳画廊(Bernheim-Jeune gallery)为纪念塞尚的逝世而举办的画展上见过塞尚的画作。毕加索可以在朋友家里从容不迫地观赏塞尚的某些作品:马蒂斯拥有塞尚的《三个浴者》(1901年从沃拉尔手中购得),特朗将塞尚的《五个浴者》(*Five Bathers*)的复制品挂在他的画室,施泰因兄妹也拥有好几幅塞尚画作。

66. 引自 Chipp (1968), p. 21。

67. 正如塞尚1906年9月8日写给儿子保罗的信中所说:"在河岸这边,主题丰富极了,同一个主题从不同的角度看去会给所研习的主题带来最大的兴趣,这些主题变幻万千,我甚至想,我在同一地点不用挪窝就能忙上几个月,只要简单地向右或向左弯弯身子即可。"引自 Chipp (1968), p. 22。

68. Apollinaire (1908), p. 51.

69. Parmelin (1969), p. 116.

70. Zervos (1935), 引自 Bernadac and Michael (1998), p. 36。

71. 毕加索致利伯曼(Lieberman)的信,引自 Lieberman (1988), p. 105。

72. Warnod (1945), p. 56.

73. Olivier (1933), p. 55.

74. 我想到的例子是塞尚的《厨房餐桌》(*The Kitchen Table*)。参见 Miller

(2000),pp. 414—416。

75. Shiff (1984), p. 127.

76. Olivier (1933), p. 53.

77. 同上,p. 56。

78. Sabartés (1949), pp. 78—79.

79. Richardson (1996), p. 20.

80. 同上,p. 18。

81. 同上,p. 47。

82. 正如毕加索有可能曾经就女人问题对格特鲁德说过的那样:“你要是爱一个女人,就给她钱。那么现在则是,你要想离开一个女人,得等到有足够的钱能给她才行。”(Stein, 1933, p. 19。)

83. Richardson (1991), p. 324.

84. 通过法国和远东之间的许多联系,鸦片在巴黎是很便宜、很易弄到手的;用装饰华丽的玻璃烟筒吸鸦片被认为是很时髦潇洒的。毕加索最初是通过“丁香园”的朋友们获得的。1908 年 6 月 1 日,他们的邻居和朋友,艺术家维戈尔斯(Karl-Heinz Wiegels)在接连吸食了乙醚、鸦片和印度大麻并因此丧失理智后悬梁自尽了。“毕加索帮”从此停止吸食鸦片,不过不时仍有吸食印度大麻的聚会。参见 Richardson (1996), p. 87。

85. Olivier (1933), p. 50.

86. 毕加索害怕变成像他朋友莫迪利亚尼(Amedeo Modigliani)那样的毒瘾者,莫迪利亚尼没有持续供给的鸦片、印度大麻和酒精做饮食就几乎不能工作,吸毒酗酒最终使他丧生。

87. 参见 Crespelle (1978), 尤其是 p. 191。

88. Richardson (1996), p. 189.

89. 比如可参见 Warnod (1947), p. 109。

90. Crespelle (1978), pp. 191—192.

91. 同上,p. 191。

92. 博学的雷纳尔把电影评论作为第二职业。在雷纳尔的影评中,他搞艺评那种深奥微妙的精致语言让位给了热情洋溢、粗陋朴实的描述。比如,在 1913 年的一个影评中,雷纳尔描述了在皮加勒广场附近的美国加利福尼放映公司(American

Californy Vitograph Company)观看电影的情形,那可是五花八门,应有尽有:"首先,没有幕间休息。演出是持续不断的;同样的东西你可一连几遍地看……没有灯光照耀的大厅……芬芳的轻佻女子去那儿是为了能够施展一下微贱之辈喜好的风骚之态;女引座员个个都俊俏标致,手中的小电筒不时拦截了摸到大腿和身体其他部位的手;你可以抽烟,你可以饮酒;乐队的演奏'故意地跑调,跑得妙不可言',至少我们希望是这样的,等等,等等。"(引自Staller, 1989, p. 207;源自Raynal, 1913, p. 6。)

93. 这是某些艺术史家之间的一个争论点,他们宣称毕加索除了报纸别的读得不多。参见Rubin (1989), p. 54。

94. Raynal (1922), pp. 52—53.

95. 引自Read (1995), p. 49。杰辛(Jacint)的兄弟是雷蒙,即第2章图2.2中坐于毕加索左边的那位。

96. Kahnweiler (1961), p. 65.

97. 关于这点,有一些互相矛盾的证据。费尔南德回忆起她对毕加索知晓文学事宜感到惊诧一事,因为他"从不阅读"(Olivier, 1988, p. 231)。但另一方面,就像我们将在第6章中所见的一样,费尔南德好像对她情人的照相术也一无所知。那以后,格特鲁德以同一种腔调与毕加索讨论过他想要写诗的企图。她告诉他,不大量阅读而要写作是不可能的。格特鲁德在她那拖泥带水的文章中声称她曾批评过他:"巴勃罗……你从没有阅读过一本作者不是自己朋友的书,而且即便这样,你也不曾读完。"(Stein, 1930, p. 37)不过,这是几十年后的事了。

98. 参见雅各布于1906年7月7日致毕加索的信,我们在第3章中已经讨论过。

99. 就定义而言,欧几里得几何学是指一个三角形的内角之和等于180度的几何学。这等同于欧几里得的第五公设,其述如下:对于任何一条线来说,从其线外任何一点只能划一条与之平行的线。欧几里得几何建立在二维或三维的平面上。非欧几何的一个简单例子是由球面上的线如纬线、经线所遵守的几何学。因此,打个比方,划在球面上的一个三角形,其内角之和大于180度,并且,没有欧几里得几何意义上的平行线。在非欧几何学中,你自然会去探讨这个表面的曲率。于是就有n维的几何,把空间坐标加进普通的三维解析几何即可构成。解析几何讨论空间中点与点之间的关系。如果这种几何的维数高于三,那么,用18世纪中期德国数学家黎曼(Georg Riemann)所提出的方法,你可展示空间点与非欧几何中各种表面的联系。但是,在20世纪初,非欧几何和n维几何大部分时候是分开加以讨论的。关于几何公理本质的哲学讨论是围绕非欧几何进行的。与之相对的是,将更多的空间坐标加到解析几何中没有提出什么哲学挑战。最普及的n维几何是四维几何。与非欧几何学相关的历史、数学和哲学问题导论,请参见Miller (2000),第6章;关于这两类几何学之间的发展和联系的进一步讨论,请参见Henderson (1993)。

100. 根据庞加莱的理论,人脑是预先构造好的,这是从我们生来即具某些硬性固定的组织原则这个意义上讲的。这些原则使我们能够将我们通过与周围世界交流而获得的各种各样的感觉加以分类编组。于是,我们认识到,只有用建立在三维欧几里得几何学基础上的推理,而不是理性上可能的无数任何别种几何学,才能更好地理解物体之间的关系。这样,我们亦能通过建立在实验数据(这些数据必定是不精确的)基础上的考虑去推断精确的自然法则。关于庞加莱几何学观点的讨论,参见Miller (2000),尤其是第6章。

101. Poincaré (1902), p. 45.

102. 参见Henderson (1983), p. 44。

103. 参见Salmon (1955), p. 187; Salmon (1956), p. 24; Crespelle (1978), p. 120。

104. 对普兰斯最早的生平事迹介绍在Henderson (1983), pp. 67—72。

105. 同上,p. 72。亨德森引用了普兰斯可能也读过的其他论文。对于有关的数字,参见Joffre (1903), pp. 152和153。

106. Metzinger (1972), p. 43.

107. 有关艾丽丝(Alice)的传记细节,参见Daix (1995), pp. 256—257。

108. Crespelle (1978), p. 120.

109. Stein (1947), pp. 175—176.

110. Carco (1927), p. 34.

111. Crespelle (1978), p. 120.

112. Warnod (1975), p. 119.

113. Léal (1988), pp. 230 和 246.

114. Richardson (1991), p. 324.

115. Olivier (1933), pp. 133—134.

116. 引自 Richardson (1991), p. 306。理查森对这次婚姻的日期记录是错误的。参见其书(1996), p. 76,和Daix (1995), p. 256。

117. Salmon (1910)。萨尔蒙的这篇文章是由Gamwell (1977)发现的,p. 163。

118. 萨尔蒙唯一一次多少有点贬低普兰斯作用的情形,是在回击沃塞勒1918年那篇讽刺性文章的时候。我们在本章前面已经讨论过那篇文章。详情参见Henderson(1983), p. 68,注释58。

119. Salmon (1919), p. 485.

120. 同上,p. 486。

121. 同上,p. 488。

122. 同上。

123. 同上,p. 187。

124. 同上,p. 43。

125. 同上,p. 44。

126. McCully (1981),p. 69中的引文;引自Pla (1930)。

127. 参见Henderson (1983), 第1章。

128. 同上和Gibbons (1981)。

129. 参见Henderson (1983)中详细的文献目录。

130. Jarry (1899)。雅里在这篇文章中也展示了非欧几何学的一些知识。对威尔斯小说的另一反应来自雅里的朋友瓦莱里,一个即将变成数学家的诗人。瓦莱里写了一篇关于语言如一台时间机器一样运作的晦涩费解的文章。参见Valéry (1899)。

131. 雅里描述的以太是由开尔文勋爵(Lord Kelvin)构想的机械以太,他读过开尔文写的通俗性的论文。参见第2章。

132. 参见Johnson (1980a), p. 111。

133. Poincaré (1902), p. 92.

134. Rubin (1994), p. 14.

135. 同上,pp. 14和64,以及贯穿Daix (1998d)书中的评论。

136. Léal (1988), p. 241,图44R。

137. Daix (1988d), p. 493.

138. 最开始有五个女人、一个海员和一个学生。有大量文献讨论这些变换以及毕加索可能用这些人物代表谁。关于该种讨论和文献参考书目,参见Rubin (1994)。

139. 早先的第3个素描本将那个脸上也有楔形的布里乳酪状鼻子的蹲者的脸

几何图形化了。但是，Daix（1988d）发现，第1到第3个素描本里实际上包含有日期注明为1906年夏到1907年冬的素描。毕加索并非总是按年代顺序使用他的素描本。

140. Salmon（1912），p. 46。对人物形象的几何化构图当然是一种老技巧，马上就能想到的例子有丢勒和达·芬奇。在艺术学校时，毕加索肯定见过丢勒从平行六面体构画出一张脸、用三角形作鼻子的习作。但是毕加索的图4.4跟我见过的任何丢勒习作都大不一样，肯定更类似茹弗雷的示图。可笑的是，出版在1912年的一期《艺术和艺术家》上的论立体主义的批评文章将题目标作"立体主义画家丢勒"，并展示了丢勒的两张头部和脸部的几何构图。参见Weiss，1994，p. 79。该文的目标是要"证明"立体主义有前例，并因此揭露它的创新性是假的。

141. 参见Jouffret（1903），pp. 70—71和153。亦见Henderson（1983），pp. 57—58，茹弗雷文中那相当复杂深奥的数学问题很好地说明了普兰斯的能力。

142. Salmon（1912），p. 42.

143. 同上，p. 45。

144. 毕加索的竞争性也表现在他坚持让"毕加索帮"用"埃及人"这个代号称呼正在绘作中的《少女》。参见Richardson（1996），p. 20。

145. Daix（1988d），p. 516.

146. Daix（1979），p. 208, no.95.

147. 引自Johnson（1980a），p. 111。

148. Salmon（1912），p. 46.

149. Daix（1988d），p. 530.

150. Rubin（1994），p. 112.

151. Daix（1988d），p. 532.

152. Salmon（1912），p. 46.

153. 同上，p. 44。

154. Daix（1988d），p. 522.

155. Léal（1988），pp. 230、246.

156. 引自Golding（1988），p. 103；译自Huyghe（1935），p. 80。

157. Léal（1988），p. 238.

158. Salmon（1912），pp. 49—50。

159. 关于爱因斯坦1905年的狭义相对论与毕加索和布拉克的进展这二者之间没有关系的证明，参见Henderson (1983), pp. 353—365。

160. Baldassari (1997), pp. 45—61.

161. 同上，p. 50。

162. 同上，pp. 45、48和49。在第6章中我们将更多地谈到毕加索超凡的摄影能力及其与绘画的关系。

163. Salmon (1912), p. 47.

164. 斯坦伯格(Steinberg)描述这个少女处在一种只有横卧着或者全然不顾引力的情况下方可舒服地保持的状态中。她是蹲着的那个妓女不知羞耻的对应角色。他写道："她仰靠着，性区显露无遗，'水平的荡妇'(une horizontale)，正像巴黎人这样称呼他们的妓女一样。"(Steinberg, 1972, pp. 24—25。)

165. 关于马雷和迈布里奇的详情，参见Braun (1997)。

166. Daix (1979), p. 223, no.172.

167. 同上，p. 195, no.22。

168. 同上，p. 212, no.116。

169. Baldassari (1997, p. 62)接下去注意到，《骷髅习作》是一种"染色体组型模式图般的骷髅画，也许是由维戈尔斯的自杀激发的"。

170. 详情参见Teuber (1997)。

171. Stein (1933), p. 80.

172. Teuber (1997), p. 262。引自詹姆斯《心理学原理》(1890，第1卷，p. 90)中的如下段落，与洛特对普兰斯所提问题的回忆具有不可思议的相似性："我的桌面叫正方形，依照无数视图中的一种而得名。所有别的视图都展示两个锐角和两个钝角；但是我把后者叫做透视图，把四个直角称为桌子的真正形状，并且出于自己的美学原因，我把正方这个属性上升为桌子的本质。同样地，自上垂直看到的(一个杯口的)实际圆形是真正的形状，一切其余的(比如，透视中的椭圆)只是(真正形状的)符号。"

173. 顺便提一句，类似这样的模棱两可现象最终将销蚀对感官知觉的依赖，这种依赖是马赫提倡的。除了感官知觉中可能的模棱两可之外，我们对感官知觉的诠释也取决于我们的认知体系，或者简单来说，就是我们对周遭世界知道多少，比如从科学研究中获得了多少知识。在科学哲学中，这成为众所周知的数据的"理论负载"

(theory-ladeness)。

174. 本章里一些主要结果与亨德森1983年就科学与数学对20世纪初艺术发展之影响所作的先驱研究中的某些结果是相背的。像许多当时以及现在的艺术史家一样,亨德森声称《少女》的起源,也就是立体主义的起源,"应从艺术自身中去寻找,主要从非洲雕塑和塞尚画作中探寻"(p. 58)。但是科学史家不久前证明科学的根源并非来自于科学本身的范围。那么,现代艺术的根源为什么非得在艺术自身中找呢? 虽然亨德森说得对,我们很难确定"毕加索到底在多大程度上受了普兰斯和他周遭进行的立体主义讨论的影响",但在我看来,她的结论,即普兰斯的影响"看起来并不会很大"(p. 59)是错误的。这本书第一次提出了迄今为止一直被忽略的普兰斯对毕加索创作《亚威农少女》的重要性。亨德森接下去写道:"n维几何学与毕加索和布拉克的艺术发展之间绝没有什么因果关系。毕加索的艺术是他自己的艺术天才在追求与古典的人物形象传统和文艺复兴透视空间相异的另类表现方式中的产物。"(p. 58)她论文中的这种措辞反映了20世纪70年代占主导地位的艺术史观,她此后的写作中已改变了观点(私人通信)。好像对一些艺术史家产生了更大影响的是她1988年的研究,也就是X光的发现在毕加索、库普卡和杜尚以及其他一些艺术家的思维中所起的作用。她在这个方面的思想被认为是值得接受的并且被人引用,比如Richardson (1996), pp. 158—160。为什么这样呢? 毕竟也没有什么已成定局的档案文献资料证明毕加索曾说过"我直接受了这个科学发现的影响"。无论如何,毕加索不大可能会说这样的话。那么,对于数学和技术在把毕加索的思维引向《少女》这种表现形式所起的作用来说,相互印证的二手资料也同样应该可以接受。

175. 比如,在对蹲者作了一番冗长的分析之后,鲁宾写道:"蹲伏着的少女那被扭曲的斧刃般尖锐的面貌是直觉得来的,是毕加索对她脸部所作的素描经过渐增的大蜕变的结果。"(Rubin, 1994, p. 116)求助于情感和某些未特别提到的直觉,是不能令人满意的。

176. Salmon (1912), pp. 47— 48.

177. 坎魏勒将他回忆中的日期从1907年3月变为秋天。我怀疑毕加索第一个战役阶段的《少女》版本是否能引起特朗这么极端的评论,应该是最后完工的画作。Kahnweiler (1916),引自Seckel (1994b), p. 231。

178. Olivier (1933), p. 88.

179. 引自Richardson (1996), p. 45.

180. Salmon (1912), p. 51.

181. 引自Richardson (1996), p. 45.

182. Kahnweiler (1920), p. 252; Chipp (1968).

183. Burgess (1910), p. 408.

184. 同上。

185. 参见Daix (1992), p. 311。

186. 毕加索将这幅画存放于他的各个画室中，直到1916年萨尔蒙组织的秋季沙龙画展才把它展示出来，也是萨尔蒙给了这幅画现今的名称。对该画的评论十分苛刻，如这样的结论："令人不知所措"，"梦魇"，以及"毕加索又一大拙劣之作"[参见Cousins and Seckel (1994), pp. 165—168]。关于此画到现代艺术博物馆的历程这一动人心魄的故事，参见Cousins and Seckel (1994)，尤其是pp. 164—205，现代艺术博物馆于1939年4月以28 000美元购得此画。

第5章

1. Vallier (1954), p. 14.

2. 同上。

3. 同上。

4. 布拉克1907年夏天的一些作品包括《密史脱拉旅馆的露台》(*Terrace of the Hotel Mistral*)和《房屋风景》。对这些画作的分析，参见Rubin (1977), pp. 159—165。

5. Vallier (1954), p. 14.

6. Richardson (1996), p. 38，亦见Golding (1988), p. 61。

7. 该素描出版在Burgess (1910), p. 405，之后失落了。

8. 比如，《欢笑》杂志的批评家挑出布拉克的画作，在1908年4月11日出版的期刊(p. 3)上写道："这是'乌布王'，不过出现在绘画中罢了。我特别要推荐那幅《饥饿、干渴、感官享乐》(*Hunger, Thirst, Sensuality*)[这好像是画展上的名称]，在这幅画中，一个女人——如果你能称之为女人的话——正在吃她的右腿，喝她的血，用她的左手……不，我永远不能告诉你她的左手将漫游至何处，毫无疑问是纪念提香。"引自Cousins (1989), p. 351。

9. Read (1995), p. 93.

10. 参见Richardson (1996)。

11. 引自 Rubin (1977), p. 167。

12. 同上,p. 169。

13. Cabanne (1960), p. 10.

14. Vallier (1954), p. 14.

15. Richardson (1996), p. 97.

16. Vallier (1954), p. 16.

17. 引自 Rubin (1977), p. 198。

18. 比如可参见 Shiff (1991)。迪南(Dunan, 1888)写了一篇典型的哲学文章,对讨论可视和能触知空间的起源的感觉理论作了全面彻底的考察。艺术批评家用"能触知"这一术语来表示艺术家对画笔笔法或者颜料涂抹的运用。关键的问题,尤其是就印象派画家而言,是他们用调色刀自由涂抹颜料的技巧。表现前景于是经常导致一种不协调,这种不协调是因为要企图将前景、中景和背景相互交叠而造成的。参见 Ward(1996),尤其是 pp. 92—95。我感谢格林教授、莱亚教授和谢夫(Richard Shiff)教授对布拉克思维的这个方面所作的讨论。

19. Poincaré (1902), pp. 80—81。庞加莱对可视和能触知空间的讨论只是多种讨论中的一种,比如还有 Dunan (1888),他书中广泛详尽的参考目录包括了英语、法语和德语文献,而这些文献在19世纪的头10年有飞速的发展。

20. 参见 Poincaré (1902), 第4章。

21. 同上,p. 82。

22. 同上。

23. 同上。

24. 最终,对庞加莱来说,空间维数由最好地描述我们日常世界的几何学而定,他论证那就是三维欧几里得几何学。同上,第4章和 Miller (2000), pp. 196—202。

25. Poincaré (1902), p. 80。比如,Dunan (1888)坚决主张"两种空间形式,可视的和能触知的空间的绝对异质性"(p. 619)。

26. Poincaré (1902), p. 81.

27. 同上。

28. 参见 Kahnweiler (1961)。

29. Crespelle (1978), p. 120.

30. 详情参见 Cousins (1989), pp. 435—436,和 Richardson (1996), p. 450。沃

塞勒曾创造了"野兽派"这一术语用来形容马蒂斯追随者,现在却采纳了马蒂斯的"立方体"这一术语。在一篇评论1908年坎魏勒展出的布拉克画作的文章中,沃塞勒将布拉克描述成为"一个藐视形式,将一切东西,地点、人物和房子,简化成几何图解,简化成立方体的大胆青年"(Vauxcelles, 1908,引自Fry, 1966, p. 50)。事实上,沃塞勒的"立体主义"一词只适用于布拉克的《埃斯塔克之屋》,并且贬低了布拉克在其他画作中对空间、平面和光的处理。参见Rubin, 1977, p. 180。

31. 这是毕加索在1923年的《艺术》杂志上作的宣言,引自Chipp(1968), p. 265。

32. Daix (1979), p. 240, no.269.

33. 参见Henderson (1983), 尤其是 pp. 167—174。

34. 比如"这句话是一个谎言"这句话,如果是错的,那它就对了;如果是对的,那它就错了。

35. 源自1923年《艺术》杂志对毕加索的采访,引自Chipp (1968), p. 264。

36. Poincaré (1908), 尤其是 pp. 201—206。

37. Poincaré (1909).

38. Richardson (1996), p. 103.

39. Malraux (1994), p. 138.

40. Baldassari (1997), p. 7.

41. Olivier (1933), pp. 133—134。就是这一次,普兰斯"为投向特朗而离开他的[艾丽丝]哭泣"。

42. Baldassari (1994), p. 11.

43. Bernadac and Michael (1998), p. 31。引自Zervos (1935)。

44. 巴尔达萨里指出,毕加索的摄影练习发生在巴塞罗那,是受了朋友本托萨的敦促。本托萨是一个雕塑家、修复家,并且最终成了巴塞罗那各市立博物馆的官方摄影师(Baldassari, 1977), pp. 14、245。是本托萨拍下了第2章图2. 2中的照片。

45. Daix (1988), V, 64.

46. 同上,VI 25。

47. Daix (1988),II, 20.

48. 同上,V, 2。

49. 私人收藏。

50. 参见Baldassari (1994), pp. 43和48, 以及Baldassari (1997), pp. 19—20。

51. Varnedoe (1996), p. 120。亦见 Daix (1995), pp. 704—705。

52. 并且,如果这张照片是洗印两张叠置的底片的结果,则应该有看得出来的线条。我要感谢道斯(Chris Dawes)的技术性讨论。

53. Baldassari (1997), pp. 19、22、246.

54. 同上,p. 22。

55. 同上,p. 22。

56. Bernadac and Michael (1998),p. 31。引自 Zervos (1935)。

57. Daix (1995), p. 326.

58. Daix (1988), IX, 23.

59. 尽管《苏勒一家》这幅画具有几乎是照相般的现实主义,企图表达家庭的稳固性,但纳粹审查机构对此大加谴责,理由是它污辱了常识(Baldassari, 1997, p. 35)。

60. 巴尔达萨里称之为"三角摄影"(Baldassari, 1994, p. 51)。

61. 同上。

62. 同上,p. 29。

63. 同上。

64. 比如见 Baldassari (1997)中的图6、7和8。

65. 这一分析是基于 Baldassari (1997), p. 66 和 Baldassari (1994), p. 103 中的详细资料。

66. 下面的描述是基于巴尔达萨里在她的 Baldassari (1994), pp. 229—243 和 Baldassari(1997), pp. 116—123 中的分析。

67. Daix (1979), p. 295, no.557.

68. Baldassari (1997), p. 116.

69. Mélon (1986), p. 83.

70. 反过来,画意摄影是早先两个摄影运动的汇合点:传统主义和自然主义。其主要实践者之一拉吉兰德(Oscar Rejlander)这样解释传统主义:"一件作品因其优秀之处而非其创作手法而得到鉴赏的日子终将来临。"(引自 Mélon,1986,p. 62)传统主义提倡错觉,比如通过洗印两张并置的底片并"涂刷"结合线而取得的错觉。另一方面,自然主义,正如其主要拥护者爱默生(Peter Henry Emerson)所提倡的那样,是另一种照相形式,它寻求创作这样的照片,即表现应出现在视网膜上的形象本身连同

所有伴随而来的失真。为了这个目的,爱默生提出一种聚焦理论,在这个理论中,照相机的镜头被轻微地调离焦点。比如可参见Newhall (1964), pp. 97—100和Mélon (1986), pp. 84—85。在这两种情形中,照相机都没有记录“现实”。

71. 科学家寻求通过科学照相看到一切的一个有趣例子,是具有法律意识的医生在大约1868年倡导的“视网膜像”(optograms)。这是对被害者内部视网膜拍摄的照片,希望因此获得谋杀犯的肖像。这个假设是,眼睛在一个短时期内像一架照相机,能保留它看到的最后形象。参见Dibi-Huberman (1986), p. 74。

72. 同上,pp. 71—75。

73. 这些素描极其先进,帕劳(Palau)对毕加索作品所作的分类目录甚至将它们归到了1911年。参见Richardson (1996), p. 452,注释8。

74. 引自Baldassari (1997), p. 74; 出自费尔南德1909年6月15日致艾丽丝·B·托克拉斯的信。

75. 比如可参见Coke (1964), pp. 180—187。科克(Coke)指出,毕加索在《渔夫》(1917年)和《海边》(1920年)这些画作中特别运用了脚和腿的这种透视失真。

76. 毕加索1909年6月24日致施泰因的信,引自Baldassari (1994), p. 177。

77. 正如塔克(Tucker)指出的那样,塞尚的“拼溶”是早些时候由摄影家们发现的,以“晕光”(halation)知名。这是一种模糊效果,归因于对比度高的场景如何出现在照相纸上。冲印过程的结果是,房舍的屋顶不会出现明显的浓边而会与天空混成一体,给人一种背景向上倾斜的印象。在奥尔塔,毕加索重新发现了晕光。参见Tucker (1982), p. 293。

78. Richardson (1996), p. 97.

79. Daix (1979), p. 242, no. 278.

80. Stein (1933), p. 32。毕加索给格特鲁德寄去这张照片,而她于1909年秋天购买了那幅画。

81. Daix (1979), p. 242, no. 279.

82. 格特鲁德接着在她的《艾丽丝·B·托克拉斯自传》(实际为格特鲁德自己的自传)中论述道,立体主义纯粹是一种西班牙概念(Stein, 1933, p. 31)。由于这一断言,以及其他一些对历史进行了修正的断言,布拉克和其他目睹了立体主义早期发展的人对她进行了彻底的严厉批评。参见Braque (1935)和Salmon (1935)。

83. Daix (1979), p. 244, no. 287.

84. 同上,p. 246, no. 301。

85. 同上,p. 243, no. 284。

86. 同上,p. 245, no. 293。

87. 同上,p. 242, no. 280。

88. 同上,p. 242, no. 279。

89. 同上,p. 246, no. 299。

90. Daix (1979),p. 245, no. 292。

91. 右边的两个头像,同上,p. 243, no. 285,而左边的那个头像,同上,p. 243, no. 284。据坎魏勒说,收藏家和金融家莱维尔(Paul Level)将画布一剪为二(同上, p. 243)。

92. 同上,p. 247, no. 302。

93. 同上,p. 244, no. 290。

94. Daix (1994), pp. 246—247.

95. Baldassari (1994), p. 192.

96. 同上,pp. 192 和 194。

97. Daix (1979), p. 243, no. 282.

98. 同上,p. 251, no.328。这张照片将戴的日期注明"1909—1910年冬(?)"更正为1909年夏。

99. 同上,p. 253, no. 337。

100. 同上,p. 253。

101. 讨论参见Golding (1988),尤其是pp. 85—88。

102. Vallier (1954), p. 16.

103. 同上。

104. Henderson(1988), p. 334. 亦见Daix(1979), p. 256, no. 351, 以及p. 256, no. 352。

105. Golding (1988), p. 83.

106. Daix (1979), p. 257, no. 358.

107. Vallier (1954), p. 16.

108. Daix (1979), p. 278, no. 466.

109. Golding (1988), p. 111.

110. Kahnweiler (1920), 引自 Chipp (1968), pp. 256—257。

111. 同上,p. 256。

112. 参见 Miller (2000), p. 106。

113. Apollinaire (1912b).

114. Apollinaire (1913), p. 62.

115. 同上。

116. 同上,p. 61。

117. Bohn (1980)第一个注意到这种间隔的重要性。

118. 同上,p. 167。

119. 同上,尤其是 pp. 167—168。

120. 阿波利内尔的传记作者斯蒂格马勒(Francis Steegmuller)报道了毕加索关于阿波利内尔的一次谈话,在这次谈话中,毕加索带着深厚的感情谈到"阿波利内尔三个方面之间具有极大的区别:诗人、人和报刊艺术批评家"。毕加索很早就意识到,"阿波利内尔的视觉理解能力有限",这与他那敏锐的言语表达能力如此迥异。参见 Steegmuller (1986), p. 132。

121. Apollinaire (1913), p. 68.

122. 例如参见 Chipp (1968), p. 227。

123. Charensol (1924), p. 5.

124. Breunig (1993), p. 11.

125. Daix (1994), p. 131.

126. 亦见奇普的评论,即人们一直"低估了"阿波利内尔的书"对当代绘画的洞悉",Chipp (1968, p. 220)。戴写道,毕加索"不同意坎魏勒的意见,他的意见是强烈否定的。有大量东西会严重激怒像坎魏勒这样一个刻板的美学理论家"(Daix, 1994, p. 131)。阿波利内尔在战争中表现英勇,使他获得了战争十字勋章,他在战争中身负重伤,最后于1918年11月9日死于西班牙流感。毕加索从未忘记他。在他临终时,毕加索的医生听他"经常说到阿波利内尔"(引自 Read, 1995, p. 302)。

127. 坎魏勒为他的艺术家们建立独家经营权的策略是阻拦他们在巴黎举行画展,并将他们推向法国以外的市场,尤其是德国。他鼓励别的年轻经纪人如乌德也这样做。坎魏勒除了为他的艺术家们建立一种国际声誉,也使立体主义在德国受到大量的赞扬。不过,1914年战事一爆发,这种策略却悲惨地事与愿违,适得其反。立体主义被宣布为德国艺术，因此在法国是不具爱国精神的。与这种沙文主义连在一起的是反犹主义，因为，毕竟立体主义的主要经纪人不都是像坎魏勒一样的德国犹太人吗？这种反立体主义的情绪也是导致毕加索于大约1915年游离这种风格的事件之一。进一步的讨论，参见Richardson（1996），第20章和第26章。

128.《吉尔·布拉斯》(*Gil Blas*)杂志1909年3月25日，引自Golding（1988），p. 151。

129. 同上，pp. 117—118。

130. 关于现代的历史观，同上，pp. 118和120，尤其是Robbins（1988），特别是p. 9，以及Cottington（1998），pp. 155—158。

131. 特别是对梅青格尔的攻击几年后由库珀(Douglas Cooper)继续进行，库珀将他描述成为一个没有什么才能的画家。参见Robbins（1988），p. 10。

132. Cottington（1998），p. 155.

133. Metzinger（1910），p. 60.

134. 同上。

135. Metzinger（1911），pp. 66—67。这个概念被艺术批评家皮伊(Michel Puy)发现，他在1911年一篇评论独立艺术家沙龙展出的立体主义画展的文章中写道："立体主义好像是一个具有科学基础的系统……[立体主义画家]渴求客观真理。"（Puy，1911，p. 65。）

136. 出自与奇普的一次访谈，见Chipp（1968），p. 223。这个回忆也出现在梅青格尔的自传中。参见Metzinger（1972），p. 43。在他未出版的回忆录部分中，梅青格尔提到他在1905年到达巴黎之前曾经读过一篇关于四维中晶体学的论文。参见Henderson（1983），p. 70，注释62。

137. 关于梅青格尔在立体主义的科学方面所起的作用，最全面彻底的讨论是在亨德森书中，见Henderson（1983），尤其是pp. 65—73。

138. Richardson（1996），p. 211.

139. 参见Henderson（1983），pp. 66—71。

140. Richardson（1996），第14章，对参展的那些巨大自我之间的复杂冲突作了颇有意思的讨论，这些冲突在不小程度上是由于梅青格尔作为画派创始人(Chef d'École)的名声。

141. Vauxcelles（1911）.

142. 德洛奈对布拉克和毕加索这个时期的绘画缺少色彩加以批评。“他们在用蜘蛛丝作画，这些伙计们。”他说。引自Golding（1988），p. 157。德洛奈早已认识毕加索，很可能走访过“洗衣舫”。

143. 对这个画展的描述，同上，pp. 159—161。

144. Gleizes and Metzinger（1912），p. 49.

145. 同上，p. 75。也许是未来派艺术家们一点科学的先见之明，并且也是为了总体上更加精深微妙，《论立体主义》一书中没有提到X射线。格莱兹和梅青格尔写了科学上更加深奥微妙的夫琅禾费谱线（Fraunhofer spectral lines），这些光谱线和X射线一样也是肉眼看不见的，因此进一步提供了反实证科学的证据。Gleizes and Metzinger（1912），p. 10。因而也就提供了反新印象主义的色彩理论的证据，未来派艺术家们把这种反对当作他们运动的源泉。参见Henderson（1988），p. 335。

146. 参见Henderson（1983），尤其是pp. 81—85；而Antliff（1988）则列举了柏格森对《论立体主义》的影响。

147. Gleizes and Metzinger（1912），p. 75。值得称赞的是，梅青格尔试图尝试非欧几何学。通过与普兰斯的研讨，并且也许还有他自己的阅读，他明白了图形在移动中不会变形的性质对欧几里得几何学的重要性。梅青格尔的《立体主义的风景》（*Cubist Landscape*，1911）表明他在探索物体在弯曲的空间上移动时形状如何改变这一概念。进一步的讨论，参见Henderson（1983），p. 96。

148. Gleizes and Metzinger（1912），p. 68.

149. 进一步的分析参见Golding（1988）和Robbins（1988）。

150. 参见Henderson（1983），pp. 66 和74。

151. 比如可参见 Richardson（1996），p. 179。

152. 格里斯的观点在Green（1992）第2章中得到详尽的阐述。格林雄辩地证明，对毕加索和布拉克提出的问题，格里斯并不是在寻求严格逻辑的解决方法。

153. 引自Golding（1988），p. 102。与戈尔丁（Golding）所言相反，虽然战争期间格里斯“开始认真研读庞加莱的著作”一说合乎情理，但是他不可能在这个时候读过爱因斯坦的任何著作——也许爱因斯坦1922年3月访问巴黎之后有可能，因为那个时候爱因斯坦风行一时。

154. 在健康状况严重衰退后两年，格里斯于1927年5月13日极其痛苦地死于尿毒症，年仅40岁。关于格里斯与毕加索和布拉克那些十分复杂的关系，参见Rich-

ardson (1996)。格特鲁德很好地总结道:“后来当格里斯去世、格特鲁德心碎之时,毕加索来到其居所,待了一整天。我不知道他们说了些什么,但我确实知道有一次格特鲁德语调尖刻地对他说,你无权来吊唁,而他说,你无权对我说这话。你从来也没有明白他的意义,因为你不懂,她愤怒地喊道。你很清楚我懂的,他回答说。”(p. 212)

155. 在谢弗勒尔(Michel-Eugène Chevreul)的同时对比(simultaneous contrast)理论中,一种颜色表现出的变化是由于邻近颜色所致。鲁德(Ogden Rood)探究了颜色的各种理论以及它们表现出的不同——取决于我们如何去看它们。为了能形象地说明有关的概念,鲁德的著作中含有色盘。这些色盘与德洛奈某些基于色盘的画作具有一些相似之处。进一步的讨论,参见Vitz (1984)。

156. Delaunay (1957), p. 146.

157. 同上,p. 178。

158. Metzinger (1972), pp. 62— 63.

159. Apollinaire (1913), p. 69.

160. Spate (1979), p. 3.

161. 参见Henderson (1998)。

162. 同上。

163. 参见Miller (2000), 第10章。

164. Derain (1994), p. 199,注释3。编辑达根的注释是针对特朗 1909年8月23日致弗拉曼克的一封信,在这封信里,特朗就飞机的建造作了一些技术性的讨论。特朗迷恋于建造飞机模型,模型中还装有发动机。

165. Raynal (1912), p. 94.

166. 同上,pp. 94—95。

167. 参见Henderson (1998)。

168. Stein (1933), p. 11.

169. 引自Kern (1983), p. 303。

170. 参见Rich and Janos (1994), pp. 19—21。

间奏曲

1. 到目前为止,还没有一个详细的庞加莱传记。Darboux (1913)提供了一个资

料丰富的传记性概述。亦见Miller (1992)和Miller (2000)。

2. 这些论文涉及庞加莱关于包含三个物体的系统的平衡定位结果。参见Stewart (1990),尤其是第4章。

3. 参见Miller (2000), pp. 340—350。

4. Toulouse (1910), p. 200,关于这方面的讨论,参见Miller (1992)和Miller (2000),尤其是pp. 343—350。庞加莱对图卢兹的书予以了认可。

5. Poincaré (1908), p. 59.

6. Poincaré (1905a), p. 186.

第6章

1. 哈勒尔本人在专利局无疑是拿最高的工资,年薪8000瑞士法郎。排在他之后的是助理技师奥伯林(Hermann Oberlin),年薪6600瑞士法郎。从1906年到1909年,连续3年这两个人都拿最高的两档工资,固定不变。参见Einstein (1965), 没有标注页码。爱因斯坦的工资比一个零售商的多一些。比如,批发商每年挣2500瑞士法郎,经销商挣2000瑞士法郎,而一个体力劳动者挣1500瑞士法郎。感谢梅希勒博士(Adolf Meichle)提供这一信息。

2. Einstein (1956), p. 12.

3. Winteler-Einstein (1924), p. xxii.

4. Seelig (1954), pp. 123—124。 坦纳在爱因斯坦指导下开始在苏黎世做博士论文,当爱因斯坦1911年去布拉格后,他也离开了。他在巴塞尔大学得到博士学位。参见CPAE5, p. 334, 注释1。

5. 参见爱因斯坦写给哈比希特的信,这封信大约是1905年5月15日至25日的某一天写的,CPAE5, p. 31。 我们马上会讨论这封信。至于10篇书评,参见Klein and Needell (1977)以及CPAE5, p. 618。

6. CPAE5, p. 40.

7. Whitrow (1967), p. 18.

8. 同上。

9. Seelig (1954), p. 120.

10. 但是爱因斯坦在苏黎世的课程材料组织得非常好,并附有广泛的参考文献。参见Einstein (1993a),《爱因斯坦全集》第3卷, 以后简称CPAE3, pp. 3—10。

11. Whitrow (1967), p. 19.

12. 汉斯·阿尔伯特·爱因斯坦上了他父亲的母校,瑞士联邦工学院,1936年在那里获得土木工程学的博士学位。他1938年移居美国,从1947年至1971年任加州大学伯克利分校的水利工程学教授。汉斯·阿尔伯特记得他的父亲曾对他极端专横。这与爱因斯坦年轻时要求个人自由的主张是背道而驰的。汉斯·阿尔伯特很懊悔地回忆说:"他放弃的唯一计划大概就是我。他试图给我忠告,但很快就发现,我太固执了,他是在浪费时间。"(引自1973年7月27日的《纽约时报》,转引自Pais, 1982, p. 453。)有关他们之间关系的讨论,参见Fölsing (1998)。汉斯·阿尔伯特于1973年去世。

13. Whitrow (1967), p. 22.

14. Poincaré (1902), p. 242.

15. 同上, p. 182。

16. 参见第3章的详细讨论。

17. Poincaré (1902), p. 157.

18. 参见第3章第71页的脚注。

19. 参见第3章第87个注释。

20. 讨论参见 Holton (1973c)。

21. 例如,他"只是在1905年之后"才开始对实验感兴趣(Shankland, 1963, pp. 47—48),而且他没有察觉到这"在相对论占据我生活的7年"当中对他直接产生了影响(p. 55)。

22. 例如,1931年1月15日,在加州理工学院举行的庆祝会。与会者当中有爱因斯坦和79岁高龄、身体欠佳的迈克耳孙本人。爱因斯坦是站在一个他非常钦佩的人面前。1907年,迈克耳孙成为美国第一个获诺贝尔奖的人。爱因斯坦应付这种场合自然不在话下,他说:"正是您将物理学引向了新的道路,您通过卓越的实验工作,为相对论的发展铺平了道路……您揭示了光的以太理论中的一个暗藏的效应……狭义相对论正是从中发展出来的。"引自Holton (1973d), p. 319。

23. 爱因斯坦1952年12月19日给香克兰(Robert Shankland)的信,引自Holton (1973c), p. 285。霍尔顿(Holton)详细考察了这段插曲。进一步的证据,亦见Miller (1998a)。最近发现的证据是爱因斯坦大约在1899年9月28日写给米列娃的信。在这封信中,他告诉她,他刚读了维恩的一篇论文。这篇论文概述了迈克耳孙—莫雷实验。更重要的是，在离开瑞士联邦工学院前，爱因斯坦读了洛伦兹的1895年论文，这篇论文讨论了洛伦兹的收缩假设和迈克耳孙—莫雷实验。

24. 至于爱因斯坦在1905年6月之前知道哪些哲学和物理学文献，《爱因斯坦全集》诸卷中的档案材料和历史研究证明了我和其他人的猜测。同时，爱因斯坦文稿计划的编辑人员发现了其他的文献，进一步地阐明了爱因斯坦的职业生涯和个人生活，例如，情书的发现。

25. Poincaré (1902), p. 158.

26. 同上, p. 176。

27. Wien (1900)。 详情和文献书目，请参见Miller (1998a), 第1、第7和第12章。

28. 电子加速后发射的辐射或光反作用于它，并且产生一种企图让它缓慢下来的力。以这种方式，电子得到了重量或惯性。从洛伦兹理论获得的数学结果可以表示成质量乘以加速度，也就是牛顿第二运动定律。在这里，电子的质量取决于它的电荷和半径。但是，从电磁理论推导出来的牛顿第二定律很不准确，需要对电子加速度加上好几条高度限制性的条件。参见Miller (1998a)，第1.10节。

29. 洛伦兹将他的电磁理论扩展成一种电子论，于1904年3月出版。通过扩展他的收缩假设以适用于考夫曼实验以及另外两个与迈克耳孙和莫雷实验精确度相同的失败的以太漂移实验，收缩假设不再被认为是特设的(ad hoc)，庞加莱因此欢欣鼓舞。参见Poincaré (1905a)，第8章，以及Poincaré (1905b)和(1906)。爱因斯坦撰写相对论论文之时还不知道洛伦兹1904年的论文，但有可能在别处文献中见过洛伦兹的早期报告。参见Miller (1998a)，第1.15节。顺便提一句，洛伦兹发表其电子论的荷兰杂志非常难弄到，就是柏林一些主要大学里的物理学家也都不能立刻拿到一本。

30. Poincaré (1902), p. 188。光电效应从它1887年被赫兹发现之后一直让物理学家们感到困惑。根据电磁理论，极强的光应该能打出金属中的电子。但是实际却不然。只有其频率在某个临界值之上时，光才能做到这一点，与它的强度没有关系。

31. Poincaré (1902), pp. 187—188。 布朗运动被认为可能违反了能量守恒，因为粒子的积极运动似乎没有限度。

32. Whitrow (1967), p. 21.

33. Seelig (1954), p. 17.

34. 同上。

35. Hoffmann and Dukas (1972), p. 252.

36. 以下引文引自 Dukas and Hoffmann (1979), pp. 76—77。

37. Seelig (1954), p. 18。爱因斯坦在1928年3月做了上述评论。

38. 同上, p. 86。这个评论是对劳布说的,我们马上就会更多地谈到他。到了1939年,爱因斯坦对瓦格纳的看法更强烈:“对我来说,他的音乐个性不可言状地让人讨厌,所以在很大程度上我讨厌听他的音乐。”(Dukas and Hoffmann, 1979, p. 77)

39. Seelig (1954), p. 82.

40. Einstein (1934b), p. 61.

41. Einstein (1936), p. 59.

42. Solovine (1956), p. x。这给心理学家皮亚杰(Jean Piaget)带来启发。皮亚杰论时间的著作在1930年左右“承蒙阿尔伯特·爱因斯坦提出来的一系列问题而得以提高”(Piaget, 1971, p. vii)。

43. Wertheimer (1959), p. 213.

44. Einstein (1970), p. 1。这是爱因斯坦1921年5月在普林斯顿大学所作的斯塔福德演讲(Stafford Lectures)的一个版本。

45. Einstein (1970), p. 1.

46. Poincaré (1908), p. 48。参见 Miller (2000)第9章的分析。

47. Einstein (1946), p. 7.

48. 同上。

49. 爱因斯坦的论证与亥姆霍兹和玻尔兹曼书中描述的思想具有相似之处,爱因斯坦还是瑞士联邦工学院的学生时读过那些书。但是,爱因斯坦比他们走得更远。参见 Miller (1986a), pp. 48—51。毫无疑问,20世纪之初,弗洛伊德精神分析的兴起及与之相随的对潜意识的“发现”,导致许多杰出的科学家发表自省著作。

50. 在哲学上,爱因斯坦将概念比作康德的组织原则(organizing principles)。爱因斯坦的概念系统虽然与康德的相反,但并不是绝对先天固定的。比如,按照康德的理论,除了欧几里得几何学之外,不可能有别的几何学。因此,19世纪20年代后期非欧几何学的创立对康德的哲学体系是个重大打击。但是,对于爱因斯坦来说,永远重要的是康德对需要组织原则的坚决主张。下面我们将看到,爱因斯坦的相对论基于两条原理——它们像组织原则那样运作——其中之一断言:光以一种永不变化的速度直线运行。不过，爱因斯坦发现，要扩展1905年的相对论原理以包括引力，他就必须放宽这个原理以容许光曲线运行。爱因斯坦研究过庞加莱在《科学与假说》一书中关于几何学起源的认知理论。在这种理论中，组织原则起着重要的作用。参见第4章，注释100；Poincaré（1902），第4章；和Miller（2000），第6章。

51. Einstein（1946），p. 7.

52. 同上，p. 9。

53. 爱因斯坦1944年6月17日给阿达马（Jacques Hadamard）的信，载于Hadamard（1954），pp. 142—143。

54. Einstein（1923），p. 484.

55. 爱因斯坦1952年3月17日给劳厄的信，载于Miller（1998a），p. 126。爱因斯坦在1909年前没有发表这些成果。

56. CPAE5，英译本 p. 20。

57. Einstein（1905d）这篇文章日期署为1905年4月30日，于1905年7月20日提交给伯尔尼大学。爱因斯坦把它献给格罗斯曼。

58. Einstein（1905a）.

59. 同上，p. 145。

60. 同上，p. 132。

61. 1922年11月9日，爱因斯坦因为发现光电效应定律而被授予1921年的诺贝尔奖。他能用他的光子概念解释光电效应。在爱因斯坦这个定律的诸多用途中，其中之一是自动门。至于爱因斯坦为什么没有因为相对论获诺贝尔奖，我们只能作些猜测。首先，评委会没有人有能力对包括广义相对论在内的相对论的全部内容进行估价。另外就是那些批评，像柏格森那类的批评。正如我们在第2章中讨论过的那样，柏格森认为科学时（scientific time）没有物理实在性。他相信，讯问不同参考系中的观察者会证明他们都会表示同一时间，与狭义相对论预测正相反。所以在他1922年的著作中，柏格森把自己置于一种物理上不可能的情境：基本上是把两只脚分放在运动中的观察者的不同平台上。柏格森的影响力太大了，瑞典皇家科学院诺贝尔奖物理学评委会主席阿伦尼乌斯（S. Arrhenius）在向爱因斯坦颁发1921年诺贝尔奖的贺辞中，还提到了柏格森的批评。参见Einstein（1967），p. 479。有关讨论参见Miller（1998a），pp. 242—248, 273—274。柏格森和爱因斯坦后来成为朋友，喜欢讨论各种各样的问题。但是，有人回忆爱因斯坦曾这样说过柏格森的相对论哲学，“上帝原谅他”(Pais, 1982, p. 510)。进一步讨论参见Pais (1982), pp. 510—511。

62. 参见Planck (1910), p. 578。这种情形一直持续到1927年,那一年,光子通过一种概率解释被系统地引入到新的量子力学中。到那个时候,爱因斯坦已经放弃了光量子理论而转向那些只能通过连续量解释物质的理论。参见Miller (1986a),第4章和第6章,和Miller (2000), pp. 124—127。

63. Einstein (1905d)。这是爱因斯坦最重要的论文之一,也是他在1961年至1975年期间被引用最多的论文。参见Pais (1982), pp. 88—92的讨论。

64. Einstein (1905b).

65. 在两篇文章中,爱因斯坦都运用了他计算涨落的方法去推断一种方式,以将阿伏伽德罗常量与可从宏观系统中测量的量联系起来。在他的博士论文中是糖颗粒在溶液中溶解的速度;在《物理学年刊》上那篇文章中则是花粉在显微镜下的不规则跳动,也即布朗运动。这是完全出乎意料的,因为测量阿伏伽德罗常量只需要“一块秒表和一架显微镜”(Pais, 1982, p. 97)。爱因斯坦对布朗运动这个问题的解释是:它是平衡系统的涨落的结果,并且这个过程使能量守恒。1908年,法国物理学家佩兰(Jean Perrin)完成了必要的实验,得到了阿伏伽德罗常量的数值,这个值与从别的现象中测定的值是一致的。那些现象中的某一些也是由爱因斯坦提出来的,比如光的散射导致天空变蓝。另外,还有普朗克从空腔辐射的研究得出的阿伏伽德罗常量。考虑到佩兰的数据, 以及阿伏伽德罗常量能从如此多不同的现象中得出来这一事实,从1908年开始,再没有任何严肃的科学家可以提出证据否认原子的存在了。详情参见Pais (1982),第5章,和Brush (1986),特别是第1卷。

66. Einstein (1907a), p. 372.

67. 对这一点的详细讨论,请参见Miller (1998a),第2章。

68. 普朗克第一次使用“相对论”(Relativtheorie)一词是在1906年,当时是为了把洛伦兹—爱因斯坦的电子论与别种理论区别开来(参见Planck, 1906, p. 756)。起初,爱因斯坦在相对论论文中的结果被认为是推广了的洛伦兹电子论——这一点下面还将谈到。在讨论普朗克论文的段落中,德国实验者布赫雷尔(Alfred Bucherer)把爱因斯坦的理论称作“相对论”(Relativitätstheorie), p. 760。1907年,爱因斯坦将自己的理论称为“Relativitätstheorie”(相对论)(Einstein, 1907a, p. 373)。

69. 爱因斯坦给他论文定的标题通常会意味着要讨论大块磁性物质或电介质物质的特性。但是爱因斯坦并没有详细分析这两者,只作了原则性的分析。

70. Einstein (1905c), p. 371.

71. 1905年评议会(Curatorium)由科尔劳施(Kohlrausch)、普朗克、奎克(Quicke)、伦琴和瓦尔堡组成,"有德国物理学会,尤其是普朗克的参与"(引自17卷的扉页)。

72. 参见Klein and Needell (1977)。

73. 除了几处打字错误,通篇只有一处错误,这个推理错误导致了电子质量的一个错误预测。这个错误很快被考夫曼注意到了,并被纠正过来。参见Miller (1998a), pp. 310—311。爱因斯坦的电子质量结果一经纠正,便成为了一个重要的结果,因为这个结果的推导不带任何近似的成分,并且,它不受电磁理论的支配。参见本章注释28。

74. Einstein (1946), p. 53.

75. 这是通过他自己在《物理学年刊》发表的最后三篇文章中的研究,以及他在专利局的工作——他在那里详细检查那些声称是永动机(perpetuum mobile)的专利——得到的。

76. 我这样说的意思是,热力学的基本量是压强、体积和温度。因为这些量存在于各种气体定律中,没有任何东西表明各种系统的构造:气体可由任何东西组成,原子、液体等等。

77. Einstein (1919), p. 54.

78. 爱因斯坦1915年5月31日给达伦巴赫(Walter Dällenbach)的信,载于Einstein(1998),《爱因斯坦全集》第8卷,以后简称CPAE8, 英译本p. 102。

79. 在《科学与假说》一书的许多章节里,庞加莱都将牛顿力学中的相对性原理称为相对运动原理。

80. Poincaré (1902), p. 129.

81. 同上, p. 25。

82. 所作的假设是:运动着的地球是一个惯性参考系,但事实不然,因为地球除了围绕太阳的公转外,还在地轴上自转。但是,在许多例子中,我们可以忽略这些复杂的运动,且仍能取得足够的精确度。有关讨论,参见Miller(2000), pp. 25—26, 80—86。

83. Poincaré (1902), p. 182.

84. 同上。

85. 同上, p. 180。

86. 同上。

87. 参见 Poincaré (1902), p. 185, 及(1900), pp. 484—488。

88. Klein (1962), p. 476中这样描述这个情形:"普朗克的能量量子概念有4年多在物理学文献中基本未被认可。他的辐射公式被当作描述实验资料的一种简单适当方法而被认可了,但是他提出的作为这个公式的基础的理论却没有引起任何注意,直到1905年[爱因斯坦的相对论论文]。"

89. Einstein (1905c), p. 370.

90. 某些重要的设计问题牵涉到所谓的单极电机。参见Miller (1986b),第3篇文章,和Miller (1998a),第3章和第9章。在相对论论文中,爱因斯坦提出了他自己的相对性原理之后,大胆地宣告它们"毫无意义"(Einstein, 1905c, p. 384)。虽然它们在原则上可能毫无意义,但在实际中,各种细节问题还得解决以让每个人都十分满意。

91. 这个手稿由霍尔顿披露在他的著作(Holton, 1973a), pp. 363—364中。在Miller (1998a), p. 137中,复制了该手稿,并作了进一步的讨论。爱因斯坦1905年的相对论被称为狭义相对论,因为它将测量限制于只能在惯性参考系中进行,而在爱因斯坦1915年完成的广义相对论中,测量也可以由加速参考系中的观察者进行。

92. Einstein (1905c), p. 370.

93. 此外,就是对洛伦兹来讲,这个力的来源也不清楚,并且很混乱,因为它好像违反了相对性原理。但是,电磁感应中的这些问题并不被认为是首要问题。有关讨论,包括电动机设计问题,参见Miller (1986b),第3篇文章,和Miller (1998a),第3章和第9章。

94. Miller (1998a), p. 137.

95. 出自Einstein (1905c), p. 370,爱因斯坦附带地提到最低阶精确度,也就是"一阶精确度"(first-order accuracy)的以太漂移实验。

96. Einstein (1905c), p. 371.

97. Poincaré (1902), p. 111.

98. Einstein (1905c), p. 371.

99. 在相对论论文的开篇句中,爱因斯坦用的是复数的"非对称性"。除了这一有关重复多余的解释,他脑子里想到的其他"非对称性"会是什么呢? 1909年,爱因斯坦写道，要从一堆惯性参考系中"挑出"固定在以太中的参考系——这些参考系实际上在数学上是联系在一起的——"是完全不合常情的"。"只有放弃以太假设"才能获得一个满意的解答。Einstein (1909), p. 819。

100. Einstein (1946), p. 53.

101. 爱因斯坦未发表的1919年回忆，引自Miller (1998a), p. 137。

102. Einstein (1946), p. 53.

103. Poincaré (1902), p. 11.

104. 同上, p. 112。 在德文版中，"直觉"(intuition)一词被翻译成了"直观形象"(Anschauung), p. 92。

105. 同上。

106. 沙旺出生在瑞士的洛桑，所以法语讲得很流利。沙旺回忆他与爱因斯坦的第一次见面时说："爱因斯坦法语说得挺正确，略带外国口音。"(Seelig, 1954, p. 71) 索罗文来自罗马尼亚，因此法语也很流利*。不过，爱因斯坦对德文资料感觉更自在些。

107. 其中就有维恩的论文，他在这篇文章中呼吁研究电磁世界图景。参见Wien (1900)。

108. Einstein (1906), p. 627。另外，在相对论论文的第8节里，爱因斯坦探索了光脉冲的某些特点，尤其是它们的能量和频率。庞加莱是第一个用地方时考察这个问题的人。我已证明，爱因斯坦这个小节的意图是将相对论论文与光量子论文联系起来。参见Miller (1998a)，第11章。对庞加莱1900年论文的进一步研究使我确信，爱因斯坦的另一个意图是清理这个问题的状况，因为他看到庞加莱是在洛伦兹电磁理论框架内以最低阶精确度来阐述这个问题的。参见Millor (1996), pp. 95—96。

109. 这五座大城市是柏林、慕尼黑、斯图加特、卡尔斯鲁厄和路德维希港。瑞士大部分地区都在柏林时上。

110. 参见Kern (1983), pp. 12—13。

111. 参见Howse (1997), pp. 120—121。

112. 参见Bartky (1989), p. 32。

113. 参见Howse (1997), p. 118。

114. 比如可参见Whittaker (1987), pp. 227—231。关于传递延迟的精确知识

* 罗马尼亚语与法语同属拉丁语系。——译者

极其重要,因为4秒钟时间就相当于经度1分。对与电报合在一起来测定传递时间延迟的天文方法的描述,参见Hayden (1905), p. 10。

115. Howse (1997), pp. 120—125。多德当时为纽约萨拉托加矿泉地区(Saratoga Springs, New York)邓波儿·格罗夫女子学校(Temple Grove Ladies' Seminary)的校长。

116. 1884年之前,美国采用两条本初子午线:海洋图用格林尼治,陆地地图用格林尼治和华盛顿哥伦比亚特区。参见Howse (1997), p. 130。

117. 参见Bartky (1989), pp. 34—39。

118. 庞加莱写过,"两个同时性心理事实的联系如此紧密,分析不可能将它们分隔开来,除非肢解它们"(Poincaré, 1898, p. 49)。爱因斯坦写道:"我们不会在这里讨论不精确性,它隐藏在(差不多)同一地点的两个事件的同时性概念中,我们得通过引入一个抽象概念将之消除。"(Einstein, 1905c, p. 371。)

119. 参见Howse (1997),第5章。

120. 从1884年会议的一开始,两个法国代表,全权公使和总领事勒费夫尔(A. Lefaivre),与巴黎物理天文台台长让森(Janssen)先生,就抵制将格林尼治作为本初子午线,他们赞成一个中性的、不用将如欧洲和美洲这样的大洲切开的本初子午线。此外,他们还认为,据他们的看法,这次会议的主要议程是检查将作为本初子午线依据的有关原则,而不是选一条本初子午线。但是,大家一致的意见却正好相反。不过,这个决议却引发了大量的讨论。问题最后根据代表加拿大的英国代表弗莱明(Sandford Fleming)和英国的科学代表汤姆生(William Thomson)两人的论证决定下来。被授予开尔文勋爵爵位的汤姆生是英国最伟大的科学家之一,他负责的诸多事务之一就是解决通过横跨大西洋电缆的信号传送的实际问题。弗莱明和汤姆生指出,一条完全中性的本初子午线是不可能的,再者,这里争论的问题不是政治问题而是实际问题。很显然,法国政府那并非十分隐蔽的动机是让本初子午线通过巴黎天文台。但是弗莱明和汤姆生提请所有人注意那不容置疑的事实:全世界72%的航运业已经用了通过格林尼治的本初子午线,远远多于居第二位的巴黎。剩下的28%分布在10条不同的本初子午线中间。作为(妥协的)回报,法国要求美国和英国采用米制。对于这个问题,美国科学代表阿贝回答道,米制是法国的量制,因此并非中性。并且他接着说,无论如何,美国和英国的科学家们已经在采用米制了。在投票确定通过格林尼治的本初子午线时,22个国家投了赞成票,圣多明各(San Domingo)投了

反对票,两个国家弃权,即巴西和法国。1896年10月27日,一个议案提交到了法国国民议会,国民议会提议将格林尼治平均时(Greenwich Mean Time,略作GMT)作为法国的标准时。议案以一种修正案形式于1898年2月14日通过。修正案里不说格林尼治平均时,而说巴黎平均时(Paris Mean Time,略作PMT),亦即减9分21秒,实际就是格林尼治平均时。由于海军部和公共教学部的反对,这个议案被搁置了12年之后才得到法律认可。有关1884年本初子午线会议的讨论,参见Howse (1997), 第5章。

121. 参见Wilford (1982), 第8章。

122. Poincaré (1898), p. 52。庞加莱立刻排除了一种建立在地球自转基础上的标准时,因为地球上海洋的潮汐阻力会引起地球自转的偏差。庞加莱精通大地测量学和航海学,因为他对潮汐理论的研究是当时能得到的最好的研究。事实上,他这方面的研究使他得以进入科学院的航海部。参见Darboux (1913),p. lxvii。

123. 参见第3章, 注释80。

124. Poincaré (1898), pp. 53—54。比如柏林答复的时间延迟大约千分之一秒——忽略中继传递引起的进一步延迟。

125. 麦克斯韦的理论预测了电磁波,后者由赫兹于1888年发现。1894年,马可尼(Guglielmo Marconi)发明了一种接收和传送装置。在赫兹的整个研究过程中,他一直与庞加莱保持通信联系,后者的帮助是非常宝贵的。参见Darboux (1913), pp. xl—xli。实际工作者们认为庞加莱在电报学校开的课程是至关重要的。参见Darboux (1913), p. xli。

126. Poincaré (1898), p. 54.

127. 同上, p. 53。

128. 同上, p. 54。

129. 1905年,爱因斯坦证明并非如此。

130. Poincaré (1900), p. 483.

131. 地方时从作为每个区的时间到作为每个参考系的时间的意义变化并不太大,并且可能也是洛伦兹命名他的新时间坐标值的原因。我之所以作此推测,是因为像庞加莱一样,洛伦兹当然注视着如时间标准化这样的紧迫技术问题的最新动态。

132. 地方时以一种准确、但从数学角度看来十分凌乱的形式出现在洛伦兹

1904年的论文中,后来又以它常见的形式出现在庞加莱1905年和1906年的论文中。当爱因斯坦写下他的相对论论文时,他并不知道洛伦兹的1904年论文,也不知道庞加莱的1905年论文。参见Miller (1998a), pp. 81—86。

133. Kern (1983), p. 13.

134. 1912年4月14日“泰坦尼克号”(Titanic)的沉没使人们认清楚了,需要一种世界范围内的无线电报安全规程。参见Kern (1983), pp. 65—67。

135. Hayden (1905), p. 11.

136. 庞加莱在《科学与假说》中及爱因斯坦在相对论论文中都使用了“事件”一词。

137. Einstein (1905c), p. 372。这些思想实验中有一个是关于一面“主”钟的,这面“主”钟确定从遍及空间各处处于相对静止状态中的各个时钟发出的光线的到达序列。但这种方法取决于时钟之间的距离。到1912年,海上船只相遇时,经常会使用被称为“时间奔忙”的传输方法通过无线电核对时间(Kern, 1983, p. 66)。

138. Einstein (1905c), p. 371.

139. Einstein (1907b), p. 413。“讨论过的难题”系指所有以太漂移实验的失败,包括迈克耳孙和莫雷的实验。我这里之所以用“回忆录”一词是因为那个时候,许多物理学家认为爱因斯坦的相对论已经被否定了。爱因斯坦不这样想,而他结果是正确的。

140. Poincaré (1900), p. 483.

141. 有关这个计算问题,参见Miller (1998a), pp. 177—179。

142. 参见第3章,注释87。

143. 引自Miller (1998a), p. 177。

144. Einstein (1970), p. 46.

145. CPAE5, 英译本 p. 20。

146. Einstein (1905c), p. 393.

147. 爱因斯坦1952年3月6日致贝索的信,载于Speziali (1972), pp. 464—465。写完这一章后,我才知道另外一些相似的方法,说明爱因斯坦发现同时性的相对性是如何与确立标准时间和测定经度联系在一起的。Everdell (1999), p. 9中有一句一笔带过的话。Galison (2000)忽略了庞加莱1900年那篇十分重要的文章。

148. Kaufmann (1905), p. 954。考夫曼是第一个注意并改正爱因斯坦关于运动电子质量的错误结果的。较之洛伦兹要求的粗略近似，他更欣赏爱因斯坦推导的准确性。参见本章注释73。

149. Kaufmann (1905), p. 954.

150. Kaufmann (1906), p. 495.

151. 爱因斯坦1906年4月27日给索罗文的信，载于CPAE5，英译本 p. 25。

152. Planck (1906).

153. CPAE5,英译本 pp. 20—21。

154. 在核反应中，质量不是守恒的，因为最后产物的整个质量比起初产物的整个质量要少。更确切地说，能量是守恒的，所以那些"丢失质量"以能量形式出现。尽管丢失质量几乎小到看不见，但它却转化成为一堆巨大的能量，因为它要乘以光速的平方。人们于1905年知道，在涉及放射性物质的化学反应中，质量不是守恒的。爱因斯坦的质能方程理顺了这种情形。比如可参见Miller (1998a), pp. 333—335。

155. 爱因斯坦1906年4月27日给索罗文的信，载于CPAE5，英译本 p. 25。

156. CPAE5, pp. 41—42.

157. 同上, p. 42, 注释10。

158. Seelig (1954), pp. 92—93.

159. 引自Fölsing (1998), pp. 211—212。

160. 劳布1959年9月11日给西利格的信，引自Fölsing (1998), p. 202。

161. Pais (1982), p. 505.

第7章

1. 出版在Miller (1998a), pp. 318—319中的书信。关于这个事件的讨论，参见Miller (1998a),第7章和第12章。

2. Gardner (1997), pp. 140—141, 149.

3. Einstein (1907b).

4. 同上,p. 439。

5. 比如参见Gruber (1981)。

6. 这种情形也能适应于1895年的思想实验。不过，结果不会像这一次这样惊人或者提供这么多的信息，因为那个思想实验在某种程度上导致的发现——相对性原理和时间的相对性——其本身只是爱因斯坦狭义相对论这个发现的一部分。狭义相对论的发现还需要另外一些思想实验，如对相对运动中的磁体和导体所作的思想实验。

7. 引自 Miller（1999），p. 93。

8. Einstein（1922），p. 47.

9. Einstein（1919），引自 Miller（1999），pp. 93—94。

10. Einstein（1919），引自 Miller（1998a），p. 137。

11. Einstein（1905c），p. 406.

12. 详情参见Miller（1999），pp. 94—96。有关爱因斯坦在他1907年的综述性文章（1907b）中的公开证实，参见同一本书，pp. 101—102。

13. 爱因斯坦第一次用"等效原理"一词是在1912年（参见Einstein，1912）。1907年的结果只适用于恒定线性加速，要花8年的艰苦工作才能将它推广到包括任何种类的加速度。

14. 比如，以游乐场的旋转圆轮为例，想想圆轮顺势落下时那股将你紧贴轮壁的力。从牛顿力学的观点来看，这不是一股真正的力，因为它不依赖于其他物体的质量和位置。等效原理把这样的力和引力场联系起来。就是这么简单的一个表述，对爱因斯坦来说却不是轻易得来的。

15. 爱因斯坦于1907年将这些结果演绎如下：联系两个参考系之间时间的方程，与它们的相对速度有关系。就爱因斯坦1907年考虑的情形而言——恒线性加速——在加速方面，就是简单地取消这个相对速度。通过等效原理，引力场取代了加速度。为了使洛伦兹方程在加速参考系里保持原状，即符合加速参考系的相对性原理，光速要取决于参考系的加速度，从等效原理来讲，也即引力场。

16. 1891年，匈牙利实验家厄缶（Roland von Eötvös）为展示这种等效性作了高度精确的实验，但是爱因斯坦后来宣称他对此一无所知。参见Einstein（1934a），p. 80。

17. Poincaré（1902），p. 121.

18. 参见Poincaré（1905b，1906）。我在1973和1998a这两本书中讨论了庞加莱1905年和1906年的论文。

19. 参见Miller（1986b），文章1。

20. Einstein（1946），p. 15。Galison（1979）；Miller（1998a），第7章和Walter（1999）对闵可夫斯基的结果进行了讨论。

21. Born (1958), p. 218.

22. 他是通过用数学函数描述四维几何学完成此举的，那些数学函数定义了四维或非欧几里得空间的表面。物理学家们，包括爱因斯坦在内，都感到非欧几里得表述很费解。参见Walter (1999), pp. 94—105。

23. Poincaré (1913), pp. 108—109.

24. Minkowski (1908), p. 104.

25. 爱因斯坦1952年7月14日致海姆(Arnold Heim)的信。引自CPAE1, p. 44。

26. 参见 CPAE1, p. 44, 注释11。

27. Einstein (1905c), p. 375.

28. Poincaré (1902), p. 78.

29. 同上，p. 111和Einstein (1905c), p. 371。庞加莱将数学空间和物理空间区别开来。参见Miller (2000), pp. 196—202。

30. 参见 Einstein (1916) 和 Miller (1998a), p. 241。

31. 1912年至1913年期间，爱因斯坦与格罗斯曼发表了两篇关于引力的论文。格罗斯曼于1936年去世。

32. 参见Miller (1998a)，第7章和第12章；Corry (1999)；和Walter (1999)。照闵可夫斯基看来，爱因斯坦想出了一种更深刻地表达洛伦兹电子论的方法。

33. 出自希尔伯特1916年至1917年期间的备课手稿，引自Corry (1999), p. 178。

34. 引自Fölsing (1998), p. 235。1908年夏天，劳布和爱因斯坦的通信交往处于活跃阶段，主要是讨论如何将爱因斯坦的相对论应用到介电体和磁体方面。这个问题结果证明是一个难度特别大的问题，至今也没有令所有人都满意的解决方法。早在1908年4月间，爱因斯坦和劳布在伯尔尼一起工作了3周，写了两篇有关这个问题的论文，后来都被证明是错误的。

35. CPAE5, 英译本，p. 43。

36. CPAE5, p. 48，注释2。

37. Seelig (1952), p. 103.

38. 这唯一的学生是斯特恩(Max Stern)，他的主要兴趣是保险数学，而非科学。参见Fölsing (1998), pp. 237—238。

39. CPAE5, p. 96, 注释5。

40. 爱因斯坦致劳布的信, CPAE5, 英译本, p. 120。

41. 同上。

42. 这堂演讲课题为“电动力学和相对性原理”,是爱因斯坦1909年2月11日给伯尔尼当地物理学会所讲的。CPAE5, p. 190,注释6。

43. 劳布 1909年5月16日致爱因斯坦的信,同上,英译本,p. 117。

44. 爱因斯坦致劳布的信,同上,英译本,p. 120。倘若爱因斯坦知道这场学术喜剧幕后正发生的一切,他一定会觉得更逗。参见Fölsing (1998), pp. 249—251。

45. 引自 Fölsing (1998), p. 253。

46. 参见 Einstein (1909)。

47. CPAE5, 英译本, p. 140。

48. 参见第6章, 注释62。

49. 参见 Pais (1982), pp. 100—103。

50. 参见 Miller (1998a), pp. 345—350。

51. 尤其是对水星这颗行星近日点的移动而言,用庞加莱引力理论计算的结果是错误的。参见Poincaré (1908), p. 261。

52. 阐明爱因斯坦和洛伦兹—庞加莱不同观点的决定性因素,是澄清洛伦兹收缩说与爱因斯坦相对论里如何描述运动物体的收缩之间的区别。参见 Miller (1998a), pp. 245—253。

53. 爱因斯坦1909年11月15日致仓格尔的信,载于CPAE5,英译本,pp. 221—222。

54. Seelig (1954), p. 163。居里夫人也为爱因斯坦写了一封热情洋溢的信。参见Seelig (1954), p. 162。

55. 参见Miller (1998a), p. 240。有关这种主张的详情,参见Miller (1996)。一些科学哲学家仍然认为这种主张带有偏见,尽管客观史实所证明的正好相反。

56. Einstein (1921), p. 236.

57. CPAE5, 英译本, p. 222。

58. Speziali (1972), p. 50.

59. 施特劳斯(E. G. Strauss)1979年10月致派斯的信,引自Pais (1982), p. 239。

60. CPAE5, 英译本, p. 222。

61. 爱因斯坦1909年5月19日致劳布的信,载于CPAE5,英译本,p. 121。

62. Einstein (1957), p. 8.

63. CPAE5,英译本, p. 227。

64. 参见Miller (1998a), pp. 240—242。洛伦兹和庞加莱知道这点,但却坚持另外的说法,他们这样做是错误的(参见Miller, 1996)。

65. CPAE5, 英译本, p. 120。

66. 米列娃1909年10月左右致萨维奇的信,引自Stachel (1996)。

67. 爱因斯坦1899年8月致施密德的信,载于CPAE1,英译本,p. 128。

68. 青年爱因斯坦的荷尔蒙一定是真的处于十分活跃的状态,因为他还邀请了阿劳一个女性朋友尼格利加入他的梅特门施泰滕之行。一些年后她还回忆起爱因斯坦的邀请和她的惊讶。尼格利去质问爱因斯坦,而他却一笑了之,说他没有非分之想,因为毕竟他的母亲和妹妹也在场啊。尽管有这样一档事,那可能是爱因斯坦想探探深浅而已,但他们还是知心的密友。大约在1899年8月6日,爱因斯坦从梅特门施泰滕给尼格利回了一封信,她曾去信对自己和一个年龄较长的男人的恋情表示忧闷,因为他无意与她结婚。爱因斯坦在回信中提出了一个世俗男人的忠告。他的意思是,男人是一种单独的另类,他们的情绪和感情一天一天波动不稳,不应该对他们抱太多幻想;"我本人就认识这种畜牲般的人——因为我自己就是其中之一。"(CPAE1,英译本,pp. 129—130)在某种程度上,这段话反映了爱因斯坦对女人的态度。

69. 爱因斯坦致安娜·迈耶施密德的信,载于CPAE5,英译本,p. 115。

70. 同上。

71. 同上。

72. 同上。

73. 同上,p. 199,注释4。米列娃致安娜丈夫迈耶(Georg Meyer)的信,日期为1909年5月23日。

74. 爱因斯坦1909年6月2日致迈耶的信,同上,英译本,p. 127。

75. 同上,p. 140。

76. 比如,爱因斯坦感到有必要向母亲致歉:"您注意到的我的坏情绪跟您毫无关系。"爱因斯坦1910年4月28日致母亲保利娜·爱因斯坦的信,同上,英译本,p. 152。

77. Einstein (1998),《爱因斯坦全集》第8卷,以后简称CAPE8,英译本,p. 613。

78. 爱因斯坦1951年7月27日致舍雷尔—迈耶(Erica Schaerer-Meyer)的信,引

自CPAE5, p. 199,注释4。

79. 1932年,爱德华被诊断患有严重的精神分裂症,遂被送进布尔格霍尔兹利(Burghölzli)精神病院,后于1965年在该院去世。

80. Frank (1949), p. 131.

81. 出自赖兴施泰因1934年的回忆录。引自Highfield and Carter (1993), p. 130。

82. 同上。仓格尔不是第一次做这种事。1906年他敦促继续救援被困在库里耶尔(Courrières)一个坍塌矿井里的工人,为此享有国际盛名。那一次,300多人获救,其中许多是从昏迷中被抢救过来的。参见CPAE5, p. 642。

83. Seelig(1954), p. 119。坦纳在苏黎世开始师从爱因斯坦攻读博士学位。他听了爱因斯坦1909年至1911年在苏黎世大学任教授期间的所有课程。

84. 引自 Highfield and Carter (1993), p. 132。

85. 同上。

86. 事实上,能斯特对爱因斯坦的印象如此深刻,他开始组织一个有关量子假设的国际会议。他设法说服了比利时实业家和业余科学爱好者索尔维为会议提供资金。参见CPAE5, pp. xxi—xxviii。

87. 出自普朗克已出版的1909年在哥伦比亚大学的演讲。参见Fölsing (1998), p. 271。

88. CPAE5, p. xxxvi.

89. 同上。

90. 爱因斯坦1912年3月17日致阿尔弗雷德·斯特恩和克拉拉·斯特恩(Alfred and Clara Stern)的信,同上,英译本,p. 275。

91. 关于有关文件的文献目录,同上,p. xxxvi。

92. 爱因斯坦1912年2月2日致阿尔弗雷德·斯特恩和克拉拉·斯特恩的信。同上,英译本,p. 255。

93. 同上,p. xxxvii。

94. 同上,p. 300。爱因斯坦于1912年4月下旬开始看望柏林的埃尔莎。埃尔莎致阿尔伯特的信件经她要求全被烧毁。

95. 同上,p. 343。

96. 同上,p. 355。

97. 同上,p. 360。

98. 同上,p. 366。

99. CPAE8, 英译本, pp. 565—566。

100. 同上,p. 565。

101. 例如,参见Pais (1994)。

102. Seelig (1954),pp. 230—231。卓别林对埃尔莎作了一番贴切的描述:“她是一个体宽身胖的女人,生气勃勃;她坦然高兴做身边这个伟人的妻子,丝毫不隐藏这一事实;她的热情讨人喜欢。”(引自Pais, 1982, p. 301)

103. 引自电视片《爱因斯坦》,NOVA公司摄制(NOVA Productions),1979年3月。

第8章

1. Gardner (1985), p. 8.

2. 同上,p. 195。

3. 哥白尼的这部分论据基于新柏拉图主义,这种哲学思路可以追溯到公元5世纪希腊哲学家普罗克卢斯 (Proclus)。

4. Einstein (1905a), p. 367.

5. Einstein (1905c), p. 370.

6. 虽然透视法早期当然强调运用几何方法设计一幅画的布局,但绝不是为了透过现象去寻找自然的特性。

7. 虽然洛伦兹一直深信爱因斯坦的狭义相对论和他自己的电子论是完全等同的——这实际上是错误的,但他继续鼓舞着爱因斯坦朝广义相对论发展,并且他本人也作了重要贡献。之所以如此,是因为广义相对论提供了一种空间—时间几何,光线就是在这个几何体上运行的。对于洛伦兹来说,这是以太的一种正当形式。参见Miller (1998a), pp. 255—257,和Miller (1986a),尤其是pp. 55—58。

8. 参见Miller (1996)。

9. 爱因斯坦是在他的相对论论文里,庞加莱是在他论洛伦兹电子论的文章中完成此举的,也即Einstein (1905c)和Poincaré (1905b)。庞加莱的论文发表于1905年6月5日,而爱因斯坦的论文于1905年6月30日寄到《物理学年刊》。没有理由相信爱因斯坦是在看到了庞加莱的文章后才寄出自己的论文的。即便是他看到了,那些概念的东西对他也没有多少帮助,因为庞加莱既没有在他1905年那篇短文中讨论过同时性,也没有在同一标题、发表在1906年的长篇论文中讨论过同时性,后者是1905年7月23日交稿的。

10. 与洛伦兹一样,庞加莱也认为狭义相对论与洛伦兹电子论是完全等同的。事实上,庞加莱一次也没有在出版的文章中引用过爱因斯坦的相对论,也没有明确地讨论过它。他最接近讨论狭义相对论的一次,是他1912年7月17日在伦敦大学学院(当时叫伦敦大学)所作的一次演讲,他于此总结了他对相对论的看法:"今天一些物理学家想要采用一种新的约定[同时性的约定],[并且宣称]一切事物的发生,仿佛时间是空间的第四维一样……并不是他们非得这样不可,他们认为这种新的约定更方便,如此而已。而那些持异议者完全可以正当地保留旧的约定,这样不至于干扰他们的习惯。我相信,咱们在这儿说句悄悄话,他们在未来相当长一段时间里都会如此。"(Poincaré,1913, pp. 108—109)

11. 在他1906年的论文中,庞加莱开始研究一种引力理论,按照电磁的世界图景来展开。这个理论的主要预测是水星这颗行星的近日点的移动,但这与天文数据不相符合。这是庞加莱从未将相对性原理上升到公理的原因之一。

12. 引自 Chipp (1968), p. 273。

13. Richardson (1991), pp. 48—49.

14. 这一插曲对毕加索的余生投下了一个阴影,影响着他和女人们的关系,使他对疾病极为恐惧。参见Richardson (1991), pp. 49—50。

15. CPAE1, 英译本, pp. 32—33。

16. Frank (1949), p. 152.

17. 同上。

18. Gilot and Lake (1964), p. 77.

19. 参见 Richardson (1991), pp. 203—204。

20. 比如,参见Richardson (1991), pp. 116—118,和Gilot (1964), pp. 168—171。

21. 参见 Gardner (1997)。

22. 根据弗洛伊德理论对艺术家和科学家所作的研究,参见Gombrich (1954)和Storr (1991)。虽然毕加索从未对弗洛伊德理论作过任何直接的评论,但爱因斯坦却有过。大约在1927年,有人建议爱因斯坦去作精神分析,他对此拟了如下(从未寄出)的答复:"我很遗憾不能答应你的请求,因为我非常乐意停留在未被精神分析过

的黑暗中。”(Hoffman and Dukas，1979，p. 35。)

23. 参见Zervos (1932)；有关评述，参见Lipton (1976)，pp. 279—282，和Golding(1994)，pp. 214—215。

24. Lipton (1976)，p. 288。详见Lipton (1976)，尤其是pp. 279—326，那里面讨论了其他后来在30年代对毕加索所作的精神分析。荣格的精神分析观对超现实主义画家们具有巨大的影响，他们深切地关心着虚构事物和视觉形象之间的相互作用。参见Lipton (1976)，pp. 289—307；Golding (1994)，pp. 214—215；Green (1987)，pp. 281和296。

25. 比如可参见Miller (1986a)，第5章、第6章和第7章；Miller (1992)；Miller (1999)和Miller (2000)。

26. 参见 Miller (2000), 尤其是第9章。

27. 比如可参见Simon et al.(1987)。有关科学、数学和音乐上“发现程序”的概述，参见Boden (1990)。对法拉第着重依赖实验室数据在电和磁方面所作的发现，戈尔丁作了令人关注并引起争议的论述，他在这个论述中力求找出适当的历史场景，参见Golding (1988)。

28. 我对为科学理论而设的“发现程序”的评说系指西蒙(Herbert Simon)*及其合作者的研究，这些概括在Simon et al.(1987)一书中。亦见Miller (2000)，第9章。

29. 参见Miller (2000), pp. 340—360, Miller (1992)以及Miller (1999)。

30. Toulouse (1910)，p. 146.

31. Poincaré (1908)，p. 62.

32. Einstcin (1946)，p. 7.

33. Poincaré (1908)，p. 54.

34. 比如可参见Mandler (1994)和Simon et al. (1987)。

35. Smith and Blankenship (1991)。长时记忆的结构是一个复杂的网络，在这个网络里信息以符号和形象的形式贮存着。在出现问题的情形中，某些信息被检索出来，然后在短时记忆中得以处理。不用说，存取以一种大规模平行的方式进行；否则，比如，我们不能识别危险情形或者对危险情形作出反应。

36. Salmon (1912)，p. 42.

* 中文名为“司马贺”，1978年获诺贝尔经济学奖，也是中国科学院外籍院士。——译者

37. Miller (2000), pp. 335—338.

38. 韦特墨在物理学方面的教育给他的创造理论提供了比喻。因此,比如,在物理系统中有一种要达到最大对称性的组态的趋势,这些组态也是最小能量的状态,因而就是最高稳定状态。

39. 这些原则有不少,其中包括有良好的延续、邻近和对称性。参见 Miller (2000), pp. 298—300。

40. 引自 Rubin (1984), p. 225。

41. 参见 Goldenberg, Mazursky and Solomon (1999)。相反,让大脑漫游的完全自由可能抑制创造性。

42. Poincaré (1908), p. 59.

43. 同上,p. 58。

44. 毕加索在大约三个月之内完成了《格尔尼卡》,即从 1937 年 5 月到 7 月期间。许多主要的构图性试画,他是在一天之内即 1937 年 5 月 1 日完成的。参见 Arnheim (1962)。

45. 参见 Miller (2000), pp. 344—350。

46. Seelig (1956), p. 82.

47. Einstein (1946), p. 7.

48. 我所说的一个抽象事物的"深层结构",是指理解该事物至关重要的特性,即那些不存在于表面的特性。

49. 用带引号的"看见"一词,我不是指视觉上的感知,而是指通过理解一个抽象事物或者现象的"深层结构"而用头脑看到。"看见"某件事情,就是指通过感觉和认知的混合体理解了这件事情。

50. Einstein (1946), p. 15.

51. 同上,p. 17。

52. 参见 Gardner (1993),第 10 章。

53. Einstein (1946), p. 21.

54. 同上。

55. 同上,p. 23。

56. 同上,pp. 31 和 33。

57. 古典的因果关系是牛顿力学一个必不可少的部分,因此也是爱因斯坦狭义相对论和广义相对论的一个必不可少的部分。这种因果关系认为:知道一个物体的所在和它运行的速度,便足以绝对精确地预测它未来运行的轨道。在量子力学中情形并非如此,因为在这种理论中,一个系统在空间和时间中如何发展取决于概率。比如,根据量子力学理论,一个放射性原子发射能量和退激(de-excitation)的那一瞬间是不能准确预测的,只能提供可能的时刻。这种例子导致爱因斯坦在30年代说出他那经常被引用的话:“上帝不掷骰子。”关于爱因斯坦的这句话,参见Hoffman and Dukas (1972), pp. 193—194;有关经典物理学和量子物理学中的因果关系的讨论,以及这方面的丰富文献的参考目录,参见Miller (2000)。

58. 参见Miller (2000), p. 50。

59. Born (1923), p. 537.

60. 如果把原子当作一个小太阳系,则光和原子之间交互作用的数据不能得到系统解释。

61. 比如,薛定谔在一系列提出他关于原子物理学的新观点——波动力学——的文章中的一篇里写了促使他构造这种学说的原因(Schrödinger, 1926, p. 128):“[我]因[海森伯理论的]方法及其视觉形象的缺乏而感到气馁,不用说反感。”在1926年6月8日一封致同事泡利(Wolfgang Pauli)的信(Pauli, 1979, p. 328)中,海森伯更是不遗余力:“我愈思考薛定谔理论的物理学部分,就发现它愈加令人作呕……薛定谔所写的有关他理论的可视性的部分……我认为是垃圾一堆。”

62. 详细展开的讨论,参见Miller (2000),第10章;Miller (1986a),第4章;以及Schweber (1994)。

63. 这是描述两个电子如何相互作用的非常多的费恩曼图当中“最简单的”一个。

64. 我初次写到这点是在1985年,但当时不能确定玻尔挂在他书房里的是哪幅画作。最近,史蒂文斯教授确定了到底是哪幅画作,我感谢他慷慨地分享这一还未发表的消息。那幅画描绘了一个女骑手,其形象再现大多被切割成小块面和其他几何构形,切割方式绝不如《下午茶》那么严谨。

65. Gleizes and Metzinger (1912), p. 68.

66. Anderson (1967), p. 321.

67. 同上,p. 322。

68. 虽然互补作为测量的一种可能解释是足够了,但它丝毫未提及原子过程本身的视觉表现。玻尔的结论是:这是不可能的。一些物理学家,尤其是海森伯,对互补的这种后果不甚满意。参见Miller (2000),第10章。

69. 澄清量子力学中因果关系的问题是一个十分棘手的难题,玻尔和海森伯就此从1926年后期一直挣扎到1927年春。1927年,作为其"互补原理"的一部分,玻尔指出:在量子力学中,因果关系可以与能量守恒定律和动量守恒定律联系在一起。但是量子力学的概率特征继续存在,因为它是自然之内在本性的一部分。

70. 参见Miller (2000), pp. 127—128。

71. 布拉克和毕加索之间的那根"登山绳"实际上到1913年底已经断了。1914年8月,毕加索在阿维尼翁火车站为布拉克和特朗去前线送行。几年以后毕加索告诉坎魏勒他"再也没见过[布拉克和特朗]"(引自Richardson, 1996, p. 345)。他当然是见过的,但是,如坎魏勒所忆,毕加索的"意思是再也不是从前的了"。布拉克因为他的英勇在战报上受到表扬,并被授予荣誉军团勋章和战争十字勋章。他的头部严重损伤,使他几乎失明,这一创伤加上接下来包括头颅环锯术的治疗,使他完全变成一个性格内向的人。"照马尔看,"理查森写道,"除了年轻时那帮加泰罗尼亚老友,布拉克在毕加索心目中总是比任何别人都更重要。由于这同一个原因,他是少数几个能够伤害他的人之一。拒绝就是布拉克的武器。"拒绝是对抗毕加索有时候很残酷的幽默感的武器。参见Richardson (1996), p. 195。到1963年他临终前,布拉克大胆地尝试起纯粹抽象的艺术。快接近事业终了时,布拉克曾用一种毫无疑问是受了他在战壕里那濒死经历影响的语气对理查森说:"你知道,我有一个大发现。我不再相信任何东西。一切物体对于我来说不存在了,只有一个例外,那就是它们之间或它们与我之间有融洽的交际之时。当一个人获得了这种和谐时,他就达到了某种理智虚无的境地——我只能将这种状态描述成一种平和感,而这种平和感使一切成为可能,让一切都变得合适。生命于是成为一种永恒的启示。那是真正的诗。"(引自Golding, 1997, p. 10)布拉克在许多晚期作品中表达了这种神秘的感觉。比如参见Golding (1997)。

72. 关于这种艺术的生理学基础,参见Miller (2000)和Zeki (1999),尤其是第12章。

73. Daix (1994), p. 209.

74. 同上,p. 155。

75. 我在好几处地方阐述了这个观点。比如可参见Miller (2000),第10章。

76. 这张1972年的气泡室照片成为证实基本粒子物理学中一个重要模型的数据，这个模型统一了弱相互作用和电子相互作用，即所谓的电弱理论。参见Miller (2000), pp. 406—409。

77. 详见Miller and Bulloch (1994)。

78. 但是狭义相对论没有“淘汰”牛顿力学。20世纪头10年有一点是变得很清楚了，即各种理论都有其局限性。比如，计算没有接近光速的物体运动用牛顿力学就完全足矣；而对速度接近光速的运动则需用狭义相对论。从另一方面讲，没有牛顿的理论作起点，玻尔不可能创建他的原子理论。有关这一点的进一步讨论和文献目录，参见Miller (2000)，尤其是pp. 65—68。

79. 爱因斯坦晚年开始知晓毕加索的立体主义。我们可从他1946年5月4日写给艺术史家拉波特(Paul M. Laporte)的一封信中了解到这一点。拉波特给爱因斯坦寄去了一份题为“立体主义和相对论”的文稿。拉波特基于对相对论的通俗化，试图将大约1911年至1912年期间分析立体主义的发展与当时的物理学联系起来。拉波特有关这个主题的论文发表于1948年和1949年(Laporte, 1948, 1949)。艺术史家亨德森就这些文章的短处作了一些细微的讨论并断定(Henderson, 1983, p. 358)：“论述立体主义和相对论的艺术史家们，其错误在于他们将1915年或1916年才完成的、与非欧几里得空间—时间连续统有关的物理学发展用来解释1911年和1912年的立体主义起源。”1966年，拉波特发表了一篇后续文章，其中就包含了爱因斯坦的信。1988年，《莱奥纳尔多》(*Leonardo*)的编辑们再版了拉波特 1966年的论文，并由艺术心理学家阿恩海姆作序，且对爱因斯坦的信作了据称是有改进的重译(Laporte, 1988)。爱因斯坦那措词隐晦的信大概内容基本如此：艺术和科学作品应该以不同的方式加以评价，因为艺术是由文化决定的，而科学是普遍适用的。前者是主观的，而后者是客观的。但是，爱因斯坦接下去的话又使这个问题变得让人有点困惑，因为他坚持认为，在相对论里要理解一种物理情形，实际上只需要一种测量平台(参考系)，而“要理解毕加索的画作，情形就完全不同了，我不必就此作进一步的详尽阐述”。爱因斯坦尤其要说明的问题是“相对论”这个名称是个使用不当的名称，因为在深一层的水平上，相对论实际上显示出自然法则在所有参考系中都是保持不变的。但是如何从测量方面理解一个现象取决于所用的是哪种参考系，也就是说，你是如何看待它的，这是立体主义和相对论之间的一个相似之处。但是，正如我们已经有所领会的那样，如何探索这种关系需要非常小心，例如，空间或类时(timelike)型的同时性之间的差异。

80. Daix (1979), no. 385, p. 282.

81. 同上,no. 430, p. 272。虽然《弹吉他的女人》一般被认定是1911年所作,但"我的小美人"这几个字很可能是以后加上去的。参见Richardson(1996), p. 222。这句话是毕加索从一支经常在麦德雷诺马戏团播放的流行歌曲中拣出来的:"O Manon ma jolie, mon coeur te dit bonjour"(噢,曼侬,我的小美人,我的心在向你道早安)。

82. 毕加索1915年1月14日致格特鲁德的信*,引自Daix (1994), p. 147。1913年5月,毕加索的爱犬弗里加之死带给他的悲痛几乎不亚于埃娃和他父亲1914年5月之死带给他的悲痛**。弗里加从一开始在"洗衣舫"时就是毕加索的忠实伴侣。正像当初失去埃娃和鲁伊斯一样,在弗里加的安乐死之后,毕加索的艺术呈现出一种哀悼的调子。甚至50年以后,提起弗里加仍让毕加索潸然泪下(Richardson, 1996, p. 278)。

83. 参见Daix (1994)和Gilot and Lake (1964),有关毕加索的夫人们和情人们的传记概述,参见Daix (1995),那里资料比较丰富。

84. 1912年分手之后,毕加索再也没有亲眼见过费尔南德。她后来的生活十分艰难,如果不搞点斯文的敲诈,她定会一文不名地死去。1957年,她通知毕加索她准备出版回忆录的第2卷。毕加索付给她100万旧法郎,要求不在他活着的时候出版她的回忆录;布拉克充当中间人。而后来的事实证明,毕加索根本不需要担心。1956年,她出现在电视上谈说她在蒙马特尔的日子。毕加索对此大加嘲笑,认为那是一个牙齿掉光的老妇人的恶心表演。参见Richardson (1996), pp. 232—233。费尔南德死于1966年1月29日,享年85岁。柯克洛娃死于1955年;瓦尔特和杰奎琳分别于1974年和1986年自杀身亡;马尔和毕加索分手以后患有严重的精神病,死于1997年。

85. Highfield and Carter (1993), p. 206.

86. 根据Pais (1982), p. 320。我们对这些婚外恋所知的一切,都概括在Highfield and Carter (1993)一书中。

---

* 原文如此,但埃娃 1915年12月去世,所以此信应写于1916年。——译者

** 原文如此,但毕加索父亲于1913年5月去世,因此作者可能将毕父与其爱犬辞世日期颠倒了。——译者

87. 爱因斯坦好几次离题插话，谈及他对婚姻一点儿也不热情的观点。有人问他，他喜欢用烟斗抽烟是否与清理和再装烟斗有关系，他答道："我本来想抽烟，但结果烟斗却总是让什么东西给堵住了。生活中的事情恐怕也是如此，特别是婚姻。"（引自 Pais，1982，p. 302）但是，总的说来，他失败的婚姻让他感到悲哀，就像贝索死后不久他给贝索儿子信中所写那样："作为一个男人，米凯莱最让我钦佩的是他能多年与一个女人生活在一起，不仅和平安宁，而且处在一种持续的和谐中，在这项事业上，我悲惨地失败了两次。"（Speziali，1972，p. 538）1936年12月20日，埃尔莎死于循环系统和肾方面的疾病。她临终前的那些日子十分痛苦，爱因斯坦对她关爱有加。这种关爱使她对人说："他在旁边走来走去，极为悲伤与沮丧。我从未想到他会这么爱我。这也帮了我不少。"（Vallentin，1954，p. 227）

88. 引自 Highfield and Carter（1993），p. 158。

89. 同上，p. 159。

90. 引自 Hoffmann and Dukas（1979），p. 17。

91. Gilot and Lake（1964），p. 117.

92. 奋力挣扎的超级天才在一点儿也不理想的境况下产生卓越的作品，有一位伟大的人物作为这种形象的先行者，这就是莫扎特。莫扎特选择在这种状况下工作，为的是保持他的独立性。跟爱因斯坦和毕加索不一样，莫扎特可以不这样生活，但是他对奢侈生活的品味代价太高，他的很多钱都乱花掉了。参见 Hildesheimer（1983），pp. 19—21。

93. 索尔维会议召开之时，居里夫人和朗之万因为他们的婚外恋绯闻成为公众瞩目的焦点，因为之前巴黎的媒体对他们的私情进行了大曝光。爱因斯坦对这件事的看法是，如果他们相爱，谁管得着，何况谁都知道朗之万是想离婚的。参见爱因斯坦1911年11月7日致仓格尔的信，载于CPAE5，英译本，p. 219。朗之万和爱因斯坦后成为终身的朋友。顺便提一句，朗之万的父亲是在"洗衣舫"出生的（Crespelle，1978，p. 76）。

94. CPAE5，英译本，p. 240。

95. Daix（1979），p. 311，no.633.

96. 同上，p. 332，no.760。

参考文献

Anderson, Mogens. 1967. "An Impression." In *Niels Bohr: His Life and Work as Seen by His Friends and Colleagues.* New York: Interscience Publishers. 321—324.

Antliff, Robert Mark. 1988. "Bergson and Cubism: A Reassessment." *Art Journal* (Winter): 341—349.

Apollinaire, Guillaume. 1905. "Young Artists: Picasso the Painter." *La Plume* (15 May). Quoted from *Apollinaire on Art: Essays and Reviews 1902—1918.* Edited by Leroy C. Breunig. Translated by Susan Suleiman. London: Thames and Hudson, 1972.

——. 1908. "Georges Braque." Preface to the *Catalogue de l'exposition Braque*, Kahnweiler Gallery. Quoted from *Apollinaire on Art: Essays and Reviews 1902—1918.* Edited by Leroy C. Breunig. Translated by Susan Suleiman. London: Thames and Hudson, 1972. 50—52.

——. 1912a. "Art and Curiosity: The Beginnings of Cubism." *Le Temps* (14 October). Quoted from *Apollinaire on Art: Essays and Reviews 1902—1918.* Edited by Leroy C. Breunig. Translated by Susan Suleiman. London: Thames and Hudson, 1972. 259—261.

——. 1912b. "La Peinture nouvelle, notes d'art." *Les Soirées de Paris* (April). Quoted from *Apollinaire on Art: Essays and Reviews 1902—1918.* Edited by Leroy C. Breunig. Translated by Susan Suleiman. London: Thames and Hudson, 1972. 222—225.

——. 1913. *Les Peintres cubistes: Meditations esthétiques.* Paris: Figuière. Reprinted with an introduction and annotation by L. C. Breunig and J.-Cl. Chevalier. Paris: Hermann, 1980. All page references are to the 1993 edition.

Arnheim, Rudolf. 1962. *The Genesis of a Painting: Picasso's Guernica.* Berkeley: University of California Press.

——. 1969. *Visual Thinking.* Berkeley: University of California Press.

Baldassari, Anne. 1994. *Picasso photographie: 1901—1916.* Paris: Éditions de la Réunion de musées nationaux.

——. 1997. *Picasso and Photography: The Dark Mirror.* Translated by Deke Dusinberre. Houston: The Museum of Fine Arts.

Barr, Alfred H., Jr. 1975 [1946]. *Picasso: Fifty Years of His Art.* London: Martin Seeker & Warburg Ltd. [New York: Museum of Modern Art]. All references are to the 1975 edition.

Bartky, Ian R. 1989. "The Adaption of Standard Time." *Technology and Culture* 30: 26—56.

Beaumont, Keith. 1984. *Alfred Jarry: A Critical and Biographical Study.* Leicester: Leicester University Press.

Bergson, Henri. 1907. *L'Évolution créatrice.* Paris: Flammarion.

Bernadac, Marie-Laure, and Androula Michael. 1998. *Picasso: Propos sur l'art.* Paris: Gallimard.

Blunt, Anthony, and Phoebe Pool. 1962. *Picasso: The Formative Years, A Study of His Sources.* London: Studio Books.

Boden, Margaret A. 1990. *Creative Mind: Myths and Mechanisms.* London: Weidenfeld & Nicolson.

Bohn, Willard. 1980. "In Pursuit of the Fourth Dimension: Guillaume Apollinaire and Max Weber." *Arts* 54 (June): 166—169.

Boltzmann, Ludwig. 1897. *Vorlesungen über die Principe der Mechanik.* Edited by and translated in part in B. McGuiness, *Ludwig Boltzmann: Theoretical Physics and Philosophical Problems* (Boston: Reide, 1974). All quotations are from the McGuiness book.

Born, Max. 1923. "Quantentheorie und Störungsrechnung." *Die Naturwissenschaften* 27: 537—550.

——. 1958. *Physik im Wandel meiner Zeit.* Berlin: Braunschweig.

Braque, Georges. 1935. "Testimony Against Gertrude Stein." Transition 23(1) (supplement). The Hague: 13—14. Reprinted in Marilyn McCully, *A Picasso Anthology*, p.64. London: Thames and Hudson, 1981.

Brassaï. 1964. *Conversations avec Picasso.* Paris: Gallimard.

Braun, Marta. 1997. "The Expanded Present: Photographing Movement." In *Beauty of Another Order: Photography in Science.* Edited by Ann Thomas. New Haven: Yale University Press. 150—185.

Breunig, LeRoy C. 1993. Introduction to Guillaume Apollinaire, *Les Peintres cubistes: Meditations esthétiques.* Paris: Figuière, 1913. Reprinted Paris: Hermann, 1980. xvii—xxx.

Breunig, LeRoy C., ed. 1972. Introduction to *Apollinaire on Art: Essays and Reviews 1902—1918.* Translated by Susan Suleiman. London: Thames and Hudson. xvii—xxx.

Brush, Stephen G. 1986. *The Kind of Motion We Call Heat: A History of the Kinetic Theory of Gases in the 19th Century.* 2 vols. New York: North-Holland.

Burgess, Gelett. 1910. "The Wild Men of Paris." *Architectural Record* 27 (5) (May): 401—414.

Cabanne, Pierre. 1960. "Braque se retourne sur son passé." *Arts* 783 (July).

Carco, Francis. 1927. *De Montmartre au Quartier Latin.* Paris: Albin-Michel.

Charensol, Georges. 1924. "Chez Juan Gris." *Paris Journal* 25 (April): 5.

Chipp, Herschel, with P. Zelz and Joshua C. Taylor, eds. 1968. *Theories of Modern Art: A Source Book for Artists and Critics.* Berkeley: University of California Press.

Clark, Ronald, W. 1972. *Einstein: The Life and Times.* New York: Avon.

Coke, Van Deren. 1964. *The Painter and the Photograph.* Albuquerque: University of New Mexico Press.

Corry, Leo. 1999. "Hilbert and Physics (1900—1915)." In *The Symbolic Universe: Geometry and Physics, 1890—1930.* Edited by Jeremy Gray. Oxford: Oxford University Press. 145—188.

Cottington, David. 1998. *Cubism in the Shadow of War: The Avant-Garde and Politics in Paris 1905—1914.* New Haven: Yale University Press.

Cousins, Judith, with the collaboration of Pierre Daix. 1989. "Documentary Chronology." In *Picasso and Braque: Pioneering Cubism.* Edited by W. Rubin. New York: The Museum of Modern Art. 335—452.

Cousins, Judith, and Hélène Seckel. 1994. "Chronology of *Les Demoiselles d'Avignon.*" In *Les Demoiselles d'Avignon.* Edited by William Rubin, Hélène Seckel, and Judith Cousins. New York: The Museum of Modern Art. 145—212.

CPAE1. See Einstein, 1987.

CPAE3. See Einstein, 1993a.

CPAE5. See Einstein, 1993b.

CPAE8. See Einstein, 1998.

Crespelle, Jean-Paul. 1978. *La Vie quotidienne à Montmartre au temps de Picasso: 1900—1910.* Paris: Hachette.

Daix, Pierre. 1966. *Picasso: 1900—1906.* With Georges Boudaille. Neuchâtel: Ides et Calendes.

——. 1979. *Picasso: The Cubist Years 1907—1916.* With Joan Rosselet. Translated by Dorothy S. Blair. Boston: New York Graphic Society. Originally published as *Le Cubisme de Picasso: Catalogue raisonné de l'oeuvre*. Neuchâtel: Ides et Calendes.

——. 1987. "Comment Picasso rompit-il avec son dessin classique?" *Revue des sciences morales et politiques* 1: 75—89.

——. 1988a [1966]. *Picasso: 1900—1906, Catalogue raisonné de l'oeuvre peint, 1900, 1901, 1906: Pierre Daix, 1902 à 1905: Georges Boudaille, Catalogue établi avec la collaboration de Joan Rosselet.* Neuchâtel: Editions Ides et Calendes.

——. 1988b. "Les Trois périodes de travail de Picasso sur Les Trois Femmes (Automne 1907—Automne 1908), Les Rapports avec Braque et les débuts du Cubism." *Gazette des Beaux Arts* (Jan.-Feb.): 141—154.

——. 1988c. "Dread, Desire and the Demoiselles." *Art News*: 133—137.

——. 1988d. "L'Historique des *Demoiselles d'Avignon* révisé à l'aide des carnets de Picasso." In *Picasso: Les Demoiselles d'Avignon—Carnet de dessins.* Edited by Hélène Seckel.

2 vols. Paris: Réunion des Musées Nationaux, Editions Adam Biro, 489—545.

——. 1992. "The Chronology of Proto-Cubism: New Data on the Opening of the Picasso/Braque Dialogue." In *Picasso and Braque: A Symposium.* Edited by L. Zelevansky. New York: The Museum of Modern Art. 306—321.

——. 1994. *Picasso: Life and Art.* Translated by Olivia Emmet. London: Thames and Hudson. Originally published as *Picasso créateur*. Paris: Éditions du Seuil, 1987.

——. 1995. *Dictionnaire Picasso.* Paris: Éditions Robert Laffont.

Darboux, Gaston. 1913. "Élogie historique d'Henri Poincaré." In *Oeuvres d'Henri Poincaré.* Vol. 2, vii-lxxii. 11 vols. Paris: Gauthier-Villars.

Décaudin, Michel. 1981. *La Crise des valeurs symbolistes: Vingt ans de poésie Française, 1895—1914.* Paris: Slatkine.

——. 1991. *Journal intime, 1898—1918.* Paris: Limon.

Delaunay, Robert. 1957. *Du Cubisme à l'art abstrait.* Paris: SEVPEN.

Derain, André. 1994 [1955]. *André Derain: Lettres à Vlaminck.* Edited by Philippe Dagen. Paris: Flammarion.

Dibi-Huberman, Georges. 1986. "Photography—Scientific and Pseudo-Scientific." In *A History of Photography: Social and Cultural Perspectives.* Edited by Jean-Claude Lamagny and André Rouillé. Cambridge: Cambridge University Press. 71—76.

Dunan, Charles. 1888. "L'Espace visuel et l'espace tactile." *Revue philosophique de la France et de l'étranger* 25: 134—169, 354—386, 591—619.

Einstein, Albert. 1901. "Folgerungen aus den Kapillaritätserscheinungen." *Annalen der Physik* 4: 513—523.

——. 1904. "Allgemeine molekulare Theorie der Wärme." *Annalen der Physik* 14: 354—362.

——. 1905a. "Über einen die Erzeugung und Verwandlung des Lichtes betreffenden heuristischen Standpunkt." *Annalen der Physik* 17: 132—148.

——. 1905b. "Die von der molekularkinetischen Theorie der Wärme geforderte Bewegung von in ruhenden Flüssigkeiten suspendierten Teilchen." *Annalen der Physik* 17: 549—560.

——. 1905c. "Zur Elektrodynamik bewegter Körper." *Annalen der Physik* 17: 891—921. All quotations are from the English translation in Arthur I. Miller, *Albert Einstein's Special Theory of Relativity: Emergence (1905) and Early Interpretation (1905—1911).* New York: Springer-Verlag. 370—393.

——. 1905d. "Eine neue Bestimmung der Moleküldimensionen." Doctoral dissertation, University of Zurich.

——. 1906. "Prinzip von der Erhaltung der Schwerpunktsbewegung und die Trägheit der Energie." *Annalen der Physik* 20: 627—633.

——. 1907a. "Über die vom Relativitätsprinzip geforderte Trägheit der Energie." *Annalen der Physik* 23: 371—384.

——. 1907b. "Über das Relativitätsprinzip und die aus demselben gezogenen Folgerungen." *Jahrbuch der Radioaktivität und Elektronik* 4: 411—462.

——. 1909. "Über die Entwicklung unserer Anschauungen über das Wesen und die Konstitution der Strahlung." *Physikalische Zeitschrift* 10: 817—825.

——. 1912. "Prinzipielles zur allgemeinen Relativitätstheorie." *Annalen der Physik* 55: 241—244.

——. 1916. "Grundlagen der allgemeinen Relativitätstheorie." *Annalen der Physik* 49: 769—822.

——. 1919. "What Is the Theory of Relativity," written for the *London Times*, 28 November. Reprinted in Albert Einstein, *Essays in Science*. New York: Philosophical Library, 1934. 53—60.

——. 1920. "Relativity and the Ether." Lecture presented 27 October at Leiden University. Reprinted in Albert Einstein, *Essays in Science*. New York: Philosophical Library, 1934. 98—111.

——. 1921. "Geometry and Experience." Lecture presented 27 January. In A. Einstein, *Ideas and Opinions*. New York: Bonanza. 232—246.

——. 1922. Kyoto Lecture. 14 December. Translation in *Physics Today* (August 1982): 45—47.

——. 1923. "Fundamental Ideas and Problems of the Theory of Relativity." In *Nobel Lectures: Physics, 1901—1921*. Amsterdam: Elsevier, 1967. 482—490. Presentation address by S. Arrhenius, 479—481. This is referred to as Einstein (1923), because Einstein was in Japan at the time of the Nobel ceremonies and submitted this text as his "acceptance" lecture, which was delivered to the Nordic Assembly of Naturalists, Gothenburg, 11 July, 1923.

——. 1934a. "Notes on the Origin of the General Theory of Relativity." In A. Einstein, *Essays in Science*. New York: Philosophical Library. 78—84.

——. 1934b. "The Problem of Space, Ether and the Field in Physics." In A. Einstein, *Essays in Science*. New York: Philosophical Library. 61—77.

——. 1936. "Physics and Reality." *Franklin Institute Journal* 221: 73—77. Reprinted in A.Einstein, *Out of My Later Years*. Totowa, N.J.: Littlefield, Adams & Co., 1967. 58—94.

——. 1946. "Autobiographical Notes." In *Albert Einstein: Philosopher-Scientist*. Edited by P. A. Schilpp. La Salle, Ill.: Open Court, 1949. 2—94. This selection will be referred to as Einstein (1946) because Einstein completed the "Autobiographical Notes" in that year.

——. 1956. "Autobiographische Skizze." In *Helle Zeit-Dunkele Zeit*. Edited by Carl Seelig. Branschweig: Friedr. Vieweg Sohn.

——. 1957. "H. A. Lorentz, His Creative Genius and His Personality." In *H. A. Lorentz: Impressions of His Life and Work*. Edited by G. L. de Haas-Lorentz. Amsterdam: North-Holland Publishing Company. 5—9.

——. 1965. *Errinerungen an Albert Einstein*. Pamphlet issued by the Patent Office in Bern, about 1965, unpaginated.

——. 1967. *Out of My Later Years*. Totowa, N. J.: Littlefield, Adams & Co.

——. 1970. *The Meaning of Relativity*. Translated by E. P. Adams. Enlarged edition.

Princeton: Princeton University Press [New York: Methuen, 1922].

——. 1987. *Collected Papers of Albert Einstein: Volume 1*. Edited by John Stachel. English translation by Anna Beck with Peter Havas, consultant. Princeton: Princeton University Press. Referred to as CPAE1.

——. 1993a. *Collected Papers of Albert Einstein: Volume 3*. Edited by Martin J.Klein, A. J. Kox, Jürgen Renn, and Robert Schulman. English translation by Anna Beck with Don Howard, consultant. Princeton: Princeton University Press, 1993. Referred to as CPAE3.

——. 1993b. *Collected Papers of Albert Einstein: Volume 5*. Edited by Martin J.Klein, A. J. Kox, Jürgen Renn, and Robert Schulman. English translation by Anna Beck with Don Howard, consultant. Princeton: Princeton University Press, 1993. Referred to as CPAE5.

——. 1998. *Collected Papers of Albert Einstein: Volume 8*. Edited by Robert Schulman, A. J. Kox, and A. M. Hentschel. English translation by Anna M. Hentschel with Klaus Hentschel, consultant. Princeton: Princeton University Press. Referred to as CPAE8.

Everdell, William R. 1999. *The First Moderns: Profiles in the Origins of Twentieth-Century Thought*. Chicago: University of Chicago Press.

Faraday, Michael. 1965. *Experimental Researches in Electricity*. 3 vols. New York: Dover Publications.

Fitzgerald, Michael G. 1995. *Making Modernism: Picasso and the Creation of the Market for Twentieth Century Art*. Berkeley: University of California Press.

Flam, Jack D. 1984. "Matisse and the Fauves." In *Primitivism in Twentieth-Century Art*. Edited by William Rubin. New York: The Museum of Modern Art. 211—239.

Fölsing, Albrecht. 1998. *Albert Einstein: A Biography*. Translated by Ewald Osers. London: Penguin Books. Originally published as *Albert Einstein: Eine Biographie*. Frankfurt: Suhrkamp Verlag, 1993. All references are to the English-language edition.

Frank, Philipp.1949. *Einstein: Sein Leben und seine Zeit*. Munich: Paul List Verlag.

Frisch, J. 1899. *La Pratique de la photographie instantanée par les appareils à main*. Paris.

Fry, Edward, ed. 1966. *Cubism*. London: Thames & Hudson.

Galison, Peter. 1979. "Minkowski's Space-Time: From Visual Thought to the Absolute World." *Historical Studies in the Physical Sciences* 10: 85—121.

——. 2000. "Einstein's Clocks: The Place of Time." *Critical Inquiry* 26: 355—389.

Gamwell, Lynn. 1977. *Cubist Criticism*. Ann Arbor, Mich.: UMI Research Press.

Gardner, Howard. 1985. *Frames of Mind: The Theory of Multiple Intelligences*. New York: Basic Books.

——. 1993. *Creating Minds: An Anatomy of Creativity Seen Through the Lives of Freud, Einstein, Picasso, Stravinsky, Eliot, Graham, and Gandhi*. New York: Basic Books.

——. 1997. *Extraordinary Minds: Portraits of Exceptional Individuals and an Examination of Our Extraordinariness*. London: Weidenfeld & Nicolson.

Gibbons, T. 1981. "Cubism and the Fourth Dimension in the Context of the Late 19th Century and Early 20th Century Revival of Occult Idealism." *Journal of the Warbourg and*

Courtauld Institutes 44: 130—147.

Gilot, Françoise, and Carlton Lake. 1964. *Life with Picasso*. London: Virago Press.

Gleizes, Albert, and Jean Metzinger. 1980. *Du Cubisme*. Paris: Éditions Présence [Paris: Figuière, 1912].

Goldenberg, Jacob, David Mazursky, and Sorin Solomon. 1999. "Creative Sparks." *Science* 285: 1495—1496.

Golding, John. 1988. *Cubism: A History and Analysis, 1907—1914*. 3d ed. rev. London: Faber and Faber.

——. 1994. *Visions of the Modern*. London: Thames and Hudson.

——. 1997. *Braque: The Late Works*. London: Royal Academy of Arts.

Golding, John, and R. Penrose, eds. 1973. *Picasso: 1881—1973*. New York: Paul Elek, Ltd.

Gombrich, Ernest H. 1954. "Psychoanalysis and the History of Art." *The International Journal of Psycho-analysis* 35: 1—11.

Green, Christopher. 1987. *Cubism and Its Enemies: Modern Movements and Reaction in French Art, 1916—1928*. New Haven: Yale University Press.

——. 1992. *Juan Gris*. London: Whitechapel.

Gruber, Howard. 1981. "On the Relation Between 'Aha Experiences' and the Construction of Ideas." *History of Science* 19: 1—19.

Hadamard, Jacques. 1954. *The Psychology of Invention in the Mathematical Field*. New York: Dover.

Hayden, Edward Everett. 1905. "Appendix IV: The Present Status of the Use of Standard Time." Washington, D.C.: U.S. Naval Observatory. This text is a preliminary version meant for a report at the meeting of the International Railway Congress, Washington, D.C., May 1905.

Heilbron, John. 1982. "*Fin-de-Siècle* Physics." In *Science, Technology and Society in the Time of Alfred Nobel*. Edited by C. F. Bernhard, E. Crawford, and P. Sörbom, 51—73. New York: Pergamon Press.

Henderson, Linda Dalrymple. 1983. *The Fourth Dimension and Non-Euclidean Geometry in Modern Art*. Princeton: Princeton University Press.

——. 1988. "X-Rays and the Quest for Invisible Reality in the Art of Kupka, Duchamp, and the Cubists." *Art Journal* 47 (Winter): 323—340.

——. 1998. *Duchamp in Context: Science and Technology in the Large Glass and Related Works*. Princeton: Princeton University Press.

Highfield, Roger, and Paul Carter. 1993. *The Private Lives of Albert Einstein*. London: Faber and Faber.

Hildesheimer, Wolfgang. 1983. *Mozart*. New York: Vintage Books.

Hoffmann, Banesh, and Helen Dukas. 1972. *Albert Einstein Creator and Rebel*. New York: Viking Press.

Hoffmann, Banesh, and Helen Dukas, eds. 1979. *Albert Einstein: The Human Side*.

Princeton: Princeton University Press.

Holton, Gerald. 1973a. "On Trying to Understand Scientific Genius." In *Thematic Origins of Scientific Thought: Kepler to Einstein.* Cambridge, Mass.: Harvard University Press. 353—380.

——. 1973b. "Influences on Einstein's Early Work." In *Thematic Origins of Scientific Thought: Kepler to Einstein.* Cambridge, Mass.: Harvard University Press. 197—217.

——. 1973c. "Mach, Einstein and the Search for Reality." In *Thematic Origins of Scientific Thought: Kepler to Einstein.* Cambridge, Mass.: Harvard University Press. 353—380.

——. 1973d. "Einstein, Michelson, and the 'Crucial' Experiment." In *Thematic Origins of Scientific Thought: Kepler to Einstein.* Cambridge, Mass.: Harvard University Press. 261—352.

——. 1995. *Einstein, History, and Other Passions.* New York: AIP Press.

Howse, Derek. 1997. *Greenwich Time and the Longitude.* London: Philip Wilson Publishers Limited. Originally published as *Greenwich Time and the Discovery of the Longitude.* Oxford: Oxford University Press, 1980.

Huyghe, René, ed. 1935. *Histoire de l'art contemporain: La Peinture.* Paris: Félix Alcan.

Jacob, Max. 1927. "Souvenirs sur Picasso contés par Max Jacob." *Cahiers d'Art* (Paris) 6: 199—203.

James, William. 1890. *The Principles of Psychology.* 2 vols. New York: Henry Holt & Co.

Jarry, Alfred. 1899. "Commentaire pour servir à la construction pratique de la machine à explorer le temps." *Mercure de France* 29: 387—396. Reprinted in *Selected Work of Alfred Jarry.* Edited and translated by Roger Shattuck and Simon Watson Taylor. London: Eyre Methuen, 1965. 114—121.

——. 1911. *Gestes et opinions du docteur Faustroll, pataphysicien.* Paris: Fasquelle. Reprinted in *Selected Works of Alfred Jarry.* Edited and translated by Roger Shattuck and Simon Watson Taylor. London: Eyre Methuen, 1965. 173—256.

Jouffret, Esprit. 1903. *Traité élémentaire de géometrie à quatre dimensions.* Paris: Gauthier-Villars.

Johnson, Ron. 1980a. "Picasso's 'Demoiselles d'Avignon' and the Theatre of the Absurd." *Arts* (October): 102—113.

——. 1980b. "The Demoiselles and Dionysion Destruction." *Arts* (October): 94—101.

Kahnweiler, Daniel-Henry. 1916. "Der Kubismus." *Der Weissen Blatte* 3: 209—222.

——. 1920. *Der Weg zum Kubismus.* Munich: Delphin. Translated in part in *Theories of Modern Art.* Edited by Herschel Chipp, with P. Zelz and Joshua C.Taylor. Berkeley: University of California Press, 1968. 248—259.

——. 1961. *Mes galaries et mes peintres: Entretiens avex Francis Crémieux.* Paris: Gallimard.

Kaufmann, Walter. 1905. "Über die Konstitution des Elektrons." *Sitzungsberichte der Königlich Preussischen Akademie der Wissenschaften* 45: 949—956.

——. 1906. "Über die Konstitution des Elektrons." *Annalen der Physik* 20: 487—553.

Kern, Stephen. 1987. *The Culture of Space and Time: 1880—1918*. Cambridge, Mass.: Harvard University Press.

Klein, Martin. 1962. "Max Planck and the Beginnings of Quantum Theory." *Archive for History of Exact Sciences* 1: 459—479.

——. 1967. "Thermodynamics in Einstein's Thought." *Science* 157: 509—516.

Klein, Martin, and Alan Needell. 1977. "Some Unnoticed Publications by Einstein." *ISIS* 68: 601—604.

Kramers, Hendrik, and H.Hoist. 1923. *The Atom and the Bohr Theory of Its Structure*. Translated from the first Danish edition by R. B. and R. T. Lindsay. London: Gyldendal.

Laporte, Paul M. 1948. "The Space-Time Concept in the Work of Picasso." *Magazine of Art* 41: 26—32.

——. 1949. "Cubism and Science." *Journal of Aesthetics and Art Criticism* 7: 243—256.

——. 1988. "Cubism and Relativity with a Letter of Albert Einstein, with an Introduction by Rudolf Arnheim." *Leonardo* 21: 313—315. Reprinted from *Art Journal* 25 (Spring 1966): 246—248.

Léal, Brigitte. 1988. "Garnets." In *Picasso: Les Demoiselles d'Avignon—Carnet de dessins*. Edited by Hélène Seckel. 2 vols. Paris: Réunion des Musées Nationaux, Editions Adam Biro.

Leighten, Patricia. 1987. "The Dreams and Lies of Picasso." *Arts* (October): 50—55.

——. 1988a. "Editor's Comment: Revising Cubism." *Art Bulletin* (Winter): 269—276.

——. 1988b. "'La Propagande par le rire': Satire and Subversion in Apollinaire, Jarry and Picasso's Collages." *Gazette des Beaux Arts* (October): 163—172.

——. 1989. *Re-Ordering the Universe: Picasso and Anarchism, 1897—1914*. Princeton: Princeton University Press.

Leja, Michael. 1985. "'Le Vieux Marcheur' and 'Les Deux Risques': Venereal Disease and Maternity, 1899—1907." *Art History* 8: 66—81.

Lhote, André. 1935. "Naissance de cubisme." In *Histoire de l'art contemporain: La Peinture*. Edited by René Huyghe. Paris: Félix Alcan. 80.

Lieberman, Alexander. 1988. *The Artist in His Studio*. Rev. edition. New York: Random House.

Lipton, Eunice. 1976. *Picasso Criticism, 1900—1939: The Making of an Artist Hero*. London: Garland Publishing, Inc.

Lorentz, H. A. 1904. "Electromagnetic Phenomena in a System Moving with any Velocity Less Than That of Light." *Koninklijke Akademie van Wetenschappen te Amsterdam. Section of Sciences. Proceedings* 6: 809—831.

Mach, Ernst. 1960. *The Science of Mechanics: A Critical and Historical Account of Its Development*. Translated in 1893 by T. J. McComack from the second German edition of 1889, revised in 1942 to include additions and alterations up to the ninth German edition.

La Salle, Ill.: Open Court. Originally published as *Die Mechanik in ihrer Entwicklung historisch-kritisch dargestellt*. Leipzig: F. A. Brockhaus, 1883. All page references are to the 1960 English-language edition.

Malraux, André. 1994. *Picasso's Mask*. Translated by June Guicharnaud with Jacques Guicharnaud. New York: Da Capo Press. Originally published as *La Tête d'obsidienne*. Paris: Gallimard, 1974. All references are to the English-language edition.

Mandler, George. 1994. "Hyperamnesia, Incubation, and Mind Popping: On Remembering Without Really Trying." In *Attention and Performance XV*. Edited by C. Umiltà and M. Moscovitch. Princeton: Princeton University Press.

McCully, Marilyn. 1981. *A Picasso Anthology*. London: Thames and Hudson.

Mélon, Marc. 1986. "Beyond Reality: Art and Photography." In *A History of Photography: Social and Cultural Perspectives*. Edited by Jean-Claude Lamagny and André Rouillé. Cambridge: Cambridge University Press. 82—101.

Metzinger, Jean. 1910. "Note sur la peinture." *Pan* (October-November): 649—651. Reprinted in Edward Fry, ed., *Cubism*. London: Thames & Hudson, 1966. 59—60.

——. 1911. "Cubisme et tradition." *Paris-Journal*. 16 August. Reprinted in Edward Fry, ed., *Cubism*. London: Thames & Hudson, 1966. 66—67.

——. 1972. *Le Cubisme était né: Souvenirs*. Paris: Éditions Présence.

Miller, Arthur I. 1973. "A Study of Henri Poincaré's 'Sur la Dynamique de l'Electron'." *Archive for History of Exact Sciences* 10: 207—328. Repinted in A. I. Miller, *Frontiers of Physics: 1900—1911*. Boston: Birkhäuser, 1984. 29—150.

——. 1986a. *Imagery in Scientific Thought: Creating 20th-century Physics*. Cambridge, Mass. : MIT Press; Boston: Birkhäuser, 1984.

——. 1986b. *Frontiers of Physics, 1900—1911: Selected Essays*. Boston: Birkhäuser.

——. 1992. "Scientific Creativity: A Comparative Study of Henri Poincaré and Albert Einstein." *Creativity Research Journal* 5: 385—418.

——. 1996. "Why Did Poincaré Not Formulate Special Relativity in 1905." In *Henri Poincaré: Science and Philosophy*. Edited by Jean-Louis Greffe, Gerhard Heinzmann, and Kuno Lorenz. Berlin: Akademie Verlag. 69—100.

——. 1998a. *Albert Einstein's Special Theory of Relativity: Emergence (1905) and Early Interpretation (1905—1911)*. New York: Springer-Verlag. First edition published in Reading, Mass.: Addison-Wesley, 1981. All page references are to the 1998 edition.

——. 1998b. "The Gift of Creativity." *Roeper Reviews* 21: 51—54.

——. 1999. "Einstein's First Steps Toward General Relativity: *Gedanken* Experiments and Axiomatics." *Physics in Perspective* 1: 85—104.

——. 2000. *Insights of Genius: Imagery and Creativity in Science and Art*. Cambridge, Mass.: MIT Press; New York: Springer, 1996.

Miller, Arthur I., and Frederick W. Bullock. 1994. "Neutral Currents and the History of Scientific Ideas." *Studies in the History and Philosophy of Science* 25: 895—931.

Minkowski, Hermann. 1908. "Raum und Zeit." *Physikalische Zeitschrift* 20: 104—111.

Lecture delivered to the eightieth Naturforscherversammlung at Cologne, 21 September 1908.

Mitchell, Timothy. 1977—1978. "Bergson, Le Bon, and Hermetic Cubism." *Journal of Aesthetics and Art Criticism* 36: 175—183.

Newhall, Beaumont. 1964. *The History of Photography from 1839 to the Present Day*. New York: The Museum of Modern Art.

Nye, Mary Jo. 1974. "Gustave LeBon's Black Light: A Study in Physics and Philosophy in France at the Turn of the Century." *Historical Studies in the Physical Sciences* 4: 163—195.

Olivier, Fernande. 1933. *Picasso et ses amis*. Paris: Librairie Stock. Translated by Jane Miller as *Picasso and His Friends*. London: Heinemann, 1964. All page references are to the English-language edition.

——. 1988. *Souvenirs intimes: Écrits pour Picasso*. Paris: Calmann-Lévy.

Pais, Abraham. 1982. *Subtle Is the Lord: The Science and the Life of Albert Einstein*. Oxford: Oxford University Press.

——. 1994. "Einstein and the Press." *Physics Today* (August): 30—36.

Parmelin, Hélène. 1969. *Picasso Says*. Translated by Christine Trollope. London: Allen and Unwin. Originally published as *Picasso dit*. Paris: Gonthier, 1966.

Pauli, Wolfgang. 1979. *Wissenschaftlicher Briefwechsel mit Bohr, Einstein, Heisenberg, U. A.: Volume I, 1919—1929*. Edited by A.Hermann, K.von Meyenn, and V. F. Weisskopf. Berlin: Springer-Verlag.

Péladan, Joséphin. 1904. "Le Radium et l'hyperphysique." *Mercure de France* 50: 608—637.

Piaget, Jean. 1971. *The Child's Conception of Time*. Translated by A. J. Pomerans. New York: Ballantine Books. Originally published as J. Piaget, *Le Développement de la notion de temps chez l'enfant*. Paris: Presses Universitaires de France, 1927.

Planck, Max. 1906. "Die Kaufmannschen Messungen der Ablenkbarkeit der β-Strahlen in ihrer Bedeutung für die Dynamik der Elektronen." *Physikalische Zeitschift* 7: 418—432.

——. 1910. "Zur Theorie der Wärmestrahlung." *Annalen der Physik* 31: 758—767.

Poincaré, Henri. 1898. "La Mesure de temps." *Revue de métaphysique de morale* 6: 371—384. Reprinted in Henri Poincaré, *La Valeur de la science*. Paris: Flammarion, 1904. 41—54. All references are to Flammarion's edition of 1970.

——. 1900. "La Théorie de Lorentz et le principe de réaction." In *Recueil de travaux offerts par les auteurs à H.A.Lorentz*. The Hague: Nijhoff. 464—488.

——. 1901. *Electricité et optique*. Paris: Gauthier-Villars.

——. 1902. *La Science et l'hypothèse*. Paris: Flammarion. All references are to the 1968 edition. German translation by F. and L.Lindemann as *Wissenschaft und Hypothese* (Leipzig: Teubner, 1904).

——. 1905a. *La Valeur de la science*. Paris: Flammarion. All references are to the 1970 edition.

——. 1905b. "Sur la dynamique de l'électron." *Comptes Rendus de l'Académie des Sciences* 140: 1504—1508.

——. 1906. "Sur la dynamique de l'électron." *Rend. del. Circ. Mat. Di Palermo* 21: 129—175.

——. 1908. *La Science et méthode*. Paris: Flammarion.

——. 1909. "La Logique del l'infini." *Revue de Métaphysique et Morale* 17: 461—482.

——. 1913. *Dernières pensées*. Paris: Flammarion.

Prieur, Albert. 1904. *Mercure de France* 50: 498—505.

Puy, Michel. 1911. "Les Indépendants." *Les Marges* (July): 27—30. Reprinted in Cubism. Edited by Edward Fry. London: Thames & Hudson, 1966. 65—66.

Raynal, Maurice. 1912. "Conception et vision." *Gil Blas*. Paris. Translated in Edward Fry, ed., *Cubism*. London: Thames & Hudson, 1966. 94—96.

——. 1913. "Chronique cinématographique." *Soirées de Paris* (December): 6.

——. 1922. *Picasso*. Paris: Crés.

Read, Peter. 1995. *Picasso et Apollinaire: Les Métamorphoses de la mémoire, 1905/1973*. Paris: Éditions Jean Michel Place.

——. 1997. "'*Au Rendez-vous des poètes*': Picasso, French Poetry, and Theatre, 1900—1906." In *Picasso: The Early Years, 1892—1906*. Edited by Marilyn McCully. New Haven: Yale University Press. 211—223.

Reff, Theodore. 1971. "Harlequins, Saltimbanques, Clowns and Fools." *Artforum* (October): 30—41.

Réja, Marcel. 1904. "H.-G. Wells et le merveilleux scientifique." *Mercure de France* 52: 40—62.

Renn, Jürgen. 1993. "Einstein as a Disciple of Galileo: A Comparative Study of Concept Development in Physics." *Science in* Context 6: 311—341.

——. 1997. "Einstein's Controversy with Drude and the Origin of Statistical Mechanics: A New Glimpse from the Love Letters." Preprint 55, *Max-Planck-Institut für Wissenschaftgeschichte*.

Renn, Jürgen, and Robert Schulmann, eds. 1992. *Albert Einstein—Mileva Maric': The Love Letters*. Translated from the German by Shawn Smith. Princeton: Princeton University Press. The letters in German are in CPAE1.

Rich, Ben R., and Leo Janos. 1994. *Skunk Works*. New York: Little, Brown & Company.

Richardson, John R. 1980. "Your Show of Shows." *The New York Review of Books* xxvii: 16—24.

Richardson, John R., with the collaboration of Marilyn McCully. 1991. *A Life of Picasso, Volume I, 1881—1906*. New York: Random House.

Richardson, John R., with the collaboration of Marilyn McCully. 1996. *A Life of Picasso, Volume II, 1907—1917: The Painter of Modern Life*. New York: Random House.

Robbins, Daniel. 1988. "Abbreviated Historiography of Cubism." *Art Bulletin* (Winter): 277—283.

Rubin, William. 1977. "Cézannism and the Beginnings of Cubism." In *Cézanne: The Late Work*. Edited by William Rubin. New York: The Museum of Modern Art.

——. 1984. "Picasso." In *Primitivism in Twentieth-Century Art*. Edited by William Rubin. New York: The Museum of Modern Art. 241—340.

——. 1989. "Picasso and Braque: An Introduction." In *Picasso and Braque: Pioneering Cubism*. Edited by William Rubin. New York: The Museum of Modern Art. 15—61.

——. 1994. "The Genesis of *Les Demoiselles d'Avignon*." In *Les Demoiselles d'Avignon*. Edited by William Rubin, Hélène Seckel, and Judith Cousins. New York: The Museum of Modern Art. 13—144.

Sabartés, Jaime. 1949. *Picasso: An Intimate Portrait*. Translated from Spanish by Angel Flores. London: W. H. Allen, 1949. Originally published in France as *Picasso: Portraits et souvenirs*. Paris: Louis Carré, 1946.

Salmon, André. 1910. "Courrier des ateliers." *Paris Journal* (10 May): 4.

——. 1912. *La Jeune peinture Française*. Paris: Albert Messein.

——. 1919. "Les Origines et Intentions du Cubisme." *Demain* (Paris) 68 (26 April): 485—489.

——. 1922. *Propos d'Atelier*. Paris: Crés.

——. 1935. "Testimony against Gertrude Stein." *Transition* 23 (1) (supplement).

The Hague: 14—15. Reprinted in Marilyn McCully, *A Picasso Anthology*, 62—63. London: Thames and Hudson, 1981.

——. 1945. *L'Air de la butte*. Paris: Les éditions de la nouvelle France.

——. 1955. *Souvenirs Sans Fin: Première Époque (1903—1908)*. Paris: Gallimard.

——. 1956. *Souvenirs Sans Fin: Deuxième Époque (1908—1920)*. Paris: Gallimard.

Schaffner, Kenneth. 1972. *Nineteenth-Century Aether Theories*. New York: Pergamon.

Schrödinger, Erwin. 1926. "Über das Verhältnis der Heisenberg-Born-Jordanschen Quantenmechanik zu der meinen." *Annalen der Physik* 70: 734—756. Translated in part in G. Ludwig, *Wave Mechanics*. New York: Pergamon, 1968. 127—150.

Schweber, Sylan S. 1994. *QED and the Men Who Made It: Dyson, Feynman and Tomonaga*. Princeton: Princeton University Press.

Seckel, Hélène, ed. 1988a. *Picasso: Les Demoiselles d'Avignon—Carnet de dessins*. Vol. 1. Paris: Réunion des Musées Nationaux, Editions Adam Biro.

——. 1988b. *Picasso: Les Demoiselles d'Avignon—Carnet de dessins*. Vol. 2. Paris: Réunion des Musées Nationaux, Editions Adam Biro.

——. 1994a. *Max Jacob et Picasso*. Quimper: Musée des Beaux Arts.

——. 1994b. "Anthology of Early Commentary on *Les Demoiselles d'Avignon*." In *Les Demoiselles d'Avignon*. Edited by William Rubin, Hélène Seckel, and Judith Cousins. New York: The Museum of Modern Art. 213—256.

Seelig, Carl. 1952. *Albert Einstein und die Schweiz*. Zurich: Europa-Verlag.

——. 1954. *Albert Einstein: Eine dokumentarische Biographie*. Zurich: Europa Verlag.

——. 1956. *Helle Zeit-Dunkele Zeit*. Zurich: Europa Verlag.

Shankland, Robert. 1963. "Conversations with Albert Einstein." *American Journal of Physics* 31: 47—57.

Shattuck, Roger. 1955. *The Banquet Years: The Origins of the Avant-Garde in France, 1885 to World War I*. London: Faber and Faber.

Shattuck, Roger, and Simon Watson Taylor, eds. and transls. 1965. *Selected Works of Alfred Jarry*. London: Eyre Methuen.

Shiff, Richard. 1984. *Cézanne and the End of Impressionism: A Study of the Theory, Technique, and Critical Evaluation of Modern Art*. Chicago: University of Chicago Press.

——. 1991. "Cézanne's Physicality." In *The Language of Art History*. Edited by Salim Kemal and Ivan Gaskell. Cambridge: Cambridge University Press. 129—180.

Simon, Herbert A., P. Langley, G. L. Bradshaw, and J. M. Zytkow. 1987. *Scientific Discovery: Computational Explorations of the Creative Process*. Cambridge, Mass.: MIT Press.

Smith, S. M., and S. E. Blankenship.1991. "Incubation and the Persistence of Fixation in Problem Solving." *American Journal of Psychology* 104: 61—87.

Solovine, Maurice, ed. and trans. 1956. *Albert Einstein: Lettres à Maurice Solovine*. Paris: Gauthier-Villars.

Spate, Virginia. 1979. *Orphism: The Evolution of Non-Figurative Painting in Paris*. Oxford: Clarendon Press.

Speziali, Pierre. 1972. *Albert Einstein, Michele Besso: Correspondance, 1903—1955*. Paris: Hermann.

Stachel, John. 1996. "Albert Einstein and Mileva Marić: A Collaboration That Failed to Develop." In *Creative Couples in the Sciences*. Edited by Helena M. Pycior, Nancy G. Black, and Pnina G. Abir-Am. New Brunswick: Rutgers University Press. 207—219.

Staller, Natasha. 1989. "Méliès' 'Fantastic' Cinema and the Origins of Cubism." *Art History* 12: 202—232.

Steegmuller, Francis. 1986. *Apollinaire: Poet Among Painters*. New York: Penguin.

Stein, Gertrude. 1933. *The Autobiography of Alice B. Toklas*. New York: Harcourt Brace. Reprinted, New York: Vintage Books, 1990.

——. 1937. *Everybody's Autobiography*. New York: Random House.

——. 1984 [1938]. *Picasso*. New York: Dover [London, Batsford].

Stein, Leo. 1947. *Appreciation: Painting, Poetry and Prose*. New York: Crown Publishers.

Steinberg, Leo. 1972. "The Philosophical Brothel." *Art News* 71 (September): 20—29 and (October): 38—47. Reprinted in *Art News* 44 (Spring 1988): 7—74.

Stewart, Ian. 1990. *Does God Play Dice? The Mathematics of Chaos*. London: Penguin.

Storr, Anthony. 1991 [1972]. *The Dynamics of Creation*. London: Penguin Books [London: Martin Seeker & Warburg Ltd].

Swenson, Loyd S. 1972. *The Ethereal Aether: A History of the Michelson-Morley-Miller-Aether Drift Experiments, 1880—1930*. Austin: University of Texas Press.

Teuber, Marianne L. 1997. "Gertrude Stein, William James, and Pablo Picasso's Cubism." In *A Pictorial History of Psychology*. Edited by W. G. Bringmann. Chicago: Quintessence. 256—264.

Toulouse, Édouard. 1910. *Henri Poincaré*. Paris: Flammarion.

Tucker, Paul Hayes. 1982. "Picasso, Photography and Development of Cubism." *Art Bulletin* 69: 288—299. Reply by Edward Fry (1983) 65: 145—146.

Uhde, Wilhelm. 1938. *Von Bismark bis Picasso: Erinnerungen und Bekenntnisse*. Zurich: Oprecht.

Unsigned. 1905. *Mercure de France* 54: 623—625.

Valéry, Paul. 1899. "Méthodes." *Mercure de France* 30: 481—488.

Vallentin, Antonina. 1954. *Einstein: A Biography*. Translated by Moura Budberg. London: Weidenfeld and Nicolson.

——. 1963. *Picasso*. Garden City, N.Y.: Doubleday. Originally published as *Pablo Picasso*. Paris: Albin Michel, 1957.

Vallier, Dora. 1954. "Braque, la peinture et nous: Propos de l'artiste recueillis." *Cahiers d'art* (October): 13—24.

Vargish, Thomas, and Delo E. Mook. 1999. *Inside Modernism: Relativity Theory, Cubism, Narrative*. New Haven: Yale University Press.

Varnedoe, Kirk. 1996. "Picasso's Self-Portraits." In *Picasso and Portraiture: Representation and Transformation*. Edited by William Rubin. New York: The Museum of Modern Art. 110—179.

Vauxcelles, Louis. 1908. "Exposition Braque. Chez Kahnweiler, 28 rue Vignon." *Gil Blas* (14 November).

——. 1911. "La Salon d'Automne." *L'Intransigeant* (10 October).

Vitz, Paul C., and Arnold B. Glimcher. 1984. *Modern Art and Modern Science: The Parallel Analysis of Vision*. New York: Praeger.

Vlaminck, Maurice. 1942. "Opinions libres... sur la peinture." *Comoedia* (6 June): 1, 6.

Walter, Scott. 1999. "The Non-Euclidean Style of Minkowskian Relativity." In *The Symbolic Universe: Geometry and Physics, 1890—1930*. Edited by Jeremy Gray. Oxford: Oxford University Press. 91—127.

Ward, Martha. 1996. *Pissarro, Neo-Impressionism, and the Spaces of the Avant-Garde*. Chicago: University of Chicago Press.

Warnod, André. 1945. "En peinture tout n'est que signe." *Arts* (June 29). Reprinted partially in *Picasso: Propos sur l'art*. Edited by M.-L. Bernadac and A. Michael. Paris: Gallimard. 53—56.

——. 1947. *Ceux de la butte*. Paris: n. p.

Warnod, Jeanine. 1975. *Le Bateau-Lavoir: 1892—1914*. Paris: Les Presses de la Connaissance.

Weber, Louis. 1903. *Mercure de France* 46: 769—771.

Weiss, Jeffrey. 1994. *The Popular Culture of Modern Art: Picasso, Duchamp, and Avant-Gardism*. New Haven: Yale University Press.

Wertheimer, Max. 1959. *Productive Thinking*. New York: Harper.

Whitrow, George, ed. 1967. *Einstein: The Man and His Achievement*. New York: Dover Publications.

Whittaker, Edmund. 1987. *A History of the Theories of Aether and Electricity: Volume I. The Classical Theories*. New York: Tomash.

Wien, Wilhelm. 1900. "Über die Möglichkeit einer elektromagnetischen Begründung der Mechanik." In *Recueil de travaux offerts par les auteurs à H. A. Lorentz*. The Hague: Nijhoff. 501—513.

Wilford, John Noble. 1982. *The Mapmakers*. New York: Vintage Books.

Winteler-Einstein, Maja. 1924. "Albert Einstein: Biographical Sketch (Excerpt)." In CPAE1. Translated by Anna Beck, xv—xxii. All references are to the English translation.

Zeki, Semir. 1999. *Inner Vision: An Exploration of Art and the Brain*. Oxford: Oxford University Press.

Zervos, Christian. 1932. "Picasso étudie par le Dr. Jung." *Cahiers d'Art* 12: 352—354.

——. 1932—1975. *Catalogue général illustré de l'oeuvre de Picasso*. 33 vols. Paris: Éditions Cahiers d'art.

——. 1935. "Pablo Picasso, Conversation, 1935." In *Theories of Modern Art*. Edited by Herschel Chipp, with P. Zelz and Joshua C. Taylor. Berkeley: University of California Press, 1968. 267—272. Originally published as "Conversation avec Picasso," *Cahiers d'Art* 10: 7—10. Reprinted in French in *Picasso: Propos sur l'art*. Edited by Marie-Laure Bernadac and Androula Michael. Paris: Gallimard, 1998. 31—37.

图片来源

图2.1 Musée Picasso, Paris. Réunion des Musées Nationaux/Art Resource, NY.

图2.2 FPPH 224. Picasso Archives. Musée Picasso, Paris. Réunion des Musées Nationaux/Art Resource, NY.

图2.3 The Metropolitan Museum of Art: Rogers Fund, 1956.

图2.4 The Cleveland Museum of Art. Bequest of Leonard C. Hanna Jr. © 2001 Estate of Pablo Picasso/Artists Rights Society (ARS), New York.

图3.1 A. Einstein Kantonsschule Arav, 1896.

图3.3 Lotte Jacobi Archives Photographic Services, University of New Hampshire.

图3.4 Schweizerisches Literaturarchiv—Bern.

图3.11 © Lotte Jacobi.

图3.12 Schweizerisches Literaturarchiv—Bern.

图3.13 Besso Family, courtesy of AIP Emilio Segré Archives.

图4.1 Acquired through the Lillie Bliss Request. Photograph © 1997. The Museum of Modern Art, New York. © 2001 Estate of Pablo Picasso/Artists Rights Society (ARS), New York.

图4.2 Musée Picasso, Paris. Réunion des Musées Nationaux/Art Resource, NY.

图4.3 Musée Picasso, Paris. Réunion des Musées Nationaux/Art Resource, NY.

图4.4 Musée Picasso, Paris. © 2001 Estate of Pablo Picasso/Artists Rights Society (ARS), New York.

图4.7 Musée Picasso, Paris. © 2001 Estate of Pablo Picasso/Artists Rights Society (ARS), New York.

图4.8 Musée Picasso, Paris. Réunion des Musées Nationaux/Art Resource, NY.

图4.9 Musée Picasso, Paris. Réunion des Musées Nationaux/Art Resource, NY.

图4.10　Musée Picasso, Paris. Réunion des Musées Nationaux/Art Resource, NY.

图4.11　Kunstmuseum, Basle. Private Collection, on loan. © 2001 Estate of Pablo Picasso/Artists Rights Society (ARS), New York.

图4.12　Musée Picasso, Paris. Réunion des Musées Nationaux/Art Resource, NY.

图4.14　Picasso Archives, Musée Picasso, Paris. Réunion des Musées Nationaux/Art Resource, NY.

图4.15　Musée Picasso, Paris. Réunion des Musées Nationaux/Art Resource, NY.

图4.16　National Gallery of Canada, Ottawa, gift of Dr. Robert Crook, Ottawa, 1982.

图4.17　Archives de Cinémathèque Française, Paris.

图4.18　Private Collection. © 2001 Estate of Pablo Picasso/Artists Rights Society (ARS), New York.

图5.1　*Kunstmuseum*, Bern: Hermann und Margrit Rupf Stiftung. © 2001 Artists Rights Society (ARS), New York/ADAGP, Paris.

图5.2　Private Collection. © 2001 Estate of Pablo Picasso/Artists Rights Society (ARS), New York.

图5.3　Picasso Archives. Réunion des Musées Nationaux/Art Resource, NY.

图5.4　Picasso Archives. Réunion des Musées Nationaux/Art Resource, NY.

图5.6　Picasso Archives. Réunion des Musées Nationaux/Art Resource, NY.

图5.7　Picasso Archives. Réunion des Musées Nationaux/Art Resource, NY.

图5.8　Private Collection. © 2001 Estate of Pablo Picasso/Artists Rights Society (ARS), New York.

图5.9　Private Collection. Réunion des Musées Nationaux/Art Resource, NY.

图5.10　Private Collection. © 2001 Estate of Pablo Picasso/Artists Rights Society (ARS), New York.

图5.11　Private Collection. © 2001 Estate of Pablo Picasso/Artists Rights Society (ARS), New York.

图5.12　Private Collection. © 2001 Estate of Pablo Picasso/Artists Rights Society (ARS), New York.

图5.13　Top left and bottom left, Musée Picasso. Réunion des Musées Nationaux/Art Resource, NY. Top right and bottom right, Private Collection. © 2001 Estate of Pablo Picasso/Artists Rights Society (ARS), New York.

图5.14　Picasso Archives. Réunion des Musées Nationaux/Art Resource, NY.

图5.15　Picasso Archives. © 2001 Estate of Pablo Picasso/Artists Rights Society (ARS), New York.

图5.16　The Museum of Modern Art, New York. Nelson A. Rockefeller Bequest. Photograph © 2001 The Museum of Modern Art, New York.

图5.17　Private Collection. © 2001 Estate of Pablo Picasso/Artists Rights Society (ARS), New York.

图5.18　Private Collection. © 2001 Estate of Pablo Picasso/Artists Rights Society

(ARS), New York.

图 5.19 Private Collection. © 2001 Estate of Pablo Picasso/Artists Rights Society (ARS), New York.

图 5.20 Private Collection. Réunion des Musées Nationaux/Art Resource, NY.

图 5.21 Private Collection. © 2001 Estate of Pablo Picasso/Artists Rights Society (ARS), New York.

图 5.22 Private Collection. © 2001 Estate of Pablo Picasso/Artists Rights Society (ARS), New York.

图 5.23 Collection Joseph Pulitzer, St. Louis. © 2001 Estate of Pablo Picasso/Artists Rights Society (ARS), New York.

图 5.24 Solomon R. Guggenheim Museum, New York. © 2001 Artists Rights Society (ARS), New York/ADAGP, Paris.

图 5.25 Albright-Knox Art Gallery, Buffalo, NY. Private Collection. © 2001 Estate of Pablo Picasso/Artists Rights Society (ARS), New York.

图 5.26 Musée National d'Art Moderne, Paris. © 2001 Artists Rights Society (ARS), New York/ADAGP, Paris.

图 5.27 Collection of Mrs. Gilbert W. Chapman, New York. © 2001 Estate of Pablo Picasso/Artists Rights Society (ARS), New York.

图 5.28 The Art Institute of Chicago. © 2001 Estate of Pablo Picasso/Artists Rights Society (ARS), New York.

图 5.29 Louise and Walter Arensberg Collection. Philadelphia Museum of Art. © 2001 Artists Rights Society (ARS), New York/ADAGP, Paris.

图 I.1 Courtesy of Estate of Henri Poincaré.

图 6.1 Schweizerisches Literaturarchiv-Bern.

图 7.2 Ullstein.

图 8.4 (a) Courtesy of Professor F. W. Bullock; (b) Acquired through the Lillie Bliss Request. Photograph © 1997. The Museum of Modern Art, New York. © 2001 Estate of Pablo Picasso/Artists Rights Society (ARS), New York. (d) Collection of Mrs. Gilbert W. Chapman, New York. © 2001 Estate of Pablo Picasso/Artists Rights Society (ARS), New York.

图 8.5 Instituts Internationaux de physique et de chimie Solvay, courtesy AIP Emilio Segré Visual Archives.

图 8.6 Réunion des Musées Nationaux/Art Resource, NY.

译　后　记

（一）

在西洋“情人节”的当儿，我总算把这本磨了两年多的稿子译校完毕。两年多来，我经历了人生的一场大转折。命运改变了我的处境，也多少改变了我的处世方式，然而并没有彻底改变我的“不识时务”的性格。也不知从何时开始，我对与爱因斯坦有关的事情有了一种说不清的浓情。“莫道清茶不是酒，情到浓时也醉人。”是爱因斯坦的人格魅力让我着迷，一种心向往之而力不能及的着迷；也正是这种浓情让我在两年多前答应潘涛博士，从事这本书的翻译。在“情人节”的当儿完成译作，是否也是一种巧合？

有人说，翻译之事，有如戴着镣铐跳舞，非有极深的中外文功力不得轻易为之。诚哉此言！尽管我曾独立翻译、也与朋友一起合译过几本书，但我知道自己的功力还远远不够，如果翻译自己熟悉的题材还算勉强可以的话，对自己不熟悉的题材就有点勉为其难了。这本书一半以上的内容是关于“毕加索”的，而我对此并不熟悉。拿到原书后，我有两个月没有动手译一个字。

我的担忧被好友龚旭所察。她的校友伍梅红女士，系英国语言文学硕士，现居北美。她不但有兴趣，且有闲暇来做翻译。我简直欣喜若狂了。后与伍女士联系上，并商议由我来译爱因斯坦部分，她译毕加索部分。后来由于一些别的事情的打扰，我未能全部完成本书的爱因斯坦部分的翻译。最后的翻译分工如下：我译中译本序，第1、第3和第6章，致谢，原版书勒口上的综述，封四上的评语以及其他漏译部分。伍女士译第2、第4、第5、第7、第8章，间奏曲，注释，以及第6章的“庞加莱、爱因斯坦和时间的性质”小节。在完成最初的译稿之后，两位译者互校了对方的译稿。

我制定了整本书的翻译准则，并将参考文献、注释和索引全部扫描录入，对照原文，校对完毕。按照人名的不同国别，确定人名的最后译法。

由于书中涉及物理学的诸多细节，我请对物理学史有较深研究的关洪教授审校了全书。关教授拨冗做了核校，并改正了一些错译之处，为本书增色不少。在关教授校正的基础上，我又对照原文做了最后的校订。在尽可能保留伍女士翻译风格的同时，我又做了必要的统校，增加了必要的译者注，统一了所有的人名、地名译名，并改正了一些明显的误译。如果译稿还有任何错误之处的话，则应由我来承担全责。

必须承认，我并不完全认同作者的一些分析。对科学中和艺术中的创造性进行比较分析，是一个非常大胆的尝试。米勒教授的研究无疑是开创性的，尽管还存在一些未定的因素。相信读者一定能从本书中得到自己的感受，进一步激发自己的思考。

在翻译过程中，得到过多位同仁的帮助，特别是所长刘钝研究员对我的大力支持。正是他的宽容大度，让我可以花相当多的时间来做这件事。如果没有好友龚旭，我就不可能有与伍女士的合作。龚旭的引荐之功不可没，在此谨致谢忱。

最后还要感谢本书作者阿瑟·I·米勒博士在翻译过程中给予的帮助。他欣然答应为中译本写序，并且总是迅速解答我在翻译过程中随时提出的问题。

尽管花了不少气力，书中肯定还有不尽如人意的地方，还望方家不吝指正。

方在庆

2003年2月14日初稿

8月2日修改

（二）

译毕《爱因斯坦·毕加索》一书我负责的章节，我既非常高兴，又若有所失。从2001年10月接稿到2002年9月完工，整整一年，我沉浸在这本书中，那种极度的辛苦、极度的愉悦，可能只有从事翻译的人才能体会到。看到眼前即将付梓的校样，有一种终于可以轻松下来的解脱感，但想到这个已经成为自己孩子一般的宝贝要脱壳而去，又心有不舍。

虽然这些年我在北美也作过不少翻译，但翻译米勒教授的这本书，实实在在是精神上的一种愉悦享受、灵魂上的一种净化。不仅我有这种感受，连我的家人和朋友也受到感染。好几次在朋友的聚会上不由自主谈到这本书，大家先是惊讶，“爱因斯坦和毕加索，这是哪跟哪呀？”但接着大家便被米勒教授从时间、空间和创造力的角度对两位巨人的共通之处所作的独到研究所折服，然后便会大谈这两位伟人的非凡生活和划时代成就，空气中充满着油然而生的敬意。为了更好地理解毕加索，我曾多次“率领”全家前往耶鲁大学的美术馆。收藏毕加索和米勒先生书中提及的另外一些画家如马蒂斯、康定斯基等人画作的展厅，成了我们一家最喜驻足的地方。有一件小事能说明毕加索对我们的影响，我五岁的儿子有一天从幼儿园带回一张他的画，上面是两个重叠的手掌印和一堆乱七八糟的颜料，没等我开口，他就说：“妈咪，我告诉老师我画的是毕加索。”本来没在意的我突然非常感动。儿子是不懂什么是立体主义的，但他观察到的皮毛已经让我非常自豪了。只可惜，我们两次奔赴纽约想去参观现代美术馆和它收藏的《亚威农少女》的计划都因故未成，这一直是我心中的一个结。

有幸和方在庆先生联手翻译《爱因斯坦·毕加索》一书，我非常高兴。合作翻译向非易事，尤其是我们二位译者，天各一方，合作起来难度就更大。多亏现代技术如电话、传真和电子邮件给我们带来了远非爱因斯坦、毕加索时代所能比拟的方便和迅捷，使我们的合作得以顺利进行。我衷心感谢方先生在翻译出版此书中做的各种工作和努力。另外，虽然两位译者互校了对方的稿件，但错漏之处在所难免，诚请有识之士斧正。

最后但并非最不重要的一点，我必须感谢在我翻译过程中给我无私帮助的家人和朋友。首先我得感谢的是老朋友龚旭女士，她的力荐让我得以参加这种愉快又有意义的工作。另外，我得感谢我的妹妹伍剑和妹夫史玉杰，是他们在工作、学习都十分繁忙的情况下抽空录入了我译稿的所有译文，并通读所译的全部章节，提出了许多宝贵建议。还有，我在加拿大的老同事和老朋友——加拿大无线电顾问局（Radio Advisory Board of Canada）总经理坎贝尔（Ted Campbell）先生对原文涉及的许多法语名词提供了英语解释，并且还提供了许多与原文有关的背景知识和有关网站，对此，我感激万分。当然我还应该感谢我的丈夫孙欣新，他不仅尽可能多地担负起照顾一双儿女的重任，而且还以一个物理学博士的严谨与我一起探讨书中所涉及的物理学问题，给了我巨大的帮助。我的一双儿女，虎子和雪儿，在妈咪"做作业"时忍着不来打扰，令我非常感动和自豪。最后，我非常感谢关洪教授和上海科技教育出版社的编辑，虽未有机会与他们谋面，但他们为出版本书所做的工作，我铭记在心。

伍梅红

2003年7月于美国康州

（三）

本书原为上海科技教育出版社"八面风文丛"之九初版并重印，现纳入"世纪人文系列丛书"之"人物"子系列再版。趁这次重版之机，我对全书又做了一次校改。因合作者伍梅红女士远在美国，未及与她沟通。或有错改之处，责任在我。

方在庆

2005年12月12日于北京

（四）

在这次再版之际，上海科技教育出版社的伍慧玲编辑希望我能重新校一遍。由于手头在忙别的事情，无法分心，就先让我的学生徐志凌同学阅读了一遍校样。她花了一周时间认真阅读，提出了大大小小三百多处疑问，既有标点符号的误用，也有意思完全译错的地方。我对照原文，检查了她的疑问，改正了少数几处确实译错的地方。由于怕失去原意，一时又想不出更好的译法，我保留了原译文中一些长句的翻译。译文或还有误，欢迎不吝指正。联系电邮：einsteinfang@gmail.com。

值得一提的是，通过在美同学的帮助，与失去联系多年的合作者伍梅红又联系上了。伍女士现在美国德州一所法文学校教书，还是那样充满热情，真令人欣慰。这次再版功莫大焉。

方在庆

2016年6月8日于德国比勒菲尔德大学×楼

图书在版编目(CIP)数据

爱因斯坦·毕加索:空间、时间和动人心魄之美/(英)米勒(Miller, A. I.)著;方在庆,伍梅红译;关洪校.—上海:上海科技教育出版社,2016.6

(爱因斯坦书系)

书名原文:Einstein, Picasso: Space, Time, and the Beauty that Causes Havoc

ISBN 978-7-5428-6101-6

Ⅰ.①爱…　Ⅱ.①米…②方…③伍…④关…　Ⅲ.①爱因斯坦,A.(1879~1955)—传记②毕加索,P. R.(1881~1973)—传记　Ⅳ.①K837.126.11②K835.515.72

中国版本图书馆CIP数据核字(2016)第058909号

责任编辑　陈　浩　伍慧玲

装帧设计　杨　静

爱因斯坦书系

爱因斯坦·毕加索——空间、时间和动人心魄之美

[英]阿瑟·I·米勒　著

方在庆　伍梅红　译

关　洪　校

出　　版　上海世纪出版股份有限公司
上海科技教育出版社
(上海冠生园路393号　邮政编码200235)

发　　行　上海世纪出版股份有限公司发行中心

网　　址　www.ewen.co　www.sste.com

印　　刷　常熟文化印刷有限公司

开　　本　720×1000　1/16

印　　张　25.5

版　　次　2016年6月第1版

印　　次　2016年6月第1次印刷

书　　号　ISBN 978-7-5428-6101-6/N·970

图　　字　09-2014-274号

定　　价　60.00元